경영과학

심현철 · 김태호 공저

형지사

머리말

우리나라가 그간 눈부신 발전을 거듭하여 오늘날 세계적 경제대국으로 성장하게 된 것은 우리 민족이 전통적으로 예절과 학문을 숭상하고, 올바른 삶을 추구하며, 역경과 고난을 이겨낼 수 있는 뿌리깊은 저력을 가지고 있기 때문이다. 우리나라의 산업발전은 우리 민족 특유의 창의력에 첨단 과학기술을 접목하여 새로운 상품을 개발하고, 끊임없는 기술혁신과 도전정신으로 해외시장에서 세계 굴지의 기업들과의 경쟁에서 승리함으로써 가능하게 되었다.

오늘날 우리 기업은 사회적 책임과 도덕적 경영이 강조되고, 기업의 윤리성에 대해 사회적 공감대가 형성되고 있지만 기업이 국내외 시장에서 경쟁력을 갖추기 위해서는 무엇보다도 과학적인 경영이 이루어져야 한다. 과학적 경영이란 제한된 경영 자원을 이용하여 최대의 성과를 이루는 경영의 효율성에 대한 문제이다. 과학적 경영에 대한 접근방법들은 20세기에 들어와서 점차 발달하게 되었다.

우리나라에서는 실학자(實學者)인 초정(楚亭) 박제가(朴齊家, 1750-1805)가 1778년에 저술한 『북학의(北學議)』에서 산업발전의 방법을 논설한 것을 예로 들 수 있다. 그는 수레, 배, 성, 벽돌, 도로, 상업, 종이 등과 관련한 경영기법의 개선을 강조하였다. 20세기 초에 Frederick Winslow Taylor는 과학적 관리법(scientific management)이라는 접근방법을 개발하고, 공장의 배치나 인체의 동작을 과학적으로 연구해 효율적 경영을 추구하였다. 이후 1930년대에 이르러 통계학이 발전하면서 미국의 벨연구소 등에서는 샘플링검사법 등 품질경영을 위한 분석도구들이 고안되었다.

2차 세계대전 중인 1940년경에는 각국의 군(軍)당국에서 전쟁의 승리를 위한 작전연구(Operations Research, OR)가 활발하게 이루어져, 예를 들면 영국에서는 레이더의 배치, 잠수함을 격침하기 위한 폭뢰의 폭발심도 연구 등이 실행되었다. 제한된 전쟁물자를 활용하여 소기의 목표를 이루기 위하여는 무엇보다도 과학적인 접근이 필요하기 때문이었다. 작전연구(OR)는 종전 후 산업계에 도입되어 총성없는 전쟁이라고 할 만큼 심한 경쟁에 직면한 기업경영에 응용되었다. 그리하여 OR이라는 명칭은 그대로 경영학의 한 분야로서 자리잡게 된다.

점차로 전통적인 각종 경영기법들, 즉 선형계획법, 과학적 관리법, 재고이론, 샘플링이론 등의 연구분야가 OR의 영역에 포함되고, 이들이 총체적으로 경영의 제반 문제들에 대한 과학적 접근방법(scientific approach)으로서 학문적 체계를 갖추게 되면서 자연스레 경영과학(Management Science)이라는 명칭이 생겨나게 되었다. 오늘날에는 OR/MS(Operations Research and Management Science)라는 학문분야 명칭이 널리 쓰이고 있다. 경영여건이 호전되든 악화되든 관계없이 경영과학의 접근법들은 경영상의 제반문제들을 개선하고 효율적 경영체제로 기업을 이끄는데 유용하게 사용된다.

이 책은 경영학, 경제학, 통계학, 산업공학, 가정관리학 등 다양한 전공분야의 학생들이 경영과학에 대한 기초나 분석방법을 체계적으로 배울 수 있도록 쓰여졌으며, 특히 효율적 경영을 추구하는 기업 실무자들이 경영진단을 하는 방법을 가장 빨리 익힐 수 있도록 구성되었다.

책은 네 개 부분으로 구분되어 있다.

제1부는 경영과학의 기초지식으로 모형 설정의 기본원리와 확률 응용이 포함되어 있다.

제2부는 수리계획모형으로서 가장 널리 쓰이는 선형계획법에 대한 이론, 모형설정 및 활용에 대해 자세히 다루었다.

제3부는 "동적 모형"이다. 정적(static) 모형이 시간의 흐름을 고려하지 않는데 비하여 동적(dynamic) 모형에서는 시간을 고려하여 다기간(多期間)에 걸친 변화를 고찰하게 된다. 동적계획법, 마코브분석 등이 해당되며, 프로젝트관리 및 학습곡선도 다기간적인 고찰이라고 할 수가 있다.

제4부 "시뮬레이션 외"에는 의사결정분석, 대기행렬 및 시뮬레이션이 포함되어 있다. 일정한 모형이라기보다는 문제 해결을 위한 시스템적인 접근들이다.

이 책은 경영과학의 각종 접근방법들을 쉽게 이해하고 직접 응용할 수 있도록 편성되어 있다. 특히 누구나 컴퓨터 프로그램을 사용하여 현재의 경영상태를 진단하고, 급변하는 경영여건 하에서 개선점을 찾아 미래의 효율적 경영방향을 결정하는

데 활용할 수 있도록 하였다. 이 점이 활용도 면에서 다른 책들과 가장 큰 차이점일 것으로 본다. 그간 책이 출판되기 위해 오래 노력해 오고 많은 도움을 준 충북대학교 정보통계학과 유지숙 양에게 깊은 감사의 마음을 전하며, 출판을 맡아준 형지사 유성렬 사장께도 감사함을 전한다.

2008. 7

저 자

차 례

머리말/3

제1부 경영과학 기초

제1장 서 론 — 17

제 1 절 경영과학의 기원 ……17
제 2 절 경영과학의 유용성 ……18
제 3 절 의사결정 ……20
제 4 절 계량분석과 수리모형 ……21
제 5 절 선형계획법의 개발과 선형계획모형의 설정 ……23
제 6 절 모형의 해결과정 ……29
제 7 절 수리모형의 일반화와 전환 ……31
제 8 절 계량분석방법 ……38
▸ 연습문제/41

제2장 확률의 응용 — 44

제 1 절 집합이론 ……45
1. 교집합 …… 46
2. 상호배타적 집합 …… 47
3. 합집합 …… 47
4. 여집합 …… 48
5. 총괄적 집합 …… 49
제 2 절 확률의 개념 ……50
1. 확률이란 무엇인가? …… 50
2. 확률의 공리 …… 51
제 3 절 확률법칙 ……54
1. 확률의 덧셈법칙 …… 54

2. 조건부확률 57
3. 확률의 곱셈법칙 60
제 4 절 베이즈정리 63
▸ 연습문제/68

제 2 부 수리계획 모형

제 3 장 선형계획모형의 도해법 75
제 1 절 도해적 접근법의 개발과정 75
제 2 절 잔여변수의 용도 81
제 3 절 자료의 변화와 최적해의 변화 83
제 4 절 최소화모형의 도해과정 85
제 5절 잉여변수의 용도 88
제6 절 유일 최적해가 존재하지 않는 경우 91
1. 불가능해 91
2. 다최적해 93
3. 무한해 94
▸ 연습문제/96

제 4 장 심플렉스 해법 103
제 1 절 기초 개념 104
제 2 절 심플렉스표의 작성 및 계산원리 109
제 3 절 심플렉스표의 연산법과 갱신과정 114
1. 초기 심플렉스표 → 2차 심플렉스표 114
2. 2차 심플렉스표 → 3차 심플렉스표 120
3. 최종 심플렉스표의 활용 124
제 4 절 심플렉스해법의 반복계산 Ⅰ 126
제 5 절 심플렉스해법의 반복계산 Ⅱ 133
제 6 절 제약식의 일반화 138
1. 제약식의 부등호가 '≥'인 경우 138
2. 제약식이 등식인 경우 144

3. 제약식의 우변값이 음수인 경우 ······ 145
4. 심플렉스표로의 전환 ······ 146
제 7 절 최소화모형의 심플렉스해법 ······ 148
제 8 절 유일 최적해가 존재하지 않는 경우 ······ 152
1. 불가능해 ······ 152
2. 무 한 해 ······ 156
3. 다최적해 ······ 158
4. 퇴화해 ······ 159
▸ 연습문제/160

제5장 감 도 분 석 ―― 165
제 1 절 기본 개념 ······ 165
제 2 절 도해적 접근법 ······ 172
1. 목적함수의 계수 ······ 172
2. 제약식의 우변값 ······ 176
제 3 절 컴퓨터 해법 ······ 177
1. 최대화모형 ······ 179
2. 최소화모형 ······ 185
3. 다변수모형 ······ 188
제 4 절 심플렉스 접근방법 ······ 192
1. 목적함수의 계수 ······ 193
2. 제약식의 우변값 ······ 197
제 5 절 쌍 대 성 ······ 205
1. 원모형과 쌍대모형과의 관계 ······ 205
2. 쌍대변수의 경제적 의미 ······ 209
3. 원모형과 쌍대모형 해의 관계 ······ 211
4. 일반모형의 쌍대 전환 ······ 212
▸ 연습문제/215

제6장 수송문제와 할당문제 ―― 221
제 1 절 수송문제 ······ 221
제 2 절 수송문제의 해법 ······ 224
1. 북서코너법 - 디딤돌법 ······ 224

2. 최소비용법 ···· 230
3. 수정배분법 ···· 232
제 3 절 수송문제의 특수한 경우 ····234
제 4 절 수송문제의 컴퓨터에 의한 해법 ····237
제 5 절 수송문제의 선형계획모형 ····238
제 6 절 할당문제 ····240
제 7 절 할당문제의 해법 ····241
제 8 절 할당문제의 특수한 경우 ····244
제 9 절 할당문제의 선형계획모형 ····247
▸ 연습문제/249

제 7 장 정수계획법 — 253
제 1 절 개 념 ····254
제 2 절 정수계획모형의 분단탐색법 ····257
1. 전정수계획법 ···· 258
2. 혼합정수계획법 ···· 264
3. 0-1 계획법 ···· 265
제 3 절 0-1 변수의 효율적 이용 ····268
제 4 절 정수계획모형의 응용 ····278
1. 인원배치 ···· 278
2. 스케줄 짜기 ···· 280
3. 자본 할당 ···· 281
▸ 연습문제/283

제 3 부 동적 모형

제 8 장 동적계획법 — 289
제 1 절 자원배분 문제 : 경영개선팀 파견 ····290
제 2 절 배낭문제: 프로젝트 선정 ····297
제 3 절 컴퓨터를 이용한 해법 ····309
▸ 연습문제/311

제 9 장 프로젝트 관리(PERT/CPM) 314

제 1 절 프로젝트 일정관리: 각 활동의 소요시간이 알려진 경우 315
1. 주 경 로 316
2. 주경로의 확인 317
3. PERT/CPM의 활용 322
제 2 절 프로젝트 일정관리: 각 활동의 소요시간이 불확실한 경우 324
1. 진공청소기 Cleanvac 프로젝트 324
2. 불확실한 소요시간 325
3. 주공정 328
4. 프로젝트 완료시간의 분포 328
제 3 절 시간과 비용의 절충 330
1. 활동 시간의 단축 330
▸ 연습문제/333

제10장 마코브분석 337

제 1 절 시장점유율 분석 337
제 2 절 장비보전관리 345
제 3 절 작업자 생산성관리 348
▸ 연습문제/350

제11장 학습곡선(Learning Curves) 354

제 1 절 서비스산업과 제조업에서의 학습곡선들 355
제 2 절 학습곡선의 활용 356
1. 수학적 접근 357
2. 로그함수 접근 357
제 3 절 학습곡선의 전략적 의의 361
제 4 절 학습곡선의 한계 363
▸ 연습문제/364

제 4 부 시뮬레이션 외

제12장 의사결정분석 ―― 367

제 1 절 의사결정문제의 구조화 ……368

1. 성과표(payoff tables) …… 368
2. 의사결정나무(decision tree) …… 369

제 2 절 확률을 고려하지 않는 의사결정 ……370

1. 낙관적 접근 …… 370
2. 보수적 접근 …… 371
3. 최소최대 후회접근 …… 372

제 3 절 확률을 고려하는 의사결정 ……373

제 4 절 완전정보의 기대가치 ……374

제 5 절 표본정보하의 의사결정분석 ……376

제 6 절 의사결정 전략의 개발 ……377

1. 베이지안 절차 …… 377
2. 최적 의사결정전략 …… 379

제 7 절 표본정보의 기대가치 ……381

▸ 연습문제/382

제13장 대기행렬모형 ―― 388

제 1 절 대기행렬 시스템의 특성들 ……389

1. 도착의 특성들 …… 390
2. 대기행렬의 특성들 …… 392
3. 서비스의 특성들 …… 393
4. 대기행렬의 성취도 측정 …… 397

제 2 절 대기행렬의 비용 ……398

제 3 절 대기행렬의 모형들 ……399

1. 모형 1 : 단일경로, 포아송도착 및 지수함수적 서비스시간(M/M/1) …… 401
2. 모형 2 : 복수경로(M/M/S) …… 405
3. 모형 3 : 일정한 서비스시간(M/D/1) …… 408
4. 모형 4 : 유한 모집단 모형 …… 410

제 4 절 대기행렬에 대한 기타의 접근방법들 ······414
▸ 연습문제/416

제14장 시뮬레이션 ―― 417

제 1 절 위험분석 시뮬레이션 ······418
1. Handycom 프린터 ······418
2. 가상적 접근 ······419
3. 시뮬레이션 접근 ······421
제 2 절 대기행렬 시뮬레이션 ······427
1. 샘물은행 현금지급기 대기행렬 ······428
2. 고객 도착시간 ······428
3. 고객서비스 시간 ······429
4. 시뮬레이션 모형 ······430
5. 현금지급기 시뮬레이션 결과 ······434
제 3 절 시뮬레이션의 고려점 ······436
1. 컴퓨터의 이용 ······436
2. 확인 및 검증 ······436
3. 시뮬레이션 이용의 장 · 단점 ······437
▸ 연습문제/438

◆ 연습문제 해답 ······443
◆ 참고문헌 ······482
◆ 부록 : 정규분포표 ······483
◆ 찾아보기 ······485

제1부

경영과학 기초

제 1 장　서론
제 2 장　확률응용

제 1 장

서 론

제 1 절 경영과학의 기원

사회와 경제가 발전하면서 모든 조직체는 규모가 더 커지고 구성과 편제는 복잡해진다. 창업 초기에는 소규모였던 업체도 발전과정을 거치면서 오늘날의 거대 기업으로 성장하게 되었다. 이러한 변화는 노동의 분업과 더불어 경영상의 역할 분담을 촉진시켜 왔으며, 현재도 많은 조직체가 겪고 있듯이 전문화·세분화가 진행됨에 따라 새로운 문제점이 발생하게 되었다. 한 가지 문제는 조직체 내의 부서들이 각기 목표와 가치체계를 가지고 그들의 행위나 목표가 전체 조직체가 추구하는 바에 얼마나 합당한가는 간과한 채 독립체의 성격으로 성장하는 경향이 있다는 것이다. 이 경우 한 부서에게는 최상이 다른 부서에는 손실을 끼치게 되어 목표가 서로 상반된 상태에서 일을 마칠 수도 있다. 업무가 세분화되고 조직의 구성이 복잡해지면서 필요한 자원을 조직체 전체의 입장에서 가장 효율적인 방식으로 다양한 생산활동에 할당하기가 더욱 어렵게 된다. 이러한 문제점들을 해결하기 위한 보다 과학적인 방법을 개발할 필요성에 의해 경영과학(Management Science, MS; Operations Research, OR)분야가 창시되는 환경이 조성되었다.

조직체의 경영문제에 과학적으로 접근하기 위한 노력은 오래 전부터 시작되었으나, 학문으로서의 경영과학은 2차 세계대전 중 복잡한 군 보급과 용역문제를 해결하기 위해 수행한 연구에 그 기원을 두고 있다. 제한된 양의 전쟁물자를 다양한 군사행동이나 작전에 효율적으로 투입해야 할 필요성이 높아지면서 군당국은 과학적 해법을 찾기 위한 연구를 많은 학자들에게 의뢰하게 되었다. 이들이 적용한 MS/OR 기법이 군사작전에서 성공을 거두자 여러 업계에서 점차 이 새로운 분야에 대한 관심이 높아지게 된다. 전후 호황이 이어지고 경제가 발전함에 따라 각 조직의 업무는 더욱 세분화되고 편제가 복잡해지면서 발생한 문제점들은 상황만 다를 뿐 전시 때 직면했던 문제들과 원리가 근본적으로 같았다. 그 결과 경영과학은 산업계와 정부의 업무 수행에 도입되기 시작하면서 빠르게 발전하게 되었다. 경영과학의 표준기법들은 1950년대 말 이전에 이미 개발되어 이론이 정립되었으며, 컴퓨터가 복잡한 계산을 해결하게 되면서 경영과학 분야는 급성장을 이루게 된다.

제2절 경영과학의 유용성

경영과학이란 일반적으로 조직체계의 운영에 대한 의사결정 과정에 과학적 접근법을 제공하는 학문이라고 설명할 수 있다. MS/OR 기법은 조직체 내에서 조업이나 경영에 관련된 일련의 행위를 어떻게 수행하고 조정하느냐에 대한 문제점들에 적용된다. 사실상 제조업, 병원, 군사, 공공기관, 정부, 일반 사업체 등 거의 모든 분야의 업무 수행에 적용되어 왔을 만큼 응용의 폭이 넓다. MS/OR의 적용과정은 문제점을 주의깊게 관찰하는 것으로부터 시작해 이를 파악하고 공식화하여 실제 문제점의 본질을 요약하는 모형을 설정하는 것이다. 이 때 모형은 현실세계의 중요한 특징을 정확히 나타낸다고 가정하므로 모형에서 얻게 되는 결론은 실제의 문제점에 부합되어야 한다. 따라서 성공적 분석결과를 얻기 위해서는 명확하고, 수긍이 가는 결론이 의사결정자에게 제공되어야 한다.

부서간에 이해가 상충될 경우 넓은 관점에서 조직체 전체에게 최상인 방향으로 문제를 해결하는 것이 MS/OR의 특징이며, 추구하는 목표가 전체 조직체의 목표와 일치해야만 한다. 추가로 언급해야 할 특징은 최상 또는 최적해를 구해야 한다는 것으로 단지 현 상태를 개선하는데 만족하기보다는 고려하는 문제에 대한 최상의 가능한 진로를 식별하는데 목적이 있다. 따라서 최적해를 구하는 것이 MS/OR의 핵심주제라 할 수 있다. MS/OR은 실생활에서 발생한 확정적 또 확률적 체계에 대한 최적의 의사결정을 가능케 하여 준다. 정치학, 경영학, 경제학, 공학 분야와 기타 자연과학 및 사회과학 분야에서의 응용은 주로 한정된 자원의 최적배분이라는 특징을 갖는다.

MS/OR은 조직체의 경영문제에 점점 더 큰 영향을 미쳐 응용의 빈도나 다양성이 급격히 증가하고 있으며, 자동차, 컴퓨터, 전기·전자, 통신, 식품, 제지, 운송, 항공, 방위, 석유, 그리고 중화학 등 다양한 산업분야와 금융업체, 정부기관, 또 병원 등에서 널리 사용되고 있다. MS/OR의 특정 기법이 어떻게 사용되는가를 살펴보면 예를 들어 선형계획법(linear programming, LP)은 분배, 수송, 인원 배정, 투자 포트폴리오, 원료 배합 등에 관한 문제의 해결에 유용하게 사용되어 왔으며, 사람, 기계, 차량의 배정과 같이 해가 정수로 나타나야 되는 경우에는 정수계획법(integer programming, IP)이 효과적으로 이용되었다. 동적계획법(dynamic programming, DP)은 생산일정 짜기, 광고비 설계, 판촉 할당과 같은 영역에, 또 대기행렬이론(queueing theory)은 생산일정과 항공일정 짜기, 교통 정체, 병원 수술, 기계의 보수 점검 등에 관련된 문제들을 해결하는 데 효과적으로 적용되어 왔다.

1970년대 이래 Fortune지의 상위 500개 대기업들 중 많은 기업들이 MS/OR 관련 부서를 두고 있는 것으로 알려져 있으며, 따라서 경영과학이 현대 일상적인 기업활동의 한 부분이지 더 이상 별도의 특정 전담부서가 담당해야 하는 전문기능은 아닌 것으로 간주된다. 미국의 대기업들을 대상으로 한 설문조사에 의하면 MS/OR 기법 중 통계적 분석을 제외하고는 선형계획법과 모의실험(simulation)이 가장 널리 사용되는 것으로 나타난다. 경영과학의 영향력이 커지면서 오늘날 세계 각국의 대학에서는 이 분야의 과목들을 가르치며, 경영과학의 대학원 학위도 수여하고 있다.

제3절 의사결정

경영과학의 궁극적 목표는 의사결정이며, 일반적으로 몇 단계의 문제 해결과정을 거치게 된다. 의사결정 과정의 한 가지 예를 들어보자. 졸업을 앞둔 한 대학생이 세 기업의 입사시험에 최종 합격하여 자신의 경력에 도움이 될 직장을 선택하려 한다. 의사결정의 첫 단계는 문제점에 대한 정의를 내리는 것이다. 가장 유리한 직장을 선택하는 것으로 취업문제를 정의한다면 의사결정 과정의 다음 단계는 세 직장을 서로 비교하여 가능한 대안을 식별하는 것이다.

다음 단계는 이 대안을 평가하는데 사용될 기준을 결정하는 것으로 연봉만을 고려한다면 가장 고액 연봉으로 시작할 수 있는 직장을 최상으로 선택해야 할 것이다. 만약 승진 가능성과 직장의 위치 역시 중요한 결정기준에 추가된다면 의사결정의 다음 단계는 각 대안을 각 기준에 대해 평가하는 것이다. 예를 들어 각 대안의 초봉기준에 대한 평가는 단순히 각 직장의 초봉을 비교하면 되지만 승진 가능성과 직장의 위치에 대한 각 대안의 평가는 계량화시키기 힘든 주관적 요인이 작용하므로 수월하지 않다. 그러나 승진 가능성과 직장 위치의 두 가지 결정기준을 평균 이하, 평균, 평균 이상, 우수 등의 등급으로 측정하기로 결정한다면 각 직장의 초봉, 승진 가능성, 직장 위치 등을 비교하여 선택하는 일만 남게 된다.

이러한 선택과정이 어려운 것은 기준의 중요도가 동일하지 않다는 것으로 어떠한 대안도 모든 결정기준에 대해 최상이 되기 어렵다는 것이다. 아래의 [표 1-1]의 자료를 평가하여 B기업을 선택하기로 결정했다면 이 시점에서 결정은 대안 Ⅲ이고, 의사결정 과정은 마무리 된다. 위의 과정은 아래와 같은 다섯 단계로 요약된다.

ⅰ. 문제의 정의

ⅱ. 대안의 식별

ⅲ. 평가기준의 결정

ⅳ. 각 대안의 평가

ⅴ. 선택

[표 1-1] 직장 선택의 의사결정

대 안	초봉(백만/년)	승진 가능성	직장 위치
Ⅰ. A 기업	29	평균 이하	평균 이하
Ⅱ. B 기업	27	평균	우수
Ⅲ. C 기업	28	평균 이상	평균

[그림 1-1]은 의사결정 과정이 질적·양적 두 가지 기본형을 갖는다는 것을 보여준다. 질적 분석은 경영진의 판단과 경험에 주로 의존하게 되며, 전에 비슷한 문제를 다루어 본 경험이 있거나 또는 문제가 상대적으로 단순하다면 질적 분석에 치중하게 된다. 그러나 경영진이 비슷한 문제를 다뤄본 경험이 거의 없거나 또는 문제가 복잡할 때는 양적 분석을 고려하게 된다. 양적 접근법을 사용할 때는 문제에 존재하는 목적, 제약, 기타 관계를 묘사하는 수학적 표현을 개발해야 한다.

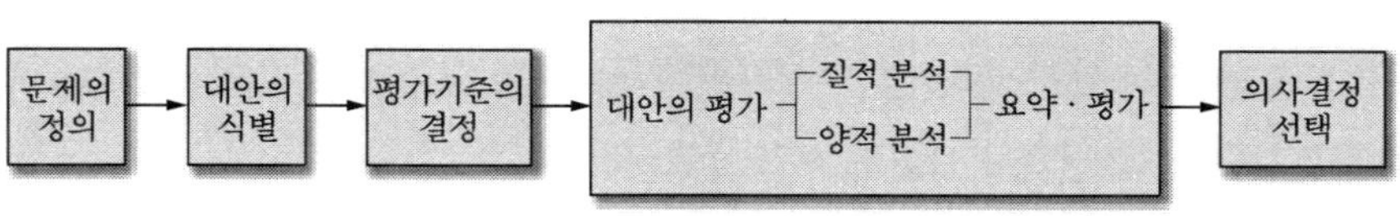

[그림 1-1] 의사결정 과정

제 4 절 계량분석과 수리모형

[그림 1-1]에서 보듯이 양적 분석은 문제의 정의, 대안의 식별, 그리고 평가기준의 결정과 같은 체계화과정을 거친 후 시작하게 된다. 양적 분석은 계량분석을 뜻하며, 문제를 주로 수학적으로 표현하는 모형을 개발한 후 최적해를 구하기 위한 해법과정이 적용된다. 모형의 개발과 해결과정이 계량분석의 본질이다. 모형은 실제의 대상이나 상황을 여러 가지 형으로 표현할 수 있으며, 목적은 모형을 연구하고 분석하여 실제 상황에 대한 추론을 가능하게 하는데 있다. 모형의 종류는 실체를 목적에 따라 물리적으로 확대 또는 축소 복사하는 형상모형(iconic model), 대상과 비슷한 외형을 갖지는 않지만 동일한 기능을 행하는 상사모형(analog model), 또

문제를 부호체계와 수학적 관계로 나타내는 수리모형(mathematical model)이 있다. 수리모형은 의사결정을 위한 계량적 접근방법의 핵심부분으로 앞으로 배우면서 주로 사용하게 될 모형이다.

일반적으로 모형을 사용하여 실험을 하면 실제의 대상이나 상황으로 실험을 하는 것보다 시간과 비용이 절감된다. 모형은 또한 실제 상황의 실험에 따른 위험을 줄일 수 있다는 이점이 있다. 모형에 근거한 결론과 의사결정의 가치는 모형이 현실을 얼마나 잘 나타내느냐에 달려 있다. 모형이 현실상황에 근접할수록 결론과 예측은 더 정확할 것이다.

먼저 경영문제에 관련된 수리모형의 설정과정을 고려해 보자. 통상적으로 모형의 구축과정에서 이윤 극대화 또는 비용 최소화와 같은 특정 목적과 생산용량의 한계와 같은 제약점들을 갖게 된다. 양적 접근법, 특히 수리모형이 좋은 결과를 내기 위해서는 목적과 제약들을 수학적 관계나 방정식으로 얼마나 정확히 표현했느냐에 주로 달려 있다. 수리모형이 현실을 정확히 나타낼 수는 없으나 좋은 결과를 낼 수 있을 만큼 유사하게는 설정되어야 한다.

문제의 목적을 나타내는 수학적 표현을 목적함수(objective function)라고 한다. 판매할 상품의 단위당 이윤이 c이고 생산량이 x단위라면 이윤 극대를 추구하는 기업의 목적함수는 $\pi = cx$가 된다. 여기서 π는 총이윤이다. 현실적으로는 생산용량에 대한 제약이 존재한다. 상품 한 단위 생산하는데 a시간이 소요되고, 매주 b시간 가동 가능하다 하자. 생산시간에 대한 제약은 $ax \leq b$와 같이 주어진다. 좌변은 x단위 생산에 소요되는 총시간이며, 부등호는 필요한 생산시간이 주어진 b시간을 초과하지 않아야 함을 지적해 준다.

이 때 이윤 극대화를 위해 매주 몇 단위를 생산할 계획인가라는 질문이 의사결정 문제이다. 위의 생산문제에 대한 수리모형은 아래와 같다.

A. Max $\pi = cx$

B. subject to (s.t.)

C. $ax \leq b$

D. $x \geq 0$

A는 목적함수로서 앞에 maximize의 약자를 첨부하여 최대화모형임을 표시한다. C는 제약식을 나타내며, D는 생산량 x가 음수가 될 수는 없다는 제약을 가하는 비음조건이다. B의 subject to는 A의 목적함수가 C와 D의 제약조건에 의해 종속되어 있다는 뜻이다. 생산량 x는 의사결정자에 의해 조절되거나 결정되므로 결정변수(decision variable)라고 한다.

위의 수리모형에서 생산량과 같은 결정변수를 제외하고, 단위당 이윤, 단위당 생산시간 또 생산용량은 의사결정자가 통제할 수 없는 환경요인이다. 이 요인들이 모두 알려져 있고 변하지 않는다면 모형은 확정모형(deterministic model)이라고 한다. 그러나 어떤 요인이라도 불확실하거나 변동하게 된다면 모형은 확률모형(stochastic model 또는 probabilistic model)이 된다. 위의 환경요인들이 모두 특정값을 취하는 것으로 알려진다면 모형은 확정적인 반면 어느 한 요인의 값이 변한다면 모형은 확률적이다.

제5절 선형계획법의 개발과 선형계획모형의 설정

앞서 언급했던 바와 같이 계량적 방법 가운 통계적 분석을 제외하고는 선형계획법과 모의실험이 가장 널리 쓰이는 것으로 알려져 있다. 특히 선형계획법은 중요도와 유용도에서 통계적 분석과 함께 일관되게 계량적 분석방법의 선두에 랭크되는 것으로 조사된다. 그럼 계량적 접근법으로서 수리모형의 한 예로 가장 널리 사용되는 선형계획모형의 구조와 설정과정에 대해 자세히 살펴보기로 한다. 선형계획모형은 목적함수와 모든 제약함수들이 선형인 수리계획모형이다.

선형계획법은 특정 제약여건 하에서 어떤 양을 최대화 또는 최소화시키는 것이 목적으로 모형에는 두 종류의 중요한 요인이 존재한다. 첫째는 제품의 생산활동을 나타내는 행위(activity)이고, 둘째는 가동용량, 노동시간, 원자재의 양 등과 같은 제한된 양의 자원(resource)이다. 목적은 제한된 양의 자원을 가장 효율적으로 사용하는 각 행위의 최적수준을 결정하는 데 있다. 선형계획모형의 예를 들어 보기로 한다.

고급 품질의 수출용 책장과 가구를 생산하는 어느 기업이 현재의 생산시설로 최대 이익을 얻기 위한 적정 생산량을 결정하려 한다. 생산은 A와 B 두 공정과정을 거치는데 다음 한 주일 간 A공정과정은 80시간, B공정과정은 120시간 조업이 가능하다. 한편 책장 한 단위 생산에는 A공정에서 3시간, B공정에서 5시간이 소요되며, 가구 한 단위 생산에는 A공정 4시간, B공정 3시간이 각각 소요된다. 또 책장과 가구의 생산에는 각각 고급 원목 35kg과 40kg이 소비되며, 다음 주에는 950kg의 원목이 제공된다. 책장과 가구의 단위당 판매이윤은 각각 $700, $800이다.

이윤을 극대화시키는 책장과 가구의 다음 주 생산량을 결정해야 하므로 아래와 같이 정의한다.

x_1: 책장 생산량

x_2: 가구 생산량

이 때 x_1과 x_2가 이 모형의 결정변수가 된다. 제품당 이윤의 단위를 $100로 잡는다면 총이윤은 아래와 같다.

$$7x_1 + 8x_2$$

목적을 달성하기 위한 생산활동은 공정과정에서는 시간, 또 원자재 소비에서는 원목의 양에 제약을 받게 된다(subject to, s. t.). 이러한 제약여건을 방정식으로 표현하여 제약식(constraints)의 형태로 표기한다.

생산활동은 각 공정과정에서의 조업 가능시간을 초과해 이루어질 수는 없다. 먼저 A공정의 경우 책장 x_1단위 생산에 각 3시간씩, 또 가구 x_2단위 생산에 각 4시간씩이 소요되며, 총 조업시간이 80시간을 초과할 수 없으므로 A공정에 대한 제약식은 아래와 같다.

$$3x_1 + 4x_2 \leq 80$$

다음 B공정의 경우 각 5시간과 3시간씩 소요되며, 모두 120시간을 넘어서면 안되므로 제약식은 아래와 같다.

$$5x_1 + 3x_2 \le 120$$

그리고 책상과 가구의 생산에 단위당 35kg과 40kg씩의 원목이 각각 소비되고, 모두 950kg 내에서 해결되어야 하므로 이러한 관계를 표현하는 제약식은 아래와 같다.

$$35x_1 + 40x_2 \le 950$$

문제에서 주어진 제약여건에 대한 정보는 모두 사용한 것 같으나 제약식 이외에 반드시 포함되어야만 하는 또 다른 제약여건을 잊으면 안 된다. 결정변수 x_1과 x_2의 값이 0은 될 수 있어도 어떤 경우에도 음수는 될 수 없으므로 $x_1 \ge 0$, $x_2 \ge 0$과 같은 비음조건(nonnegativity conditions)을 추가한다. 총이윤을 극대화시키는 생산량을 결정하는 것이 목적이므로 위의 과정은 아래와 같이 정리된다.

$$\begin{aligned} \text{Max} \quad & 7x_1 + 8x_2 \\ \text{s.t.} \quad & \\ & 3x_1 + 4x_2 \le 80 \\ & 5x_1 + 3x_2 \le 120 \\ & 35x_1 + 40x_2 \le 950 \\ & x_1 \ge 0,\ x_2 \ge 0 \end{aligned}$$

목적함수와 제약식이 모두 결정변수 x_1과 x_2의 선형함수로 표현되므로 위의 모형은 선형계획모형에 속한다. 모형은 세 가지 자원인 A공정의 생산용량, B공정의 생산용량, 원목의 양, 그리고 두 가지 행위인 책장과 가구의 생산이 포함되어 있다. 세 개의 부등제약식의 우변은 주어진 자원의 양을 나타낸다. 따라서 각 제약식은 한 개의 자원에 연결되어 있고, 각 결정변수에 대해서는 대응되는 행위가 존재함을 알 수 있다. 목적함수는 문제에 따라 최대화시키거나 최소화시킬(minimize)수 있으며, 각 제약식의 방향도 '≥', '≤' 또는 '=' 중의 하나가 된다.

앞에서 생산문제에 대한 선형계획모형은 결정변수가 두 개여서 상대적으로 단순하다. 변수의 수가 더 많아도 모형설계의 원리는 다르지 않다. 이번에는 결정변수의 수가 더 많을 경우 모형 설정과정을 보기 위해 선형계획모형이 성공적으로 사용되고 있는 수송문제에 적용시켜 보기로 한다.

어느 기업이 서로 다른 두 지역에 위치한 공장에서 다음 달 생산할 특별 기획상품을 주요 소비지에 위치한 세 곳의 도매상으로 수송하려 한다. 두 공장의 다음 달 예정 생산량은 각각 2,200, 1,800세트이며, 세 도매상에서의 수요량은 각각 1,500, 1,200, 1,300세트로 추정된다. 공장에서 도매상까지의 세트당 수송비는 [표 1-2]와 같으며, 이 기업의 목적은 최소의 수송비용으로 도매상의 월 수요를 만족시키는데 있다.

이 문제에는 두 곳의 공장에서 세 곳의 도매상으로 가는 모두 여섯 가지 경우의 수가 있다. 우리의 관심은 총수송비용이 최소화되는 수송로와 수송량을 결정하는데 있다. 두 공장에서의 총공급량 2,200 + 1,800 = 4,000세트는 세 도매상에서의 총수요량 1,500 + 1,200 + 1,300 = 4,000세트와 같아야 공급이 초과되거나 수요가 부족함이 없이 효율적인 수급관계가 이루어질 것이다. 각 공장은 세 도매상의 일부 혹은 전부에 총생산량을 공급해야 하며, 동시에 각 도매상은 자신의 정확한 수요량을 한 곳 또는 두 곳의 공장에서 공급받아야 한다. 따라서 모형은 총수송비를 최소화시키기 위해 두 공장에서 세 도매상으로 가는 여섯 가지의 수송로 중 어느 수송로로 얼마나 운반해야 하는가를 결정하는 것이다.

[표 1-2] 수급관계와 수송비용(백원/세트) 도매상 공장

	1	2	3	공급
1	35	50	52	2,200
2	38	35	48	1,800
수요	1,500	1,200	1,300	계 4,000

이 때 결정변수는 무엇이 될까? 공장 i에서 도매상 j로의 수송량을 x_{ij}라 하자. 공장 1에서 도매상 1로 가는 수송량은 x_{11}, 또 공장 2에서 도매상 3으로 가는 수송량을 x_{23}이 될 것이다. 그렇다면 결정변수는 경우의 수에 따라 x_{11}, x_{12}, x_{13} 또 x_{21}, x_{22}, x_{23}의 여섯 가지가 있다. 모형의 각 방정식을 선형으로 나타내려면 먼저 목적함수는 각 결정변수에 세트당 수송비용을 곱해 각 수송로마다 나올 수 있는 비용을 표기한 후 이를 합하면 총비용이 된다. 예를 들어 공장 1에서 도매상 1로 가

는 수송로를 사용하는 경우 수송비용은 $35x_{11}$이 되고, 공장 2에서 도매상 3으로 보내면 수송비용은 $48x_{23}$이 된다. 따라서 가능한 총수송비용은 아래와 같이 나타난다.

$$35x_{11} + 50x_{12} + 52x_{13} + 38x_{21} + 35x_{22} + 48x_{23}$$

다음으로 제약식을 보면

첫째, 각 공장에서 각 수송로를 통해 가는 공급량을 합하면 그 공장의 생산량과 같아야 하므로 공장 1에서 세 도매상으로 가는 공급방정식은 다음과 같다.

$$x_{11} + x_{12} + x_{13} = 2{,}200$$

같은 방식으로 공장 2에서 세 도매상으로 가는 총공급은 아래와 같이 나타난다.

$$x_{21} + x_{22} + x_{23} = 1{,}800$$

둘째, 각 수송로를 통해 각 도매상으로 반입되는 양은 그 도매상의 수요량과 같아야 할 것이다. 도매상 1의 수요방정식은 다음과 같다.

$$x_{11} + x_{21} = 1{,}500$$

두 공장으로부터 도매상 2로 반입되는 경우는 아래와 같이 나타낸다.

$$x_{12} + x_{22} = 1{,}200$$

마찬가지로 도매상 3이 두 공장으로부터 받는 양은 아래와 같은 식으로 표현할 수 있다.

$$x_{13} + x_{23} = 1{,}300$$

앞에서 다루었던 생산계획문제는 이윤 극대화모형인데 반해 현재의 수송문제는 비용 최소화모형이다. 따라서 모든 결정변수는 음의 값을 취할 수 없다는 비음조건을 포함시켜 다시 정리하면 아래와 같이 모형이 완성된다.

$$\begin{aligned}
\text{Min} \quad & 35x_{11} + 50x_{12} + 52x_{13} + 38x_{21} + 35x_{22} + 48x_{23} \\
\text{s.t.} \quad & \\
& x_{11} + x_{12} + x_{13} = 2{,}200 \ (\text{공장 } 1) \\
& x_{21} + x_{22} + x_{23} = 1{,}800 \ (\text{공장 } 2) \\
& x_{11} + x_{21} = 1{,}500 \ (\text{도매상 } 1) \\
& x_{12} + x_{22} = 1{,}200 \ (\text{도매상 } 2) \\
& x_{13} + x_{23} = 1{,}300 \ (\text{도매상 } 3) \\
& x_{ij} \geq 0, \quad i = 1, 2 \quad j = 1, 2, 3
\end{aligned}$$

위의 모형에서 모든 제약식들을 등식으로 놓았으나 이는 정확하게 말해 옳은 표기라고 볼 수 없다. 제약식을 등식으로 놓아 특정값에 고정시키면 모형의 해를 구하는 과정에서 융통성을 제한하여 최적해에 도달하기 어렵게 만드는 경향이 있다. 따라서 식을 어느 특정값에 고정시켜야만 하는 특별한 경우가 아니라면 어떤 값을 초과하지 않는다는, 또는 어떤 값 이상이 되어야 한다는 형태의 부등호를 취하는 것이 더욱 유연한 방법이다.

선형계획모형의 문제점은 모형을 선형식으로 제한시킨다는 데 있다. 실제 상황을 선형함수로 표현하는 것이 비현실적으로 보이기도 하지만 선형계획법은 모형의 설정과 해결과정이 상대적으로 단순하고 결과는 현실을 잘 대변하는 것으로 알려져 있다. 선형계획모형은 각 행위의 효과가 선형인 경우에 응용되며, 선형이라는 필요조건을 구성하는 세 가지 가정은 비례성(proportionality), 부가성(additivity) 그리고 가분성(divisibility)이다.

첫째, 비례성은 각 결정변수들의 목적함수에의 기여도와 사용된 자원의 양은 각 결정변수의 값에 비례한다는 것을 의미한다. 예를 들어 제품의 생산량을 두 배로 늘리면 판매액, 또 생산에 소요되는 시간 및 기타 원료도 두 배가 되는 경우.

둘째, 부가성은 목적함수의 값과 사용된 총자원은 각 결정변수들의 목적함수에의 기여도와 사용된 자원을 모든 결정변수들에 대해 합해 줌으로써 구해진다는 것을 의미한다. 예를 들어 총판매고는 책장 판매고와 가구 판매고의 합이며, 총가동시간은 책장 생산에 소요되는 시간과 가구 생산에 소요되는 시간의 합인 경우.

셋째, 가분성은 결정변수들이 연속성을 가진다는 것을 의미한다. 가분성의 가정과 비음제약은 결정변수들이 0 이상인 어떤 값도 취할 수 있다는 것을 의미한다. 즉 결정변수의 값이 반드시 정수일 필요는 없고 소수값을 가져도 무방한 경우.

따라서 현실문제에 적용시 선형계획모형의 가정은 합리적이라고 할 수 있다. 상품의 단위당 판매가격과 판매량을 변수로 가진 모형을 선형이라고 할 수는 없을 것이다. 왜냐하면 위의 첫째 조건을 만족시킨다 해도 두 변수 간의 상호작용은 판매가격 + 판매량이라는 부가성 형태를 취하지 않고, 판매가격 × 판매량 = 판매고라는 곱의 형태를 취하기 때문이다.

제 6 절 모형의 해결과정

선형계획모형을 포함한 일반적인 수리모형의 근본적 결점은 모형 자체만으로는 해를 구하기 어렵다는 점이다. 앞 절의 생산계획문제와 수송문제에서 보듯이 모형은 각각 완성되었으나 해를 구할 수는 없다. 모형의 최적해를 구하는 방법은 뒤에 여러 장에 걸쳐 자세히 배우게 된다. MS/OR 문제의 계산에는 모의실험모형의 계산과 수리모형을 다루는 계산이 있다. 모의실험모형은 계산이 방대하고 시간이 오래 걸리지만 이는 단순히 컴퓨터 시간이 충분히 제공되느냐 하는 문제일 뿐 원하는 결과가 항상 확보된다.

반면 수리모형은 전형적인 반복성(iterative nature)을 가지고 있어서 최적해가 직접 나오는 것이 아니라 단계적인 반복계산에 의해 최종해에 도달하게 된다. 반복할 때마다 최적치에 더욱 가까운 답을 얻게 되어 해가 반복적으로 최적수준에 수렴한다고도 한다. 즉 초기해부터 시작해서 계산을 반복하는 과정에서 해가 점차 향상되어 더 이상 향상될 수 없을 때 마지막 단계에 도달하게 되고 이 때의 해가 최적해가 된다. 예를 들어 앞의 수송모형의 경우 계산을 반복할 때마다 매번 수송비용을 감소시켜 더 이상 비용이 감소할 수 없을 때 최소비용이라는 최적해를 얻게 된다는 뜻이다.

모든 수리모형이 항상 최적해에 수렴해 가는 연산방식을 가지고 있지는 않다. 여기에는 대체로 두 가지 이유가 있다. 첫째는 수리모형이 복잡하여 해의 연산방식을 고안하기가 불가능한 경우로 이 때는 모형의 해를 계산할 수가 없다. 둘째는 해를 연산하는 방식이 최적상태에 수렴한다고 입증이 되어도 단지 이론적인 관점에서만의 경우이다. 이론적 수렴에서는 반복계산 횟수의 상한이 얼마인지 알 수 없어 마지막 반복단계에 도달하지 못하고 무한정 컴퓨터 시간을 소모할 수가 있다. 또 최적해에 도달하기 전에 반복계산 단계가 멈춘다면 현재의 해가 최적해와 어느 정도 차이가 있는지 측정할 길이 없다는데 문제가 있다. 모의실험의 경우는 단순히 모형의 관측기간을 축소시킴으로써 계산시간을 조절할 수 있다.

MS/OR문제를 해결하는 과정은 아래와 같이 요약할 수 있다.

첫째, **문제의 정의**

이 단계는 현실여건의 이해와 파악, 연구목적에 대한 묘사, 결정변수의 판별, 또 제약점 및 한계점에 대한 인식의 네 가지 사항을 포함한다.

둘째, **모형의 설정**

모형의 설정은 문제의 정의에 달려 있다. 목적과 제약점을 결정변수들의 함수로 표현하여 과제를 계량적으로 나타내는 가장 적합한 모형으로 결정해야 한다. 현실상황을 제대로 모형에 반영하기 위해서는 많은 수의 변수와 제약식들이 필요하지만 통상 이들의 일부만이 실제 동향에 지배적인 영향을 미친다고 볼 수 있다. 따라서 모형을 세울 때는 가능한 단순화시키고 중요한 변수와 제약식, 또 자료에 관심을 집중해야 한다. 만약 모형이 통상적 수리모형에 해당된다면 해가 수월하게 구해질 수 있으나 모형의 수학적 관계가 복잡하여 분석적인 해가 구해지지 않는 경우는 모의실험모형 이 더 적절하다. 때로는 두 가지 모형을 결합해 사용할 필요도 있으나 이는 전적으로 과제의 본질과 복잡한 정도에 달려 있다.

셋째, **자료의 수집**

모형이 잘 정의되었다 해도 사용해야 할 자료가 정확하지 않다면 수학적으로는 최적해가 구해져도 실제로는 별 의미가 없다. 모형은 신뢰할 수 있는 자료를 사용한다는 가정 하에 설정된다. 그러나 이러한 자료의 사용이 가능하지 않은 경우 자료의 미비점이 모형의 정확도에 영향을 미치므로 모형을 재설계할 필요가 있다. 자료의 수집은 모형을 완성하는 과정에서 아주 어려운 부분이며, 따라서 모형의 설정 과정에서 자료를 수집하고 문서화하는 유용한 방법을 개발해야 한다.

넷째, **모형의 해결**

수리모형의 경우에는 최적화 기법으로 해를 구할 수 있으나 모의실험모형의 경우 최적화 개념은 잘 정의되지 않으며 해는 근사평가치들을 얻는데 사용된다.

다섯째, **모형의 유효성 검증**

모형이 현실체계를 정확히 나타내지 못하더라도 업무수행에 대해 합리적 예측을 한다면 그 모형은 타당하다고 할 수 있다. 모형의 유효성을 검증하는 일반적인 방법은 과거의 자료와 모형을 사용한 결과를 비교하는 것이다. 비슷한 여건의 자료를 사용하여 과거의 업무결과를 재생할 수 있다면 모형은 합리적이고 타당하다고 볼 수 있다. 문제는 과거의 행위가 미래에도 반복되리라는 보장이 없다는 점이다.

여섯째, **모형의 검증된 결과의 실행**

분석결과를 해석하여 지적사항을 경영진에 전달하며 이 결과에 기초하여 합리적 의사결정을 내리고 실행에 옮겨야 한다. 이 단계가 잘 이루어질 때 MS/OR 분석진과 경영진의 상호관계가 가장 밀접해지고 따라서 MS/OR 분석이 결실을 맺게 된다.

제 7 절 수리모형의 일반화와 전환

제 5 절에서 개발한 생산계획모형과 수송모형은 아래와 같이 일반화시킬 수 있다.

$$\text{Max} \quad c_1x_1 + c_2x_2 + \cdots\cdots + c_nx_n$$

$$\text{s.t.}$$

$$a_{11}x_1 + a_{12}x_2 + \cdots\cdots + a_{1n}x_n \leq b_1$$

$$a_{21}x_1 + a_{22}x_2 + \cdots\cdots + a_{2n}x_n \leq b_2$$

$$\vdots \qquad \vdots \qquad\qquad \vdots \qquad \vdots$$

$$a_{m1}x_1 + a_{m2}x_2 + \cdots + a_{mn}x_n \le b_m$$
$$x_{ij} \ge 0, \quad i = 1, 2, \cdots, m \qquad j = 1, 2, \cdots, n$$

여기에서

c_j: 행위 j의 단위당 가치
x_j: j번째 행위의 값
a_{ij}: 행위 j의 각 단위에 할당되는 자원 i의 양
b_i: 자원 i의 양

c_j, b_i, a_{ij}는 상수이며, x_j는 결정변수로서 행위 j에 제한된 양의 자원 i를 할당하는 문제로 다루어진다.

위의 식을 다시 최대화와 최소화의 두 가지 모형으로 구분할 수 있다. 최대화모형은 아래와 같이 이윤 극대화모형의 형태로 축약시킬 수 있다.

$$\text{Max} \quad \pi = \sum_{j=1}^{n} c_j x_j$$
$$\text{s.t.}$$
$$\sum_{j=1}^{n} a_{ij}x_j \le b_i \qquad i = 1, 2, \cdots\cdots, m$$
$$x_j \ge 0 \qquad j = 1, 2, \cdots\cdots, n$$

최소화모형도 비슷하게 아래와 같이 비용최소화의 형으로 축약시킬 수 있다.

$$\text{Min} \ \omega = \sum_{j=1}^{n} c_j x_j$$
$$\text{s.t.}$$
$$\sum_{j=1}^{n} a_{ij}x_j \ge b_i \qquad i = 1, 2, \cdots\cdots, m$$
$$x_j \ge 0 \qquad j = 1, 2, \cdots\cdots, n$$

모형을 세운 후에는 해를 구해야 하며, 따라서 식의 형태를 해결과정에 맞게 수정해야 한다. 이러한 목적을 위해 두 가지 형의 전환방법이 있다. 먼저 정규형(canonical form)으로 후에 논의할 쌍대성이론(duality theory)을 다룰 때 유용하며, 다른 한 가지는 표준형(standard form)으로 다음 장부터 모형을 분석할 때 직접 사용하게 된다.

(1) 정규형

정규형의 특징은 다음과 같이 요약된다.

① 목적함수는 최대화형이다.

② 모든 제약식은 '≤'형의 부등호를 갖는다.

③ 모든 결정변수들은 음의 값을 갖지 않는다.

주어진 모형이 이 기준에서 벗어난 경우 아래의 다섯 가지 기본 전환법을 사용하여 정규형으로 전환시킬 수 있다.

i) 최소화형의 목적함수는 −1을 양변에 곱해서 최대화형으로 바꾸어 준다. 목적함수가 아래와 같을 때

$$\text{Min } f(x) = c_1x_1 + c_2x_2 + \cdots\cdots + c_nx_n$$

−1을 곱하면 어떠한 최소화모형도 최대화형으로 바꿀 수 있다.

$$\text{Max } -f(x) = -c_1x_1 - c_2x_2 + \cdots\cdots - c_nx_n$$

ii) 제약식의 부등호는 양변에 −1을 곱해 방향을 바꿀 수 있다. 아래의 제약식에서

$$a_1x_1 + a_2x_2 + \cdots\cdots + a_nx_n \geq b$$

양변에 -1을 곱해 부등호의 방향을 전환시킨다.

$$-a_1x_1 - a_2x_2 - \cdots\cdots - a_nx_n \leq -b$$

iii) 제약식이 등식일 때는 서로 반대 부호를 가진 두 개의 부등식으로 대체시킬

수 있다. 즉 등제약식이 아래와 같을 때

$$a_1x_1 + a_2x_2 + \cdots\cdots + a_nx_n = b$$

다음 두 연립제약식(simultaneous constraints)으로 분리된다.

$$a_1x_1 + a_2x_2 + \cdots\cdots + a_nx_n \leq b$$
$$a_1x_1 + a_2x_2 + \cdots\cdots + a_nx_n \geq b$$

첫째 식은 이미 정규형의 제약식이므로 그대로 두고, 둘째 식의 양변에 -1을 곱해 부등호의 방향을 바꾸어 주면 결국 원 제약식은 아래의 두 제약식으로 대체할 수 있다.

$$a_1x_1 + a_2x_2 + \cdots\cdots + a_nx_n \leq b$$
$$-a_1x_1 - a_2x_2 - \cdots\cdots - a_nx_n \leq -b$$

iv) 제약식의 좌변이 절대형인 경우 두 개의 정상적 부등식으로 바꿀 수 있다. 제약식이 아래와 같다 하자.

$$|a_1x_1 + a_2x_2 + \cdots\cdots + a_nx_n| \leq b \ , \ b \geq 0$$

좌변은 양과 음 두 가지 형의 식이 나올 수 있으므로 다음 두 부등식으로 대체된다.

$$a_1x_1 + a_2x_2 + \cdots\cdots + a_nx_n \leq b$$
$$-a_1x_1 - a_2x_2 - \cdots\cdots - a_nx_n \leq b$$

v) 부호에 제약을 받지 않는(unconstrained 또는 unrestricted) 변수는 두 개의 비음변수(nonnegative variable)들 간의 차로 놓는다. 결정변수 x_j에 대한 비음조건 대신 x_j의 부호에 제약이 없다는 조건이 있을 때는 x_j를 두 변수 $x_j^+ \geq 0$와 $x_j^- \geq 0$ 간의 차인 $(x_j^+ - x_j^-)$로 대체시킨다.

위의 다섯 가지 변환방식을 적용시키면 어떤 모형도 정규형으로 바꾸어 줄 수 있다. 예를 들어 아래의 모형을 정규형으로 전환시켜 보자.

$$\text{Min} \quad 4x_1 - 5x_2 + 8x_3$$

$$\text{s.t.}$$

$$\begin{aligned} 3x_1 + x_2 + 4x_3 &\leq 160 \\ 2x_1 + 8x_2 - 3x_3 &\geq 80 \\ 6x_1 + 4x_2 \quad &= 30 \\ |\,4x_2 + 8x_3\,| &\leq 120 \\ x_1 \geq 0, \quad x_2 \geq 0, \quad x_3 &: \text{제약없음} \end{aligned}$$

먼저 둘째 제약식은 양변에 −1을 곱해 주면 부등호가 바뀐다.

$$-2x_1 - 8x_2 + 3x_3 \leq -80$$

셋째 제약식은 등식이므로 아래와 같은 두 제약식으로 대체한다.

$$\begin{aligned} 6x_1 + 4x_2 &\leq 30 \\ -6x_1 - 4x_2 &\leq -30 \end{aligned}$$

좌변이 절대형인 넷째 제약식은 다음의 두 제약식으로 대체된다.

$$\begin{aligned} 4x_2 + 8x_3 &\leq 120 \\ -4x_2 - 8x_3 &\leq 120 \end{aligned}$$

그리고 전환법 v에 의해 변수 x_3은 아래의 변수관계로 대체한다.

$$x_3 = x_3^+ - x_3^-, \qquad x_3^+ \geq 0, \quad x_3^- \geq 0$$

마지막으로 최소화 목적함수를 최대화로 전환시키면 위 모형의 정규형은 다음과 같다.

$$
\begin{aligned}
\text{Max}\quad & -4x_1 + 5x_2 - 8(x_3^+ - x_3^-) \\
\text{s.t.}\quad & \\
& 3x_1 + x_2 + 4(x_3^+ - x_3^-) \le 160 \\
& -2x_1 - 8x_2 + 3(x_3^+ - x_3^-) \le -80 \\
& 6x_1 + 4x_2 \le 30 \\
& -6x_1 - 4x_2 \le -30 \\
& 4x_2 + 8(x_3^+ - x_3^-) \le 120 \\
& -4x_2 - 8(x_3^+ - x_3^-) \le 120 \\
& x_1 \ge 0,\ x_2 \ge 0,\ x_3^+ \ge 0,\ x_3^- \ge 0
\end{aligned}
$$

원모형과 정규형과의 유일한 차이는 사실상 목적함수에 있다. 두 경우 변수들의 값은 같은데 이는 제약식들이 수학적으로 동일하기 때문이다.

(2) 표준형

표준형의 특징을 요약하면 다음과 같다.

① 목적함수는 최대화 또는 최소화형이다.

② 비음조건을 제외한 모든 제약식은 등식으로 놓는다.

③ 각 제약식의 우변은 비음값을 갖는다.

④ 모든 변수들은 비음값을 갖는다.

각 부등제약식은 부등호의 방향에 따라 식의 좌변에 비음변수를 더하거나 또는 빼주면 등식으로 놓을 수 있다. 이 비음변수는

첫째, 제약식이 '≤'형일 때는 좌변에 더해 제약식을 등식으로 바꾸어 준다. 이 변수를 잔여변수(slack variable)라고 한다.

둘째, 제약식이 '≥'형일 때는 좌변에서 빼주어 제약식을 등식으로 바꾸어 준다. 이 변수를 잉여변수(surplus variable)라고 한다.

또한 필요할 때마다 제약식의 양변에 -1을 곱하면 우변을 항상 양수로 놓을 수 있으며, 정규형에서 쓴 기본 전환방법을 그대로 사용할 수 있다.

잔여변수의 개념은 제약식의 부등호가 아래와 같을 때

$$a_1x_1 + a_2x_2 \le b,\ b \ge 0$$

좌변에 더해 등식으로 만든다는 것이다.

$$a_1x_1 + a_2x_2 + s_1 = b, \quad s_1 \ge 0$$

반면 잉여변수의 개념은 제약식의 부등호가 위와는 반대로 어느 특정값을 초과할 때

$$p_1x_1 + p_2x_2 \ge q, \quad q \ge 0$$

좌변에서 빼주어 아래와 같이 등식으로 전환시킨다.

$$p_1x_1 + p_2x_2 - s_2 = q, \quad s_2 \ge 0$$

따라서 수리모형을 일반형으로 표현해 보자.

$$\begin{aligned}
&\text{Max } z = \sum_{j=1}^{n} c_j x_j \\
&\qquad\quad \text{s.t.} \\
&\qquad \sum_{j=1}^{n} a_{ij}x_j \le b_i,\ (b_i \ge 0) \qquad i = 1, 2, \cdots\cdots, m \\
&\qquad\qquad x_j \ge 0 \qquad\qquad\qquad\quad j = 1, 2, \cdots\cdots, n
\end{aligned}$$

이 모형을 아래와 같이 표준형으로 나타낼 수 있다.

$$\begin{aligned}
&\text{Max } z = \sum_{j=1}^{n} c_j x_j \\
&\qquad\quad \text{s.t.} \\
&\qquad \sum_{j=1}^{n} a_{ij}x_j + s_i = b_i,\ (b_i \ge 0) \qquad i = 1, 2, \cdots\cdots, m \\
&\qquad\qquad x_j \ge 0 \qquad\qquad\qquad\qquad\quad j = 1, 2, \cdots\cdots, n
\end{aligned}$$

$$s_i \geq 0 \qquad\qquad i = 1, 2, \cdots\cdots, m$$

표준형은 모형을 $m + n$개의 미지수를 가진 한 세트의 m개 방정식들로 변형시키게 된다.

제 8 절 계량분석방법

경영과학 분야의 다양한 계량적 접근방법은 다음과 같이 요약할 수 있으며, 거의 모든 교재들이 이 범위 내에서 방법론을 다룬다.

• **선형계획법**(linear programming)

선형계획법은 목표의 달성 한도를 제한하는 선형제약이 존재할 때 선형목적함수를 최대화 또는 최소화시키기 위해 개발된 문제 해결책이다. 앞에서 논한 생산문제에 대한 수리모형이 선형계획법의 한 가지 예이다.

• **정수계획법**(integer programming)

선형계획법 해의 전체 또는 일부가 정수값을 갖는다는 추가적인 제약이 가해지는 선형계획모형으로 정수선형계획법(integer linear programming)이라고도 한다.

• **비선형계획법**(nonlinear programming)

대부분의 수리모형은 목적함수와 제약식을 선형함수로 나타내지만 산출량과 투입량 간의 관계에서처럼 수확체증 또는 수확체감의 법칙이 작용하여 모형이 비선형관계에 놓이게 되는 경우가 있다. 비선형계획모형은 선형계획모형과는 다르게 목적함수와 제약조건 중 어느 하나가 비선형이거나 또는 동시에 비선형인 경우로, 목적함수나 제약식이 2차식 이상으로 나타나는 모형의 해를 도출하기 위한 기법이다.

• **동적계획법**(dynamic programming)

연속적 의사결정문제를 해결하기 위한 순환적 최적화 접근법으로 상호 관련성을 갖는 다단계 의사결정을 위해 사용되는 수리적 기법이다. 연속적으로 상호 의존된 의사결정을 필요로 하는 문제들에 자주 응용된다.

• **대기행렬모형**(queueing model 또는 waiting-line)

제한된 서비스 시설과 대기행렬에 관련해 경영진이 상황을 이해하고 서비스비용과 대기비용을 최소화하는데 옳은 결정을 내릴 수 있도록 개발된 모형이다.

• **모의실험**(simulation)

다른 의사결정 분석방법들은 수식에서 해를 구했으나 현실의 많은 문제들은 매우 복잡해 모형을 세우기 힘들거나 또는 모형을 세워도 해를 구할 수 없을 때가 많다. 이러한 경우 의사결정자에게 적용가능한 대안적 모형과 분석기법이 모의실험이다. 모의실험은 시간 경과에 따라 전개되는 현실세계 시스템의 운영을 모방하는 기법으로 정의되며, 복잡한 시스템의 분석 및 연구를 위해서 광범위하게 이용된다. 실제의 시스템을 모형화하고 상황변화에 따라 발생가능한 대안을 모형의 실험결과에 따라 평가하고 만족할 만한 해결책을 찾고자 하는 방법이다.

• **PERT/CPM**

경영관리인은 흔히 다양한 부서와 개인들이 수행하는 각기 다른 많은 직무로 구성된 프로젝트를 계획하고, 일정을 짜고, 관리하는 책임을 진다. PERT(program evaluation and review technique)와 CPM(critical path method)기법은 관리인이 프로젝트를 효과적으로 수행하기 위해 시간과 자원의 효율적 배분과 비용 최소화를 이루면서 필요한 모든 활동을 계획하고, 실행하고, 통제하는 것을 돕는다.

• **네트워크모형**(network model)

현실세계의 많은 문제들이 네트워크를 갖추고 있거나 또는 네트워크 형태로 모형화될 수 있다. 복잡한 시스템적 성격의 문제를 네트워크를 사용하여 단순하게 모형화하고, 네트워크이론에서 개발된 해법을 적용해서 해결하는, 사용이 간단하면서도 유용한 문제 해결 수단이다.

• **의사결정이론**(decision theory)

미래의 불확실한 상황 하에서 합리적인 의사결정을 위해 확률이론을 적용한다. 여러 가지의 결정 대안, 그리고 불확실하거나 또는 위험한 패턴의 사건들이 있는 상황에서 최적 전략을 결정하는데 사용된다.

• **목표계획법**(goal programming)

선형계획법이 최대화 또는 최소화 중 한 가지 목적만 가지는데 반해 목표계획법은 다목적을 가능한한 동시에 달성하는 방법을 찾기 위해 개발된 접근법이다. 통상적으로 선형계획법의 틀 안에서 다기준 결정문제를 해결하는 기법으로 목적함수는 우선순위의 목표에 가중치를 정하고 제약조건에는 목적제약조건과 시스템제약조건이 도입된다.

• **재고관리모형**(inventory model)

상품의 수요를 만족시킬 수 있을 만큼 충분한 재고를 보유하면서 동시에 가능한 최저 재고보유비용을 유발하려는 이중 문제점에 처해 있는 경영인에 의해 사용된다.

• **예측**(forecasting)

기업 경영의 미래 양상을 예측하는데 사용되는 기법이며, 주로 회귀분석과 시계열분석을 활용한다. 회귀분석은 단순회귀와 중회귀모형이 모두 이용될 수 있으며, 시계열분석은 평활법, 계절조정, 계절성 제거 등이 포함된다.

• **마아코브분석**(markov analysis)

마아코브모형은 특정 시스템이 시도가 반복됨에 따라 어떻게 전개되어 가는가를 연구하는데 유용하다. 다양한 경영시스템을 확률이론에 입각하여 모형화하고 과거의 변화를 토대로 동적 성격을 파악하여 미래의 변화를 연속적으로 예측하는 데 있다. 마아코브과정은 예를 들어 어느 기간에 작동했던 기계가 다른 기간에는 작동할 것인가 또는 고장날 것인가에 대한 확률을 나타내는데 사용되어 왔다.

• **수송문제**(transportation problem)**와 할당문제**(assignment problem)

수송문제는 다수의 공급처와 수요처 간 물량 운송 시 총수송비용이 최소가 되는 최적 운송로와 수송량을 결정하는 방법이다. 할당문제는 한 집단의 구성 요소들에게 다른 집단의 구성 요소들을 최소비용으로 하나씩 할당시키는 문제로 예를 들어 기계에 작업자 배치, 학교에 학생 배치, 판매지역에 판매원 배치, 연구과제에 연구원 배치 등에 관한 최적 할당문제에 직면했을 때 사용하는 기법이다.

• **게임이론**(game theory)

이해가 상충하는 경쟁적 상황에서 의사결정을 어떻게 내려야 하며, 이 경우 어떤 결과를 기대할 수 있는가에 대한 전략적 결정을 연구하는 행동과학의 한 분야이다. 따라서 게임이론은 경쟁자 간의 전략, 전략 선택에 따른 성과를 대상으로 어떻게 최적전략을 수립할 것인가를 연구하는 분야이다.

연 습 문 제

1. 아래와 같은 생산모형이 있다.

$$\begin{aligned} &\text{Max} \quad cx \\ &\text{s.t.} \\ &ax \leq b \\ &x \geq 0 \end{aligned}$$

여기서 a는 단위당 생산시간, b는 가동시간, c는 단위당 이윤, x는 생산량이다. 이 때 이 기업은 추가로 단위당 이윤이 m, 단위당 생산시간이 n인 상품의 생산을 고려하고 있다. y를 이 상품의 생산량이라고 하면 두 상품이 동시에 생산될 때 수리모형을 구하라.

2. 어느 경영진이 주어진 상황에 대한 두 가지 종류의 수리모형 중에서 택일하려 한다. 한 모형은 실제 상황에 대한 상대적으로 단순한 근사모형이고, 다른 한 모형은 실제 상황을 가능한 가장 정밀하게 수학적으로 나타낸 철저하고 복잡한 모형이다. 이 경우 경영진은 첫째 모형을 선호하는 경향이 있다. 그 이유는?

3. 어느 신규 고객이 대형 금융업체에 1억의 자금을 운용해 달라고 요청했다. 초기의 투자 전략으로 고객은 포트폴리오를 아래와 같이 요약되는 두 주식으로 제한하고 싶어한다.

(단위: 원)

주식	주당 가격	주당 연간 추정 수익	최대 가능 투자
A	55,000	6,500	5,500만
B	35,000	4,500	5,000만

여기서 각 결정변수는 다음과 같이 정의하자.

A: A주식의 수
B: B주식의 수

(1) 고객은 연간 총수익을 극대화하고 싶다. 목적함수는?
(2) 다음의 세 가지 제약식을 세우라.
① 총투자금이 1억원이다.
② A 주식에 대한 최대 투자금은 5,500만원이다.
③ B 주식에 대한 최대 투자금은 5,000만원이다.

4. 한 대기업이 많은 생산라인과 기계류를 사용하여 다양한 종류의 상품을 생산하는 새로운 시설을 완공했다. 고객들의 수요에 제때 맞추지 못하면 판매에 큰 손실이 발생하므로 생산일정에 대한 의사결정이 매우 중요하다. 회사 내에 이러한 생산공정에 대해 경험이 있는 사람이 없고, 매주 새로운 생산일정을 짜야 한다면 왜 기업은 생산일정에 관한 문제에 대해 계량적 접근방법을 고려해야만 하는가?

5. 어느 농장이 100필지의 땅에 채소류와 잡곡류를 재배하고 있다. 한 필지에서 채소류는 30만원, 잡곡류는 40만원의 이익을 본다. 생산과잉에 따른 가격하락 때문에 채소류는 40필지 이상은 심지 않으려 한다. 경작기간 중 노동력은 총 200시간 사용 가능하며 채소류 한 필지 경작에는 2시간, 잡곡류 한 필지 경작에는 5시간이 소요된다. 선형계획모형을 세우라.

6. 경영진은 어느 경우에 질적인 분석을 하여 의사결정을 하고, 또 어느 경우에 계량적 분석을 하여 의사결정을 하게 되는가?

7. 어느 애완동물병원에서는 X와 Y 두 곡류를 섞어 그 날 병원에 있는 애완동물들에게 먹일 사료를 제조한다. X 한 포대는 13,000원이고, 350단위의 단백질과 150단위의 칼슘이 함유되어 있고, Y 한 포대는 18,000원이고 200단위의 단백질과

300단위의 칼슘이 함유되어 있다. 오늘 하루 먹이는데 10,000단위의 단백질과 7,500단위의 칼슘이 함유되어야 한다면 비용을 최소화하면서 위의 여건이 만족되는 모형을 세우라.

8. 한 해산물 가공업체는 일본에 세 가지 상품을 수출한다. 각 상품은 세 가공과정을 차례로 거쳐 완제품이 된다. 다음 달 각 가공과정에 주어진 총노동시간과 상품 단위당 소요되는 노동시간은 아래의 표와 같이 요약된다. 상품 단위당 수출이익은 각각 50, 100, 60엔이며, 목적은 주어진 여건에서 다음 달 수출이윤을 극대화시키는 것이다. 이 문제의 모형을 세우라.

가공과정	제품 1	제품 2	제품 3	총노동시간
A	1.00	1.50	2.00	550
B	0.30	1.00	2.50	450
C	2.00	0.45	0.30	400

제2장

확률의 응용

의사결정은 흔히 다음과 같은 불확실성, 예를 들어 가격을 올리면 판매가 감소할 위험은 얼마나 되는가, 과제가 기간 내에 완료될 공산은 어느 정도인가, 새로운 조립방식이 생산성을 향상시킬 가능성은 얼마인가, 새로운 투자가 얼마나 승산이 있겠는가 등의 분석에 근거해 이루어지게 된다. 확률은 한 사건이 발생할 가능성을 숫자로 나타내는 척도이다. 따라서 확률은 위에 열거한 사건들에 연관된 불확실성의 정도를 측정하는데 사용될 수 있다. 확률이 주어진다면 각 사건이 발생할 가능성을 결정할 수 있다. 확률은 미래 발생할 사건에 관한 불확실성을 측정하고, 표현하고, 또 분석하는 방법을 제공하므로 의사결정에 있어서 중요하다.

확률을 논하는 데 있어서 뚜렷한 결과를 유발하는 어떤 과정을 실험(experiment)이라고 한다. 실험 한 번 시행에 가능한 실험결과 중 단지 한 가지만 발생한다. 실험과 그 결과에 대한 예는 아래와 같다.

실험	실험결과
i. 주사위 던지기	i. 1, 2, 3, 4, 5, 6
ii. 동전 던지기	ii. 앞면, 뒷면
iii. 부품 검사	iii. 정상품, 불량품
iv. 축구경기	iv. 승, 패, 무승부

확률에서 실험의 개념은 과학실험실에서의 개념과는 어느 정도 다르다. 실험과학에서 연구원은 실험이 매번 정확히 같은 방법으로 반복되어 같은 결과가 나온다고

가정한다. 확률에서 실험의 유형은 결과가 가능성에 의해 결정된다. 실험이 정확히 같은 방식으로 반복되어도 다른 결과가 나올 수 있다. 이러한 차이점 때문에 확률에서의 실험은 확률실험(random experiment)이라고 한다.

주사위를 던지는 경우, 1부터 6까지의 여섯 숫자 중에서 어느 한 숫자가 나오게 된다. 이와 같이 어떤 결과가 발생할지 모르는 상황에서 최소한 두 가지 이상의 가능한 결과 중 하나가 임의로 결정되는 과정을 확률실험이라고 한다. 확률실험으로 얻게 되는 결과를 기본결과(basic outcome)라고 하며, 실험에서 얻을 수 있는 모든 기본결과들의 집합을 표본공간(sample space)이라고 한다.

때로는 주사위를 던져 홀수가 나올 것인가 또는 짝수가 나올 것인가와 같은 기본결과들의 어떤 집합에 관심을 가지게 될 경우가 있다. 이와 같이 확률실험으로 얻게 되는 기본결과들의 집합을 사건(event) 또는 사상이라고 하며 표본공간의 부분집합이 된다.

주사위를 한 번 던져서 홀수가 나오는 실험을 고려해 보자. 여기에서 확률실험은 주사위를 던지는 과정이 되고, 기본결과는 {1}, {2}, ⋯, {6}이 되고, 표본공간은 {1, 2, 3, 4, 5, 6}이 된다. 이 때 홀수가 나오는 사건은 {1, 3, 5}가 된다. 이상에서 살펴보았듯이 확률실험의 과정과 결과는 집합의 개념을 사용하면 쉽고 편리하게 표현할 수 있다. 따라서 집합의 개념부터 먼저 살펴보기로 하자.

제 1 절 집합이론

표본공간에서 발생할 수 있는 모든 사건을 포함하는 집합을 전체집합(universal set)이라고 하고, 포함되는 사건이 하나도 없는 집합을 공집합(null set)이라고 한다.

1. 교집합

둘 이상의 사건이 동시에 발생하는 경우, 예를 들어 주사위를 던져 홀수이면서 3 이하인 수가 나오는 경우를 교집합(intersection)이라고 한다. 표본공간 S에서 A와 B 두 사건이 동시에 발생하는 결과는 교집합으로 나타나고 $A \cap B$로 표시한다. K개의 사건 $E_1, E_2, \cdots, E_K$가 있을 때 모든 $E_i\,(i = 1,2,\cdots,K)$의 교집합은 $E_1 \cap E_2 \cap \cdots \cap E_K$가 된다.

주사위 실험에서 홀수면 사건 A, 3 이하의 수가 나오면 사건 B라고 하자.

$$A = \{1, 3, 5\}, \quad B = \{1, 2, 3\}$$

A와 B의 두 사건이 모두 포함되는 경우는 다음과 같이 교집합으로 나타낸다.

$$A \cap B = \{1, 3\}$$

S를 표본공간이라고 할 때 이를 벤다이어그램(Venn diagram)으로 나타내면 [그림 2-1]과 같다.

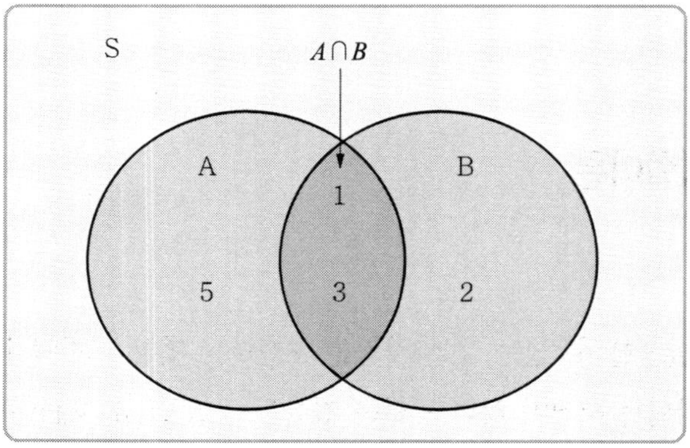

[그림 2-1] 교집합

2. 상호배타적 집합

만일 두 사건이 공통적인 기본결과를 가지고 있지 않다면, 이 사건들은 상호배타적(mutually exclusive)이라고 한다. 즉 두 사건의 교집합이 공집합인 경우를 의미한다.

주사위를 던지는 실험에서 홀수가 나올 사건을 A, 짝수가 나올 사건을 C라고 하면 아래와 같다.

$$A = \{1, 3, 5\}, \qquad C = \{2, 4, 6\}$$

A와 C의 교집합은 다음과 같이 공집합이 되므로 상호배타적이다.

$$A \cap C = \phi$$

이를 벤다이어그램으로 나타낸 것이 [그림 2-2]이다.

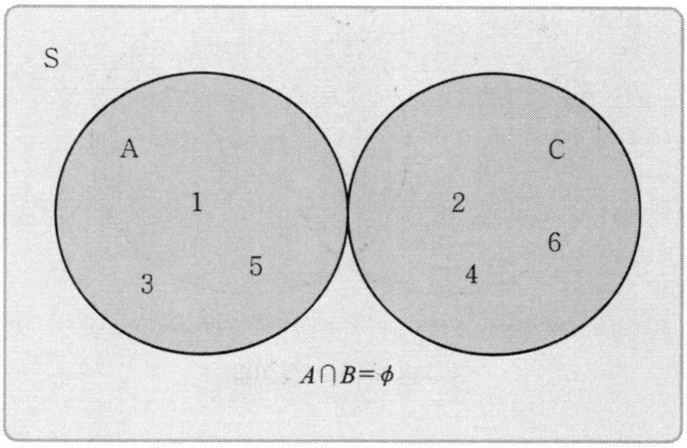

[그림 2-2] 상호배타적인 집합

3. 합집합

합집합(union)은 여러 사건들 중에서 최소한 하나의 사건에 속하는 기본결과들의 집합을 의미한다. A와 B가 표본공간 S의 두 사건이라고 하자. A와 B 둘 중 하나, 또는 모두에 속하는 기본결과들의 집합을 합집합이라 하고 $A \cup B$로 나타낸다. 보다 일반적으로 나타내면 K개의 사건 $E_1, E_2, \cdots, E_K$가 있을 때, 그들의 합집합은 $E_1 \cup E_2 \cup \cdots \cup E_K$와 같이 나타낸다.

주사위를 던지는 실험에서 홀수가 나오는 사건을 A, 3 이하의 숫자가 나오는 사건을 B라고 하면

$$A = \{1, 3, 5\}, \quad B = \{1, 2, 3\}$$

이므로 A와 B의 합집합은 다음과 같이 나타난다.

$$A \cup B = \{1, 2, 3, 5\}$$

이를 벤다이어그램으로 나타내면 다음 [그림 2-3]과 같다.

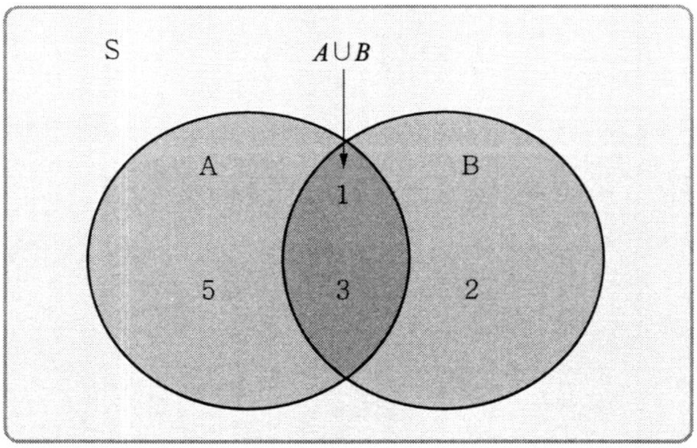

[그림 2-3] 합집합

4. 여집합

전체 집합에서 사건 A가 발생하지 않는 경우를 A의 여집합(complement set)이라고 하며 A', A^c, 또는 $\overline{A}$로 나타낸다. 이 경우사건 A와 여집합 $\overline{A}$는 상호배타적이 된다.

주사위를 던지는 실험에서 홀수가 나타나는 경우를 사건 A라고 하면

$$A = \{1, 3, 5\}$$

가 되고, A의 여집합 $\overline{A}$ 는 전체 집합에서 사건 A가 발생하지 않는 경우이므로

$$\overline{A} = \{2, 4, 6\}$$

이 된다. 이 두 사건의 교집합은 공집합이므로 상호배타적인 집합이 된다. 이를 벤다이어그램으로 나타내면 [그림 2-4]와 같다.

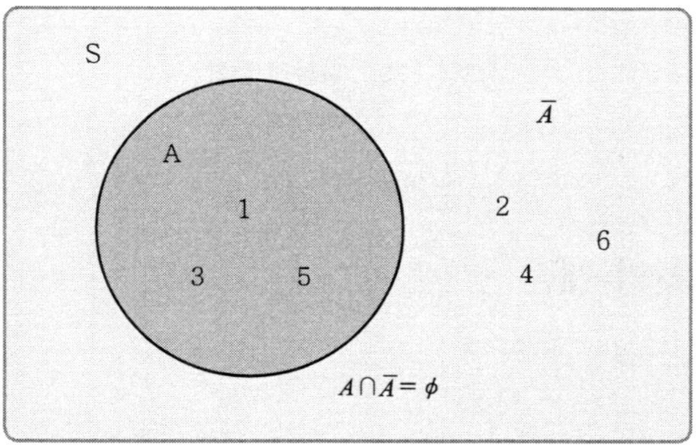

[그림 2-4] 여집합

5. 총괄적 집합

몇 개의 사건들의 합집합이 전체의 표본공간 S를 이루는 경우가 있다. 표본공간 S의 사건들 A, B, C, … 가 있다고 하자. 이들의 합집합이 $A \cup B \cup C \cup \cdots = S$인 경우를 총괄적으로 망라된 집합(collectively exhaustive)이라고 한다.

주사위를 던지는 실험에서 홀수가 나오는 경우를 사건 A, 짝수가 나오는 사건을 C라고 하자. 이 두 사건의 합집합은

$$A \cup C = \{1, 2, 3, 4, 5, 6\}$$

이므로 이 실험에서 표본공간인 전체집합과 동일하게 된다. 이를 벤다이어그램으로 나타내면 [그림 2-5]와 같다.

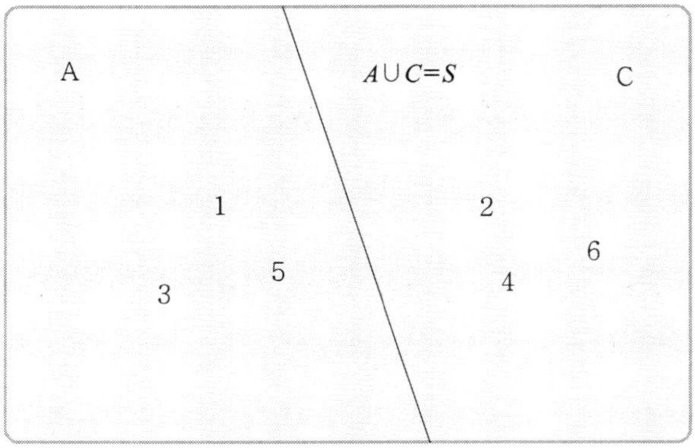

[그림 2-5] 총괄적 집합

제2절 확률의 개념

1. 확률이란 무엇인가?

확률실험이 시행될 때 우리는 어떤 특정 사건이 발생할 가능성에 관심을 갖게 된다. 확률(probability)은 불확실한 상황에서 어떤 사건이 발생할 가능성을 수치로 표현한 것이다. 예를 들어 일기예보에서 내일 비가 올 확률이 90%라고 하면, 우리는 내일 거의 확실히 비가 올 것이라고 생각하게 된다.

확률은 항상 0과 1 사이의 값으로 주어진다. 어떤 사건이 발생할 확률이 0이라는 것은 그 사건이 발생하지 않는다는 것이고, 1이라는 것은 그 사건이 확실히 발생한다는 것이다. 확률이 1에 가까울수록 발생 가능성은 커지게 된다.

확률값은 주관적 확률(subjective probability)과 상대도수에 따라 주어진다. 주관적 확률은 어떤 사건이 발생할 가능성에 대한 개인의 주관적 판단에 따라 주어진다고 볼 수 있다. 한 가지 방법은 공정한 확률(fair bets)을 부여하는 것이다. 예를 들어 동전을 던지는 경우에 앞, 뒷면이 나오는 확률을 각각 $\frac{1}{2}$로 부여하는 것이다.

혹은 주관적으로 개인의 경험, 직감, 믿음 등을 이용하여 어떤 사건에 대하여 개인에 따라 다른 확률을 부여할 수 있다.

다음으로 상대도수를 이용하여 확률을 부여하는 방법에 대해 알아보자. 어떤 확률실험을 반복적이고 독립적으로 하는 것이 가능하다고 할 때 N회의 실험 중에 사건 A가 N_A회 발생했다고 하면 A의 발생비율을 다음과 같다.

$$\text{A의 발생비율} = \frac{N_A}{N}$$

이 때 A의 발생비율은 상대도수의 개념에 해당되며, 시행횟수 N이 무한히 커질 때의 비율 $\frac{N_A}{N}$의 극한값을 확률로 정의할 수 있다.

[**예제 2-1**] 세 가지 결과가 나오는 실험이 60번 반복된 결과, E_1은 15번, E_2는 25번, 그리고 E_3는 20번 발생하였다. 각 발생결과에 확률을 부여하라.

상대도수법을 사용하여 확률을 구하면 $P(E_1) = \frac{15}{60}$, $P(E_2) = \frac{25}{60}$, 그리고 $P(E_3) = \frac{20}{60}$이 된다.

2. 확률의 공리

어떤 확률실험의 표본공간을 S, 기본결과를 O_i, 표본공간 내의 어떤 사건을 A, 그리고 $P(A)$를 사건 A가 발생할 확률이라 하면 $P(A)$는 해당되는 모든 기본결과들이 발생할 확률의 합이 된다. 이 때 확률의 세 가지 기본공리는 다음과 같다.

> 확률의 기본공리
>
> ① $0 \le P(A) \le 1$
>
> ② $P(S) = 1,\ P(\phi) = 0$
>
> ③ $P(\overline{A}) = 1 - P(A)$

공리 ①은 확률이 0과 1 사이의 값을 취하는 것을 의미한다. 공리 ②는 표본공간의 확률은 발생가능한 모든 기본결과들을 포함하기 때문에 1이 된다는 것이고, 공집합은 어떤 기본결과들도 발생하지 않기 때문에 그 확률이 0이 되는 것을 의미한다. 따라서 표본공간의 확률은 다음과 같이 나타낼 수도 있다.

$$P(S) = \sum_{S} P(O_i) = 1 \tag{2.1}$$

즉 , 표본공간의 모든 기본결과들의 합은 1이 됨을 의미한다.

공리 ③은 사건 A의 여집합일 확률, 즉 어떤 사건 A가 발생하지 않을 확률은 전체 사건이 발생할 확률인 1에서 사건 A가 발생할 확률 $P(A)$를 뺀 값과 같다는 것을 의미한다. 위의 세 가지 공리는 다음과 같은 결과로 요약된다. 먼저 식 (2.1)에서

(i) 만일 표본공간 S가 n개의 동일한 기본결과 $O_1, O_2, \cdots, O_n$으로 구성된다면 각각의 확률은 아래와 같이 쓸 수 있다.

$$P(O_i) = \frac{1}{n} \qquad (i = 1, 2, \cdots, n)$$

$P(O_i)$가 모든 i에 대해 같고, 또 $\sum_{i=1}^{n} P(O_i) = 1$이라면 각 기본결과의 확률은 위와 같다. 예를 들어 주사위를 던지면 각 숫자가 나올 확률은 모두 $\frac{1}{6}$이 된다. 이를 근거로 공리 ②에 의해

(ii) 만일 표본공간 S가 n개의 동일한 기본결과들로 구성되고 사건 A가 이 결과들 중 n_A를 차지한다면, 사건 A가 발생할 확률은 다음과 같다.

$$P(A) = \frac{n_A}{n}$$

이 때 사건 A가 발생할 확률은 A에 해당하는 기본결과의 확률들을 모두 합해서 계산한다. 예를 들어 주사위를 한 번 던졌을 때 홀수가 나올 확률은

$$P(A)= P(1)+P(2)+P(3)=\frac{1}{6}+\frac{1}{6}+\frac{1}{6}=\frac{1}{2}$$

과 같이 기본결과 {1}, {2}, {3}의 각 확률인 $\frac{1}{6}$을 모두 더하여 구한다.

(iii) A와 B가 상호배타적인 사건들이라고 하자. 그들의 합집합의 확률은 각각의 확률의 합이 된다. 즉,

$$P(A \cup B)=P(A)+P(B)$$

일반적으로, 만일 $E_1, E_2, \cdots, E_K$가 상호배타적인 사건들이라면

$$P(E_1 \cup E_2 \cup \cdots \cup E_K)=P(E_1)+P(E_2)+\cdots+P(E_K)$$

가 성립한다.

A와 B의 합집합의 확률은

$$P(A \cup B)=\sum_{A \cup B} P(O_i) \tag{2.2}$$

와 같다. A와 B가 상호배타적이므로 어떤 기본결과도 양쪽에 모두 포함되지는 않으므로 식 (2.2)의 우변은 다음과 같이 두 부분으로 분해된다.

$$\sum_{A \cup B} P(O_i)=\sum_{A} P(O_i)+\sum_{B} P(O_i)$$

이 식의 우변은 (ii)의 결과에 의해 $P(A)+P(B)$로 표현할 수 있다.

(iv) 만일 $E_1, E_2, \cdots, E_K$가 총괄적으로 망라된 사건들이라면 그들의 합집합의 확률은

$$P(E_1 \cup E_2 \cup \cdots \cup E_K)=1$$

총괄적으로 망라된 사건들이므로 그들의 합집합은 전체 표본공간 S가 되며 확률은 1이 된다.

주사위를 던지는 확률실험에서 홀수가 나오는 사건을 A, 짝수가 나오는 사건을

C라고 할 때 이 두 사건의 합집합의 확률을 구해 보자. 이 경우 합집합의 확률은 두 사건이 발생할 확률의 합이 된다. 두 사건이 발생할 확률은 각각

$$P(A) = \frac{1}{2}, \quad P(C) = \frac{1}{2}$$

이므로 합집합의 확률은

$$P(A \cup C) = P(A) + P(C) = \frac{1}{2} + \frac{1}{2} = 1$$

이 된다.

제3절 확률법칙

확률의 여러 가지 법칙들을 이용하면 확률의 계산을 보다 쉽게 할 수 있다. 이 법칙들을 살펴보기로 하자.

1. 확률의 덧셈법칙

만일 A와 B가 상호배타적이 아니라면 확률의 덧셈법칙(additional rule of probability)은 공식적으로 아래와 같이 정리된다.

$$P(A \cup B) = P(A) + P(B) - P(A \cap B)$$

확률의 덧셈법칙은 두 사건이 있고 이중 최소한 한 사건이 발생할 확률에 관심이 있을 때 사용된다. 다시 말해 사건 A 또는 사건 B 또는 두 사건이 모두 일어날 확률을 계산하는 방법을 제공한다. 이 때 앞에서 논한 교집합과 합집합의 두 개념이 유용하다. [그림 2-3]에서 보듯이 교집합 $A \cap B$는 두 사건 A와 B에 모두 속하므로 각 사건의 확률을 더하는 $P(A) + P(B)$의 계산에 실제로는 두 번 포함된

다. 이러한 이중계산을 수정하기 위해 교집합 발생확률 $P(A \cap B)$를 빼주게 된다.

> **확률의 덧셈법칙**
> 두 사건 A와 B가 있다. 사건A 또는 B 또는 두 사건 모두 발생할 확률은 아래와 같이 계산된다.
> $$P(A \cup B) = P(A) + P(B) - P(A \cap B)$$

[**예제 2-2**] 주사위를 던지는 확률실험에서 홀수가 나오는 사건을 A, 3이하의 숫자가 나올 사건을 B라고 할 때 확률의 덧셈법칙을 확인해 보라.

$$A = \{1, 3, 5\}, \quad B = \{1, 2, 3\}$$

이므로

$$P(A) = \frac{3}{6} = \frac{1}{2}, \quad P(B) = \frac{3}{6} = \frac{1}{2}$$

이 된다. 또한

$$A \cup B = \{1, 2, 3, 5\}, \quad A \cap B = \{1, 3\}$$

이므로 이에 대한 확률은 각각

$$P(A \cup B) = \frac{4}{6} = \frac{2}{3}, \quad P(A \cap B) = \frac{2}{6} = \frac{1}{3}$$

이 된다. 따라서

$$P(A \cup B) = P(A) + P(B) - P(A \cap B) = \frac{1}{2} + \frac{1}{2} - \frac{1}{3} = \frac{2}{3}$$

이 되므로 확률의 덧셈법칙이 성립함을 알 수 있다.

[**예제 2-3**] 어느 직장에서 직원들의 영어능력 평가를 위해 필기시험을 치른 결과 250명 중 120명이 합격점을 받았고, 또 실기시험에서는 95명이 합격점을 받은

것으로 나타났다. 두 시험 모두 합격점을 받은 사람은 80명인 것으로 판명되었다. 이 때 두 사건을 아래와 같이 정의하자.

A: 필기시험에서 합격점을 받은 사건
B: 실기시험에서 합격점을 받은 사건

상대도수의 개념에 따른 각 사건의 발생비율은 다음과 같다.

$$P(A) = \frac{120}{250} = 0.48$$

$$P(B) = \frac{95}{250} = 0.38$$

$$P(A \cap B) = \frac{80}{250} = 0.32$$

이 기업체의 경영진은 최소한 한 가지 시험에서만 합격점을 받으면 합격한 것으로 인정하기로 결정했다. 이 때 어느 직원이 영어능력 평가에서 합격점을 받을 확률은 얼마인가?

A와 B 두 사건의 합집합에 관한 확률문제이므로 구하고자 하는 확률은 $P(A \cup B)$이다. 두 사건에 대한 덧셈법칙의 원리를 이용하여 아래와 같이 확률을 구한다.

$$\begin{aligned} P(A \cup B) &= P(A) + P(B) - P(A \cap B) \\ &= 0.48 + 0.38 - 0.32 \\ &= 0.54 \end{aligned}$$

따라서 결과는 한 직원이 영어능력 평가시험을 통과하는 확률이 54%임을 말해준다.

확률의 덧셈법칙이 상호배타적 사건에 어떻게 적용되는지 살펴보기로 하자. [그림 2-2]에서 보듯이 둘 이상의 사건들에 공통점이 없으면 상호배타적이라고 한다. 즉 [그림 2-1]과 같이 사건의 교집합점들이 없다는 뜻이다. 두 사건이 상호배타적이라면 $P(A \cap B) = 0$이 되며, 덧셈법칙은 아래와 같이 성립된다.

$$P(A \cup B) = P(A) + P(B)$$

따라서 상호배타적인 두 사건의 합에 대한 확률을 구하기 위해서는 단순히 해당 확률을 더하면 된다.

2. 조건부확률

사건 A가 있고 발생할 확률이 $P(A)$일 때, 다른 사건 B가 이미 일어났었다는 정보를 얻게 되었다. A와 B가 관련이 있다면 이러한 정보는 사건 A에 대한 새로운 또는 갱신된 확률을 계산하는데 유익하게 사용될 수 있다. B가 발생했다는 조건하에서 A가 발생할 확률을 조건부확률(conditional probability)이라고 하고 $P(A|B)$로 나타낸다. 조건부확률의 기본개념은 어떤 사건의 발생가능성이 이전에 발생한 다른 관련 사건에 의해 영향을 받는다는 것이다.

> **조건부확률**
> 두 사건 A, B가 있다고 하자. 사건 B가 발생했을 때 사건 A가 일어날 조건부확률은 다음과 같이 정의된다.
>
> $$P(A|B) = \frac{P(A \cap B)}{P(B)} \qquad 단,\ P(B) > 0$$
>
> 또 A가 발생했을 때 B가 일어날 조건부확률은 같은 원리에 의해 아래와 같이 정의된다.
>
> $$P(B|A) = \frac{P(A \cap B)}{P(A)} \qquad 단,\ P(A) > 0$$

[예제 2-4] 어느 항공사의 국제항공편이 정시에 출발하는 확률은 $P(M) = 0.78$이고, 정시에 도착하는 확률은 $P(N) = 0.85$이며, 정시에 도착하고 출발하는 확률은 $P(M \cap N) = 0.68$이다. 이 때

(1) 정시에 출발한 한 항공편이 정시에 도착하는 확률은?

$$P(N|M) = \frac{P(M \cap N)}{P(M)} = \frac{0.68}{0.78} = 0.87$$

(2) 정시에 도착한 한 항공편이 정시에 출발하는 확률은?

$$P(M|N) = \frac{P(M \cap N)}{P(N)} = \frac{0.68}{0.85} = 0.80$$

[**예제 2-5**] 어느 신도시에 사는 100명의 시민들에게 그 도시의 음식점들에 대한 만족도를 질문하였다. 음식점에 대한 만족도는 그 도시에 거주했던 기간과 관련이 있다고 보고 거주기간까지 조사한 결과는 [표 2-1]과 같다. 거주기간이 5년 미만일 때 음식점에 대해 불만일 확률을 구하라.

[표 2-1] 만족도와 거주기간

(단위: 명)

만족도	거주기간		
	5년 미만	5년 이상	합계
불 만	56	3	59
만 족	14	27	41
합 계	70	30	100

위의 자료를 발생빈도에 따라 확률로 나타내면 [표 2-2]와 같이 나타난다. 각 확률 0.56, 0.03, 0.14, 0.27은 두 사건의 교집합에 대한 확률이므로 결합확률(joint probability)이라고 한다. 표의 가로와 세로의 합계를 나타내는 확률은 각 사건의 확률을 따로 나타낸다. 말하자면 거주자 중 59%가 음식점에 불만이고, 41%는 만족하며, 또 70%는 5년 미만 거주했고, 30%는 5년 이상 거주했다는 뜻이다. 이렇게 결합확률표의 주변에 위치한 각 확률을 주변확률(marginal probability)이라고 한다.

[표 2-2] 만족도와 거주기간의 확률

만족도	거주기간		
	5년 미만	5년 이상	합계
불 만	0.56	0.03	0.59
만 족	0.14	0.27	0.41
합계	0.70	0.30	1.00

음식점에 불만일 경우를 사건 A라고 하고, 거주기간이 5년 미만일 경우를 사건 B라고 하자. 그러면 음식점에 만족하는 경우는 $\overline{A}$, 거주기간이 5년 이상인 경우는 $\overline{B}$로 표현된다. 위의 확률을 벤다이어그램으로 나타내면 [그림 2-6]과 같다.

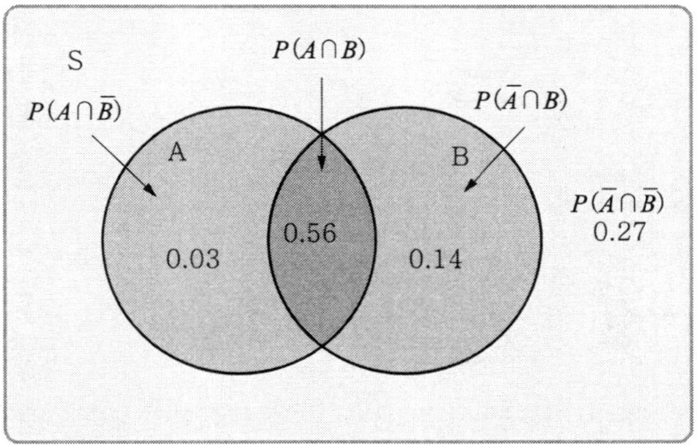

[그림 2-6] 만족도와 거주기간의 벤다이어그램

거주기간이 5년 미만, 즉 사건 B일 때 음식점에 대해 불만, 즉 사건 A일 확률은 조건부확률 $P(A|B)$를 구하는 것이다. 이를 계산하면 다음과 같다.

$$P(A|B) = \frac{P(A \cap B)}{P(B)}$$

$$= \frac{0.56}{0.70}$$

$$= 0.80$$

즉 이 도시에서 거주기간이 5년 미만인 경우 이 도시의 음식점에 불만일 확률은 0.8이다.

조건부확률은 지금까지 보았듯이 $P(B|A) \neq P(B)$였다. 즉 B와 A는 서로 연관성이 있음을 나타낸다. 이번에는 다른 경우의 예로 52장의 트럼프카드에서 두 장을 잇달아 꺼낸 후 다시 환원시키는 실험에 대해 고려해 보자. 이 때 두 사건을 아래와 같이 정의한다.

A: 첫째 카드가 에이스인 사건

B: 둘째 카드가 스페이드인 사건

첫 카드가 환원되므로 표본공간은 첫째와 둘째 시도 모두 4장의 에이스와 13장의 스페이드가 있는 52장이 된다.

따라서

$$P(B|A) = \frac{13}{52} = \frac{1}{4}$$

그리고

$$P(B) = \frac{13}{52} = \frac{1}{4}$$

여기에서 $P(B|A) = P(B)$이고, B가 발생할 확률은 A의 발생 여부에 관계없이 결정되므로 A와 B는 서로 독립적이다.

> **조건부확률: 사건이 서로 독립적인 경우**
> 두 사건 A와 B간에 아래와 같은 관계가 성립된다면 A와 B는 서로 통계적으로 독립이다.
>
> $$P(B \mid A) = P(B)$$
>
> 또는
>
> $$P(A \mid B) = P(A)$$
>
> 그렇지 않는 경우는 A와 B는 서로 독립적이 아니다.

3. 확률의 곱셈법칙

이제는 조건부확률의 개념을 이용하여 교집합의 개념과 유사한 확률의 곱셈법칙(multiplication rule of probability)에 대해 살펴보자. 두 사건 A와 B가 있을 때, 이들의 교집합의 확률은 조건부확률의 정의는

$$P(A|B) = \frac{P(A \cap B)}{P(B)}$$

로부터

$$P(A \cap B) = P(A|B) \cdot P(B)$$

가 된다.

확률의 곱셈법칙
두 사건 A와 B가 있을 때,

$$P(A \cap B) = P(A|B) \cdot P(B)$$

또는

$$P(A \cap B) = P(B|A) \cdot P(A)$$

지금까지는 한 사건이 발생함으로써 다음에 발생할 사건에 영향을 주는 경우를 살펴보았는데, 이와 같은 사건을 통계적으로 종속(statistically dependent)인 사건이라고 한다. 그러나 어떤 사건의 발생이 다른 사건의 발생에 영향을 주지 않는 경우가 흔히 있다. 이러한 경우 두 사건은 통계적으로 독립(statistically independent)인 사건이라고 한다. 예를 들어 오늘 출장간다라는 사건은 오늘 비가 온다라는 사건에 영향을 주지 않으므로 통계적으로 독립인 사건이다.

통계적으로 독립인 두 사건인 경우에 확률의 곱셈법칙은 다음과 같다.

$$P(A \cap B) = P(A) \cdot P(B|A) = P(A) \cdot P(B)$$

통계적 독립이기 위한 필요충분조건
두 사건 A, B가 있을 때

$$P(A \cap B) = P(A) \cdot P(B)$$

따라서 곱셈법칙에 의해 조건확률은 아래와 같다.

$$P(A \mid B) = P(A), \quad P(B) > 0$$

$$P(B \mid A) = P(B), \quad P(A) > 0$$

일반적으로 나타내면 사건 $E_1, E_2, \cdots, E_K$가 통계적으로 독립이면 다음을 만족한다.

$$P(E_1 \cap E_2 \cap \cdots \cap E_K) = P(E_1) \cdot P(E_2) \cdots \cdot P(E_K)$$

[**예제 2-6**] 어느 회사에 근무하는 10명의 직원 중 5명은 남자이고, 나머지 5명은 여자이다. 또 이 중 4명이 고임금을 받고 있고, 나머지 6명은 저임금을 받고 있다. 더 자세히 보니 남자이면서 고임금을 받는 사람은 2명이고, 여자이며 저임금을 받는 사람은 3명이다. 임의로 선택한 한 명의 직원이 남자일 경우와 고임금을 받을 경우 독립성을 검토해 보라.

위의 예제를 정리하면 [표 2-3]과 같이 나타낼 수 있다.

[표 2-3] 성별과 임금수준

(단위: 명)

성 별	임금수준		합계
	고임금	저임금	
남 자	2	3	5
여 자	2	3	5
합 계	4	6	10

발생빈도를 확률로 나타내면 [표 2-4]와 같다.

[표 2-4] 성별과 임금수준의 확률

성 별	임금수준		합계
	고임금	저임금	
남 자	0.2	0.3	0.5
여 자	0.2	0.3	0.5
합 계	0.4	0.6	1.0

예제에서 남자일 사건을 A라고 하고, 고임금일 사건을 B라고 하자. 그러면 여자인 사건은 $\overline{A}$, 저임금인 경우에는 $\overline{B}$로 표현할 수 있다. 위의 확률을 벤다이어그램으로 나타내면 [그림 2-7]과 같다.

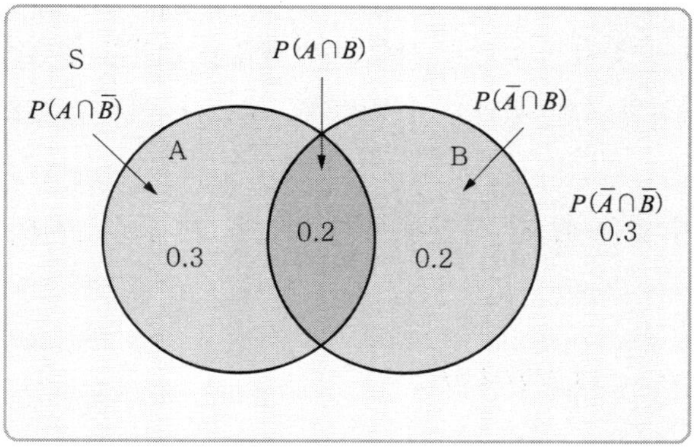

[그림 2-7] 성별과 임금수준의 벤다이어그램

사건 A 와 사건 B 의 교집합의 확률이

$$P(A\cap B)=0.2$$

이고, 각 사건의 확률의 곱은

$$P(A)P(B)=0.5\times 0.4=0.2$$

이므로

$$P(A\cap B)=P(A)\cdot P(B)$$

가 성립한다. 따라서 남자라는 사건과 고임금을 받는다는 사건은 통계적으로 독립이다. 즉 이 회사에서는 성별에 따라 임금차별을 하지 않는다고 할 수 있다.

제 4 절 베이즈정리

앞에서 확률의 법칙에 대해 살펴보았다. 이제 어떤 사건에 대한 추가적인 정보가 주어졌을 때 확률을 구하는 방법에 대해 알아보자.

예를 들어 한 투자가가 어느 특정 증권에 관심이 있어서 그 증권에 투자함으로써 이윤을 취할 수 있는 확률에 대해 판단을 내리려 한다고 하자. 만약 그가 이 증권이 전문가에 의해 추천되고 있다는 사실을 안다면 전문가의 능력에 대한 신뢰도에 따라 투자가는 자신의 초기 판단을 수정할지도 모른다. 여기서 새로운 정리가 도출된다.

사건 A와 B가 있을 때 각 사건에 대한 확률을 $P(A)$와 $P(B)$라고 하자. 확률의 곱셈법칙은

$$P(A \cap B) = P(A|B)P(B)$$

또는

$$P(A \cap B) = P(B|A)P(A)$$

이다. 이 두 식의 좌변은 동일하므로

$$P(A|B)P(B) = P(B|A)P(A)$$

로 놓고, 양변을 $P(A)$로 나누면 다음과 같은 식을 얻게 된다.

$$P(B|A) = \frac{P(A|B)P(B)}{P(A)} \tag{2.3}$$

이를 베이즈정리(Bayes' Theorem)라고 한다.

어느 개인이 사건 B에 관심이 있어서 B가 발생할 확률이 얼마인가를 생각하고 있다고 하자. 이 때 사건 A가 일어났다는 추가적인 정보를 얻는다면 B가 발생할 확률에 대한 그의 초기 판단에 수정을 가하게 될 것이다. 사건 A의 확률을 $P(A)$라고 하면 이는 A의 발생에 대한 초기 정보가 되고, 이를 사전확률(prior probability)이라고 한다. 사건 A가 발생했을 때 사건 B가 일어날 확률은 조건부확률이 된다. 사건 A가 발생했다는 추가적인 정보에 따라 B가 발생할 확률을 수정하게 되므로 이와 같이 수정된 확률을 사후확률(posterior probability)이라고 한다. 베이즈정리는 사전확률이 정보가 추가됨에 따라 사후확률로 되는 메커니즘이라고 하겠다.

> **베이즈정리**
> 사건 A와 B가 있을 때
> $$P(A|B)=\frac{P(B|A)P(A)}{P(B)}$$
> 또는
> $$P(B|A)=\frac{P(A|B)P(B)}{P(A)}$$

[**예제 2-7**] 어느 대기업의 작년 회계계정을 조사했을 때 감사관은 계정의 15%에 오류가 있음을 발견했다. 이 오류 중에서 60%는 과거의 수치를 근거로 볼 때 크게 다르다고 간주되었다. 또한 모든 계정 중에서 20%는 크게 다른 값들이었다. 만약 한 특정 계정에 있는 수치가 크게 다르다고 나타났다면 이것이 오류일 확률은 얼마가 될까?

오류가 발생할 사건을 A, 크게 다른 값이 존재할 사건을 B라고 하면 각각의 확률은 다음과 같다.

$$P(A)=0.15, \qquad P(B)=0.20$$

그리고 사건 A가 발생했을 때 사건 B가 발생할 확률은

$$P(B|A)=0.60$$

이므로 베이즈정리에 의해 다음과 같은 확률이 구해진다.

$$P(A|B)=\frac{P(B|A)\cdot P(A)}{P(B)}$$
$$=\frac{(0.60)(0.15)}{0.20}$$
$$=0.45$$

따라서 계정이 크게 다르게 나타났다는 정보가 사전에 주어졌을 때 계정에 오류가 있을 확률은 0.15에서 0.45로 수정되었다.

베이즈정리는 동일하기는 하지만 다른 형태로도 표현된다. 이제 $E_1, E_2, \cdots, E_K$를 상호배타적이고 총괄적으로 망라된 사건들이라고 하고, A를 다른 어떤 사건이라고 하자. 이 때 어떤 i에 대해 A가 주어졌을 때 사건 E_i의 조건부확률을 알고자 한다면 위의 베이즈정리 공식에서 B를 E_i로 바꾸어 다음과 같이 나타낼 수 있다.

$$P(E_i|A) = \frac{P(A|E_i)P(E_i)}{P(A)}$$

$E_1 \cap A,\ E_2 \cap A,\ \cdots,\ E_K \cap A$ 는 상호배타적이며, 그들의 합집합은 A임을 이미 알고 있다. 따라서 A의 확률은 다음과 같다.

$$P(A) = P(E_1 \cap A) + P(E_2 \cap A) + \cdots + P(E_K \cap A) \tag{2.4}$$

또 확률의 곱셈법칙에 의해 아래와 같이 성립된다.

$$P(E_j \cap A) = P(A|E_j)P(E_j) \qquad j = 1, 2, \cdots, K \tag{2.5}$$

식 (2.5)를 (2.4)에 대입하면

$$P(A) = P(A|E_1)P(E_1) + P(A|E_2)P(E_2) + \cdots + P(A|E_K)P(E_K) \tag{2.6}$$

이 되므로 앞의 베이즈정리의 공식 (2.3)에 B 대신 E_i, $P(A)$ 대신 식 (2.6)을 대입하면 다음과 같이 일반형의 공식으로 변형시킬 수 있다.

$$\begin{aligned} P(E_i|A) &= \frac{P(A|E_i)P(E_i)}{P(A|E_1)P(E_1) + P(A|E_2)P(E_2) + \cdots + P(A|E_K)P(E_K)} \\ &= \frac{P(A|E_i)P(E_i)}{\sum_{j=1}^{K} P(A|E_j)P(E_j)} \end{aligned}$$

[**예제 2-8**] 한 부속품이 생산되고 있는 일련의 조립과정에서 일하고 있는 어느 검사관은 부속품들이 그가 일하는 곳을 지나갈 때 합격, 불합격 여부에 대해 신

속한 결정을 내려야만 한다. 그의 앞을 지나가는 모든 부속품들 중 10%는 부적격 판정을 받고 있는 것으로 밝혀졌다. 부적격 판정을 받은 부속품들 중 80%는 불량품이라는 것이 자세한 검사결과 밝혀졌다. 반면 합격 판정을 받은 부속품들 중에서 5%가 불량품이라고 밝혀졌다. 그렇다면 이 검사관이 불량부속품에 합격 판정을 내릴 확률은 얼마가 될까?

합격 판정을 내릴 사건을 A, 불합격 판정을 내릴 사건을 B라고 하면 각각의 확률은 다음과 같다.

$$P(A) = 1 - P(B) = 0.9 \qquad P(B) = 0.1$$

또한 사건 A가 발생했을 때 불량품일 확률과 사건 B가 발생했을 때 불량품일 확률은 각각 다음과 같다.

$$P(\text{불량품}|A) = 0.05, \qquad P(\text{불량품}|B) = 0.80$$

따라서 베이즈정리에 의해

$$\begin{aligned} P(A|\text{불량품}) &= \frac{P(\text{불량품}|A)P(A)}{P(\text{불량품}|A)P(A) + P(\text{불량품}|B)P(B)} \\ &= \frac{(0.05)(0.90)}{(0.05)(0.90) + (0.80)(0.10)} \\ &= 0.36 \end{aligned}$$

이 된다.

연 습 문 제

1. 어느 대기업 신입사원들의 혼인 여부에 대해 조사한 결과는 아래와 같다.

기혼(E_1)	미혼(E_2)	기타(E_3)	계
125	407	28	560

(1) 한 신입사원의 혼인 여부에 대한 확률을 부여하기 위해서는 어떤 방법을 사용해야 할까?

(2) 확률을 부여한 결과는 어떻게 나오는가?

2. 부부의 TV 시청습관에 대한 한 연구에서 25%의 가장과 30%의 주부가 특정 인기연속극의 고정시청자로 조사되었다. 조사 대상 부부 중 14%는 부부가 함께 고정 시청자인 것으로 나타났다. 부부 중 최소한 한 쪽이 이 연속극의 고정 시청자일 확률은?

3. $E_1 = \{x \mid 4 < x < 7\}$이고 $E_2 = \{y \mid 6 < y < 15\}$라면 E_1과 E_2의 합집합은?

4. $S=\{1, 2, 3, 4, 5, 6, 7, 8, 9\}$, $E_1=\{2, 4, 7, 9\}$, $E_2=\{1, 3, 5, 7, 9\}$, $E_3=\{2, 3, 4, 5\}$, $E_4=\{1, 6, 7\}$이라면 다음의 사건에 해당하는 집합의 원소들을 열거하라.

(1) $E_1 \cap \overline{E_3}$ (2) $E_1 \cap E_3 \cap \overline{E_4}$ (3) $\overline{E_1} \cup E_3$

5. 어느 주식중개인은 과거의 경험에 비추어 볼 때 현재의 경제여건 아래서 한 고객이 채권에 투자할 확률이 0.55, 해외펀드에 투자할 확률이 0.25, 또 이 둘에 모두 투자할 확률은 0.12로 보고 있다. 현 시점에서 한 고객에 대해 아래 확률을 구하라.

(1) 채권이나 또는 해외펀드에 투자.

(2) 채권이나 해외펀드 모두에 투자 않는다.

6. 어느 지역에 위치한 100개 법인의 이번 달 전기세는 다음의 도수분포를 가진 것으로 나타났다.

(단위 : 원)

금액	5만 미만	10만 미만	15만 미만	20만 미만	25만 미만
법인수	15	23	33	22	7

(1) M을 월 전기세가 15만원 미만인 사건이라 할 때 $P(M)$는?

(2) N을 월 전기세가 15만원 이상인 사건이라 할 때 $P(N)$는?

7. 두 사건 E_1과 E_2에 대해 $\mathrm{P}(E_1) = 0.48$, $\mathrm{P}(E_2) = 0.58$, 그리고 $\mathrm{P}(E_1 \cap E_2) = 0.42$라면 아래 물음에 답하라.

(1) $P(E_1 \mid E_2)$를 구하라.

(2) $P(E_2 \mid E_1)$을 구하라.

(3) E_1과 E_2는 독립적인가 아닌가. 그 이유는?

8. 어느 대기업의 장기근속 여직원 90명의 건강관리에 대해 조사해 보니 36명은 수영을 하고, 27명은 요가를 하며, 9명은 두 가지를 다 하는 것으로 밝혀졌다. 한 장기근속 여직원 건강관리를 위해 수영을 하거나 요가를 하는 확률은?

9. 사건과 그에 따른 확률이 아래와 같다.

A_1 : 한 사람이 암으로 사망하는 사건

A_2 : 한 사람이 심장병으로 사망하는 사건

$P(A_1) = 0.20 \quad P(A_2) = 0.15$

(1) 두 사건이 상호배타적인가? 한 사람이 암이나 또는 심장병으로 사망하는 확

률은?

(2) 한 사람이 암 이외의 요인으로 사망하는 확률은?

10. 사건 E_1, E_2, 또 E_3에 대한 사전확률은 각각 $P(E_1) = 0.25$, $P(E_2) = 0.45$, 또 $P(E_3) = 0.30$이다. 사건 E_1, E_2, 또 E_3가 주어졌을 때 사건 A의 조건부 확률은 각각 $P(A \mid E_1) = 0.45$, $P(A \mid E_2) = 0.35$, 그리고 $P(A \mid E_3) = 0.30$이다.

(1) $P(A \cap E_1)$, $P(A \cap E_2)$, 또 $P(A \cap E_3)$를 각각 계산하라.

(2) Bayes 정리를 적용하여 사후확률 $P(E_2 \mid A)$를 구하라.

11. 어느 치과에서는 치아 검진을 자주하는 고객들이 치아 손상이 적은지 알고 싶다. 기본적인 조사를 실시한 결과는 아래와 같이 요약된다.

치과 방문	치아 손상도		
	높다	보통이다	낮다
자　주	0.11	0.48	0.20
가　끔	0.08	0.06	0.07

(1) 어느 고객이 자주 방문하면서 치아 손상이 높은 확률은?

(2) 위의 확률을 무슨 확률이라 하는가, 또 이유는?

(3) 어느 고객이 치아 손상이 낮을 주변확률은?

(4) 치아 손상이 낮은 고객이 자주 방문할 가능성은?

(5) 사건 '높다'와 사건 '자주'는 독립적인가?

(6) 어느 고객이 치과를 가끔 방문할 주변확률을 구하라.

(7) 치과를 가끔 방문하는 고객이 치아 손상이 높을 가능성은?

(8) 사건 '높다'와 사건 '가끔'은 독립적인가?

(9) 어떤 고객이 치과를 자주 방문할 가능성, 즉 주변확률은?

(10) 어떤 고객의 치아 손상도가 보통일 가능성은?

(11) 어떤 고객이 자주 방문하거나 또는 치아손상이 낮을 가능성은?

12. 어느 인터넷 상거래업체는 고객의 주문을 처리하는데 있어서 다음 세 가지 사고에 대해 고려하고 있다.

A. 다른 품목을 보냈다. $P(\mathrm{A}) = 0.02$

B. 품목이 배달 중 분실되었다. $P(\mathrm{B}) = 0.01$

C. 품목이 배달 중 파손되었다. $P(\mathrm{C}) = 0.04$

사건 A는 사건 B, C와 독립적이라고 하자. 또 사건 B와 C는 상호배타적이라고 하자. 임의로 선정한 한 주문에 세 가지 사고 중 최소한 한 가지가 발생할 확률을 구하라.

13. 어느 골프 컨추리클럽의 멤버 3명이 운영위 회장 후보로 추대되었다. A가 당선될 확률은 0.3, B가 당선될 확률은 0.5, C가 당선될 확률은 0.2이다. A가 당선되면 멤버십 비용이 상승할 확률이 0.8, B가 당선되면 0.1, C가 당선되면 0.4이다.

(1) 멤버십비가 상승할 확률은 얼마인가?

(2) 어떤 사람이 클럽 가입을 고려 중이지만 멤버십비가 상승했는가를 보기 위해 결정을 몇 주 미루고 있다면 C가 회장으로 당선되었을 확률은?

14. 아래의 결합확률분포는 어느 동에 사는 고소득 200가구의 국산과 외제 승용차 보유현황에 대한 설문조사 결과를 요약한 것이다.

		국산차		계
		보유	미보유	
외제차	보유	0.20	0.05	0.25
	미보유	0.70	0.05	0.75
계		0.90	0.10	1.00

(1) 국산차와 외제차 소유권을 비교하기 위해 주변확률을 계산하라.

(2) 위의 표에서 0.20은 무엇을 의미하는가?

(3) 한 가구가 국산이든 외제든 차량을 소유한 확률은?

(4) 외제차를 보유한 한 가구가 국산차량도 소유한 확률은?

(5) 국산차를 소유한 한 가구가 외제차도 소유하는 확률은?

(6) 국산차와 외제차 소유권은 독립적 사건인가?

제2부

수리계획 모형

제 3 장 선형계모형의 도해법
제 4 장 심플렉스 해법
제 5 장 감도분석
제 6 장 수송문제와 할당문제
제 7 장 정수계획법

제 3 장

선형계획모형의 도해법

서론에서 언급했던 바와 같이 수리모형은 일반적으로 모형 자체만으로는 해를 구할 수 없다. 그러나 결정변수가 두 개인 경우 도해적 방법에 의해 해를 구하는 것이 가능하다. 두 개의 결정변수 x_1과 x_2가 있을 때 그래프의 수평축에는 x_1의 값, 수직축에는 x_2의 값을 나타내면 x_1과 x_2의 값이 모두 0인 점(x_1, x_2)는 원점에 해당한다. 정의에 의해 각 결정변수는 음의 값을 가질 수 없고, $x_1 \geq 0$, $x_2 \geq 0$이 되므로 그래프의 제1상한만 고려하면 된다. 결정변수가 두 개인 경우 어떻게 도해법으로 최적해를 구하며, 어떤 분석이 가능한가를 자세히 살펴보도록 하자.

제 1 절　도해적 접근법의 개발과정

다양한 제조업체의 상품 생산에 중간재로 사용되는 제품을 공급하는 기업이 있다. 어떤 특정 생산과정에서 네 가지 원료가 공산품 제조업체에 공급되는 제품 A와 가정용품 제조업체에 공급되는 제품 B를 생산하는데 사용된다. 이 기업의 원료와 제품 생산에 관한 정보는 아래의 표와 같이 요약된다.

[표 3-1] 각 제품의 원료 사용량

(단위: 톤)

제 품	원료 1	원료 2	원료 3	원료 4
A	0.5	0.4	0.1	0
B	0.3	0.5	0	0.2
계	18	19.6	3.8	5

[표 3-1]에 의하면 A제품 1톤은 0.5톤의 원료 1, 0.4톤의 원료 2, 또 0.1톤의 원료 3의 혼합물이다. B제품 1톤은 0.3톤의 원료 1, 0.5톤의 원료 2, 또 0.2톤의 원료 4로 구성된다. 이 기업의 생산은 네 가지 원료의 사용 가능성에 의해 제약을 받는다. 현 생산기간에 사용할 수 있는 각 원료의 양은 [표 3-1]의 하단에 있다. 부패와 생산 과정의 성격 때문에 현 생산에 사용되지 않는 원료는 폐기된다.

경리부서의 분석 결과 톤당 이윤은 제품 A는 60만원, B는 45만원으로 계산되었다. 경영진은 잠재적 수요여건을 고려해 볼 때 제품의 가격이 합리적으로 정해져 생산품은 모두 판매될 것으로 확신하고 있다. 기업의 목적은 총이윤을 극대화시키기 위해 이번 생산기간 동안 각 제품을 몇 톤씩 생산해야 하는가를 결정하는 것이다. 따라서 결정변수들을 먼저 정의하고, 목적함수와 제약식들로 구성된 수리모형을 설정한다.

이윤 극대화를 위해 각 제품을 몇 톤씩 생산하는가를 결정해야 하므로 결정변수들을 아래와 같이 정의한다.

x_1 : 제품 A의 생산량

x_2 : 제품 B의 생산량(단위: 톤)

이윤은 A와 B 두 제품의 생산에서 발생하게 된다. 단위를 만원으로 잡으면 A제품 x_1톤 생산할 때 $60x_1$의 이윤이 발생한다. 마찬가지로 B제품도 x_2톤이 생산되면 $45x_2$의 이윤이 유발된다. 총이윤을 π로 표시하면 아래와 같다.

$$\pi = 60x_1 + 45x_2 \tag{3.1}$$

최적해는 총이윤을 극대화시키는 생산조합이므로 최대의 π값을 주는 x_1과 x_2의 값을 결정해야 한다. 문제에서 A와 B의 어떤 특정 생산조합도 해가 된다. 그러나 모든 제약식들을 동시에 만족시키는 해만이 가능해(feasible solution)가 되며, 최대 이윤을 주는 특정 가능해를 최적해라고 한다. 가능해(optimal solution)를 결정하는 과정은 각 제약식을 식별하는 것부터 시작한다.

사용 가능한 원료들의 양이 제한되어 있으므로 두 제품의 생산량은 제약을 받게 된다. [표 3-1]을 보면 제품 A는 톤당 원료 1을 0.5톤씩 사용한다. 따라서 제품 A의 x_1톤 생산에 사용되는 원료 1은 $0.5x_1$톤이 된다. 제품 B는 톤당 0.3톤의 원료 1을 사용하므로 $0.3x_2$톤의 원료 1을 사용하게 된다. A제품 x_1톤과 B제품 x_2톤을 생산하는데 필요한 원료 1의 양은 최대 18톤까지 주어져 있으므로 원료 1에 대해서는 아래의 식이 만족되어야 한다.

$$0.5x_1 + 0.3x_2 \leq 18$$

같은 원리로 원료 2에 대한 제약식은 아래와 같다.

$$0.4x_1 + 0.5x_2 \leq 19.6$$

제품 B의 생산에 원료 3은 필요하지 않으나, 제품 A의 생산에는 톤당 0.1톤의 원료 3이 필요한 것으로 나타나며 이는 주어진 3.8톤 이내에서 해결해야 한다. 따라서 제약식은 다음과 같다.

$$0.1x_1 \leq 3.8$$

제품 A의 생산에는 원료 4가 사용되지 않지만 제품 B 생산에는 톤당 0.2톤의 원료 4가 필요하며, 5톤이 주어져 있으므로 아래와 같은 제약식이 성립된다.

$$0.2x_2 \leq 5$$

마지막으로 생산량 x_1과 x_2는 음수가 될 수 없으므로 비음조건을 추가한다.

이상 보았듯이 현실세계의 목적과 제약들을 한 세트의 수학적 관계로 바꾸면 아래와 같은 수리모형이 완성된다. 목적함수는 총이윤인 (3.1)을 최대화시키는 식이다.

$$\begin{aligned} \text{Max} \quad \pi &= 60x_1 + 45x_2 \\ \text{s.t.} & \\ ① \ 0.5x_1 + 0.3x_2 &\le 18 \\ ② \ 0.4x_1 + 0.5x_2 &\le 19.6 \\ ③ \ 0.1x_1 &\le 3.8 \\ ④ \ 0.2x_2 &\le 5 \\ ⑤ \ x_1 &\ge 0 \\ ⑥ \ x_2 &\ge 0 \end{aligned} \tag{3.2}$$

(3.2)의 수리모형은 목적함수와 모든 제약식이 결정변수들의 선형함수인 선형계획모형이다. 모형이 완성되었으면 모든 제약식을 만족시키면서 어떠한 가능해가 주는 값 이상의 목적함수값을 유발하는 x_1과 x_2의 조합을 찾는 것이다. 첫 단계는 가능해를 찾는 것으로 먼저 네 개의 제약식을 차례로 그래프로 옮긴다. 예를 들어 제약식 ①에서 x_1을 우변으로 이항해 x_2에 대한 방정식으로 전환시키면 아래와 같으며, 이 식을 그래프에 나타낸다.

$$x_2 \le 60 - \frac{5}{3}x_1$$

제약식 ②도 같은 방식으로 전환시키지만, 제약식 ③은 x_1축에 수직선으로 나타나며 제약식 ④는 수평선으로 나타나게 된다. [그림 3-1]의 어두운 부분은 화살표 방향으로 표시된 모든 부등제약식을 동시에 만족시키는 해를 포함하는 영역으로 가해영역(feasible region)이라고 하며, 이 영역의 경계나 내부에 있는 점은 모두 가능해에 해당한다.

가해영역이 판별되면 최적해를 구하기 위한 도해법을 속행한다. 선형계획문제의 최적해는 최상의 가능한 목적함수값을 주는 가능해이다. 최적해를 구하는 한 가지 접근법은 가해영역을 지나는 목적함수의 값을 비교함으로써 가장 큰 값을 주는 점을 선택하는 방법이다. 총이윤 (3.1)을 제약식처럼 그래프에 옮기기 위해 x_1항을 이항시켜 식을 변환시키면 아래와 같이 구해진다.

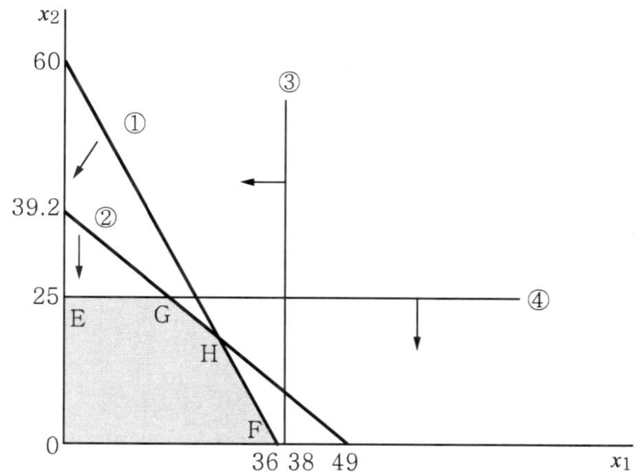

[그림 3-1] 가해영역

$$x_2 = \frac{1}{45}\pi - \frac{4}{3}x_1 \tag{3.3}$$

[그림 3-1]의 가해영역에 식 (3.3)의 이윤선을 결합시키면 [그림 3-2]에서 보듯이 π의 값에 따라 많은 수의 이윤선이 존재한다. 이들은 모두 같은 기울기 $-\frac{4}{3}$를 가지고 서로 평행을 이루고 있음을 알 수 있다.

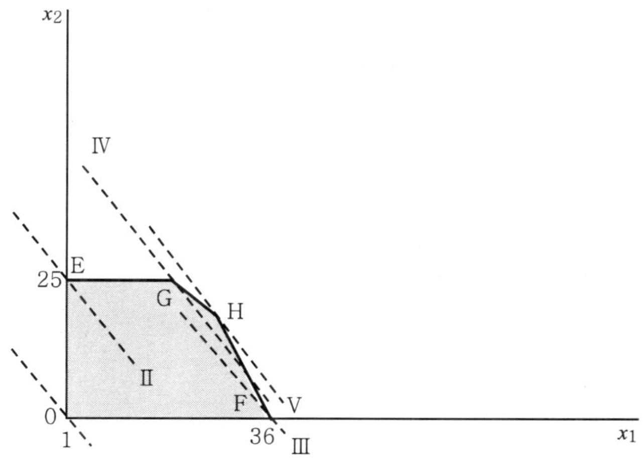

[그림 3-2] 가해영역과 이윤선

존재할 수 있는 많은 이윤선 중 몇 가지만 골라서 총이윤의 값을 비교해 보자. 먼저 원점을 지나는 Ⅰ선의 경우 (x_1, x_2) = (0,0)인 점을 지나므로 총이윤은 π = 0이 된다. 다음으로 (0,25)인 점 E를 지나는 Ⅱ선의 경우 같은 선상에서의 π값은 동일하므로 편의를 위해 x_1 = 0, x_2 = 25를 그대로 식 (3.1)에 대입하면 π = 1,125가 된다. 이윤선 (3.3)을 상향 이동시켜 제약식 ①이 x_1축과 만나는 (36,0)인 점 F를 통과하는 Ⅲ선의 경우 총이윤은 2,160이 된다. 이번에는 이윤선을 더 상향으로 이동시켜 점 G를 지나는 Ⅳ선의 경우를 보자. 점 G는 제약식 ②와 ④의 교차점이므로 이 두 식을 연립방정식으로 풀면 x_1 = 17.75, x_2 = 25가 된다. 이 때의 총이윤은 2,190이다. 제약식 ①과 ②가 만나는 H점은 연립방정식을 풀면 x_1 = 24, x_2 = 20이 된다. 이윤선이 더욱 상향 이동하여 점(24,20)을 통과하는 Ⅴ선의 경우 총이윤은 2,340이 된다.

따라서 이윤선이 상향으로 이동할수록 총이윤은 점점 증가한다. 각 이윤선의 기울기는 $-\frac{4}{3}$로 동일하므로 이윤선은 서로 평행이며, 더 높은 이윤을 나타내는 선일수록 원점에서 더 멀어지고 절편은 증가한다. 이윤선을 계속 상향 이동시켜 가해영역 밖으로 나가면 해를 구할 수 없게 된다. 즉 이윤선이 원점에서 최대한 멀리 이동하면서 가해영역을 벗어나지 않는 마지막 점이 최적해를 주는 점이다. [그림 3-2]의 점 H에 해당하는 x_1 = 24, x_2 = 20이 결정변수의 최적값이 되며, 최대이윤은 $\pi = 60(24) + 45(20) = 2{,}340$이다.

최대화 문제에 대한 도해접근법의 단계는 다음과 같이 요약된다.

첫째, 모든 제약식들을 동시에 만족시키는 가해영역을 결정하고, 가능해를 식별한다.

둘째, 목적함수의 어느 특정값을 산출하는 x_1과 x_2 변수들의 모든 값을 보여주는 목적함수선을 가해영역에 그린다.

셋째, 가해영역을 완전히 벗어나지는 않으면서 목적함수 값은 더 증가시키는 방향으로 목적함수선을 평행 이동시킨다.

넷째, 최적해는 가해영역의 극점(extreme point)에서 발생한다.

다섯째, 가장 큰 값을 갖는 목적함수선 상의 가능해가 최적해이다.

지금까지 최적해를 구하는 과정에서 보았듯이 가해영역의 모든 가능해를 다 평가해 볼 필요는 없다. 단지 가해영역의 극점에 해당하는 가능해들만 평가하면 된다. 앞에서도 보았듯이 가해영역의 다섯 개 극점에 해당하는 가능해들만 평가하여도 목적함수의 값을 최대화시키는 가능해를 최적해로 구할 수 있었다. 사실 도해법은 두 변수 모형의 최적 극점을 식별하는 방법이라고 할 수 있다.

제 2 절 잔여변수의 용도

최적해와 최대 이윤 외에 경영진은 생산에 소요되는 네 가지 원료의 실제 사용량에 대한 정보가 필요할 수 있다. 각 제약식의 좌변은 각 자원의 사용 내용을 말해주므로 최적해($x_1 = 24$, $x_2 = 20$)를 대입해 주면 실제 사용량을 계산할 수 있다.

(단위: 톤)

제약식	실제 사용량	주어진 양	미사용량
원료 1	0.5(24) + 0.3(20) = 18	18	0
원료 2	0.4(24) + 0.5(20) = 19.6	19.6	0
원료 3	0.1(24) = 2.4	3.8	1.4
원료 4	0.2(20) = 4	5	1

제품 A 24톤과 제품 B 20톤을 생산하는데 원료 1과 2는 주어진 양이 모두 필요하지만 원료 3은 주어진 3.8톤 중 2.4톤만, 또 원료 4는 주어진 5톤 중 4톤만 사용한다. 선형계획모형의 전문용어로 부등호가 '$\leq$'형인 제약식에서 사용되지 않은 용량은 잔여라고 한다. 따라서 원료 3 제약식은 잔여 1.4톤, 원료 4 제약식은 잔여 1톤을 갖는다.

때로는 사용되지 않은 용량을 나타내기 위해 선형계획모형의 설정에 변수를 추가하는데 이를 잔여변수라고 한다. 사용되지 않는 용량은 이윤 발생에 기여하지 않으므로 목적함수에서 잔여변수는 계수 0을 갖는다. 일반적으로 잔여변수는 '$\leq$'제약식의 우변과 좌변의 차를 나타낸다. 앞의 모형에 잔여변수들을 포함시킨 수리모형은 아래와 같다. 잔여변수는 s_i로 표기하며, 여기서 $i = 1, 2, 3, 4$로 차례로 해당 제약식을 나타낸다.

$$\begin{aligned}
\text{Max} \quad \pi &= 60x_1 + 45x_2 + 0s_1 + 0s_2 + 0s_3 + 0s_4 \\
\text{s.t.} \quad & \\
& 0.5x_1 + 0.3x_2 + 1s_1 = 18 \\
& 0.4x_1 + 0.5x_2 + 1s_2 = 19.6 \\
& 0.1x_1 + 1s_3 = 3.8 \\
& 0.2x_2 + 1s_4 = 5 \\
& x_1,\ x_2,\ s_1,\ s_2,\ s_3,\ s_4 \geq 0
\end{aligned}$$

선형계획모형에서 모든 제약식들이 등식으로 나타나면 서론에서 배웠듯이 표준형이라고 한다. 표준형을 참고로 최적해에서 잔여변수들의 값은 다음과 같다.

$$s_1 = 0, \quad s_2 = 0, \quad s_3 = 1.4, \quad s_4 = 1$$

[그림 3-2]에서 보면 원료 1 제약식과 원료 2 제약식이 최적해가 발생하는 지점에서 가해영역을 제한(restrict) 또는 속박한다(bind). 따라서 최적해는 이 두 자원의 전량 소비를 요하며, 다시 말해, 최적해에서 두 원료의 잔여값은 0이 된다. 즉 최적해를 유발하는 제약식들을 속박적 제약식(binding constraints)이라고 하며, 그 속박적 제약식에 포함된 잔여변수들의 값은 0이 된다. 그러나 제약식 ③과 ④는 최적해에서 가해영역을 속박하지 않으므로 원료 3과 원료 4는 잔여량이 존재함을 알 수 있으며, 잔여값은 위에서 본 바와 같이 각각 1.4와 1이다.

선형계획모형은 가해영역에 영향을 미치지 않는 제약식을 포함하는 경우가 있다. 즉 가해영역은 그 제약식이 문제에 포함되든 포함되지 않든 같은 상태로 남아 있다는 것이다. 원료 3에 대한 제약식 ③이 이러한 제약식에 해당하며, 가해영역에 영향을 미치지 않고 따라서 최적해에도 영향을 미칠 수 없으므로 여분제약식(redundant constraint)이라고 한다. 여분제약식은 가해영역에 영향을 미치지 않고, 따라서 최적해에 영향을 미침이 없이 선형계획모형에서 제외될 수 있다. 그러나 모형의 해를 후에 다시 구하고자 할 때 자료의 일부에 변화가 생겨 전의 여분제약식이 속박적 제약식으로 바뀌는 경우가 있다. 그러므로 여분제약식을 포함해 선형계획모형의 모든 제약식들은 그대로 보존되어야 한다.

[표 3-2] 각 극점에서 최대화모형의 가능해 추이

이윤선	극점	x_1	x_2	s_1	s_2	s_3	s_4	절편값	π
Ⅰ	원점	0	0	18	19.6	3.8	5	0	0
Ⅱ	E	0	25	10.5	7.1	3.8	0	25	1,125
Ⅲ	F	36	0	0	5.2	0.2	5	48	2,160
Ⅳ	G	17.75	25	1.625	0	2.025	0	48.67	2,190
Ⅴ	H	24	20	0	0	1.4	1	52	2,340

[표 3-2]는 가해영역의 각 극점에서 모형에 관한 모든 정보를 평가한 결과를 요약하고 있다. 이윤선이 상향 이동할수록 절편값은 커지고 총이윤은 계속 증가한다. 최적해에 이르기 전까지는 잔여변수의 값들이 유동적이고, 최적해에 접근할수록 그 값들은 점차 감소하여 원료의 잔여분이 줄어든다. 최적해를 얻게 되는 점 H는 기울기가 $-\frac{4}{3}$인 이윤선이 가해영역을 벗어나지 않고 최대 이윤을 낼 수 있는 마지막 점이며, 이 점 위로 벗어나게 되면 그때부터는 불가능해(infeasible solution)를 얻게 된다.

제 3 절 자료의 변화와 최적해의 변화

제품 B의 이윤이 두 배로 증가하고, 제품 A의 이윤과 제약식 등 다른 모든 여건에는 변함이 없다고 가정하자. 새로운 문제의 선형계획모형은 목적함수에서만 아래와 같이 차이가 날 뿐 앞의 모형과 동일하다.

$$\text{Max} \quad \pi = 60x_1 + 90x_2$$

목적함수에서의 이러한 변화가 최적해에 어떠한 영향을 미칠까? [그림 3-3]은 목적함수가 수정된 모형의 도해관계를 보여준다. 제약식들이 변하지 않았으므로 가해영역에는 변함이 없지만 제품 B의 이윤 증가를 반영하기 위해 이윤선의 기울기가 변화했다.

앞에서와 같이 이윤선을 원점에서 더 멀리 수평 이동시키면 최적해는 [그림 3-3]에서 보듯이 점 G에서 발생하며, 이 해점(solution point)에서 결정변수의 값은 각각 x_1 = 17.75와 x_2 = 25이다. 제품 B의 이윤 상승은 가해영역에서 최적해가 발생하는 지점을 변형시킨다. 상대적으로 높은 이윤을 주는 제품의 생산을 증가시키고 낮은 이윤을 주는 제품 A의 생산은 감소시켜 최적해점이 점 H에서 점 G로 이동하게 된다.

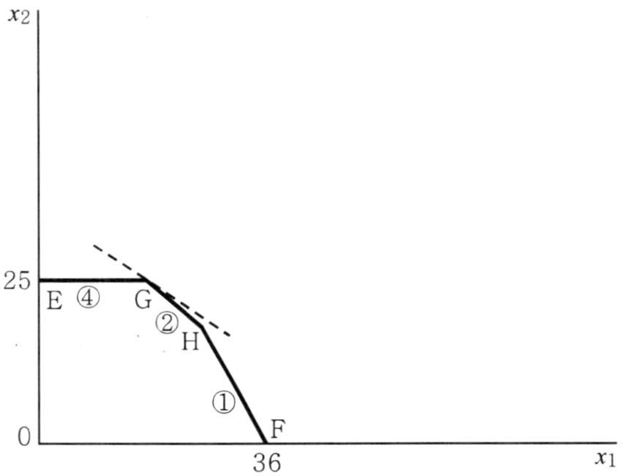

[그림 3-3] 이윤 변화 후의 최적해

점 H에서 최적해가 발생했던 원모형에서는 이윤선의 기울기가 $-\frac{4}{3}$로 제약식 ①의 기울기 $-\frac{5}{3}$와 제약식 ②의 기울기 $-\frac{4}{5}$ 사이였다. 제품 2의 이윤이 두 배가 되면서 이윤선의 기울기도 $-\frac{2}{3}$가 되어 두 배로 증가했다. 최적해의 발생점은 새로운 이윤선을 가해영역을 벗어나지 않는 한도에서 최대한 상향 이동시켰을 때, 제약식 ②와 ④의 교차점인 점 G로 이동하게 된다. 점 H는 (24, 20)이고 점 G는 (17.75, 25)이므로 제품 2의 이윤 변화 후 이 두 점에서의 총이윤을 비교하면 아래와 같다. 점 E와 F는 지나는 이윤선의 절편이 앞의 두 점에 비해 낮으므로 계산을 생략한다.

$$\text{Max} \quad \pi = 60x_1 + 90x_2 \text{에서}$$

$$\text{점 G} : \pi = 60(17.75) + 90(25) = 3{,}315$$

$$\text{점 H} : \pi = 60(24) + 90(20) = 3{,}240$$

제 4 절 최소화모형의 도해과정

지금까지는 최대화모형의 도해법에 대해 배웠으나 현실에서는 무엇을 최소화시켜야 하는 과제들도 많이 존재한다. 본 절에서는 최소화모형의 도해법에 대해 살펴보고자 한다. 최소화모형은 개념이 최대화모형과 근본적으로 동일하지만 최대화모형이 가해영역을 벗어나지 않는 범위에서 목적함수 값의 증가 방향에 관심을 갖게 되는 반면 최소화모형은 반대 방향으로 관심을 갖게 된다는 점에서 다르다.

어느 페인트 제조업체는 대형 건설사에 붉은색과 흰색 두 가지 종류의 고급 페인트를 납품하고 있다. 현재의 재고량과 다음 달의 잠재적 수요를 분석한 결과에 근거해 페인트 제조업체의 경영진은 두 가지 상품의 총생산이 최소 350통은 되어야 한다고 명시했다. 이와 별도로 주요 고객의 주문으로 붉은색 페인트 165통은 따로 배달되어야 한다. 붉은색 페인트는 통당 4시간, 그리고 흰색 페인트는 통당 2시간의 노동시간이 소요되며, 다음달에는 1,200시간의 노동력이 제공되도록 계획되어 있다. 이 기업의 목적은 최소 생산비로 위의 요구사항을 만족시키는데 있다. 한 통 생산에 붉은색 페인트는 40만원, 또 흰색 페인트는 60만원의 비용이 든다.

최소 비용 생산일정을 짜기 위해 먼저 결정변수와 목적함수를 정의한다.

x_1 : 붉은색 페인트 생산량

x_2 : 흰색 페인트 생산량

생산비는 붉은색 페인트 한 통에 40만원, 또 흰색 페인트 한 통에 60만원이 들어가므로, 단위를 만원으로 잡으면 총비용은 아래와 같다.

$$c = 40x_1 + 60x_2$$

제약식을 고려하면 먼저 두 종류 페인트의 총생산은 최소 350통은 되어야 한다는 제약식은 아래와 같이 쓸 수 있다.

$$x_1 + x_2 \geq 350$$

주요 고객의 주문으로 붉은색 페인트 165통이 배달되어야 하므로 x_1이 최소 165통은 되어야 한다는 제약식이 아래와 같이 성립되어야 한다.

$$x_1 \geq 165$$

단위당 4시간과 2시간씩 소요되는 노동시간은 1,200시간으로 제한되어 있으므로 아래의 제약식을 추가한다.

$$4x_1 + 2x_2 \leq 1{,}200$$

여기에 각 생산량에 대한 비음조건이 포함되면 총비용의 최소화가 목적인 선형계획모형이 아래와 같이 완성된다.

$$\text{Min} \quad c = 40x_1 + 60x_2$$

s.t.

① $x_1 + x_2 \geq 350$

② $x_1 \geq 165$

③ $4x_1 + 2x_2 \leq 1{,}200$

④ $x_1 \geq 0$

⑤ $x_2 \geq 0$

각 제약식에 대한 가능해들을 결합시키면 [그림 3-4]와 같이 가해영역이 식별된다. 앞의 최대화모형과는 반대로 최소비용해를 구하기 위해서는 가해영역을 벗어나지 않는 한도 내에서 목적함수선을 원점에 근접하도록 하향 이동시킨다. 가해영역의 각 극점을 지나는 기울기 $-\frac{2}{3}$인 목적함수선 즉 비용선을 그리면 점선과 같이 나타난다.

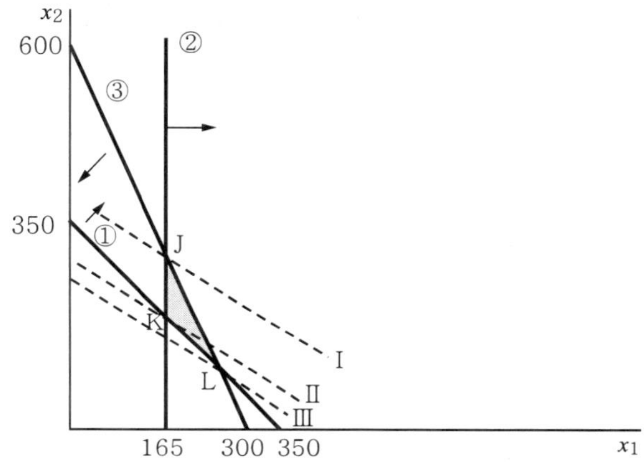

[그림 3-4] 최소화모형의 가해영역

제약식 ②와 ③이 만나는 점을 J라고 하고 연립방정식을 풀면 $x_1 = 165,\ x_2 = 270$을 해로 얻는다. J보다 아래에 있는 제약식 ①과 ②가 만나는 극점을 K라고 하면 이 점에서는 $x_1 = 165,\ x_2 = 185$가 된다. 더 하향 이동하여 비용선이 제약식 ①과 ③이 만나는 점 L을 통과하면 $x_1 = 250,\ x_2 = 100$인 점을 지나는 것이다. 따라서 각 극점에서의 총비용을 구하면 아래와 같다. $c = 40x_1 + 60x_2$에서

점 J : $c = 40(165) + 60(270) = 22,800$

점 K : $c = 40(165) + 60(185) = 17,700$

점 L : $c = 40(250) + 60(100) = 16,000$

예상대로 가해영역의 가장 하단에 위치한 극점 L에서 총비용이 최소화되어 최적해가 발생한다. 제약식 ①과 ③, 즉 총생산과 노동시간의 두 제약식들이 속박적 제약식이 되며, 최적해점에서 총생산과 노동시간의 제약은 전량이 만족됨을 알 수 있다.

선형계획모형은 주어진 생산여건 하에서 생산비가 상대적으로 저렴한 붉은색 페

인트를 가능한 많이 생산하고, 생산비가 비싼 흰색 페인트는 적게 생산하는 방향으로 이끌어 결과적으로 총생산비를 최소화시키게 됨을 알 수 있다.

최소화문제의 도해과정은 다음과 같은 단계로 요약된다.

첫째, 모든 제약식들을 동시에 만족시키는 가해영역을 식별한다.

둘째, 목적함수의 어느 특정값을 산출하는 x_1과 x_2 변수들의 모든 값을 보여주는 목적함수선을 가해영역에 그린다.

셋째, 가해영역을 완전히 벗어나지 않으면서 목적함수값은 더 감소하는 방향으로 목적함수선을 평행 이동시킨다.

넷째, 최적해는 가해영역의 극점에서 발생한다.

다섯째, 가장 작은 값을 목적함수선 상의 가능해가 최적해이다.

제 5 절 잉여변수의 용도

위의 최소화모형에서 최적해 $x_1 = 250$, $x_2 = 100$을 모형에 대입해 보면 제약식 ①의 총생산량 최소 350통이 만족되고, 제약식 ③의 노동시간도 주어진 최대 1,200시간이 모두 소비되었다. 그러나 제약식 ②에서 주요 고객의 주문은 채울 수 있으나 최적생산량은 최소 생산수준을 85통이나 초과하고 있다. 선형계획모형에서 '≥'형의 제약식에 존재하는 초과량을 잉여라고 한다.

앞에서 '≤'형의 제약식의 좌변에 잔여변수를 추가하여 부등식을 등식으로 전환시킬 수 있음을 보았다. 같은 논리로 '≥'형 제약식의 좌변에서 잉여변수를 빼주면 부등식을 등식으로 전환시킬 수 있다. 잔여변수가 추가될 때와 같은 원리로 잉여변수 역시 목적함수의 값에는 영향을 미치지 않으므로 목적함수에서는 계수 0이 주어진다. 앞의 비용 최소화모형에서 '≥'형의 부등호를 가진 제약식 ①과 ②에 한 개씩의 잉여변수를, 또 '≤'형의 부등호를 가진 제약식 ③에 한 개의 잔여변수를 포함시키면 원모형은 아래와 같은 모형으로 전환된다.

$$\text{Min} \quad c = 40x_1 + 60x_2 + 0s_1 + 0s_2 + 0s_3$$

$$\begin{aligned} &\text{s.t.} \\ &x_1 + x_2 - s_1 = 350 \\ &x_1 - s_2 = 165 \\ &4x_1 + 2x_2 + s_3 = 1{,}200 \\ &x_1,\ x_2,\ s_1,\ s_2,\ s_3 \geq 0 \end{aligned}$$

잉여 또는 잔여변수 s_i에서 $i = 1, 2, 3$으로 첫 제약식부터 차례로 해당 제약식을 나타낸다. 모든 부등제약식들은 등식으로 구성되어 원래의 모형이 표준형으로 전환되었음을 알 수 있다. 최적해 $x_1 = 250$, $x_2 = 100$을 모형의 제약식에 대입하면 아래와 같이 잉여 및 잔여변수의 값이 구해진다.

$$s_1 = 0, \quad s_2 = 85, \quad s_3 = 0$$

따라서 이미 앞에서 살펴본 바와 같이 최적해에서 제약식 ①과 ③이 속박적이며, 잉여 85가 존재하는 제약식 ②는 비속박적이다.

[표 3-3] 각 극점에서 최소화모형의 가능해 추이

비용선	극점	x_1	x_2	s_1	s_2	s_3	절편값	c
I	J	165	270	85	0	0	380	22,800
II	K	165	185	0	0	170	295	17,700
III	L	250	100	0	85	0	266.67	16,000

[표 3-3]에는 가해영역의 각 극점에서 최소화모형에 대한 모든 정보를 평가한 결과가 요약되어 있다. 비용선이 하향 이동할수록 절편은 낮아지고 총비용은 계속 감소하며, 잉여 및 잔여변수들의 값은 계속 변화한다. [그림 3-4]에서 보듯이 각 극점마다 두 개씩의 제약식이 가해영역을 속박한다. 따라서 각 극점마다 두 개씩의 잉여 또는 잔여변수들의 값이 0이 되며, 나머지 한 개 제약식에 해당하는 잔여 또는 잉여변수가 값을 가진다. 극점 J에서는 s_1이, 극점 K에서는 s_3이, 또 극점 L에서는 s_2가 값을 가지게 된다. [표 3-3]은 [그림 3-4]의 상황을 일관성있게 요약하고 있

다. 최적해점 L은 기울기가 $-\frac{2}{3}$인 목적함수선이 가해영역을 완전히 벗어나지 않고 최소 비용을 낼 수 있는 마지막 점이며 이 점 아래로 내려가면 불가능해가 나오게 된다.

제약식이 등식인 경우 가능해는 제약식 선상에 놓이며, 표준형으로 전환시킬 때도 부등식과는 달리 잔여나 잉여변수들을 포함시킬 필요가 없다. 모든 형의 제약식을 다 가지고 있는 선형계획모형을 예로 들어 보자.

$$
\begin{aligned}
\text{Min} \quad & 3x_1 + 5x_2 \\
\text{s.t.} \quad & \\
& 4x_1 + 2x_2 \geq 17 \\
& x_1 + 4x_2 \leq 13 \\
& 2x_1 - 2x_2 = 7 \\
& x_1,\ x_2 \geq 0
\end{aligned}
$$

이 문제의 표준형은 아래와 같다.

$$
\begin{aligned}
\text{Min} \quad & 3x_1 + 5x_2 + 0s_1 + 0s_2 \\
\text{s.t.} \quad & \\
& 4x_1 + 2x_2 - s_1 = 17 \\
& x_1 + 4x_2 + s_2 = 13 \\
& 2x_1 - 2x_2 = 7 \\
& x_1,\ x_2,\ s_1,\ s_2 \geq 0
\end{aligned}
$$

표준형은 '$\geq$'형의 제약식에는 잉여변수를, 그리고 '$\leq$'형의 제약식에는 잔여변수를 포함시켜 제약식을 등식으로 바꾸어 주어야 하지만, 이미 등식인 셋째 제약식에는 이러한 변수들을 필요로 하지 않는다.

선형계획모형에 도해법을 적용시킬 때 문제를 표준형으로 전환시킬 필요는 없다. 그럼에도 불구하고 잔여변수와 잉여변수들은 계산할 수 있어야 하고, 또 이 변수들이 무엇을 의미하는지를 이해해야 한다. 선형계획모형의 표준형은 원모형과 동일하다. 말하자면 어떠한 선형계획모형의 최적해는 그 모형의 표준형의 최적해와 같다. 표준형은 근본적인 문제를 변화시키지는 않고 제약식을 어떻게 쓰느냐 하는 점만 다를 뿐이다.

제 6 절 유일 최적해가 존재하지 않는 경우

지금까지는 유일한 최적해를 얻게 되는 통상적인 문제들을 다루어 왔다. 이번에는 선형계획문제의 도해과정에서 발생할 수 있는 세 가지 특수한 상황에 대해 자세히 살펴보기로 한다.

1. 불가능해

불가능해는 비음조건을 포함한 모든 제약식을 만족시키는 해가 존재하지 않는다는 것을 의미한다. 도해과정에서는 가해영역이 존재하지 않아 모든 제약식과 비음조건을 동시에 만족시키는 해점이 없다는 뜻이다. 이러한 상황을 구체적으로 설명하기 위해 앞의 이윤 최대화모형을 예로 들어보기로 한다.

경영진이 A제품 최소 28톤, B제품 최소 17톤을 생산해야 한다고 명시했다 하자. [그림 3-5]는 이러한 새로운 경영지침을 반영하는 영역을 보여준다. [그림 3-5] 좌측 하단의 어두운 부분은 원모형의 가해영역이고, 우측 상단의 어두운 부분은 새로운 경영지침에 의한 최소 생산량 여건, A제품 28톤과 B제품 17톤을 만족시키는 점들을 나타낸다. 그러나 어떤 점들도 두 종류의 제약들을 만족시키지 못한다. 따라서 경영진이 최소 생산여건을 강요한다면 가능해가 존재하지 않는다.

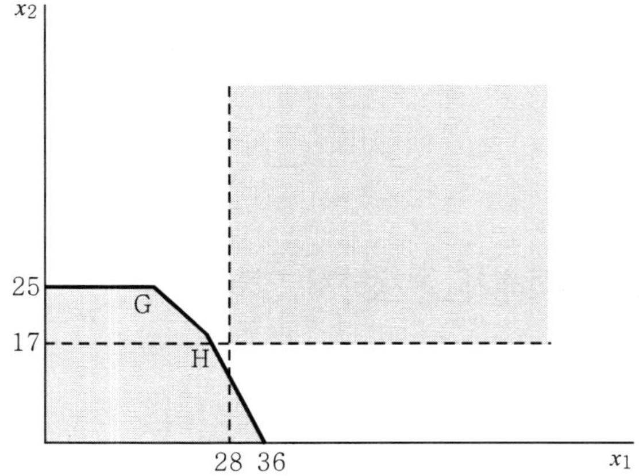

[그림 3-5] 불가능해

불가능해는 현재 주어진 양의 원료로는 A제품 28톤과 B제품 17톤의 생산은 불가능함을 보여준다. 그러나 현재의 정보로 최소 생산여건을 만족시키기 위해 각 원료가 얼마나 더 필요한가는 계산이 가능하며 결과는 아래의 표와 같다.

계산결과에 의하면 원료 3과 원료 4는 충분히 공급되고 있으나 새로운 경영지침을 따르기 위해서는 1.1톤의 원료 1과 0.1톤의 원료 2가 추가로 제공되어야 한다는 것을 알 수 있다. 가능해가 존재하지 않는다는 사실이 확인되면 경영방침 및 가동행위를 수정하는데 여러 가능성이 있을 것이다. 중요한 점은 선형계획모형을 이용한 분석이 새로 기획한 경영계획의 가능 여부를 판별해 주며, 가능하지 않은 여건들을 발견하고 수정행위를 취하는데 큰 역할을 한다는 것이다.

원료	최소 생산여건에 필요한 원료량	주어진 원료량	추가로 필요한 양
원료 1	0.5(28) + 0.3(17) = 19.1	18	1.1
원료 2	0.4(28) + 0.5(17) = 19.7	19.6	0.1
원료 3	0.1(28) = 2.8	3.8	-
원료 4	0.2(17) = 3.4	5	-

불가능해와 목적함수는 독립적이며, 제약식이 너무 제한적이어서 가해영역이 존재하지 않기 때문에 발생한다. 따라서 모형에 불가능해가 발생할 때 목적함수의 계

수들을 변화시켜 봐야 도움이 되지 않으며, 문제는 그대로 불가능해로 남는다.

2. 다최적해

지금까지의 도해과정에서 최적해는 가해영역의 극점에서 발생한다는 사실을 알게 되었다. 이번에는 목적함수선이 속박적 제약식들 중 한 개와 일치하는 특별한 상황을 고려해 보자. 이 경우 여러 개의 해가 최적해가 되므로 다최적해(alternative optimal solutions) 문제가 발생하게 된다. 구체적인 예를 들기 위해 다시 앞의 최대화모형으로 돌아가 보자.

x_2의 계수가 현재의 45에서 75로 증가했다 가정하자. 이윤선은 $\pi = 60x_1 + 45x_2$에서 $\pi = 60x_1 + 75x_2$가 된다. 새로운 이윤선을 x_2에 대해 정리하면 아래와 같다.

$$x_2 = \frac{1}{75}\pi - \frac{60}{75}x_1$$

전에 $-\frac{4}{3}$였던 기울기가 x_2 계수 변화 후 $-\frac{4}{5}$로 증가한다. 이에 따라 제약식 ①과 ②의 교차점인 극점 H를 지났던 이윤선은 제약식 ②의 기울기가 같게 되어 두 선이 서로 겹치게 된다. [그림 3-6]은 극점 H에서 발생했던 유일 최적해가 변화 후 두 극점 G와 H를 연결하는 선 위의 모든 점에서 발생함을 보여준다.

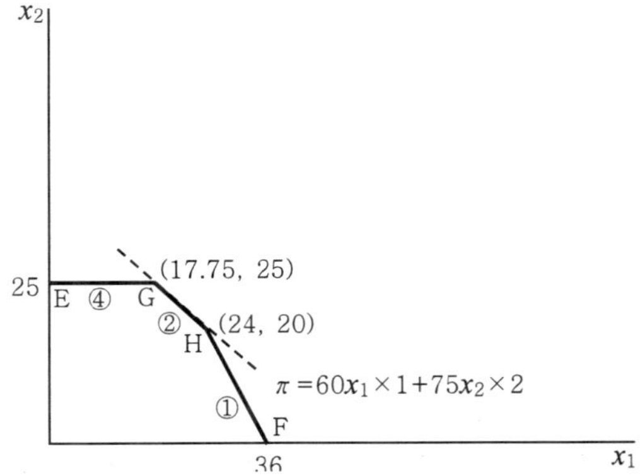

[그림 3-6] 다최적해의 경우

새로운 이윤선이 지나는 점은 어느 점에서나 총이윤이 같다. 두 극점 G와 H에서의 값을 비교해 보면 아래와 같이 동일함을 알 수 있다.

$$G : \pi = 60(17.75) + 75(25) = 2,940$$
$$H : \pi = 60(24) + 75(20) = 2,940$$

다최적해가 발생하면 결정변수들의 다양한 조합이 최적해가 되므로 의사결정자는 이중에서 가장 유리한 최적해를 선택할 수 있다.

3. 무한해

최대화 선형계획모형에서 해의 값이 모든 제약식을 만족시키면서도 무한히 커진다면 이해를 무한해(unbounded solution)라고 한다. 최소화모형에서는 값이 무한히 작아질 수 있다면 역시 이 해를 무한해라고 한다. 따라서 이윤 극대화모형에서 이러한 상황이 발생하면 무한한 이윤을 획득하게 된다. 그러나 현실적으로 이윤은 무한히 증가할 수 없으므로 선형계획모형에서 무한해가 발생한다는 것은 모형의 설정이 잘못되어 문제를 타당하게 공식으로 나타내지 못했음을 뜻한다. 통상적으로 문제의 공식화과정에서 제약식이 부주의하게 누락되는 경우에 발생한다.

만약 무한해가 존재한다면, 가해영역이 한 방향으로 무한히 확장된다. 예를 들어 아래의 이윤 극대화모형을 고려해 보자.

$$\begin{aligned} \text{Max} \quad & 5x_1 + 4x_2 \\ \text{s.t.} \quad & \\ & x_1 \geq 6 \\ & x_2 \leq 8 \\ & x_1,\ x_2 \geq 0 \end{aligned}$$

[그림 3-7]은 어두운 부분인 가해영역이 x_1축을 따라 무한히 확장되므로 이윤선은 이 모형의 해가 원하는 만큼 커질 수 있음을 보여준다. 말하자면 어떤 해를 선

택하든 더 큰 값을 가진 다른 가능해가 항상 존재한다는 것이다. 따라서 모형은 무한해를 갖는다.

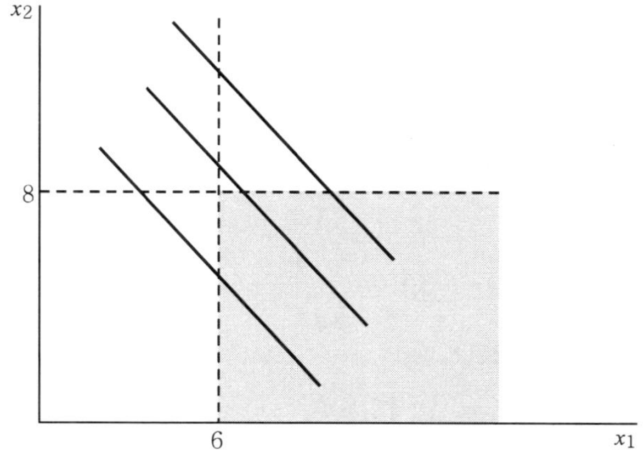

[그림 3-7] 무한해가 존재하는 경우

무한해는 흔히 제약식을 누락시킨 결과 발생한다. 그러나 목적함수가 변화하면 전에 무한해가 발생했던 문제에 제약이 가해지면서 최적해가 발생한다. 예를 들어 [그림 3-7]은 목적함수 Max $5x_1 + 4x_2$에 대해 무한해가 발생하고 있음을 보여준다. 그러나 목적함수를 Max $-5x_1 - 4x_2$로 바꾸면 제약식에 변화가 없어도 최적해 $x_1 = 6$, $x_2 = 0$을 얻게 된다.

연 습 문 제

1. 아래의 수리적 관계에서 선형계획모형에 타당하지 않은 식에 대해 그 이유를 간략히 언급하라.

a. $x_1 - 3x_2^2 + 2x_3 \leq 10$

b. $-2x_1 - x_2 - 3x_3 \leq 40$

c. $x_1 + 3x_2 - 2x_1x_2 \leq 15$

d. $x_1 - 3x_3 = 20$

e. $2x_1 + 2\sqrt{x_2} - x_3 \geq 12$

f. $x_1 - x_2 - x_3 \geq 5$

g. $4x_1 - 2x_2 - 2\dfrac{x_2}{x_1} + 2x_3 = 30$

2. X, Y 두 가지 제품을 만드는 어느 업체가 있다. X 한 단위 생산에는 0.2 시간의 노동력과 0.4kg의 자재가 들며, Y 한 단위 생산에는 0.5시간의 노동력과 0.2kg의 자재가 들어간다. 다음 주 노동력은 60시간, 원자재는 40kg이 주어져 있다. 판매이익은 X 한 단위가 35,000원, Y 한 단위는 25,000원이다.

(1) 이 문제에 합당한 선형계획모형을 세우라.

(2) 도해법을 사용하여 가해영역을 결정하고, 최적해를 구하라.

3. 아래의 모형에 대해 도해법을 사용하여 가해영역, 최적해 및 해당 목적함수값을 구하라.

(1) Max $6x_1 + 4x_2$

s.t.

① $2x_1 + 2x_2 \leq 1,200$

② $x_1 + 4x_2 \leq 1,200$

③ $5x_1 + x_2 \leq 1,000$

$x_1, x_2 \geq 0$

(2) 목적함수에서 최대화가 최소화로 바뀌고 각 제약식의 부등호가 모두 반대로 되는 경우는?

4. 아래 선형계획모형을 도해법을 사용하여 해결하라.

(1) Max $2x_1 + 2x_2$

s.t.

$x_1 - x_2 \geq -3$

$x_1 - x_2 \leq 3$

$x_1, x_2 \geq 0$

(2) Max $3x_1 + 4x_2$

s.t.

$x_1 + x_2 \leq 2$

$x_1 - 2x_2 \geq 5$

$x_1, x_2 \geq 0$

(3) Max $4x_1 + 6x_2$

s.t.

$5x_1 + 3x_2 \leq 15$

$2x_1 + 4x_2 \leq 12$

$x_1, x_2 \geq 0$

5. 아래의 모형에 대해 답하라.

Max $2x_1 + 4x_2$

s.t.

$$x_1 + x_2 = 6$$
$$x_1 \leq 5$$
$$x_2 \leq 4$$
$$x_1,\ x_2 \geq 0$$

(1) 가해영역을 구분하라.

(2) 도해법을 써서 최적해를 구하라.

6. 아래의 선형계획모형에 대해 답하라.

$$\text{Max} \quad 3x_1 + 4x_2$$

s.t.

$$x_1 + \frac{1}{2}x_2 \leq 400$$
$$x_1 + 2x_2 \leq 800$$
$$x_1 + x_2 \leq 500$$
$$x_1,\ x_2 \geq 0$$

(1) 도해법을 사용하여 최적해를 구하라.

(2) 표준형으로 바꾸라.

(3) 최적해에서 잔여변수들의 값은 얼마인가?

7. 아래의 모형이 주어졌을 때 다음을 답하라.

$$\text{Max} \quad 24x_1 + 20x_2$$

s.t.

$$x_1 + 3x_2 \leq 45$$
$$x_1 + \frac{1}{2}x_2 \leq 20$$
$$x_1 \leq 12$$

$x_1, x_2 \ge 0$

(1) 도해법을 사용하여 최적해와 목적함수값을 구하라.

(2) 각 극점을 식별하고 해당 목적함수 값을 구하라.

(3) 세 제약식의 종류를 각각 구분하라.

(4) 모형을 표준형으로 전환하라.

(5) 각 잔여변수의 값을 구하라.

8. 아래 선형계획모형을 도해법을 사용하여 해결하라.

(1) Min $2x + 4y$

s.t.

$x + y \ge 5$

$3x + 2y \le 18$

$x \le 4$

$x, y \ge 0$

(2) Max $8x + 6y$

s.t.

$2x + y \ge 10$

$-6x + 4y \le 12$

$x + y \ge 6$

$x, y \ge 0$

(3) Max $4x_1 + x_2$

s.t.

$5x_1 + 4x_2 \ge 40$

$x_1 + 2x_2 \ge 12$

$2x_1 - 6x_2 \le 12$

$x_2 \le 6$

$x_1, x_2 \ge 0$

9. 어느 스포츠용품 제조업체는 축구공과 농구공을 해외에 수출하고 있다. 이 업체는 세 가지 공정과정을 통해 수출용품을 선적한다. 축구공과 농구공의 제작에는 A공정과정에서는 개당 각각 1, $\frac{3}{2}$시간, B공정에서는 $\frac{1}{2}$, $\frac{1}{3}$시간, C공정에서는 $\frac{1}{8}$, $\frac{1}{4}$시간이 걸린다. A공정에는 총 900시간, B 공정에는 300시간, C공정에는 100시간이 주어져 있다. 축구공과 농구공의 개당 수출이윤을 각각 \$7.5와 \$12이다.

(1) 이 문제의 선형계획모형을 세우라.
(2) 도해법을 사용하여 최적해와 최대 이윤을 구하라.
(3) 각 생산공정에서 실제 걸리는 시간은 각각 얼마인가?
(4) 각 부서의 잔여시간은?
(5) 어느 공정에 대한 제약식이 속박적인가?

10. 아래의 모형에 대해 답하라.

$$
\begin{aligned}
\text{Min} \quad & c = 9x_1 + 6x_2 \\
\text{s.t.} \quad & \\
& x_1 + x_2 \geq 10 \\
& x_2 \leq 4 \\
& 2x_1 + x_2 \geq 12 \\
& x_1,\ x_2 \geq 0
\end{aligned}
$$

(1) 문제를 표준형으로 바꾸라.
(2) 도해법으로 최적해와 목적함수값을 구하라.
(3) 잔여 또는 잉여변수들의 값은?

11. 아래 모형의 가해영역을 도해법으로 보이고 최적해와 그에 해당하는 목적함수값을 구하라.

$$\begin{aligned} \text{Min} \quad & 6x_1 + 8x_2 \\ \text{s.t.} \quad & \\ & 2x_1 + 2x_2 \geq 8 \\ & x_1 + 3x_2 \geq 6 \\ & x_1,\ x_2 \geq 0 \end{aligned}$$

12. 아래의 모형이 주어졌을 때 물음에 답하라.

$$\begin{aligned} \text{Min} \quad & c = 4.5x_1 + 9x_2 \\ \text{s.t.} \quad & \\ & 3x_1 + 2x_2 \geq 12 \\ & 5x_1 + 12x_2 \geq 60 \\ & 5x_1 + 4x_2 \leq 40 \\ & x_1,\ x_2 \geq 0 \end{aligned}$$

(1) 가해영역을 구분하라.

(2) 가해영역의 각 극점과 그 점에서의 목적함수값을 구하라.

(3) 최적해와 속박적 제약식을 식별하라.

(4) 모형을 표준형으로 바꾸라.

(5) 잉여 또는 잔여변수들의 값을 구하라.

13. 아래의 선형계획모형의 해를 도해법을 사용하여 구하라.

(1) $$\begin{aligned} \text{Max} \quad & 2x_1 + x_2 \\ \text{s.t.} \quad & \\ & x_2 \geq 2 \\ & 4x_1 + 3x_2 \geq 12 \\ & 4x_1 + 6x_2 \geq -12 \\ & x_1,\ x_2 \geq 0 \end{aligned}$$

(2) Max $3x_1 + 5x_2$

s.t.

$$x_1 + x_2 \le 5$$

$$-x_1 + x_2 \ge 8$$

$$x_1, x_2 \ge 0$$

제 4 장

심플렉스 해법

선형계획문제가 두 개의 결정변수를 가진 경우에는 도해법을 사용하여 최적해를 구할 수 있었다. 그러나 대부분의 선형계획문제는 그래프로 해결하기에는 결정변수가 많아 대수학적해결과정이 사용되지 않을 수 없다. 따라서 변수의 수에 관계없이 최적해를 구할 수 있는 일반해법이 개발되었고, 가장 보편적으로 사용되는 대수학적 과정이 바로 심플렉스방법(simplex method)이다. 이 방법에 근거한 컴퓨터 프로그램은 수천 개의 변수들과 제약식들을 가진 선형계획문제도 어려움 없이 해결하고 있다.

심플렉스방법은 연립1차방정식의 이론을 바탕으로 하고 있어 이해하기 쉽고 실용적이므로 가장 많이 사용되어 왔다. 그러나 더 좋은 해법을 찾으려는 노력은 계속되어 다항식적인 해법을 가진 타원체법(ellipsoid method)이 1970년대 후반에 발표되었고, 그 후 사영법, 아핀법, 장력법 등이 개발되어 왔다. 그럼에도 불구하고 심플렉스해법은 여전히 MS/OR 분야, 특히 선형계획법에서 중요한 위치를 차지하고 있다.

제 1 절　기초 개념

대수학적 해결과정으로서 심플렉스법은 다변수 선형계획문제의 최적해를 발견하는데 사용될 수 있는 방법이다. 심플렉스해법의 수학적인 단계는 모형의 제약식들로 구성된 연립방정식을 해결한다는 의미를 포함한다. 심플렉스법으로 해를 구하기 위해 선형계획모형을 세우려면 각 제약식당 한 개씩의 선형등식을 가져야 하므로 모형은 반드시 표준형이 되어야 한다.

심플렉스법이 어떻게 사용되는가를 이해하기 위해 우선 결정변수가 두 개면서 계산이 상대적으로 간단한 모형부터 예로 들어보자. 주당 40시간의 노동력과 120파운드의 점토로 접시와 컵을 생산하고 한다. 여기서 행위는 두 상품의 생산이고 자원은 노동력과 점토량이다. 접시의 생산에는 1시간의 노동력과 4파운드의 점토, 컵의 생산에는 2시간의 노동과 3파운드의 점토가 각각 소요된다. 접시와 컵은 개당 각각 4,000원과 5,000원에 팔린다. 목적은 판매고를 최대화시키는 접시와 컵의 생산량을 결정하는 것이다. 여기서 결정변수는 다음과 같이 정의한다.

x_1 : 접시의 생산량

x_2 : 컵의 생산량

단위를 1,000원으로 잡으면 선형계획모형은 아래와 같다.

$$
\begin{aligned}
\text{Max}\quad & z = 4x_1 + 5x_2 \\
& \text{s.t.} \\
& x_1 + 2x_2 \le 40 \quad \cdots \text{ 노동시간 제약식} \\
& 4x_1 + 3x_2 \le 120 \quad \cdots \text{ 점토량 제약식} \\
& x_1,\ x_2 \ge 0
\end{aligned}
\tag{4.1}
$$

노동시간의 제약식을 보면 x_1의 계수 1은 접시 한 개를 생산하는데 투입되는 노동시간이며, x_2의 계수 2는 컵 한 개를 생산하는데 투입되는 노동시간으로 주당 40시간 내에서 이 생산행위가 이루어져야 한다는 뜻이다. 각 항의 단위는 모두 시간이므로 한 제약식에서 쓰이는 단위는 같다는 것을 알 수 있다. 마찬가지로 점토량 제약식에 쓰이는 단위는 모두 파운드이다.

모형 (4.1)의 모든 제약을 동시에 만족시키는 가해영역은 아래의 [그림 4-1]에서 보듯이 어두운 부분으로 나타나며, 가해영역 내 또는 경계에 있는 어떠한 점도 가능해가 된다. 목적은 판매고의 최대화이므로 최적해는 목적함수에 가장 큰 값을 주는 해일 것이다.

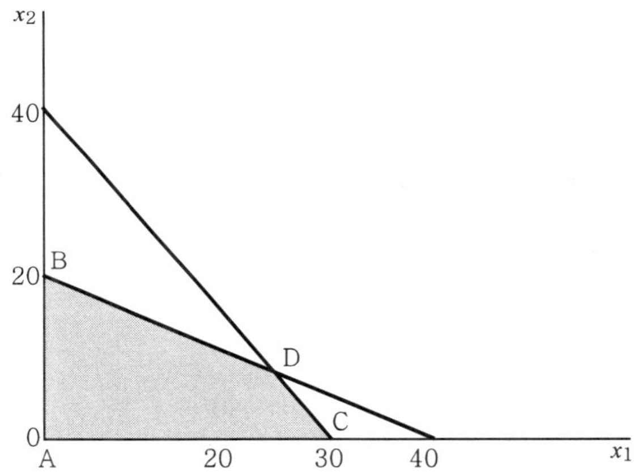

[그림 4-1] 접시 · 컵 생산모형의 가해영역과 극점

목적함수를 도해법에 적용시킬 수 있도록 변환시키면 아래와 같이 기울기가 $-\frac{4}{5}$인 식을 얻게 된다. 이 식이 가해영역의 네 극점을 지나며 유발하는 목적함수의 값을 비교하기로 한다.

$$x_2 = \frac{1}{5}z - \frac{4}{5}x_1 \tag{4.2}$$

[그림 4-1]에서 원점인 점 A를 식 (4.2)가 지나는 경우 x_1과 x_2의 값이 0이므로 목적함수의 값은 $z = 0$이 된다. 식 (4.2)가 $x_1 = 0$, $x_2 = 20$인 점 B를 지나는

경우 목적함수에 이 값들을 대입하면 z = 100을 얻게 된다. 식 (4.2)를 더 상향으로 이동시켜 x_1 = 30, x_2 = 0인 점 C를 지나면 z = 120이 되어 목적함수값은 더 커진다. 가해영역의 한도 내에서 식 (4.2)를 최대한 상향 이동시키면 x_1= 24, x_2= 8인 점 D를 지나게 되고, 이 점에서 z = 136이 되어 목적함수값이 최대가 되고 따라서 최적해를 얻게 된다. 따라서 더 높은 판매고를 나타내는 선일수록 원점에서 멀어지고 절편값은 커진다.

최적해 외에 추가로 실제 소요되는 노동시간과 점토량에 대한 정보가 필요할 수 있다. 이 정보는 최적해를 모형 (4.1)의 제약식에 대입하여 구할 수 있다.

노동시간 : $x_1 + 2x_2 = 24 + 2(8) = 40$

점토량 : $4x_1 + 3x_2 = 4(24) + 3(8) = 120$

따라서 주어진 자원은 모두 소비되었고, 최적해에서 효율적인 생산활동이 이루어지고 있음을 알 수 있다. 모형 (4.1)을 구성하는 제약식들의 부등호는 '≤'형이므로 좌변에 잔여변수들을 더해 주면 모형 (4.1)의 표준형은 아래와 같다.

$$
\begin{aligned}
\text{Max} \quad & z = 4x_1 + 5x_2 + 0s_1 + 0s_2 \\
\text{s.t.} \quad & \\
& x_1 + 2x_2 + s_1 = 40 \\
& 4x_1 + 3x_2 + s_2 = 120 \\
& x_1,\ x_2,\ s_1,\ s_2 \geq 0
\end{aligned} \tag{4.3}
$$

여기서 s_1은 잔여 노동시간, 또 s_2는 잔여 점토량이 된다. 점 A에서 점 D까지 x_1과 x_2의 값을 모형 (4.3)의 제약식에 대입하면 모형의 변화추이를 알 수 있고 아래의 [표 4-1]과 같이 요약된다.

[표 4-1] 접시 · 컵 생산모형의 변화추이

점	x_1	x_2	s_1	s_2	z
A	0	0	40	120	0
B	0	20	0	60	100
C	30	0	10	0	120
D	24	8	0	0	136

모형 (4.3)의 제약식은 네 개의 변수를 가진 두 개의 연립방정식체계이다. 선형연립방정식체계에서 제약식의 수보다 변수의 수가 더 많을 때는 무한한 수의 해가 나올 수 있다. 심플렉스방법은 방정식보다 더 많은 수의 변수들을 가진 선형연립방정식체계를 해결하는데 사용될 수 있는 대수학적 과정이다.

또한 심플렉스방법은 목적함수에 최상의 가능한 값을 주는 해를 식별해 준다. 위의 제약식의 모든 해가 비음조건 x_1, x_2, s_1, $s_2 \geq 0$ 을 만족시킨다고 볼 수는 없으므로, 모든 해가 가능해가 되지는 않을 것이다. 선형연립방정식을 풀 때 심플렉스법은 변수들의 비음조건을 만족시키지 않는 해들은 고려 대상에서 제외시킨다.

일반적인 심플렉스방법을 보기 위해 표준형 선형계획모형이 결정변수와 잔여변수 및 잉여변수들을 포함해 n 개의 변수와 m 개의 선형식으로 구성되어 있다고 하자. $n > m$일 때 최초의 해인 기저해(basic solution)를 구하기 위해서는 변수들 중 $n-m$ 개를 0으로 놓고 m 개의 선형제약식을 나머지 m 개의 변수들에 대해 푼다. 0으로 놓는 $n-m$ 변수들을 비기본변수(nonbasic variable)라 하고, 0으로 놓지 않은 나머지 m 개의 변수들을 기본변수(basic variable)라고 한다. 간혹 m 개의 변수로 줄인 m 개의 방정식체계에서 유일해(unique solution)가 구해질 수 없는 경우가 있으나 심플렉스방법을 사용하면 이런 경우가 결코 발생하지 않는다.

모형 (4.3)의 제약식들은 방정식의 수가 두 개, 변수의 수가 네 개이다. 따라서 방정식의 수보다 변수의 수가 더 많으므로 심플렉스방법으로 문제를 해결하기 위해 변수들 중 두 개를 0으로 놓고, 나머지 변수들의 값을 구하는 방식으로 방정식들을 푼다. 즉 $n=4, m=2$ 이므로 $n-m=2$ 개의 변수를 0으로 놓게 된다. 기본해는 임의의 두 변수를 0으로 놓고 나머지 두 개의 변수에 대해 두 개의 방정식으로 풀면 얻어진다.

모형 (3. 1)의 제약식에서 임의로 $x_1=0$, $s_2=0$ 으로 놓으면 제약식은

$$\begin{aligned} 2x_2 + s_1 &= 40 \\ 3x_2 &= 120 \end{aligned}$$

이 된다. $x_1=0$, $x_2=40$, $s_1=-40$, $s_2=0$ 이 해로 얻어지나 $s_1=-40$ 으로 인해 모든 변수가 음수가 아니라는 조건에 위배되므로 불가능해가 된다. 우리가 얻

고자 하는 초기해는 비음조건을 만족시키는 기본가능해(basic feasible solution)여야 한다.

여기까지 언급된 정의를 다시 살펴보자.

제약식 수 : m,

변수(결정, 잔여 및 잉여변수 포함)의 수 : n

이 때 변수들 중 $(n - m)$ 개를 0으로 놓고 m 개의 제약식을 m 개의 변수에 대해 푼다.

① 비기본변수: 0으로 놓는 $(n - m)$개의 변수
기본변수 : 0으로 놓지 않는 나머지 m 개의 변수

② 기저해: 최초의 해
불가능해 : 모든 제약조건을 만족시키지 못하는 해
기본가능해 : 모든 제약조건을 만족시키는 해

이번에는 x_1 과 x_2 를 비기본변수로 정하여 $x_1 = 0, x_2 = 0$ 으로 놓으면 두 제약식에서 잔여변수들의 값이 구해져 해는 $x_1 = 0, x_2 = 0, s_1 = 40, s_2 = 120$ 이 되고, 모든 변수들이 음수가 아니므로 기본가능해를 얻게 된다. 이 기본가능해는 [그림 4-1]에서 원점인 극점 A에 해당된다. 앞장에서 선형계획모형의 최적해는 가해영역의 극점에서 발견된다는 것을 이미 보았다. 모든 극점에는 해당 기본가능해가 존재하므로 이 중에서 당연히 최적기본가능해(optimal basic feasible solution)가 있을 것이라는 것을 알 수 있다.

현재는 최적해가 존재하는 경우만을 고려하고 있다. 불가능해와 무한해의 경우 최적해가 존재하지 않으므로 최적기본가능해 역시 존재할 수 없다. 심플렉스방법은 최적해에 도달할 때까지 하나의 기본가능해에서 다른 기본가능해로 옮겨가는 되풀이 과정이다. 다시 말해 최적해에 이를 때까지 한 극점에서 다른 극점으로 옮기는 반복과정인 것이다.

제 2 절 심플렉스표의 작성 및 계산원리

기본가능해를 구하는 것은 심플렉스법의 출발점이며, 방정식체계에 대해 보다 나은 기본가능해를 연속적으로 유발시켜 목적함수값이 더 이상 향상될 수 없을 때 최적해에 도달하게 되는 것이다. 선형계획모형의 제약식이 모형 (4.1)과 같이 모두 부등호 '≤'를 가진 경우 기본가능해를 구하는 것은 수월하다. 앞 절에서 본 바와 같이 단순히 결정변수들을 0으로 놓고 잔여변수들의 값에 대해 풀면 된다.

사실 제약식의 부등호가 '≤'형이고, 우변값이 음수가 아닌 선형계획모형은 표준형과 심플렉스표의 형이 같다. 표의 형태로 만들어 주는 이유는 심플렉스법이 시작되는데 필요한 초기 기본가능해를 제공해 주기 때문이다. 모형이 등호나 또는 '≥'형의 부등호를 가진 제약식을 포함할 때 심플렉스표를 만드는 방법은 상대적으로 복잡하므로 이에 대해서는 후에 설명하겠다. 이 경우 모형을 표준형으로 나타내는 것과 표의 형태로 나타내는 것은 동일하지 않다.

모형 (4.1)은 모든 제약식이 부등호 '≤'를 가지고 있고 우변값이 음수가 아니므로 표준형인 (4.3)과 심플렉스표의 형태가 같게 된다. 선형계획모형을 심플렉스방법으로 해결할 준비를 갖추기 위해서는 다음의 세 단계가 필요하다.

첫째, 모형을 세운다.

둘째, 제약식에 잔여변수를 더하거나 잉여변수를 빼주어 표준형으로 전환시킨다.

셋째, 표준형을 표의 형태로 나타낸다.

선형계획모형이 표의 형태로 전환된 후에 심플렉스법을 시작하는데 사용될 수 있는 초기 기본가능해를 갖게 되며, 필요한 계산을 쉽게 하기 위해서는 초기 심플렉스표를 설정하는 것부터 시작한다. 심플렉스표의 기본구성은 선형계획모형의 구조 그대로 목적함수와 제약식으로 되어 있으며, 모형의 계수만을 이용해 그대로 표의 형태로 다음과 같이 나타낸다.

c_1	c_2	$\cdots$	c_n	
a_{11}	a_{12}	$\cdots$	a_{1n}	b_1
a_{21}	a_{22}	$\cdots$	a_{2n}	b_2
$\vdots$	$\vdots$		$\vdots$	$\vdots$
a_{m1}	a_{m2}	$\cdots$	a_{mn}	b_m

여기서

c_j : 변수 j의 목적함수에서의 계수

b_i : 제약식 i의 우변값 즉 자원 i의 주어진 양

a_{ij} : 제약식 i에 있는 변수 j의 계수

c들은 목적함수의 계수를 나타내는 행이고, a_{ij}는 제약식 좌변의 계수들을 나타내는 행렬이며, b들은 제약식의 우변값을 나타내는 열이다. 따라서 계수만을 이용하여 모형을 그대로 표의 형태로 옮긴 것으로서, 상단은 목적함수의 각 변수들의 계수인 행 c를 나타낸다. 하단은 각 제약식들의 관계를 옮긴 것으로 첫 행은 첫 제약식, m행은 m번째 제약식이며, 좌측은 제약식을 구성하는 좌변 변수들의 계수, 또 우측은 제약식의 우변값이다. 전 제약식을 모두 표로 옮겼을 때 하단 좌측은 제약식 좌변 변수들의 계수 모음인 행렬 A이고, 하단 우측은 각 제약식 우변값의 모음인 열 b로 나타낸다.

따라서 모형 (4.3)을 표로 옮기면 아래와 같다.

x_1	x_2	s_1	s_2	
4	5	0	0	
1	2	1	0	40
4	3	0	1	120

목적함수의 계수행 즉 행 c 상단에는 해당 변수행을 추가하였다. 따라서 x_1 열에서 4는 목적함수에서 x_1의 계수 c_1이며, 그 아래의 1은 첫째 제약식에 있는 x_1의 계수 a_{11}이다. x_2 열 하단의 3은 둘째 제약식 x_2 변수의 계수인 a_{22}를 의미하며, 하단 우측의 120은 두 번째 제약식의 우변값인 b_2가 된다. 다른 계수들에 대해서도

이와 같은 방법으로 해석한다.

위의 표 좌측에 계산상의 편의를 위해 아래와 같이 두 개의 새로운 열을 추가한다. 그 중 하나는 기본변수인 basic variable의 첫 자인 B로 표시, 0으로 놓지 않은 현재의 기본변수들을 나열하고, 다른 한 열은 그 기본변수들의 목적함수에서의 계수를 표시한다.

B		x_1	x_2	s_1	s_2	
		4	5	0	0	
s_1	0	1	2	1	0	40
s_2	0	4	3	0	1	120

앞에서 언급했던 바와 같이 x_1 과 x_2 가 값이 0인 비기본변수이고, 다른 두 변수 s_1 과 s_2 가 현재의 기본변수이므로 B열에 s_1 과 s_2 가 나열된다. 그 우측 열에는 이 두 변수의 목적함수에서의 계수가 들어가므로 모두 0이 된다. 초기 심플렉스표는 모형이 표의 형태로 그대로 나와 있으므로 초기 기본가능해를 쉽게 식별할 수 있다.

B열의 s_1 행이 s_1 열과 만나는 계수는 1이다. 이렇게 기본변수가 해당되는 열과 만나는 곳에서 계수 1로 연결되면 최우측의 b 값이 그 기본변수의 값이 되어 즉 $s_1 = 40$ 이 된다. 마찬가지로 기본변수 s_2 는 s_2 열과 연결되어 $s_2 = 120$ 이 되며, x_1 과 x_2 는 비기본변수이므로 당연히 $x_1 = x_2 = 0$ 이 되어 앞에서 구했던 해와 일치하게 된다.

심플렉스법은 목적함수의 값을 향상시키는 새로운 기본가능해를 유발하여 현재의 해를 대체해야 한다. 이것은 도해법에서 다른 극점으로 이동해야 하는 것과 같은 의미이다. 현재의 해를 향상시킬 가능성을 타진하기 위해 기본변수의 구성원을 바꾸어 본다. 현재의 비기본변수 중 한 개를 선택하여 기본변수로, 동시에 현재의 기본변수 중 한 개를 비기본변수로 전환시켜 목적함수값을 향상시키는 새로운 기본가능해를 구해야 한다. 심플렉스법은 이러한 과정을 수월하게 수행하는 방법을 제공해 준다.

어떻게 목적함수의 값을 향상시키는 새로운 기본가능해를 구하는가? 우선 표의 하단에 새로운 행을 두 개 추가한다. 하나는 z_j 행이고, 또 하나는 $c_j - z_j$ 행이다. 그 의미를 보면

z_j : 비기본변수 j가 0에서 한 단위 증가하여 기본변수가 될 때 목적함수값의 감소를 나타낸다.

$c_j - z_j$: z_j의 값을 구했을 때 목적함수값의 순변화를 나타낸다. 따라서 순평가행(net evaluation row)이라고 한다.

$c_j - z_j$ 행의 의미를 자세히 살펴보자. z_j는 비기본변수 j가 한 단위가 증가하여 기본변수가 될 때 목적함수값 z의 감소를 의미한다. 목적함수의 계수 c_j는 비기본변수 j가 한 단위 증가하여 기본변수가 될 때 목적함수값 z의 증가이다. 따라서 $c_j - z_j$는 비기본변수 j 한 단위 증가에 따른 목적함수값 z에 미치는 순효과이다. 다시 말해 비기본변수 x_1이 0에서 기본변수가 되어 $x_1 = 1$이 되면 우선 잔여변수에 감소 영향을 미쳐 목적함수값에 감소의 효과를 가져옴과 동시에 x_1 한 단위를 생산하는데서 오는 단위당 기여율 때문에 목적함수값에 증가의 효과를 가져온다. 이 때 목적함수값의 순효과 또는 순증가가 $c_1 - z_1$이다.

z_j 행의 각 원소(element)는 어떻게 계산되는가? 현재의 비기본변수 x_1이 값 0에서 한 단위 증가하여 $x_1 = 1$이 된다고 하자. 이러한 변화와 동시에 제약식을 계속 만족시키기 위해 다른 변수들의 값을 변화시켜야 할 것이다. 심플렉스법에서 필요한 변화는 기본변수에만 일어나도록 한다. 모형 (4.3)의 둘째 제약식

$$4x_1 + 3x_2 + s_2 = 120$$

에서 현재 기본변수는 s_2이므로 x_2는 비기본변수로 그대로 남겨 두고, x_1의 값이 1이 되면 이 제약식을 만족시키기 위해 s_2는 4가 감소한다. 마찬가지로 첫째 제약식

$$x_1 + 2x_2 + s_1 = 40$$

에서 x_2는 그대로 남고 x_1이 한 단위 증가하면 s_1은 한 단위 감소한다.

두 제약식을 분석하면 x_1의 값을 1로 기본변수로 만들면 s_1은 1이 감소하고, s_2는 4가 감소하게 된다. 따라서 x_1 열의 계수들은 비기본변수 x_1이 0에서 1로 증가할 때 현 기본변수들의 감소량을 의미함을 알 수 있다. 이 원리가 z_1 식에 쓰인다. 일반적으로 모든 열 계수들은 이러한 방식으로 해석될 수 있다.

따라서 만약 x_1을 비기본변수로 값을 0으로 놓고 현재의 비기본변수 x_2를 0에서 1로 증가시켜 기본변수로 만들면 s_1은 2가 감소하고, s_2는 3이 감소하게 된다. 이 원리는 z_2 식에 쓰인다.

위에서 z_j는 비기본변수가 한 단위 증가했을 때 목적함수값의 감소를 나타낸다고 했다. 따라서 z_j 값의 계산을 위해서는 현재의 비기본변수 x_j가 기본변수가 될 때 기존의 기본변수의 변화량과 이 변수의 목적함수에서의 계수값을 곱해 주어 산출한 효과를 모든 제약식에 대해 고려해야 한다. 위의 표에서 x_1이 비기본변수에서 기본변수가 될 때 z_1은 아래와 같이 계산된다.

$$z_1 = 0(1) + 0(4) = 0$$

여기서 1과 4는 위에서 보았듯이 x_1이 한 단위 증가함에 따라 첫 제약식에서 s_1이 1 감소하고, 둘째 제약식에서 s_2가 4 감소하게 된다. 이들을 s_1의 목적함수에서의 계수 0과 s_2의 목적함수에서의 계수 0으로 각각 곱해 주어 더한 값이 z_1이다.

마찬가지로 z_2의 계산은 아래와 같다.

$$z_2 = 0(2) + 0(3) = 0$$

역시 비기본변수 x_2가 0에서 1이 될 때, s_1은 2가 감소하고, s_2는 3이 감소하므로, 각각을 목적함수에서의 계수로 곱한 후 두 효과를 더한 것이다. 같은 원리로 계산해 보면 나머지 z_j의 값도 구해진다.

$$z_3 = 0(1) + 0(0) = 0$$
$$z_4 = 0(0) + 0(1) = 0$$

다시 말해 표에 넣을 z_j 행의 값을 계산하기 위해서는 현 기본변수의 계수열 원소(현재는) $\begin{bmatrix} 0 \\ 0 \end{bmatrix}$에 A행렬의 j번째 열에 해당되는 원소를 곱한 후 이들을 다 더해 준다는 것이다.

x_1의 목적함수의 계수가 4이므로 $c_1 - z_1 = 4 - 0 = 4$가 된다.이는 x_1 한 단위를 현 기본변수로 불러들이는 순효과는 네 단위만큼의 판매액의 증가가 따른다는 것이다. 따라서 x_1에 해당되는 $c_j - z_j$ 행에는 4가 들어가게 된다. 같은 방식으로 나머지 변수들에 대해서도 계산한 결과 z_j 행과 $c_j - z_j$ 행에 들어갈 원소들은 아래의 [표 4-2]와 같다. 이로써 하나의 심플렉스표가 완성되었으며 [표 4-2]가 모형 (4. 1)의 초기표가 된다.

[표 4-2] 초기 심플렉스표

		x_1	x_2	s_1	s_2	
B		4	5	0	0	
s_1	0	1	2	1	0	40
s_2	0	4	3	0	1	120
	z_j	0	0	0	0	0
	$c_j - z_j$	4	5	0	0	

[표 4-2]의 우측 하단의 0은 현 기본가능해로 산출한 목적함수의 값으로서 마지막 열에 있는 기본변수의 값에 이 변수들의 목적함수에서의 계수를 곱해 줌으로써 얻게 된다. 따라서 그 값은 0(40) + (0)120 = 0이 된다.

제3절 심플렉스표의 연산법과 갱신과정

1. 초기 심플렉스표 → 2차 심플렉스표

[표 4-2]의 하단에 있는 순평가행을 보면 x_1 한 단위는 목적함수를 네 단위 증가시키고, x_2 한 단위는 목적함수를 다섯 단위 증가시키는 것으로 나타난다. x_2가 단

위당 목적함수값에의 기여도가 가장 높으므로 이 변수를 새로운 기본변수로 선택한다. 현재의 비기본변수인 x_2가 새로운 기본변수로 진입하게 되므로 다음에는 현재의 기본변수 중 어떤 변수를 비기본변수로 퇴출시켜야 하는가를 결정해야 한다. 이러한 두 변수간의 역할 교대는 심플렉스방법의 핵심이라고 할 수 있다.

x_2가 기본변수로 진입하면 목적함수의 값을 가장 크게 증가시키므로, x_2를 가능한 한 많이 늘리고 싶다. z_j 값을 계산할 때 x_2 열의 각 계수들은 x_2가 한 단위 증가함에 따라 발생한 해당 기본변수의 감소량을 가리킨다고 했다. 따라서 단지 양수의 계수들만이 비기본변수로 나갈 현 기본변수들을 결정하는 데 고려될 필요가 있다.

첫 행을 보면 생산되는 x_2 단위당 s_1을 두 단위 감소시킨다. 현재의 해에서는 $s_1 = 40$ 이고 $x_2 = 0$ 이다. 이 행만 고려하면 x_2의 최대 가능값은 $2x_2 = 40$ 으로 $x_2 = 20$ 이 된다. 만약 x_2가 20이고, x_1은 비기본변수로 남는다면 s_1은 첫 제약식

$$x_1 + 2x_2 + s_1 = 40$$

을 만족시키기 위해 0으로 감소되어야만 할 것이다.

둘째 행을 보면, x_2의 계수는 3이므로 증가시키는 x_2 매 단위는 s_2를 세 단위 감소시킨다. 현재 $s_2 = 120$ 이므로 $3x_2 = 120$ 을 풀어 s_2가 비기본변수가 되기 전에 x_2의 가능한 최대 증가량을 구하면 $x_2 = 40$ 을 초과할 수 없게 된다. 두 개의 행, 즉 두 제약식을 동시에 고려해 보면 첫 행이 더 제약적이라는 것을 알 수 있다. 변수가 x_2인 컵을 20단위 생산하면 노동시간을 다 써버리고 해당 잔여변수를 $s_1 = 0$ 인 비기본변수로 퇴출시키게 된다.

x_2를 가능한 많이 생산하기 위해서는 기본가능해를 구성하는 변수들을 바꾸어야 한다. 비기본변수 x_2는 이제 새로운 기본변수로 진입하고, 동시에 기본변수 s_1은 새로운 비기본변수로 나가게 된다. 심플렉스해법에서 한 기본가능해로부터 다른 해로 옮기는 방법은 현 기본변수 중 한 개를 대체하기 위해 비기본변수 중에서 한 개를 선택하는 것이다.

기본변수와 비기본변수를 교체시키는 규칙을 요약하면 다음과 같다.

첫째, 기본변수로 진입시키는 기준은 $c_j - z_j$ 행에서 단위당 목적함수값을 가장 많이 향상시키는 변수를 선택하는 것이다. 동시에 두 개 이상의 변수가 단위당 같은 비율의 기여도를 가질 때에는 가장 좌측열에 해당하는 변수를 고른다.

둘째, 기본변수에서 퇴출시키는 기준은 진입변수가 표의 A행렬 부분에서 j 열에 해당 된다면 각 행 i 에 대해 $\frac{b_i}{a_{ij}}$ 를 계산하여 비율이 가장 작은 기본변수를 택하는 것이다. 이 때 a_{ij} 는 반드시 양수여야만 한다. 같은 비율이 발생하는 경우에는 최상단에 해당하는 변수를 내보낸다.

위의 과정을 직접 사용해 보면 변수의 진퇴를 쉽게 결정할 수 있다. [표 4-2]의 우측에 과외의 열을 만들어 $\frac{b_i}{a_{ij}}$ 비율을 계산하면 [표 4-3]과 같다.

$c_2 - z_2 = 5$ 가 가장 큰 양의 값을 가지므로 x_2가 새로운 기본변수로 들어오게 되면서 현재의 두 기본변수 s_1과 s_2 중에서 택일하여 비기본변수로 퇴출시켜야 한다. 따라서 x_2 열에서$a_{i2} > 0$ 에 한해 $\frac{b_i}{a_{i2}}$를 계산하면 $a_{12} = 2$ 이므로 $\frac{b_1}{a_{12}} = \frac{40}{2} = 20$이 되고, $a_{22} = 3$ 이므로 $\frac{b_2}{a_{22}} = \frac{120}{3} = 40$ 이 된다. 비율의 값이 작은 변수가 퇴출되어야 하므로, 첫 행에 해당하는 현재의 기본변수 s_1 이 비기본변수로 나가게 된다.

새로운 기본변수로 진입하게 되는 x_2 열을 선회열(pivot column), 비기본변수로 퇴출되는 s_1 행을 선회행(pivot row)이라고 하고, 이 두 열과 행이 교차하는 점에 해당하는 원소를 선회원소(pivot element)라고 한다. 따라서 [표 4-3]에서 2가 선회원소로서 표시되어 있으며 이 선회원소를 기준으로 새로운 해를 구하게 된다. 현재의 해는 $x_1 = 0$, $x_2 = 0$, $s_1 = 40$, $s_2 = 120$, $z = 0$ 이며, x_2가 s_1을 대체하면 목적함수값을 증가시키는 새로운 해가 구해질 수 있다. x_2가 기본변수로 된 경우에 해당하는 새로운 기본가능해를 결정하기 위해서는 심플렉스표를 갱신시켜야 한다.

[표 4-3] 초기표에서 진입, 퇴출변수의 식별

B		x_1	x_2	s_1	s_2		$\frac{b_i}{a_{i2}}$
		4	5	0	0		
s_1	0	1	2	1	0	40	$\frac{40}{2} = 20$
s_2	0	4	3	0	1	120	$\frac{120}{3} = 40$
z_j		0	0	0	0	0	
$c_j - z_j$		4	5	0	0		

[표 4-3]을 보면 현재의 해를 향상시키기 위해서는 x_2를 20까지 증가시켜야 한다. x_2 생산을 20단위 증가시키면 $5(20) = 100$ 만큼 목적함수에 기여하게 된다. 따라서 컵 20단위를 생산하는데 주어진 노동시간을 모두 써야 하므로 s_1은 0으로 감소하게 된다. 그 결과 x_2가 새로운 기본변수가 되어 s_1을 대체하게 된다.

앞에서도 언급했던 바와 같이 초기표는 각 기본변수에 대응하는 단위열(unit column)을 포함하고 있다. 심플렉스표는 새 기본변수의 열이 단위열이라는 방식으로 갱신된다. 이런 방식으로 새로운 기본변수의 값은 해당되는 행의 우변 값에 의해 주어지게 된다. 따라서 다음 표에서 진입변수인 x_2 열의 원소가 퇴출변수 s_1 열의 현원소 $\begin{bmatrix} 1 \\ 0 \end{bmatrix}$처럼 나타나게 해야 한다. 다시 말해 다음 표에서 아래와 같이 x_2 열이 현재 퇴출되는 s_1의 열과 같이 나타나게 만든다는 것이다.

x_1	x_2	s_1	s_2
4	5	0	0
	1		
	0		

계산과정은 1로 만들어 주는 행부터 시작한다.

1) 다음 표에서 첫 행의 둘째 계수 $a_{12} = 1$로 만들어 주기 위해서는 먼저 현 심플렉스표의 행렬 A와 벡터 b에서 첫 행의 계수를 옮기면 아래와 같다.

1 2 1 0 40

여기에 $\frac{1}{2}$을 곱해 주면 아래의 ①과 같이 둘째 열에 해당하는 계수가 1이 되어 다음 심플렉스표의 첫 행이 된다.

① $\frac{1}{2}$ 1 $\frac{1}{2}$ 0 20 …… 2차표의 행 1

이렇게 1로 만들어준 행은 이후 다른 행의 연산 때 계속 사용된다.

2) 다음 표에서 둘째 행의 둘째 계수 $a_{22} = 0$ 으로 만들어 주기 위해서는 현재의 둘째 행과 이미 다음표의 새로운 행으로 결정된 ①을 사용한다. 먼저 현재의 둘째 행의 계수를 아래와 같이 옮긴다.

② 4 3 0 1 120

현재의 둘째 계수 3을 다음 표에서 0으로 만들어 주기 위해서는 우선 행 ①에 3을 곱해 주어 다음과 같이 둘째 계수가 3이 되도록 만든다.

③ $\frac{3}{2}$ 3 $\frac{3}{2}$ 0 60

그리고 ②에서 ③을 빼주면 다음표의 둘째 행은 아래와 같이 둘째 계수가 0이 된다.

④ $\frac{5}{2}$ 0 $-\frac{3}{2}$ 1 60 …… 2차표의 행 2

따라서 다음 심플렉스표의 첫 행은 ①이고, 둘째 행은 ④가 되어 이들을 그대로 옮기면 [표 4-4]와 같다.

[표 4-4] 2차 심플렉스표

	x_1	x_2	s_1	s_2		
B	4	5	0	0		$\frac{b_i}{a_{i1}}$
x_2 5	$\frac{1}{2}$	1	$\frac{1}{2}$	0	20	$20/(\frac{1}{2})=40$
s_2 0	$\frac{5}{2}$	0	$-\frac{3}{2}$	1	60	$60/(\frac{5}{2})=24$
z_j	$\frac{5}{2}$	5	$\frac{5}{2}$	0	100	
c_j-z_j	$\frac{3}{2}$	0	$-\frac{5}{2}$	0		

[표 4-4]의 z_j 행을 계산하면 다음과 같다.

$$
\begin{aligned}
z_1 &= 5(\tfrac{1}{2})+0(\tfrac{5}{2}) = \tfrac{5}{2} \\
z_2 &= 5(1)+0(0) = 5 \\
z_3 &= 5(\tfrac{1}{2})+0(-\tfrac{3}{2}) = \tfrac{5}{2} \\
z_4 &= 5(0)+0(1) = 0
\end{aligned}
$$

계산된 z_j의 값을 사용하여 $c_j - z_j$ 행을 아래와 같이 구한다.

$$
\begin{aligned}
c_1 - z_1 &= 4 - \tfrac{5}{2} = \tfrac{3}{2} \\
c_2 - z_2 &= 5 - 5 = 0 \\
c_3 - z_3 &= 0 - \tfrac{5}{2} = -\tfrac{5}{2} \\
c_4 - z_4 &= 0 - 0 = 0
\end{aligned}
$$

또한, 목적함수값은 새로운 해를 이용하여 계산한다.

$$z = 5(20) + 0(60) = 100$$

[표 4-4]를 보면 B열에 새로운 기본변수로 x_2가 들어와 퇴출한 s_1을 대체하였고, 이에 따라 x_2의 목적함수에서의 계수 5가 우측에 자리잡게 된다. 위의 표에서 새로운 해를 구하면 x_1과 s_1은 비기본변수이므로 값이 0이고, x_2와 s_2는 최우측 열에 나와 있는 대로 각각 20과 60이다.

다른 방식으로 구해 보면 위의 [표 4-4]의 방정식체계는 계수 0을 가진 항을 빼면 다음과 같다.

$$\begin{aligned} \frac{1}{2}x_1 + \ x_2 + \ \frac{1}{2}s_1 \qquad\quad &= \ 20 \\ \frac{5}{2}x_1 \qquad\quad - \ \frac{3}{2}s_1 + s_2 &= \ 60 \end{aligned}$$

비기본변수 x_1과 s_1을 0으로 놓으면 $x_2 = 20$, $s_2 = 60$ 이 되어 새로운 기본가능해 $x_1 = 0, x_2 = 20, s_1 = 0, s_2 = 60$ 을 얻게 된다. [표 4-4]를 계산하기 전에 이미 언급했듯이 해를 향상시키기 위해 x_2는 20까지 증가시켜야 하고, 또 x_2 20단위의 생산은 목적함수를 100단위 증가시킨다고 했으므로 정확히 같은 결과가 나온다는 것을 알 수 있다.

지금까지 심플렉스표를 계산한 결과를 보면, 초기해

$$x_1 = 0,\ x_2 = 0,\ s_1 = 40,\ s_2 = 120,\ z = 0$$

은 [그림 4-1]의 원점 A에 해당했으나 해를 향상시키기 위해 기본변수들을 대체한 결과, 2차 기본가능해

$$x_1 = 0,\ x_2 = 20,\ s_1 = 0,\ s_2 = 60,\ z = 100$$

을 얻게 되었다. 단위당 목적함수를 가장 크게 증가시키는 방향, 즉 x_2 축을 따라 제약식을 벗어나지 않는 한도 내에서 이동한 결과 [그림 4-1]의 점 B로 이동하게 되었다. 점 B에서 노동시간의 제약식은 속박적이고, 점토량 제약식에는 잔여가 존재한다. 현재의 해에서 잔여량은 $s_2 = 60$ 이다.

2. 2차 심플렉스표 → 3차 심플렉스표

[표 4-4]에서 기본변수의 구성원을 바꾸면 계속해서 목적함수값을 향상시킬 수 있을 것인가를 보기 위해 $c_j - z_j$ 행을 검토한다. $c_1 - z_1$값이 가장 큰 양의 값을 갖고 있으므로 x_1이 새로운 기본변수로 선택되어 진입하게 된다. 다음으로 현 기본변

수 중 퇴출변수를 선택하기 위해서 앞에서와 같이 $a_{i1} > 0$ 인 $\frac{b_i}{a_{i1}}$의 비율을 계산하여 비율의 값이 가장 작은 변수를 퇴출시켜야 할 것이다.

x_1이 새로운 진입변수이므로 x_1 열이 선회열이 된다. 그러면 [표 4-4]의 x_2 행에 대해서는 $b_1/a_{11} = 20/\frac{1}{2} = 40$이 되고, s_2 행에 대해서는 $b_2/a_{21} = 60/\frac{5}{2} = 24$가 되어 비율이 적은 s_2가 비기본변수로 퇴출된다. 따라서 x_1 열과 s_2 행이 만나는 $\frac{5}{2}$가 선회원소로서 표시된다. 그 결과 x_1이 새 심플렉스표에서 기본변수로 s_2를 대체하게 된다. s_2는 현재의 심플렉스표 [표 4-4]에서 열원소 $\begin{bmatrix} 0 \\ 1 \end{bmatrix}$을 가지고 있으므로 새 심플렉스표의 x_1 열은 $\begin{bmatrix} 0 \\ 1 \end{bmatrix}$이 되어야 한다.

새로운 해를 얻기 위한 심플렉스표의 계산은 다음과 같다.

1) 다음표 둘째 행의 첫 계수 $a_{21} = 1$로 만드는 것부터 시작한다. 현재의 심플렉스표 [표 4-4]의 둘째 행부터 연산을 시작하므로 아래와 같이 옮겨온다.

$$\frac{5}{2} \qquad 0 \qquad -\frac{3}{2} \qquad 1 \qquad 60$$

첫 계수가 1이 되기 위해서는 전체 행에 $\frac{2}{5}$를 곱해 주어야 하며, 따라서 다음표의 둘째 행은 ①과 같이 나타난다.

① $1 \qquad 0 \qquad -\frac{3}{5} \qquad \frac{2}{5} \qquad 24$ …… 3차표의 행 2

2) 다음 표에서는 첫 행의 첫 계수 $a_{11} = 0$이 되어야 하고, 계산에는 현재의 첫 행과 ①이 사용된다. 먼저 [표 4-4]의 첫 행의 계수들을 그대로 옮기면 ②와 같다.

② $\frac{1}{2} \qquad 1 \qquad \frac{1}{2} \qquad 0 \qquad 20$

이미 진입이 결정된 행 ①에 $\frac{1}{2}$을 곱해 주면 ③과 같다.

③ $\frac{1}{2}$ 0 $-\frac{3}{10}$ $\frac{1}{5}$ 12

②에서 ③을 빼주면 다음표의 첫 행은 ④와 같으며, 첫 계수는 0이 됨을 알 수 있다.

④ 0 1 $\frac{4}{5}$ $-\frac{1}{5}$ 8 …… 3차표의 행 1

따라서 ①과 ④를 새 심플렉스표로 옮기면 [표 4-5]와 같다.

[표 4-5] 3차 심플렉스표

	x_1	x_2	s_1	s_2	
B	4	5	0	0	
x_2 5	0	1	$\frac{4}{5}$	$-\frac{1}{5}$	8
x_1 4	1	0	$-\frac{3}{5}$	$\frac{2}{5}$	24
z_j	4	5	$\frac{8}{5}$	$\frac{3}{5}$	136
$c_j - z_j$	0	0	$-\frac{8}{5}$	$-\frac{3}{5}$	

z_j 행과 $c_j - z_j$ 행은 다음과 같이 각각 계산된다.

$$
\begin{aligned}
z_1 &= 5(0) + 4(1) = 4 \\
z_2 &= 5(1) + 4(0) = 5 \\
z_3 &= 5\left(\frac{4}{5}\right) + 4\left(-\frac{3}{5}\right) = \frac{8}{5} \\
z_4 &= 5\left(-\frac{1}{5}\right) + 4\left(\frac{2}{5}\right) = \frac{3}{5} \\
c_1 - z_1 &= 4 - 4 = 0 \\
c_2 - z_2 &= 5 - 5 = 0 \\
c_3 - z_3 &= 0 - \frac{8}{5} = -\frac{8}{5} \\
c_4 - z_4 &= 0 - \frac{3}{5} = -\frac{3}{5}
\end{aligned}
$$

새로 구성된 기본변수에 의해 목적함수값은 아래와 같이 증가한다.

$$z = 5(8) + 4(24) = 136$$

연산 결과 구한 [표 4-5]에서 기본변수는 결정변수로 완전히 대체되었고, 두 개의 기본변수 $x_1 = 24, x_2 = 8$, 두 개의 비기본변수 $s_1 = 0$, $s_2 = 0$ 그리고 $z = 136$의 해를 얻게 되었다. 이제 목적함수의 값을 증가시킬 또 다른 기본가능해의 존재 여부를 검토해야 한다.

순평가행인 $c_j - z_j$ 행을 보면 모든 원소들이 0 또는 음수라는 것을 알 수 있다. 두 비기본변수 s_1과 s_2의 $c_j - z_j$ 값이 0보다 작거나 같으므로 더 이상 비기본변수를 기본변수로 불러들여도 목적함수의 값을 향상시키지 못한다. 따라서 [표 4-5]는 이미 최적해에 도달했음을 나타내 주고 있으며 위의 해는 앞에서 도해법으로 구한 최적해와 일치한다.

선형계획문제에서 순평가행 $c_j - z_j$의 모든 원소가 0이거나 또는 음수일 때는 최적해에 도달한 것이다. 이 경우 최적해는 현재의 기본가능해이다. $c_j - z_j$는 z_j의 값을 구했을 때 목적함수값의 순변화를 나타내므로 $c_j - z_j$ 값이 양수가 아니면 목적함수의 값이 증가하지 않는다. 일반적으로 심플렉스방법은 최적해가 얻어졌는가를 결정하기 위해 이 기준을 사용한다.

만약 접시와 컵의 판매고를 극대화시키려면 접시(x_1) 24단위, 컵(x_2) 8단위를 생산해야 할 것이다. 모든 잔여변수가 0이므로 두 제약식들이 속박적이고, 주어진 자원으로 효율적인 생산활동을 하고 있음을 알 수 있다. 따라서 노동시간과 점토가 추가로 주어진다면 목적함수값의 향상에 기여할 수 있으므로 이 업체는 이를 고려해 볼 만하다.

[그림 4-1]은 심플렉스해법을 사용하여 최적해를 구하기까지의 반복적 계산과정을 그대로 보여준다. 초기 기본가능해($x_1 = 0$, $x_2 = 0$, $s_1 = 40$, $s_2 = 120$, $z = 0$)는 원점인 A에 해당되고, 다음 기본가능해($x_1 = 0$, $x_2 = 20$, $s_1 = 0$, $s_2 = 60$, $z = 100$)는 극점 B에 해당되며, 최적해($x_1 = 24$, $x_2 = 8$, $s_1 = 0$, $s_2 = 0$, $z = 136$)는 극점 D에 해당되어, 한 극점에서 다른 극점으로 이동하면서 해가 향상됨을 알 수 있다.

3. 최종 심플렉스표의 활용

최종 심플렉스표는 최적해 외에 추가적으로 중요한 정보를 제공해 준다. 다시 그래프를 보자.

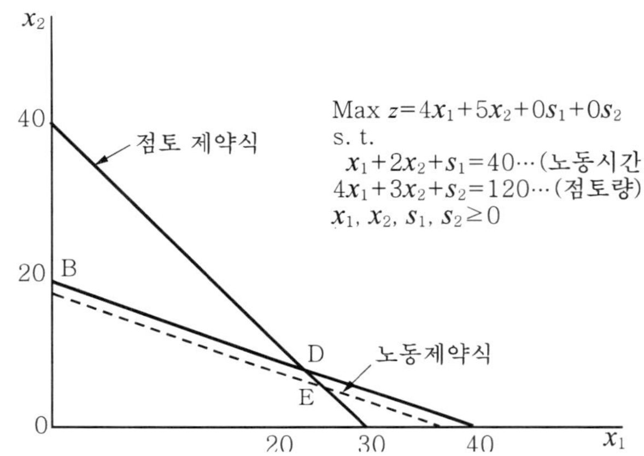

노동시간을 40단위에서 39로 한 단위 감소시키면 제약식이 점선과 같이 아래로 수평 이동하여 D 대신 E에서 최적상태가 이루어질 것이다. 이 때 어떤 효과가 발생할 것인가? 최종 심플렉스표인 [표 4-5]의 s_1 열에서 아래의 변화가 발생함을 알 수 있다.

$$z : \frac{8}{5}\text{감소} \rightarrow 136\text{에서 } 134\frac{2}{5}\text{로 변화}$$

$$x_1 : \frac{3}{5}\text{증가} \rightarrow 24\text{에서 } 24\frac{3}{5}\text{으로 변화}$$

$$x_2 : \frac{4}{5}\text{감소} \rightarrow 8\text{ 에서 } 7\frac{1}{5}\text{로 변화}$$

위의 그래프에서도 나타나듯이 D에서 E로 이동하면 x_1은 증가하고 x_2는 감소한다. 그렇다면 점토량을 120단위에서 119로 한 단위 감소시킨다면 어떻게 될까? 마지막 심플렉스표의 s_2 열에서 아래의 정보를 얻게 된다.

z : $\frac{3}{5}$감소 → 136에서 $135\frac{2}{5}$로 변화

x_1 : $\frac{2}{5}$감소 → 24에서 $23\frac{3}{5}$으로 변화

x_2 : $\frac{1}{5}$증가 → 8에서 $8\frac{1}{5}$로 변화

따라서 최적상태에서 최종표를 해석할 수 있게 된다. 심플렉스방법의 사용절차를 요약해 보면 다음과 같다.

i) 모형을 세운다.

ii) 표준형으로 전환시킨다.

iii) 목적함수와 제약식으로 초기표를 작성한다.

iv) z_j 값을 구한다.

v) $c_j - z_j$ 값을 구한다.

vi) 목적함수값을 구한다.

vii) $c_j - z_j$ 값으로 단위당 목적함수값의 향상에 가장 큰 기여를 하는 현비기본변수를 새로운 기본변수로 진입시킨다.

viii) b_i / a_{ij} 값을 $a_{ij} > 0$인 각 행에 대해 구한 후, 비율이 가장 작은 현기본변수를 새로운 비기본변수로 퇴출시킨다.

ix) 행의 연산작업을 수행한다.

x) 새로운 기본가능해를 구한다.

xi) z_j 값을 구한다.

xii) $c_j - z_j$ 값을 구한 후 이 값이 0보다 크지 않으면 최적해에 도달한 것이며, 그렇지 않은 경우는 위의 절차를 되풀이한다.

제 4 절　심플렉스해법의 반복계산 Ⅰ

지금까지는 제약식이 두 개뿐인 간단한 모형의 심플렉스해법에 대해 배웠으나 이번에는 제약식이 더 많은 경우를 예로 심플렉스표의 연산법과 갱신과정에 대해 복습하고자 한다. 앞장에서는 도해법을 이용하여 이윤 극대화 생산계획문제의 최적해를 구한 바 있다. 이번에는 심플렉스해법을 사용하여 최적해를 구하고자 한다. 원모형을 옮기면 아래와 같다.

$$
\begin{aligned}
&\text{Max} \quad \pi = 60x_1 + 45x_2 \\
&\quad \text{s.t.} \\
&\quad 0.5x_1 + 0.3x_2 \le 18 \\
&\quad 0.4x_1 + 0.5x_2 \le 19.6 \\
&\quad 0.1x_1 \qquad\quad\ \le 3.8 \\
&\quad \qquad\quad 0.2x_2 \le 5 \\
&\quad \qquad\quad x_1,\ x_2 \ge 0
\end{aligned}
\tag{4.4}
$$

심플렉스해법 과정에서 소수점은 계산을 어렵게 만드는 경우가 있으므로 좌변 계수 소수를 분수로 바꾸어 모형 (4.4)를 표준형으로 전환시키면 아래와 같다.

$$
\begin{aligned}
&\text{Max} \quad \pi = 60x_1 + 45x_2 + 0s_1 + 0s_2 + 0s_3 + 0s_4 \\
&\quad \text{s.t.} \\
&\quad \frac{5}{10}x_1 + \frac{3}{10}x_2 + s_1 = 18 \\
&\quad \frac{4}{10}x_1 + \frac{5}{10}x_2 + s_2 = 19.6 \\
&\quad \frac{1}{10}x_1 + s_3 = 3.8
\end{aligned}
\tag{4.5}
$$

$$\frac{2}{10}x_2 \qquad\qquad +s_4 = 5$$

$$x_1,\ x_2,\ s_1,\ s_2,\ s_3,\ s_4 \ \geq 0$$

원모형 (4.4)의 모든 제약식은 부등호 '≤'를 가지고, 또 비음우변값은 존재하지 않으므로 표준형인 (4.5)를 그대로 심플렉스표의 형태로 만들 수 있다. 결정변수 및 잔여 또는 잉여변수를 포함해 변수는 모두 $n = 6$개이고, 제약식은 $m = 4$개이다. $n - m = 6 - 4 = 2$에 따라 두 개의 변수를 값 0을 갖는 비기본변수로 놓으면 나머지 네 개의 변수가 값을 갖는 기본변수가 된다. 초기해에서 결정변수들을 값 0을 갖는 비기본변수로 놓아 이들이 표의 갱신과정에서 차례로 기본변수로 진입하고, 현재의 기본변수인 잔여변수들이 비기본변수로 차례로 퇴출되도록 한다. 따라서 초기표는 아래와 같다.

[표 4-6] 초기 심플렉스표 : 이윤 극대화 생산계획문제

B		x_1 60	x_2 45	s_1 0	s_2 0	s_3 0	s_4 0		$\frac{b_i}{a_{ij}}$
s_1	0	$\frac{5}{10}$	$\frac{3}{10}$	1	0	0	0	18	$18/\frac{5}{10} = 36$
s_2	0	$\frac{4}{10}$	$\frac{5}{10}$	0	1	0	0	19.6	$19.6/\frac{4}{10} = 49$
s_3	0	$\frac{1}{10}$	0	0	0	1	0	3.8	$3.8/\frac{1}{10} = 38$
s_4	0	0	$\frac{2}{10}$	0	0	0	1	5	-
	z_j	0	0	0	0	0	0	0	
	c_j-z_j	60	45	0	0	0	0		

z_j와 $c_j - z_j$은 앞에서와 같은 원리로 계산되며, $c_1 - z_1$이 가장 큰 양의 값을 가지므로 x_1이 새로운 기본변수로 진입하게 된다. 퇴출변수는 $\frac{b_i}{a_{ij}}$ 의 비율을 $a_{ij} >$ 0에 대해 계산한 결과 s_1으로 결정되어 선회원소는 진입하는 x_1열과 퇴출되는 s_1

행이 만나는 $\frac{5}{10}$이다. 현재의 해는 $x_1 = 0$, $x_2 = 0$, $s_1 = 18$, $s_2 = 19.6$, $s_3 = 3.8$, $s_4 = 5$이며, 목적함수의 값은 0(18) + 0(19.6) + 0(3.8) + 0(5) = 0이다. 퇴출되는 s_1변수의 열은 $\begin{bmatrix} 1 \\ 0 \\ 0 \\ 0 \end{bmatrix}$이므로 차기표에서 기본변수로 진입하는 x_1변수의 열이 이와 같도록 선회원소를 기준으로 연산해야 한다.

1) 먼저 [표 4-6]의 첫 행을 그대로 옮기면 아래와 같다.

$$\frac{5}{10} \quad \frac{3}{10} \quad 1 \quad 0 \quad 0 \quad 0 \quad 18$$

차기표에서 $a_{11} = 1$이 되기 위해서는 각 계수에 2를 곱해 주어야 하며, 따라서 아래의 ①이 차기표의 첫 행이 되어 각 행의 연산에 사용된다.

① $1 \quad \frac{6}{10} \quad 2 \quad 0 \quad 0 \quad 0 \quad 36$ … 2차표의 행 1

2) 차기표에서 둘째 행의 첫 계수 $a_{21} = 0$이 되기 위해서는 [표 4-6]의 둘째 행과 이미 차기표의 첫 행으로 결정된 ①과의 계산이 필요하며 우선 [표 4-6]의 둘째 행을 옮기면 ②와 같다.

② $\frac{4}{10} \quad \frac{5}{10} \quad 0 \quad 1 \quad 0 \quad 0 \quad 19.6$

②의 첫 계수와 맞추기 위해 ①에 $\frac{4}{10}$를 곱해주면 ③이 된다.

③ $\frac{4}{10} \quad \frac{24}{100} \quad \frac{8}{10} \quad 0 \quad 0 \quad 0 \quad 14.4$

②에서 ③을 빼주면 아래의 ④가 되고, 즉 차기표의 둘째 행이 된다.

④ $0 \quad \frac{26}{100} \quad -\frac{8}{10} \quad 1 \quad 0 \quad 0 \quad 5.2$ … 2차표의 행 2

3) 차기표에서 $a_{31} = 0$이 되기 위해서는 [표 4-6]의 셋째 행과 ①과의 연산이 필요하며, 우선 [표 4-6]의 셋째 행을 옮기면 ⑤가 된다.

⑤ $\frac{1}{10}$ 0 0 0 1 0 3.8

⑤의 첫 계수에 맞추기 위해 ①에 1/10을 곱해주면 ⑥과 같다.

⑥ $\frac{1}{10}$ $\frac{6}{100}$ $\frac{2}{10}$ 0 0 0 3.6

⑤에서 ⑥을 빼준 ⑦이 차기표의 셋째 행이 된다.

⑦ 0 $-\frac{6}{100}$ $-\frac{2}{10}$ 0 1 0 0.2 … 2차표의 행 3

4) 차기표에서 넷째 행의 첫 계수 $a_{41} = 0$이 되어야 하나 현재 이미 값이 0이므로 그대로 아래와 같이 옮긴다.

0 $\frac{2}{10}$ 0 0 0 1 5 … 2차표의 행 4

위에서 계산한 차기표의 새로운 행들을 그대로 표에 옮기면 2차 심플렉스표가 된다. 이전의 기본변수였던 s_1이 비기본변수로 퇴출되고 x_1이 새로운 기본변수로 진입했으며, 이에 따라 해가 향상되었음을 알 수 있다.

현재의 해는 $x_1 = 36$, $x_2 = 0$, $s_1 = 0$, $s_2 = 5.2$, $s_3 = 0.2$, $s_4 = 5$이며 목적함수의 값은 60(36) + 0(5.2) + 0(0.2) + 0(5) = 2,160이 된다. [표 4-7]에서 $z_2 = 60(\frac{6}{10}) + 0(\frac{26}{100}) + 0(-\frac{6}{100}) + 0(\frac{2}{10}) = 36$이 되며, 따라서 $c_2 - z_2 = 45 - 36 = 9$가 되어 x_2변수가 기본변수로 진입하게 되면 목적함수값의 향상에 가장 기여하는 것으로 나타난다. 현재의 기본변수 중 한 개의 변수를 비기본변수로 퇴출시키기 위한 $\frac{b_i}{a_{ij}}$의 비율을 계산한 결과 s_2가 퇴출변수로 결정되며, x_2

열과 s_2행이 만나는 $\frac{26}{100}$이 선회원소가 된다. 퇴출되는 s_2열의 원소가 $\begin{bmatrix} 0 \\ 1 \\ 0 \\ 0 \end{bmatrix}$이므로 이 열이 차기표에서 x_2열이 된다.

[표 4-7] 2차 심플렉스표 : 이윤최대화 생산계획문제

		x_1	x_2	s_1	s_2	s_3	s_4		
		60	45	0	0	0	0		$\frac{b_i}{a_{ij}}$
x_1	60	1	$\frac{6}{10}$	2	0	0	0	36	$36/\frac{6}{10} = 60$
s_2	0	0	$\frac{26}{100}$	$-\frac{8}{10}$	1	0	0	5.2	$5.2/\frac{26}{10} = 20$
s_3	0	0	$-\frac{6}{100}$	$-\frac{2}{10}$	0	1	0	0.2	-
s_4	0	0	$\frac{2}{10}$	0	0	0	1	5	$5/\frac{2}{10} = 25$
	z_j	60	36	120	0	0	0		2,160
	$c_j - z_j$	0	9	−120	0	0	0		

1) 원소가 1이 되는 행부터 계산해야 하므로 차기표에서 $a_{22} = 1$이 되기 위해서는 먼저 [표 4-7]의 둘째 행을 아래와 같이 옮긴다.

$$0 \quad \frac{26}{100} \quad -\frac{8}{10} \quad 1 \quad 0 \quad 0 \quad 5.2$$

둘째 계수가 1이 되어야 하므로 행 전체에 $\frac{100}{26}$을 곱하면 ⑧과 같다.

$$⑧ \quad 0 \quad 1 \quad -\frac{80}{26} \quad \frac{100}{26} \quad 0 \quad 0 \quad 20 \qquad \cdots \text{3차표의 행 2}$$

차기표에서 1이 되는 행의 연산이 끝나면 다음은 상단에서부터 차례로 계산해 내려온다.

2) $a_{12} = 0$으로 만들어 주기 위해서는 현재의 2차표의 첫 행과 3차표의 둘째 행으로 이미 결정된 ⑧과의 연산이 필요하다. 우선 [표 4-7]의 첫 행을 옮겨오

면 ⑨와 같다.

⑨ 1 $\frac{6}{10}$ 2 0 0 0 36

⑧에 $\frac{6}{10}$을 곱해주면 ⑩과 같다.

⑩ 0 $\frac{6}{10}$ $-\frac{48}{26}$ $\frac{60}{26}$ 0 0 12

⑨에서 ⑩을 빼주면 둘째 원소가 0이 되고 차기표에서 첫 행은 아래와 같다.

⑪ 1 0 $\frac{100}{26}$ $-\frac{60}{26}$ 0 0 24 … 3차표의 행 1

3) 3차표에서 $a_{32} = 0$이 되기 위해서는 2차표의 셋째 행과 ⑧과의 연산이 필요하므로 우선 2차표의 셋째 행을 옮기면 ⑫가 된다.

⑫ 0 $-\frac{6}{100}$ $-\frac{2}{10}$ 0 1 0 0.2

⑧에 $\frac{6}{100}$을 곱해주면 ⑬과 같이 둘째 행이 $\frac{6}{100}$이 된다.

⑬ 0 $\frac{6}{100}$ $-\frac{48}{260}$ $\frac{6}{26}$ 0 0 $\frac{120}{100}$

⑫와 ⑬을 더하면 둘째 계수가 0이 되면서 아래와 같이 차기표의 셋째 행을 얻게 된다.

⑭ 0 0 $-\frac{100}{260}$ $\frac{6}{26}$ 1 0 $\frac{140}{100}$ … 3차표의 행 3

4) 3차표에서 $a_{42} = 0$을 만들기 위해 2차표의 넷째 행을 ⑮와 같이 옮긴다.

⑮ 0 $\frac{2}{10}$ 0 0 0 1 5

식 ⑧에 $\frac{2}{10}$을 곱해주면 아래의 ⑯과 같다.

$$⑯\quad 0 \quad \frac{2}{10} \quad -\frac{16}{26} \quad \frac{20}{26} \quad 0 \quad 0 \quad 4$$

⑮에서 ⑯을 빼주면 아래의 ⑰과 같은 차기표의 넷째 행을 얻는다.

$$⑰\quad 0 \quad 0 \quad \frac{16}{26} \quad -\frac{20}{26} \quad 0 \quad 1 \quad 1$$ … 3차표의 행 4

계산된 새로운 행들을 표에 옮기면 3차 심플렉스표가 된다. 기본변수 s_2가 새로운 기본변수 x_2로 대체되면서 더욱 향상된 해가 구해졌음을 알 수 있다.

모든 열에서 $c_j - z_j \le 0$이 되어 더 이상 기본변수로 진입하여 목적함수값을 향상시킬 변수가 없으며, 따라서 최적해에 도달했다는 것을 알 수 있다. 현재의 해는 $x_1 = 24$, $x_2 = 20$, $s_1 = 0$, $s_2 = 0$, $s_3 = 1.4$, $s_4 = 1$이며 목적함수값은 60(24) + 45(20) + 0(1.4) + 0(1) = 2,340이 되어 도해법의 결과와 일치한다. 따라서 이러한 반복 계산과정을 도해법으로 설명하면 [그림 3-1]에서 보듯이 원점에서 시작하여 극점 F를 거쳐 최적해를 주는 극점 H로 이동하면서 해가 향상되었음을 알 수 있다.

[표 4-8] 3차 심플렉스표 : 이윤 극대화 생산계획문제

		x_1	x_2	s_1	s_2	s_3	s_4	
		60	45	0	0	0	0	
x_1	60	1	0	$\frac{100}{26}$	$-\frac{60}{26}$	0	0	24
x_2	45	0	1	$-\frac{80}{26}$	$\frac{100}{26}$	0	0	20
s_3	0	0	0	$-\frac{100}{26}$	$\frac{6}{26}$	1	0	$\frac{140}{100}$
s_4	0	0	0	$\frac{16}{26}$	$-\frac{20}{26}$	0	1	1
	z_j	60	45	$\frac{2,400}{26}$	$\frac{900}{26}$	0	0	2,340
	$c_j - z_j$	0	0	$-\frac{2,400}{26}$	$-\frac{900}{26}$	0	0	

제 5 절 심플렉스해법의 반복계산 Ⅱ

결정변수가 두 개인 모형의 해를 구하기 위해서는 도해법이나 심플렉스해법 모두 사용할 수 있으므로 편한 방법을 선택하면 된다. 그러나 변수가 더 많을 경우에는 도해법은 사용할 수 없다. 이번에는 결정변수가 네 개인 선형계획모형을 심플렉스법을 사용하여 해를 구하고자 한다. 근본원리는 변수가 두 개인 경우와 같다. 다음의 모형을 고려해 보자.

$$\begin{aligned} \text{Max}\quad & 4x_1 + 6x_2 + 3x_3 + x_4 \\ & \text{s.t.} \\ & \frac{3}{2}x_1 + 2x_2 + 4x_3 + 3x_4 \le 550 \\ & 4x_1 + x_2 + 2x_3 + x_4 \le 700 \\ & 2x_1 + 3x_2 + x_3 + 2x_4 \le 200 \\ & x_1,\ x_2,\ x_3,\ x_4 \ge 0 \end{aligned} \qquad (4.6)$$

표준형으로 바꾸어 주기 위해 잔여변수들을 모형 (4.6)의 각 제약식에 한 개씩 더해 주면 아래와 같다.

$$\begin{aligned} \text{Max}\quad & 4x_1 + 6x_2 + 3x_3 + x_4 + 0s_1 + 0s_2 + 0s_3 \\ & \text{s.t.} \\ & \frac{3}{2}x_1 + 2x_2 + 4x_3 + 3x_4 + s_1 = 550 \\ & 4x_1 + x_2 + 2x_3 + x_4 + s_2 = 700 \\ & 2x_1 + 3x_2 + x_3 + 2x_4 + s_3 = 200 \\ & x_1,\ x_2,\ x_3,\ x_4,\ s_1,\ s_2,\ s_3 \ge 0 \end{aligned} \qquad (4.7)$$

모든 제약식이 '$\le$'형이고, 우변값들이 음수가 아니므로, 표준형과 심플렉스표의 형태가 같다는 것을 알 수 있다. 모형은 $n = 7$개의 변수와 $m = 3$개의 방정식으로 구성되어 있으므로 $n - m$ 개 즉, $7 - 3 = 4$ 개의 변수를 0으로 놓는다. 따라서 3개의 기본변수와 4개의 비기본변수로 나눌 수 있게 된다.

잔여변수값이 0이어야 더욱 효율적인 생산활동이 이루어지게 되므로 결정변수보다는 잔여변수가 0인 값을 갖도록 해야 한다. 앞의 심플렉스 전개과정에서 보았듯이, 잔여변수들을 초기표에서 기본변수로 놓아야 반복계산과정에서 이들이 비기본변수로 나가게 된다. 반대로 결정변수들이 처음에는 값이 0인 비기본변수로 있다가 중간과정에서 한 개씩 기본변수로 들어오게 된다. 결국 최종표인 최적단계에서 가능한 많은 결정변수들이 기본변수가 되고, 반대로 가능한 많은 잔여변수들이 비기본변수로 남는 것이 바람직하다. 따라서 각 제약식당 한 개씩인 잔여변수를 모두 초기 기본변수로 놓고 시작한다. 위의 표준형 (4.7)을 그대로 표로 옮기면 [표 4-9]와 같은 초기표가 된다.

[표 4-9] 초기 심플렉스표

		x_1	x_2	x_3	x_4	s_1	s_2	s_3		
B		4	6	3	1	0	0	0		$\frac{b_i}{a_{i2}}$
s_1	0	$\frac{3}{2}$	2	4	3	1	0	0	550	$\frac{550}{2} = 275$
s_2	0	4	1	2	1	0	1	0	700	700
s_3	0	2	3	1	2	0	0	1	200	$\frac{200}{3} = 66.67$
z_j		0	0	0	0	0	0	0	0	
$c_j - z_j$		4	6	3	1	0	0	0		

[표 4-9]의 $c_j - z_j$ 행을 보면 $c_2 - z_2$값이 가장 크므로 x_2 가 새로운 기본변수로 들어오면 목적함수값의 향상에 가장 큰 기여를 하는 것으로 나타난다. x_2 열을 기준으로 $\frac{b_i}{a_{i2}}$ 비율을 계산한 결과 가장 작은 값을 갖는 s_3 이 비기본변수로 나가게 된다. 따라서 $a_{32} = 3$ 이 선회원소가 되며, 2차표의 x_2 열을 [표 4-9]의 s_3 열 $\begin{bmatrix} 0 \\ 0 \\ 1 \end{bmatrix}$ 과 같이 만들어 주어야 하므로 선회원소를 기준으로 다음과 같이 계산한다.

1) 1로 만들어 주는 행부터 시작해야 하므로 2차표의 $a_{32} = 1$ 로 만들기 위해 먼저 현재의 셋째 행을 아래와 같이 옮긴다.

2 3 1 2 0 0 1 200

행 전체에 $\frac{1}{3}$을 곱하면 아래와 같이 둘째 계수가 1이 된다.

① $\frac{2}{3}$ 1 $\frac{1}{3}$ $\frac{2}{3}$ 0 0 $\frac{1}{3}$ $\frac{200}{3}$ … 2차표의 행 3

2) 2차표의 $a_{12} = 0$ 으로 만들기 위해 현재의 첫 행을 먼저 아래와 같이 옮긴다.

② $\frac{3}{2}$ 2 4 3 1 0 0 550

둘째 계수 2가 2차표에서 0이 되기 위해서는 우선 ①에 2를 곱해 아래와 같이 만든다.

③ $\frac{4}{3}$ 2 $\frac{2}{3}$ $\frac{4}{3}$ 0 0 $\frac{2}{3}$ $\frac{400}{3}$

위의 ②에서 ③을 빼주면 둘째 계수가 0이 된다.

④ $\frac{1}{6}$ 0 $\frac{10}{3}$ $\frac{5}{3}$ 1 0 $-\frac{2}{3}$ $\frac{1,250}{3}$ … 2차표의 행 1

3) 2차표의 $a_{22} = 0$ 으로 만들기 위해 먼저 현재의 둘째 행을 적는다.

⑤ 4 1 2 1 0 1 0 700

둘째 계수 1을 2차표에서 0으로 만들어 주기 위해 ⑤에서 ①을 빼주면 아래와 같이 둘째 계수가 0이 된다.

⑥ $\frac{10}{3}$ 0 $\frac{5}{3}$ $\frac{1}{3}$ 0 1 $-\frac{1}{3}$ $\frac{1,900}{3}$ … 2차표의 행 2

계산된 ④, ⑥, ①을 차례로 표에 넣으면 아래의 [표 4-10]과 같다.

[표 4-10] 2차 심플렉스표

B		x_1	x_2	x_3	x_4	s_1	s_2	s_3		
		4	6	3	1	0	0	0		$\frac{b_i}{a_{i3}}$
s_1	0	$\frac{1}{6}$	0	$\frac{10}{3}$	$\frac{5}{3}$	1	0	$-\frac{2}{3}$	$\frac{1,250}{3}$	125
s_2	0	$\frac{10}{3}$	0	$\frac{5}{3}$	$\frac{1}{3}$	0	1	$-\frac{1}{3}$	$\frac{1,900}{3}$	380
x_2	6	$\frac{2}{3}$	1	$\frac{1}{3}$	$\frac{2}{3}$	0	0	$\frac{1}{3}$	$\frac{200}{3}$	200
	z_j	4	6	2	4	0	0	2	400	
	$c_j - z_j$	0	0	1	−3	0	0	−2		

[표 4-10]에서 $c_3 - z_3 = 1$로 제일 큰 값을 가지므로 x_3 이 새로운 기본변수로 들어오게 된다. x_3 열을 기준으로 $\frac{b_i}{a_{i3}}$의 비율을 계산하면 s_1 이 가장 작은 값을 가지므로 새로운 비기본변수로 나가게 되면서 $\frac{10}{3}$이 선회원소가 된다. 3차표의 x_3 열이 현재 나가게 되는 s_1 의 열 $\begin{bmatrix} 1 \\ 0 \\ 0 \end{bmatrix}$처럼 되어야 하며, 다음과 같이 1로 만들어 주어야 하는 행부터 연산을 시작한다.

1) 3차표 첫 행의 셋째 계수 $a_{13} = 1$ 이 되어야 하므로 먼저 [표 4-10]의 첫 행을 아래에 옮긴다.

$$\frac{1}{6} \quad 0 \quad \frac{10}{3} \quad \frac{5}{3} \quad 1 \quad 0 \quad -\frac{2}{3} \quad \frac{1,250}{3}$$

이 행에 $\frac{3}{10}$을 행 전체에 곱하면 셋째 계수가 1이 된다.

$$① \ \frac{1}{20} \quad 0 \quad 1 \quad \frac{1}{2} \quad \frac{3}{10} \quad 0 \quad -\frac{1}{5} \quad 125 \qquad \cdots \text{3차표의 행 1}$$

2) 3차표의 $a_{23}=0$ 으로 만들려면 현재의 2차표에서 $a_{23}=\frac{5}{3}$ 이므로 ①에 $\frac{5}{3}$ 를 곱해 현재의 둘째 행에서 빼주면 0이 된다. 따라서 현재의 둘째 행을 아래와 같이 옮긴다.

$$② \quad \frac{10}{3} \quad 0 \quad \frac{5}{3} \quad \frac{1}{3} \quad 0 \quad 1 \quad -\frac{1}{3} \quad \frac{1,900}{3}$$

①에 $\frac{5}{3}$ 을 곱하면 다음과 같다.

$$③ \quad \frac{1}{12} \quad 0 \quad \frac{5}{3} \quad \frac{5}{6} \quad \frac{1}{2} \quad 0 \quad -\frac{1}{3} \quad \frac{625}{3}$$

②에서 ③을 빼주면 아래와 같이 셋째 계수가 0이 된다.

$$④ \quad \frac{39}{12} \quad 0 \quad 0 \quad -\frac{3}{6} \quad -\frac{1}{2} \quad 1 \quad 0 \quad \frac{1,275}{3}=425 \quad \cdots \text{ 3차표의 행 2}$$

3) 3차표의 $a_{33}=0$ 으로 만들기 위해서, 현재의 셋째 행을 옮겨온다.

$$⑤ \quad \frac{2}{3} \quad 1 \quad \frac{1}{3} \quad \frac{2}{3} \quad 0 \quad 0 \quad \frac{1}{3} \quad \frac{200}{3}$$

①에 $\frac{1}{3}$ 을 곱하면 아래와 같다.

$$⑥ \quad \frac{1}{60} \quad 0 \quad \frac{1}{3} \quad \frac{1}{6} \quad \frac{1}{10} \quad 0 \quad -\frac{1}{15} \quad \frac{125}{3}$$

⑤에서 ⑥을 빼주면 역시 셋째 계수가 0이 된다.

$$⑦ \quad \frac{13}{20} \quad 1 \quad 0 \quad \frac{1}{2} \quad -\frac{1}{10} \quad 0 \quad \frac{2}{5} \quad 25 \quad \cdots \text{ 3차표의 행 3}$$

따라서 3차표에 들어갈 새로운 행들의 셋째 계수는 ①, ④, ⑦에서 보듯이 차례로 1, 0, 0이 된다. 계산된 행들을 그대로 표로 옮기면 새로운 심플렉스표는 [표 4-11]과 같다.

[표 4-11] 3차 심플렉스표

		x_1	x_2	x_3	x_4	s_1	s_2	s_3	
B		4	6	3	1	0	0	0	
x_3	3	$\frac{1}{20}$	0	1	$\frac{1}{2}$	$\frac{3}{10}$	0	$-\frac{1}{5}$	125
s_2	0	$\frac{39}{12}$	0	0	$-\frac{1}{2}$	$-\frac{1}{2}$	1	0	425
x_2	6	$\frac{13}{20}$	1	0	$\frac{1}{2}$	$-\frac{1}{10}$	0	$\frac{2}{5}$	25
	z_j	$\frac{81}{20}$	6	3	$\frac{9}{2}$	$\frac{3}{10}$	0	$\frac{9}{5}$	525
$c_j - z_j$		$-\frac{1}{20}$	0	0	$-\frac{7}{2}$	$-\frac{3}{10}$	0	$-\frac{9}{5}$	

모든 $c_j - z_j \le 0$ 이므로 최적해에 도달했음을 알 수 있다. 즉 $x_1 = 0$, $x_2 = 25$, $x_3 = 125$, $x_4 = 0$, $s_1 = 0$, $s_2 = 425$, $s_3 = 0$, 그리고 $z = 525$ 가 된다.

제 6 절 제약식의 일반화

지금까지는 비음우변값과 가진 '≤'형의 부등호를 가진 제약식들로 모형이 구성되어 표의 형식으로 전환시키는 것이 수월했다. 각 제약식에 잔여변수만 추가한 표준형을 그대로 심플렉스표의 형태로 만들 수 있었기 때문이다. 그러나 제약식의 부등호가 이와는 반대로 '≥'형인 경우, 또 등호인 경우, 그리고 음우변값을 가지는 경우는 그렇게 단순하지가 않다. 실제 문제점을 분석하기 위해 모형을 설정할 때는 비음우변값을 가진 '≤'형의 제약식만 있는 것은 아니므로 이제 제약식의 형태를 일반화시켜 문제점들을 검토해 보기로 한다.

1. 제약식의 부등호가 '≥'인 경우

제약식의 부등호 방향이 앞에서와는 달리 '≥'을 포함하고 있는 모형을 예를 들어

보자.

대형과 중형 두 종류의 가정용 옷장을 생산하는 어느 가구 제조업체는 현재 다음 달의 생산계획을 세우고 있다. 대형과 중형 옷장은 각각 단위당 45만원, 35만원의 이윤이 발생할 것이라고 예상된다. 대형 옷장은 7명, 중형 옷장은 5명의 인력이 필요하며, 다음 달에는 총 280명의 인원이 충당된다. 자재의 재고사정으로 인해 중형은 20대까지만 생산이 가능할 것이라고 보여진다. 창고보관에 대형장은 5㎡, 중형장은 3㎡의 공간이 필요하며 현재 최대 140㎡의 공간을 사용할 수 있다. 또한 경영진은 두 품목이 최소한 25개가 생산되어야만 한다는 계획을 세워놓고 있다. 결정변수를 아래와 같이 정의한다.

x_1 : 대형장 생산량
x_2 : 중형장 생산량

이 때 모형은 목적함수의 단위를 만원으로 잡았을 때 아래와 같다.

$$
\begin{aligned}
\text{Max}\quad & 45x_1 + 35x_2 \\
& \text{s.t.} \\
& 7x_1 + 5x_2 \le 280 \\
& \qquad\quad x_2 \le 20 \\
& 5x_1 + 3x_2 \le 140 \\
& x_1 + x_2 \le 25 \\
& x_1,\ x_2 \ge 0
\end{aligned}
\tag{4.8}
$$

심플렉스해법을 사용하기 위해서는 '≥'형의 부등호를 포함하는 선형계획문제를 심플렉스표의 형태로 설계하는 방법에 대해 먼저 논할 필요가 있다. 모형 (4.8)을 표준형으로 만들기 위해 세 개의 잔여변수와 한 개의 잉여변수를 사용하면 다음과 같다.

$$
\begin{aligned}
\text{Max}\quad & 45x_1 + 35x_2 + 0s_1 + 0s_2 + 0s_3 + 0s_4 \\
& \text{s.t.} \\
& 7x_1 + 5x_2 + s_1 = 280 \\
& \qquad\quad x_2 + s_2 = 20 \\
& 5x_1 + 3x_2 + s_3 = 140 \\
& x_1 + x_2 - s_4 = 25 \\
& x_1,\ x_2,\ s_1,\ s_2,\ s_3,\ s_4 \ge 0
\end{aligned}
\tag{4.9}
$$

모두 4개의 방정식과 6개의 변수를 포함하고 있으므로 $n=6$, $m=4$ 가 되어 $n-m=2$ 개의 변수가 비기본변수로 값이 0이 된다. 앞에서는 $x_1=0$, $x_2=0$ 으로 놓고 초기 기본가능해를 구했으나 여기서는 네 번째 제약식에서 $s_4=-25$ 가 되므로 비음조건 $s_4 \geq 0$ 에 위배되어 기본가능해가 되지 않는다. 문제는 모형이 '≥'형태의 제약식을 포함할 때는 표준형과 심플렉스표의 형으로 나타낸 것이 같지 않다는 것이다.

모형 (4.8)에서 넷째 제약식의 부등호만이 다른 제약식과는 다른 '≥'형이며, 모형 (4.9)를 표의 형태로 전환시키기 위해서는 넷째 제약식에 새로운 변수 a_4 를 추가시킨다. 변수 a_4 는 문제의 본질과는 상관이 없으며, 단지 모형을 표의 형태로 작성할 수 있도록 해주고 초기 기본가능해를 얻게 해준다. 이 새로운 변수는 심플렉스법을 사용하기 위해 인위적으로 만들어 준 변수이므로 인공변수(artificial variable)라고 한다.

인공변수를 (4.9)의 넷째 제약식에 추가하여 표준형을 표의 형태로 전환시킬 수 있으며 (4.9)의 제약식은 아래의 방정식 체계로 나타나게 된다.

$$
\begin{aligned}
7x_1 + 5x_2 + s_1 \qquad\qquad\qquad\qquad\qquad &= 280 \\
x_2 \qquad + s_2 \qquad\qquad\qquad &= 20 \\
5x_1 + 3x_2 \qquad\qquad + s_3 \qquad\quad &= 140 \\
x_1 + x_2 \qquad\qquad\qquad - s_4 + a_4 &= 25
\end{aligned}
$$

잔여변수 s_1, s_2, s_3 과 잉여변수 s_4 에 소속 제약식을 쉽게 식별하기 위해 번호를 부여했듯이 인공변수 역시 a_4 로 넷째 제약식에 소속됨을 나타낸다. $n=7$, $m=4$ 로 세 변수가 비기본변수로서 0이 되어야 하므로 $x_1=0$, $x_2=0$, $s_4=0$ 으로 놓는다면 $s_1=280$, $s_2=20$, $s_3=140$, $a_4=25$ 의 해가 나오게 된다. 이 해는 (4. 8)의 넷째 제약식을 만족시키지 못하므로 현실적으로 가능해가 아니다. 인공변수가 문제에 도입될 때는 초기 심플렉스해는 일반적으로 현실적인 가능해가 되지 않으며, 더구나 $a_4=25$ 는 해의 해석을 더욱 어렵게 한다. 그렇지만 마지막 심플렉스표에서 현실적인 가능해를 얻으면 이러한 어려움을 해결할 수 있다. 따라서 최적해에 도달하기 전에 어떠한 인공변수도 기본가능해에서 제거되는 확실한 방식만 고안된다면 별 문제가 되지 않는다.

최적해에 이르기 전에 인공변수들의 제거를 보증할 방법은 이윤극대화 목적함수에서 각 인공변수에 매우 큰 비용을 부과하는 것이다. 예를 들어 목적함수에서 a_4의 이윤계수로서 매우 큰 음의 수를 줄 때, 만약 이 변수가 기본변수라면 이윤을 크게 감소시킬 것이고 그 결과 우리가 바라는 대로 가능한 빨리 기본변수에서 퇴출될 것이다. 각 인공변수에 주는 매우 큰 음의 계수를 $-M$으로 표기하면, 심플렉스 표에 들어갈 목적함수는 아래와 같다.

$$\text{Max} \quad 45x_1 + 35x_2 + 0s_1 + 0s_2 + 0s_3 + 0s_4 - Ma_4$$

따라서 초기표는 [표 4-12]와 같이 나타나게 된다.

[표 4-12]의 초기표에서 $x_1 = 0$, $x_2 = 0$으로 초기해는 가능해가 아니다. 왜냐하면 인공변수가 양의 값으로 현재의 기본해에 있기 때문이다. 인공변수를 해에서 내보낼 수 있는가를 보기 위해 계산을 계속해 보자. [표 4-12]에서 $c_1 - z_1 = 45 + M$이 가장 큰 양의 값을 가지므로 x_1이 새로운 기본변수로 들어오고, $\frac{b_i}{a_{i1}}$를 각 $a_{i1} > 0$에 대해 계산한 결과에 의해 a_4가 비기본변수로 나가게 된다.

[표 4-12] 초기표

		x_1	x_2	s_1	s_2	s_3	s_4	a_4		$\frac{b_i}{a_{i1}}$
B		45	35	0	0	0	0	−M		
s_1	0	7	5	1	0	0	0	0	280	40
s_2	0	0	1	0	1	0	0	0	20	
s_3	0	5	3	0	0	1	0	0	140	28
a_4	−M	**1**	1	0	0	0	−1	1	25	25
z_j		−M	−M	0	0	0	M	−M	−25M	
$c_j - z_j$		45+M	35+M	0	0	0	−M	0		

[표 4-12]의 $a_{41} = 1$ 이 선회원소가 되고, 2차 심플렉스표의 x_1 열이 $\begin{bmatrix} 0 \\ 0 \\ 0 \\ 1 \end{bmatrix}$ 이 되어야 하므로 이 선회원소를 기준으로 계산하면 다음과 같다.

1) 2차표에서 $a_{41} = 1$ 이 되어야 하나 이미 초기표에서 1이므로 더 이상의 연산이 필요없이 초기표의 넷째 행을 그대로 옮기면 된다.

   ① 1 1 0 0 0 −1 1 25 … 2차표의 행 4

2) 2차표에서 $a_{11} = 0$ 을 만들어 주기 위해 [표 4-12]의 첫 행을 먼저 옮겨 온다.

   ② 7 5 1 0 0 0 0 280

   ②에서 ① × 7을 빼주면 첫 계수가 0이 된다.

   ③ 0 −2 1 0 0 7 −7 105 … 2차표의 행 1

3) 2차표의 $a_{21} = 0$ 을 만들어 주려면 [표 4-12]의 둘째 행이 그대로 오면 된다.

   ④ 0 1 0 1 0 0 0 20 … 2차표의 행 2

4) 2차표의 $a_{31} = 0$ 을 구하기 위해 현재의 셋째 행을 먼저 옮겨온다.

   ⑤ 5 3 0 0 1 0 0 140

   ⑤에서 ① × 5를 빼면 아래와 같이 첫 원소가 0이 된다.

   ⑥ 0 −2 0 0 1 5 −5 15 … 2차표의 행 3

따라서 ③, ④, ⑥, ①을 차례로 옮기면 2차 심플렉스표는 [표 4-13]과 같다.

[표 4-13] 2차 심플렉스표

		x_1	x_2	s_1	s_2	s_3	s_4	a_4		
B		45	35	0	0	0	0	−M		$\frac{b_i}{a_{i6}}$
s_1	0	0	−2	1	0	0	7	−7	105	15
s_2	0	0	1	0	1	0	0	0	20	
s_3	0	0	−2	0	0	1	5	−5	15	3
x_1	45	1	1	0	0	0	−1	1	25	
z_j		45	45	0	0	0	−45	45	1,125	
$c_j - z_j$		0	−10	0	0	0	45	−M−45		

[표 4-13]의 해는 $x_1 = 25$, $x_2 = 0$, $s_1 = 105$, $s_2 = 20$, $s_3 = 15$, $s_4 = 0$, $a_4 = 0$ 으로 인공변수가 해에 없으므로 가능해가 되며 비로소 심플렉스표의 기본가능해가 현실적인 기본가능해가 된다. a_4 는 초기 기본가능해를 얻기 위해 단순히 추가한 변수에 불과하므로 a_4 열은 심플렉스표에서 누락시키면 된다.

인공변수가 모형에 있을 때, 이를 제거하기 위해 필요한 계산과정을 제1단계(phase Ⅰ)라 하고 모든 인공변수들이 기본변수로부터 퇴출되었을 때 제1단계가 완료되고, 현실적인 기본가능해가 얻어지게 된다. 그 다음 제2단계(phase Ⅱ)는 모든 인공변수를 제거한 후, 앞에서와 같이 심플렉스법의 계산을 계속 수행하는 것이다.

[표 4-13]에서 s_4 가 새로운 기본변수로 해에 진입하게 되고 동시에 s_3 이 비기본변수로 퇴출하게 되며 $a_{36} = 5$ 가 선회원소가 된다. 따라서 다음 심플렉스표는 [표 4-14]와 같다.

[표 4-14] 3차 심플렉스표

B		x_1	x_2	s_1	s_2	s_3	s_4	b_i	$\frac{b_i}{a_{i2}}$
		45	35	0	0	0	0		
s_1	0	0	$\frac{4}{5}$	1	0	$-\frac{7}{5}$	0	84	105
s_2	0	0	1	0	1	0	0	20	20
s_4	0	0	$-\frac{2}{5}$	0	0	$\frac{1}{5}$	1	3	
x_1	45	1	$\frac{3}{5}$	0	0	$\frac{1}{5}$	0	28	$\frac{140}{3}$
	z_j	45	27	0	0	9	0	1,260	
	$c_j - z_j$	0	8	0	0	-9	0		

[표 4-14]에서 x_2 가 기본변수로 들어오게 되고, s_2 가 퇴출된다. 연산 후 [표 4-15]와 같은 최종표의 결과가 나오게 된다.

[표 4-15] 최종 심플렉스표

B		x_1	x_2	s_1	s_2	s_3	s_4	
		45	35	0	0	0	0	
s_1	0	0	0	1	$-\frac{4}{5}$	$-\frac{7}{5}$	0	68
x_2	35	0	1	0	1	0	0	20
s_4	0	0	0	0	$\frac{2}{5}$	$\frac{1}{5}$	1	11
x_1	45	1	0	0	$-\frac{3}{5}$	$\frac{1}{5}$	0	16
	z_j	45	35	0	8	9	0	1,420
	$c_j - z_j$	0	0	0	−8	−9	0	

모든 $c_j - z_j \leq 0$이고, 또 인공변수가 제거되었으므로 최적해에 이르렀음을 알게 된다. 반면에 $c_j - z_j \leq 0$ 이지만 한 개 이상의 인공변수가 해에서 양의 값으로 남아 있으면 가능해가 존재하지 않는다. 이에 대해서는 후에 설명하겠다. 최적해는 $x_1 = 16$, $x_2 = 20$, $s_1 = 68$, $s_2 = 0$, $s_3 = 0$, $s_4 = 11$ 그리고 목적함수값은 1,420이다.

2. 제약식이 등식인 경우

선형계획모형의 제약식이 등식을 포함할 때는 등식에 인공변수를 추가시켜야 심플렉스표의 형태로 만들어 줄 수 있고, 초기 기본가능해를 얻을 수 있게 된다. 예를 들어 어느 제약식이

$$3x_1 + 6x_2 - 7x_3 = 25$$

와 같다고 하자. 등식인 경우는 잔여 및 잉여변수를 추가할 필요가 없으므로 단순히 인공변수 a_i만 더해

$$3x_1 + 6x_2 - 7x_3 + a_i = 25$$

와 같이 식을 표의 형태로 만들어 준다. 심플렉스법의 사용은 앞의 제약식의 부등호가 '≥'인 경우와 동일하다.

3. 제약식의 우변값이 음수인 경우

선형계획모형을 심플렉스표로 전환시킬 때 제약식의 우변값이 비음이어야 한다는 것을 앞에서 언급한 바 있다. 그러나 실제로 모형을 설정할 때 제약식의 우변값이 음수인 경우가 있다. 예를 들어 가구업체의 모형 (4.8)에서 경영진이 세 개의 대형 가구를 회사 내부용으로 사용하기 위해 따로 떼어 둔 후에도 중형가구의 생산량 x_2가 대형가구의 생산량 x_1을 초과하지 못하도록 추가로 명시했다고 하자. 이러한 제약여건은 다음과 같은 부등식으로 표현된다.

$$x_2 \leqq x_1 - 3$$

x_1을 좌변으로 이항하면 우변값이 음수가 된다.

$$-x_1 + x_2 \leqq -3$$

제약식 양변에 −1을 곱해 주면 비음우변값을 가진 동일한 제약식으로 바꾸어 줄 수 있다.

$$x_1 - x_2 \geqq 3$$

따라서 제약식은 심플렉스표의 형태로 전환시킬 전제조건이 만족된다. 이 식에서 잉여변수를 빼주고 인공변수를 더해 주면 심플렉스표의 형이 아래와 같이 얻어지게 된다.

$$x_1 - x_2 - s_5 + a_5 = 3$$

만일 제약식의 우변값이 음수이고, 제약식의 부등호가 '≥'형인 경우는 −1을 양변에 곱해 주면 부등호의 방향이 바뀌어 비음우변 값을 갖게 된다. 예를 들어 아래의 제약식이 있다 하자.

$$4x_1 + 2x_2 - 3x_3 \geq -15$$

−1을 양변에 곱하면 부호와 부등호의 방향이 바뀐다.

$$-4x_1 - 2x_2 + 3x_3 \leq 15$$

잔여변수를 좌변에 더해 주면 표의 형태가 얻어지게 된다.

$$-4x_1 - 2x_2 + 3x_3 + s = 15$$

이번에는 음우변 값을 가진 등제약식을 보자.

$$2x_1 + 3x_2 - 5x_3 = -8$$

앞에서와 마찬가지로 양변에 −1을 곱해 비음우변값을 가진 동일한 제약식으로 바꾸어 준다.

$$-2x_1 - 3x_2 + 5x_3 = 8$$

인공변수를 더하면 표의 형태가 되며, 그 밖의 다른 계산 과정은 앞에서와 동일하다.

$$-2x_1 - 3x_2 + 5x_3 + a = 8$$

4. 심플렉스표로의 전환

다양한 종류의 제약식을 심플렉스표의 형태로 전환시키는 방법은 아래와 같이 요약된다.

i) 제약식의 우변값이 음수일 때는 이 제약식의 양변에 −1을 곱해 비음우변값을 가진 동일한 제약식을 만들고, 동시에 부등호의 방향을 바꾼다.

ii) 제약식의 부등호가 '≤'형태일 때에는 잔여변수를 좌변에 추가해 등제약식으로 만든다. 이 때 잔여변수의 목적함수에서의 계수는 0이 된다. 따라서 제약식이 표의 형태로 되고, 잔여변수는 초기 기본가능해에서 기본변수가 된다.

iii) 제약식의 부등호가 위와는 반대로 '≥'형태일 때에는 잉여변수를 좌변에서 빼주어 등제약식으로 만들어 준 후 인공변수를 더하면 표의 형태로 전환된다. 이 때 목적함수에서 잉여변수의 계수는 0이 되는 반면 인공변수의 계수는 무한히 큰 값 $-M$으로 주어진다. 인공변수는 초기 기본가능해에서 기본변수가 된다.

iv) 제약식이 등식일 때는 인공변수를 추가해서 표의 형태로 만들어 준다. 목적함수에서 인공변수의 계수는 무한히 큰 값 $-M$으로 주어지고, 이 인공변수는 초기 기본가능해에서 기본변수가 된다.

위의 네 가지 방법을 종합한 아래의 모형을 예로 들어 보자. 여기서 유의할 점은 잔여, 잉여, 인공변수들이 있을 때 현실세계와는 관련이 없는 인공변수를 우선적으로 기본변수로 삼아 가능한 빨리 비기본변수로 퇴출되도록 해야 한다. 인공변수 다음으로는 잔여 또는 잉여변수를 먼저 기본변수로 취급하여 표의 연산과정에서 비기본변수로 퇴출됨과 동시에 비기본변수로 있던 결정변수들을 차례로 기본변수로 진입시킨다. 그 결과 최종 심플렉스표에서는 가능한 많은 결정변수들이 값을 갖는 기본변수이고, 가능한 많은 잔여 및 잉여변수들이 값 0인 비기본변수가 되어야 할 것이다.

$$
\begin{array}{ll}
\text{Max} & 3x_1 + 2x_2 + 5x_3 + x_4 \\
& \text{s.t.} \\
& 2x_1 - x_2 - x_3 + 2x_4 = -30 \\
& 3x_1 \qquad + x_3 + 2x_4 \leqq 15 \\
& \qquad - x_2 - 3x_3 + 3x_4 \leqq -40 \\
& \qquad x_1,\ x_2,\ x_3,\ x_4 \geqq 0
\end{array}
$$

심플렉스표로 전환시켜 초기표를 작성하려면 우선 우변값이 음수인 제약식들부터 수정하기 시작한다. 따라서 단계 i를 적용하여 첫째와 셋째 제약식의 양변에 -1을 곱해 준 결과는 아래와 같다.

$$\begin{aligned} \text{Max} \quad & 3x_1 + 2x_2 + 5x_3 + x_4 \\ \text{s.t.} \quad & \\ & -2x_1 + x_2 + x_3 - 2x_4 = 30 \\ & 3x_1 + x_3 + 2x_4 \leqq 15 \\ & x_2 + 3x_3 - 3x_4 \geqq 40 \\ & x_1,\ x_2,\ x_3,\ x_4 \geqq 0 \end{aligned}$$

다음으로 첫째 제약식에는 단계 iv, 둘째 제약식에는 단계 ii, 셋째 제약식에는 단계 iii을 적용시키면 심플렉스표의 형을 갖추게 된다.

$$\begin{aligned} \text{Max} \quad & 3x_1 + 2x_2 + 5x_3 + x_4 + 0s_2 + 0s_3 - Ma_1 - Ma_3 \\ \text{s.t.} \quad & \\ & -2x_1 + x_2 + x_3 - 2x_4 + a_1 = 30 \\ & 3x_1 + x_3 + 2x_4 + s_2 = 15 \\ & x_2 + 3x_3 - 3x_4 - s_3 + a_3 = 40 \\ & x_1,\ x_2,\ x_3,\ x_4,\ s_2,\ s_3,\ a_1,\ a_3 \geqq 0 \end{aligned}$$

따라서 그대로 표로 옮기면 이에 해당하는 초기표를 얻게 된다.

B		x_1	x_2	x_3	x_4	s_2	s_3	a_1	a_3	
		3	2	5	1	0	0	−M	−M	
a_1	−M	−2	1	1	−2	0	0	1	0	30
s_2	0	3	0	1	2	1	0	0	0	15
a_3	−M	0	1	3	−3	0	-1	0	1	40
	z_j	2M	− 2M	− 4M	5M	0	M	−M	−M	−70M
	$c_j - z_j$	3−2M	2 + 2M	5 + 4M	1 − 5M	0	−M	0	0	

제 7 절 최소화모형의 심플렉스해법

지금까지 배운 심플렉스해법은 최대화 문제에만 국한했으나, 현실적으로 운송비용 최소화, 또 생산비용 최소화 등 최소화문제도 자주 분석의 대상이 되므로 본 절에서는 최소화 모형의 심플렉스해법에 대해 배우고자 한다. 최소화모형을 해결하기 위한 심플렉스 접근법에는 두 가지가 있다.

첫째, 기본변수로 새로 진입시키는데 사용된 규칙을 바꾼다. 앞의 최대화모형에서는 가장 큰 양의 $c_j - z_j$ 값을 갖는 변수를 차기 기본변수로 선택하였다. 왜냐하면 $c_j - z_j$ 값이 j 열의 변수 한 단위가 해에 들어올 때 목적함수의 값이 증가하는 양을 말해 주기 때문이다. 그러나 최소화문제를 풀 때는 이 규칙을 반대로 해서 가장 큰 음의 $c_j - z_j$ 값을 갖는 변수를 선택해야 하며, 또한 순평가행 $c_j - z_j$ 값이 모두 0 또는 양의 값일 때 최적해에 이른다.

둘째, 최소화문제는 목적함수에 −1을 곱해 줌으로써 동일한 최대화문제로 바꾸어 놓을 수 있다. 이 최대화문제를 풀면 최소화문제에 대한 최적해를 준다.

둘째 방법이 더 단순하고 계산과정에서 혼동의 가능성이 낮으므로 이 방법을 이용하여 최소화모형을 심플렉스법으로 해결해 보도록 하자.

$$
\begin{array}{ll}
\text{Min} & 3x_1 + 4x_2 \\
& \text{s.t.} \\
& x_1 \geq 130 \\
& x_1 + x_2 \geq 350 \\
& 2x_1 + x_2 \leq 590 \\
& x_1,\ x_2 \geq 0
\end{array}
\tag{4.10}
$$

(4.10)과 같은 최소화모형이 있을 때 심플렉스법을 적용시키기 위해서는 목적함수에 -1을 곱하여 동일한 최대화모형으로 전환시킨다.

$$\text{Max} \quad -3x_1 - 4x_2$$

제약식들은 그대로 놓아두며, 모형을 표의 형식으로 전환시키면 아래와 같다.

$$
\begin{array}{l}
\text{Max} \ -3x_1 - 4x_2 + 0s_1 + 0s_2 + 0s_3 - Ma_1 - Ma_2 \\
\quad \text{s.t.} \\
\quad x_1 - s_1 + a_1 = 130 \\
\quad x_1 + x_2 - s_2 + a_2 = 350 \\
\quad 2x_1 + x_2 + s_3 = 590 \\
\quad x_1,\ x_2, s_1, s_2,\ s_3,\ a_1,\ a_2 \geq 0
\end{array}
$$

모형을 표에 그대로 옮기면 초기표가 된다.

[표 4 -16] 최소화모형의 초기 심플렉스표

B		x_1	x_2	s_1	s_2	s_3	a_1	a_2	$\frac{b_i}{a_{i1}}$	
		-3	-4	0	0	0	-M	-M		
a_1	-M	1	0	-1	0	0	1	0	130	130
a_2	-M	1	1	0	-1	0	0	1	350	350
s_3	0	2	1	0	0	1	0	0	590	295
	z_j	-2M	-M	M	M	0	-M	-M	-480M	
	$c_j - z_j$	-3+2M	-4+M	-M	-M	0	0	0		

위의 표를 보면 x_1 이 새로운 기본변수로 들어가고, a_1 이 비기본변수로 나가게 된다. $a_{11} = 1$ 이 선회원소가 되고 퇴출되는 a_1 열을 제거한 후 2차표를 계산한다.

[표 4-17] 최소화모형의 2차 심플렉스표

B		x_1	x_2	s_1	s_2	s_3	a_2	$\frac{b_i}{a_{i3}}$	
		-3	-4	0	0	0	-M		
x_1	-3	1	0	-1	0	0	0	130	
a_2	-M	0	1	1	-1	0	1	220	220
s_3	0	0	1	2	0	1	0	330	165
	z_j	-3	-M	3-M	M	0	-M	-390	-220M
	$c_j - z_j$	0	-4+M	-3+M	-M	0	0		

위의 2차표에서는 s_1 이 기본변수로 들어오게 되고 s_3 이 나가므로 $a_{33} = 2$ 가 선회원소가 된다. 3차표를 작성해 보면 아래와 같다.

[표 4-18] 최소화모형의 3차 심플렉스표

B		x_1	x_2	s_1	s_2	s_3	a_2	$\frac{b_i}{a_{i2}}$	
		-3	-4	0	0	0	-M		
x_1	-3	1	$\frac{1}{2}$	0	0	$\frac{1}{2}$	0	295	590
a_2	-M	0	$\frac{1}{2}$	0	-1	$-\frac{1}{2}$	1	55	110
s_1	0	0	$\frac{1}{2}$	1	0	$\frac{1}{2}$	0	165	330
	z_j	-3	$-\frac{3}{2}-\frac{M}{2}$	0	M	$-\frac{3}{2}+\frac{M}{2}$	-M	-885-55M	
	c_j-z_j	0	$-\frac{5}{2}-\frac{M}{2}$	0	-M	$\frac{3}{2}-\frac{M}{2}$	0		

c_j-z_j 행의 값에 의해 가장 큰 값을 갖는 x_2 가 새로운 기본변수로 들어오고, 또 $\frac{b_i}{a_{i2}}$ 비율의 계산결과에 의해 가장 작은 값을 갖는 a_2 가 비기본변수로 퇴출된다. 따라서 $a_{22}=\frac{1}{2}$ 이 선회원소가 되고, a_2 열을 빼면 4차표는 더 축소된다.

[표 4-19]를 보면 $c_j-z_j \le 0$이므로 최종표에 이르렀음을 알 수 있고, 최적해는 $x_1=240$, $x_2=110$, $s_1=110$, $s_2=0$, $s_3=0$ 이다. 마지막 심플렉스표에서 목적함수의 값은 -1160이나, 모형 (4.10)의 최소화문제에 대한 목적함수값을 얻기 위해 -1을 곱해 주면 1160이 된다.

[표 4-19] 최소화모형의 최종 심플렉스표

B		x_1	x_2	s_1	s_2	s_3	
		-3	-4	0	0	0	
x_1	-3	1	0	0	1	1	240
x_2	-4	0	1	0	-2	-1	110
s_1	0	0	0	1	1	1	110
	z_j	-3	-4	0	5	1	-1,160
	c_j-z_j	0	0	0	-5	-1	

제 8 절 유일 최적해가 존재하지 않는 경우

이번에는 선형계획문제의 해를 구하는 과정에서 발생하는 몇 가지 특수한 경우에 대해 살펴보도록 하자. 여기서는 최대화문제만 고려할 것이며 최소화문제는 목적함수에 -1을 곱해 주어 같은 방법으로 파악할 수 있다. 앞 도해법에서 불가능해, 무한해 등을 다룬바 있듯이 심플렉스해법에서도 그러한 경우가 발생하여 유일 최적해를 얻기 어렵게 되는 경우가 있다.

1. 불가능해

아래의 선형계획모형을 고려해 보자.

$$
\begin{aligned}
\text{Min} \quad & 3x_1 + 4x_2 \\
\text{s.t.} \quad & \\
& x_1 + x_2 \geq 375 \\
& 3x_1 + 2x_2 \leq 700 \\
& x_1 \geq 150 \\
& x_1,\ x_2 \geq 0
\end{aligned}
\tag{4.11}
$$

위의 최소화모형을 심플렉스법으로 풀기 위해서는 목적함수에 -1을 곱하여 동일한 최대화로 바꾼다. 즉 목적함수를 다음과 같이 바꾸고 제약식들은 그대로 둔다.

$$\text{Max} \quad -3x_1 - 4x_2$$

잔여, 잉여 및 인공변수를 추가하여 모형을 표의 형태로 바꾼다.

$$
\begin{aligned}
\text{Max} \quad & -3x_1 - 4x_2 + 0s_1 + 0s_2 + 0s_3 - Ma_1 - Ma_3 \\
\text{s.t.} \quad & \\
& x_1 + x_2 - s_1 + a_1 = 375 \\
& 3x_1 + 2x_2 + s_2 = 700 \\
& x_1 - s_3 + a_3 = 150 \\
& x_1,\ x_2, s_1, s_2,\ s_3,\ a_1, a_2 \geq 0
\end{aligned}
$$

$n - m = 4$에서 네 변수를 값 0인 비기본변수로 놓고 기본변수가 되는 세 개의 변수는 각 제약식에서 하나씩 선택하여 초기 심플렉스표를 설정한다.

B		x_1	x_2	s_1	s_2	s_3	a_1	a_3	$\frac{b_i}{a_{i1}}$	
		−3	−4	0	0	0	−M	−M		
a_1	−M	1	1	−1	0	0	1	0	375	375
s_2	0	3	2	0	1	0	0	0	700	233.33
a_3	−M	**1**	0	0	0	−1	0	1	150	150
	z_j	−2M	−M	M	0	M	−M	−M	−525M	
	$c_j - z_j$	−3+2M	−4+M	−M	0	−M	0	0		

목적함수의 값의 향상에 가장 큰 기여를 하는 x_1이 새로운 기본변수로 들어오고 가장 작은 $\frac{b_i}{a_{i1}}$값을 주는 a_3이 비기본변수로 퇴출된다. 따라서 위의 표에서 $a_{31} = 1$이 선회원소가 된다. 퇴출되는 a_3 열을 없애고 2차표를 작성하면 아래와 같이 갱신된다.

B		x_1	x_2	s_1	s_2	s_3	a_1	$\frac{b_i}{a_{i5}}$	
		−3	−4	0	0	0	−M		
a_1	−M	0	1	−1	0	1	1	225	225
s_2	0	0	2	0	1	**3**	0	250	83.33
x_1	−3	1	0	0	0	−1	0	150	
	z_j	−3	−M	M	0	3−M	−M	−450−225M	
	$c_j - z_j$	0	−4+M	−M	0	−3+M	0		

$c_5 - z_5$의 값이 가장 크므로 s_3이 새로운 기본변수로 들어오고, s_2가 비기본변수로 나가게 된다. 따라서 3차표는 다음과 같다.

B		x_1	x_2	s_1	s_2	s_3	a_1	$\frac{b_i}{a_{i2}}$	
		-3	-4	0	0	0	$-M$		
a_1	$-M$	0	$\frac{1}{3}$	-1	$-\frac{1}{3}$	0	1	$\frac{425}{3}$	425
s_3	0	0	$\frac{2}{3}$	0	$\frac{1}{3}$	1	0	$\frac{250}{3}$	125
x_1	-3	1	$\frac{2}{3}$	0	$\frac{1}{3}$	0	0	$\frac{700}{3}$	350
z_j		-3	$-2-\frac{1}{3}M$	M	$-1+\frac{1}{3}M$	0	$-M$	$-700-\frac{425}{3}M$	
c_j-z_j		0	$-2+\frac{1}{3}M$	$-M$	$1-\frac{1}{3}M$	0	0		

위의 표에서 x_2가 새로운 기본변수로 들어오고 s_3이 비기본변수로 나가게 된다. 4차표를 계산해 보면 최적해에 이르렀음을 알 수 있다.

B		x_1	x_2	s_1	s_2	s_3	a_1	
		-3	-4	0	0	0	$-M$	
a_1	$-M$	0	0	-1	$-\frac{1}{2}$	$-\frac{1}{2}$	1	100
x_2	-4	0	1	0	$\frac{1}{2}$	$\frac{3}{2}$	0	125
x_1	-3	1	0	0	0	-1	0	150
z_j		-3	-4	M	$-2+\frac{1}{2}M$	$\frac{1}{2}M-3$	$-M$	$-950-100M$
c_j-z_j		0	0	$-M$	$2-\frac{1}{2}M$	$3-\frac{1}{2}M$	0	

최종표에서 인공변수 a_1이 기본변수로 남아 있고 $a_1 = 100$이라는 양수의 해를 갖고 있으므로 제1단계가 아직 완료되지 않았다. 최적해는 $x_1 = 150$, $x_2 = 125$, $s_1 = 0$, $s_2 = 0$, $s_3 = 0$, $a_1 = 100$으로서 $x_1 + x_2 = 275$는 모형 (4.11)의 첫 제약식 x_1과 x_2의 합이 최소한 375가 되어야 한다는 조건을 만족시키지 못해 이 모형의 최적해는 불가능해가 된다. 인공변수가 $a_1 = 100$의 값으로 해를 갖고 있다는 사실은 최종해가 첫 제약식 $x_1 + x_2 \geq 375$를 100단위나 채우지 못하고 있다는 사실을 알려주고 있다.

s_2와 s_3이 비기본변수이므로 둘째와 셋째 제약식이 속박적이다. 두 제약식에 해당하는 자원이 풍부하게 주어져 있지 않기에 첫 제약식을 만족시키지 못하는 것이다. 따라서 첫 제약식을 만족시키기 위해서는 둘째와 셋째 자원이 추가로 주어져야 하며, 그렇지 않으면 x_1과 x_2의 합이 최소 375가 되어야 한다는 첫 제약식의 우변값을 100단위 만큼 경감시켜야 한다.

불가능해는 비음조건을 포함한 모든 제약식들을 동시에 만족시키는 해가 없을 때 발생한다. 앞장에서도 보았듯이 도해법 과정에서는 가해영역이 존재하지 않는 경우이다. 심플렉스법이 사용될 때는 불가능해가 어떻게 식별될 수 있는가를 살펴보자. 앞에서 인공변수를 설명할 때, 최적해에 도달해도 한 개 이상의 인공변수가 해에 양의 값으로 남아 있을 때 불가능해가 인지될 수 있다고 언급했었다. 바로 위의 최종 심플렉스표가 보여주는 경우이다. 아래 [그림 4-2]를 보면 세 제약식을 동시에 만족시키는 영역이 존재하지 않는다.

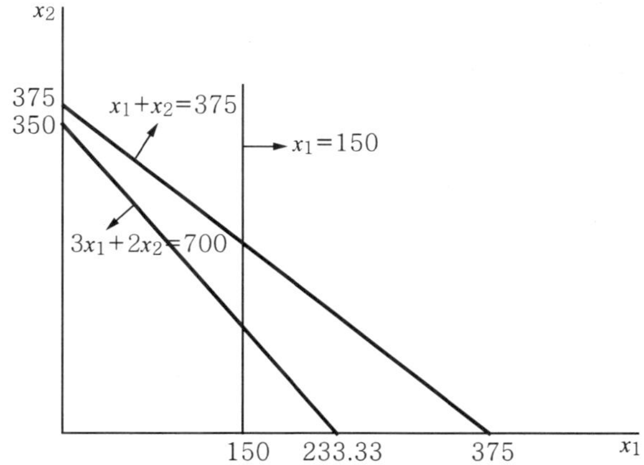

[그림 4-2] 불가능영역

모든 제약식의 부등호가 '≤'형이고 또 비음우변값을 가진 선형계획문제에는 항상 가능해가 존재한다. 즉 초기 심플렉스표를 세우기 위해 인공변수를 도입시킬 필요가 없으므로 최종해에 인공변수가 존재할 가능성이 없다.

2. 무한해

최대화모형의 경우 해가 제약식들을 만족시키면서도 무한히 커질 수 있으면 이를 무한해라고 한다. 그러나 도해법에서도 지적했듯이 이런 상황은 실제로는 발생할 수 없으므로 만약 무한해를 얻게 된다면 모형의 설정에 오류가 있는 것이라고 설명한 바 있다. 심플렉스법은 무한해가 존재하는 경우 최종표에 이르기 전에 이를 자연스럽게 식별해 준다. 즉 심플렉스표를 갱신할 때마다 기본변수 중 하나를 비기본변수로 내보내는 규칙이 작용하지 않는다. 다시 말해 모든 $a_{ij} > 0$ 에 대해 b_i / a_{ij} 의 비율을 계산하여 가장 작은 값을 가진 현 기본변수를 퇴출시켜야 하는데 무한해가 존재하는 경우에는 j 열에서 모든 $a_{ij} \leqq 0$ 이 되어 비율을 계산할 수가 없다.

아래의 모형을 고려해 보자

$$
\begin{aligned}
\text{Max} \quad & 5x_1 + 6x_2 \\
\text{s.t.} \quad & x_1 \leqq 6 \\
& x_2 \geqq 3 \\
& x_1,\ x_2 \geqq 0
\end{aligned}
$$

먼저 모형을 심플렉스형으로 전환시킨다.

$$
\begin{aligned}
\text{Max} \quad & 5x_1 + 6x_2 + 0s_1 + 0s_2 - Ma_2 \\
\text{s.t.} \quad & x_1 + s_1 = 6 \\
& x_2 - s_2 + a_2 = 3 \\
& x_1,\ x_2,\ s_1,\ s_2,\ a_2 \geq 0
\end{aligned}
$$

따라서 초기표는 아래와 같다.

B		x_1	x_2	s_1	s_2	a_2	$\frac{b_i}{a_{i2}}$	
		5	6	0	0	−M		
s_1	0	1	0	1	0	0	6	
a_2	-M	0	1	0	−1	1	3	3
	z_j	0	− M	0	M	−M	−3M	
	$c_j - z_j$	5	6 + M	0	−M	0		

$c_j - z_j$ 행의 계산결과 x_2 가 새로운 기본변수로 들어오게 되고 b_i / a_{i2} 의 계산에 의해 a_2 가 비기본변수로 나가게 된다. 따라서 2차표를 계산하면 아래와 같이 나타난다.

B		x_1	x_2	s_1	s_2	
		5	6	0	0	
s_1	0	1	0	1	0	6
x_2	6	0	1	0	-1	3
	z_j	0	6	0	-6	18
	$c_j - z_j$	5	0	0	6	

s_2 가 기본변수로 선택되어야 목적함수값의 증가에 가장 큰 기여를 하게 됨을 알 수 있으나 $a_{14} = 0$, $a_{24} = -1$ 로서 $a_{i4} \leqq 0$ 이 되므로 $\frac{b_i}{a_{ij}}$ 를 계산할 수 없다. 따라서 이 모형이 무한해를 갖게 된다는 것을 알 수 있다.

A 행렬의 어느 한 열에 있는 계수들은 그 열에 있는 변수 한 단위가 해에 들어올 때 현 기본변수들이 각각 얼마나 감소할 것인가를 말해 준다고 했다. 따라서 해에 진입하는 s_2 한 단위는 s_1 을 0단위 감소시키고, x_2 를 한 단위 증가시킨다. 이유는 s_2 가 잉여변수이기 때문에 x_2 의 하한량을 넘어서 생산하는 양이라고 해석할 수 있다. 따라서 심플렉스표에 의하면 s_2 를 원하는 대로 끌어들일 수 있다. 다시 말해 x_2 가 요구되는 최소량을 넘어 원하는 만큼 생산될 수 있다는 얘기이다. 목적함수에서 x_1 이 양의 계수를 가지므로 그 결과 목적함수의 값에 상한이 없게 된다.

요약하면 심플렉스해법을 적용시킬 경우 중간과정에서 변수 j 를 기본변수로 진입시킬 때 j 번째 열의 모든 a_{ij} 가 0보다 크지 않으면 $\frac{b_i}{a_{ij}}$ 를 계산할 수 없게 되고, 무한해가 발생한다는 것이다. 따라서 선형계획모형에서 무한해가 나오게 되면 모형 표기에 오류가 없는가를 확인해 보아야 한다.

3. 다최적해

최적해가 두 개 이상 나오는 경우로 앞의 도해법에서 보았듯이 목적함수선이 속박적 제약식 중 한 개와 겹치게 되는 상황을 말한다. 심플렉스해법 사용시 최종표에 이르기 전까지는 모형이 유일 최적해를 가졌는지 또는 여러 최적해를 가졌는지에 대해 알 수 없다.

모형이 유일 최적해를 갖는 경우 앞의 [표 4-5], [표 4-8], [표 4-11], [표 4-15] 또 [표 4-19]의 최종 심플렉스표들에서 보듯이 기본변수는 0, 비기본변수는 음의 $c_j - z_j$ 값을 가진다. 반면 모형의 최적해가 여러 개인 경우에는 한 개 이상의 비기본변수가 0의 $c_j - z_j$ 값을 가진다. 예를 들어 최종표가 아래와 같을 때, $c_j - z_j \le 0$이므로 최적해에 도달했으나 비기본변수 s_2 의 $c_4 - z_4$ 값이 0이므로 다최적해가 발생했음을 알 수 있다.

B		x_1	x_2	s_1	s_2	s_3	
		25	40	0	0	0	
x_2	40	0	1	0	1	0	25
s_3	0	0	0	2	0	1	60
x_1	25	1	0	$\frac{1}{5}$	$-\frac{8}{5}$	0	18
	z_j	25	40	5	0	0	1,450
	$c_j - z_j$	0	0	−5	0	0	

4. 퇴화해

한 개 이상의 기본변수가 값 0을 갖는 경우로 도해법에서는 특별한 문제점을 일으키지 않으나 심플렉스법 사용시 이론적으로 문제점을 야기할 수 있다. $\dfrac{b_i}{a_{ij}}$가 동률의 최소비율을 가질 때마다 그 다음의 표에서 항상 값이 0인 기본변수가 생기게 된다.

최적해에서 일부 기본변수의 값이 0인 경우는 크게 신경쓰지 않아도 되나, 만약 최적해에 이르기 전 중간과정에서 퇴화해(degenerate solution)가 발생하면 심플렉스 계산이 최적해에 이르지 못하고 비최적기본가능해 사이를 순환할 경우가 이론적으로 가능하다. 만약 심플렉스표의 갱신과정에서 동률 $\dfrac{b_i}{a_{ij}}$가 생기게 되면 제일 위에 있는 행을 선회행으로 선택하면 된다.

지금까지 논한 유일 정상해를 얻을 수 없는 경우를 요약해 보면 다음과 같다.

불가능해 … ① 최종 심플렉스표를 구한 후에 식별할 수 있다.
② 한 개 이상의 인공변수가 최종표에서 양의 해를 갖는다.

무 한 해 … ① 최종표가 나오기 전에도 식별된다.
② $a_{ij} \leq 0$ 이므로 b_i / a_{ij} 를 계산할 수 없다. 따라서 현재의 기본변수를 비기본변수로 퇴출시킬 수가 없다.

다최적해 … ① 최종표가 나와야 식별된다.
② 최종표에서 한 개 이상의 비기본변수의 $c_j - z_j$ 값이 0이다.

퇴 화 해 … ① 최종표가 나오기 전에 식별된다.
② 한 개 이상의 기본변수값이 0이다.

연 습 문 제

1. 다음의 선형계획모형에서

$$
\begin{aligned}
\text{Max} \quad & z = 5x_1 + 20x_2 + 25x_3 \\
\text{s.t.} \quad & 2x_1 + x_2 \leq 40 \\
& 2x_2 + x_3 \leq 30 \\
& 3x_1 - 0.5x_3 \leq 15 \\
& x_1,\ x_2,\ x_3 \geq 0
\end{aligned}
$$

(1) 초기 기본변수와 비기본변수를 식별하라.

(2) 초기 심플렉스표를 구하라.

(3) 초기해의 목적함수값은 무엇인가?

(4) 2차표를 구하기 위한 진입변수와 퇴출변수를 식별하라.

(5) 최적해를 구하라.

2. 다음의 모형이 주어졌을 때 아래 물음에 답하라.

$$
\begin{aligned}
\text{Max} \quad & z = 8x_1 + 10x_2 \\
\text{s.t.} \quad & 4x_1 - 2x_2 = 12 \\
& 0.6x_1 + x_2 \leq 9 \\
& 2x_1 + 2x_2 \geq 18 \\
& x_1, x_2 \geq 0
\end{aligned}
$$

(1) 위의 모형을 표준형으로 바꾸라.

(2) 이 경우 표준형과 심플렉스표의 형이 같은가? 다르다면 심플렉스표의 형으로 바꾸라.

(3) 심플렉스해법으로 최적해를 구하라.

(4) 속박적, 비속박적 제약식을 구별하라.

3. 다음의 선형계획모형에서

$$\begin{aligned} \text{Max} \quad z &= 3x_1 + 4x_2 \\ \text{s.t.} \quad & \\ 2x_1 + 2x_2 &\leqq 25 \\ 3x_1 + 6x_2 &\leqq 43 \\ x_1,\ x_2 &\geqq 0 \end{aligned}$$

(1) 도해법을 사용하여 답을 구하라.

(2) 모형을 표준형으로 바꾸라.

(3) 심플렉스표의 형식으로 전환시키고 심플렉스해법을 사용하여 답을 구하라. 표준형과 심플렉스표의 형이 같은가?

(4) 도해법과 심플렉스법으로 해결하는 과정에서 발생하는 극점의 이동상황을 비교하여 보라.

4. 아래의 선형계획문제를 심플렉스표의 형으로 바꾸라

$$\begin{aligned} \text{Max} \quad z &= 5x_1 + x_2 + 2x_3 \\ \text{s.t.} \quad & \\ 2x_1 + x_2 + x_3 &\geq 12 \\ 3x_1 + 2x_2 - x_3 &\leqq 18 \\ -2x_1 + x_2 &= -6 \\ 2x_2 - x_3 &\leq -7 \\ x_1,\ x_2,\ x_3 &\geqq 0 \end{aligned}$$

5. 다음의 선형계획모형의 최적해를 구하라.

$$\begin{aligned} \text{Min} \quad & -4x_1 + 5x_2 + 5x_3 \\ \text{s.t.} \quad & \\ & -x_2 + x_3 \geqq 2 \\ & -x_1 + x_2 + x_3 \geqq 1 \\ & x_3 \leqq -1 \\ & x_1,\ x_2,\ x_3 \geqq 0 \end{aligned}$$

6. 다음의 모형에서

$$\begin{aligned} \text{Max } z &= 3x_1 + 3x_2 + 4x_3 \\ \text{s.t.} \\ x_1 + x_2 - x_3 &\geq -5 \\ 5x_1 + 7x_2 - 8x_3 &\leq 3 \\ x_1 + x_2 + 3x_3 &= 8 \\ x_1,\ x_2 \geq 0,\ x_3&: \text{제약없음} \end{aligned}$$

(1) 표준형으로 전환하라.

(2) 목적함수가 Max 대신 Min인 경우 표준형으로 전환시켜 보라.

7. 아래의 선형계획모형의 최적해를 구하라.

$$\begin{aligned} \text{Max } z &= 3x_1 + 5x_2 + 7x_3 \\ \text{s.t.} \\ x_1 + 6x_2 - 3x_3 &\geq 16 \\ 2x_1 - 4x_2 + 5x_3 &\leq 12 \\ 5x_1 + 2x_2 + x_3 &= 7 \\ x_1,\ x_2,\ x_3 &\geq 0 \end{aligned}$$

8. 한 페인트 회사는 A, B의 두 종류 페인트를 생산하고 있다.

x_A : 페인트 A의 생산량(톤)

x_B : 페인트 B의 생산량(톤)

이라면 모형이 아래와 같다.

$$\begin{aligned} \text{Max } z &= 35x_A + 20x_B \\ \text{s.t.} \\ 0.5x_A + 0.4x_B &\leq 18 \ (\text{원료 1의 제약식}) \\ 0.2x_B &\leq 6 \ (\text{원료 2의 제약식}) \\ 0.8x_A + 0.2x_B &\leq 20 \ (\text{원료 3의 제약식}) \\ x_A,\ x_B &\geq 0 \end{aligned}$$

이 때 경영진이 각 생산품이 최소 11톤씩은 생산되어야 한다고 계획을 세웠다면 제약식을 수정하고 심플렉스법으로 해를 구하라.

9. 다음의 선형계획모형을 심플렉스방법으로 해결하라.

$$\begin{aligned}
\text{Min} \quad & 2x_1 + x_2 + x_3 \\
\text{s.t.} \quad & x_1 + x_2 + x_3 \le 3 \\
& x_2 + x_3 \ge 2 \\
& 3x_1 + x_3 = 1 \\
& x_1,\ x_2,\ x_3 \ge 0
\end{aligned}$$

10. 어느 기업체는 두 가지 원자재로 세 상품을 제조하고 있다.

(단위: kg)

	원료 A	원료 B
상품 1	7	5
상품 2	6	4
상품 3	3	2

이 업체가 100kg의 A원료, 200kg의 B원료를 보유하고 있고, 이 세 상품의 이윤이 각각 2만원, 2만원, 1만5천원이라면 이윤을 극대화시키기 위해 각 상품이 얼마씩 생산되어야 하는가?

11. 아래의 모형을 심플렉스표의 형으로 바꾸어 초기표를 작성하라.

$$\begin{aligned}
\text{Max} \quad & 5x_1 - 10x_2 + 5x_3 \\
\text{s.t.} \quad & x_1 + 4x_2 - 8x_3 = 4 \\
& 3x_1 - 9x_2 + 4x_3 \le 15 \\
& 2x_1 + 5x_2 - x_3 \ge 9 \\
& x_1,\ x_2,\ x_3 \ge 0
\end{aligned}$$

12. 다음의 선형계획모형의 해를 구하라.

$$\begin{aligned}
\text{Max} \quad & z = 2x_1 + x_2 + x_3 \\
\text{s.t.} \quad & 2x_1 + 4x_2 \le 20 \\
& 4x_1 + 8x_2 + 2x_3 \le 16 \\
& 4x_1 + 2x_2 + 2x_3 \ge 4 \\
& x_1,\ x_2, x_3 \ge 0
\end{aligned}$$

13. 아래 모형에 대해 답하라.

$$
\begin{aligned}
\text{Max} \quad & 8x_1 + 12x_2 \\
\text{s.t.} \quad & \\
& 4x_1 + 3x_2 \geq 24 \\
& x_2 \geq 2 \\
& 5x_1 + 2x_2 \geq 20 \\
& x_1,\ x_2 \geq 0
\end{aligned}
$$

(1) 모형을 표준형으로 바꾸라.

(2) 표의 형태로 전환하여 초기 심플렉스표를 세우라.

(3) 심플렉스해법을 사용하여 최적해를 구하라.

(4) 속박적 제약식을 식별하라.

제5장

감 도 분 석

감도분석(sensitivity analysis)은 최적해가 구해진 후 정규적으로 시행되는 과정으로 원래의 모형을 변화시킬 때 최적해가 얼마나 민감하게 반응하는가를 결정한다. 즉 모형의 계수가 변할 때 최적해에 어떤 영향을 주는가를 분석하고자 하는 것이다. 감도분석을 통해 다음과 같은 질문에 답할 수 있게 된다.

제약식의 우변값이 변하면 최적해에 어떤 영향을 미치는가?

목적함수의 계수가 변하면 최적해에 어떤 영향을 미치게 되는가?

따라서 경영진 또는 의사결정자에게 매우 가치있는 추가적 정보를 제공해 주게 된다.

제1절 기본 개념

먼저 감도분석의 개념을 다음 모형의 예를 통해 파악해 보자. 어느 유명 화학제품 제조업체는 특수비료와 일반비료를 생산하여 각 지역 대리점에 공급하고 있다. 두 가지 기본 원료 Ⅰ과 Ⅱ가 사용되는데 하루 최대 사용량은 각각 12톤과 7톤이며, 두 종류 비료의 톤당 원료 소요량은 아래와 같다.

(단위: 톤)

	특수비료	일반비료	일일 사용가능량
Ⅰ	2	4	12
Ⅱ	2	1	7

시장조사에 의하면 일반비료의 일일 수요는 특수비료의 일일 수요량보다 1.5톤 이상 초과할 수가 없다. 또 일반비료의 최대 수요량은 매일 2.2톤으로 제한되어 있다. 톤당 도매 이윤은 특수비료가 400만원, 일반비료는 300만원이다. 문제의 모형은 아래의 (5.1)과 같다.

$$
\begin{aligned}
\text{Max } z = &\ 4x_1 + 3x_2 \\
\text{s.t.} & \\
① &\ 2x_1 + 4x_2 \leqq 12 \\
② &\ 2x_1 + x_2 \leqq 7 \\
③ &\ -x_1 + x_2 \leqq 1.5 \\
④ &\ x_2 \leqq 2.2 \\
&\ x_1,\ x_2 \geqq 0
\end{aligned}
\tag{5.1}
$$

(1) 우리가 관심을 갖는 첫째 질문은 제약식의 우변값, 즉 각 자원을 얼마나 증가, 또는 감소시키느냐에 관한 것이다. 다시 말하면 최적상태가 결정된 후 제약식에 사용되는 자원의 양을 조절할 때 일어날 수 있는 최적해의 변화에 대한 것이다.

제약식은 속박적인 제약식과 비속박적(nonbinding) 제약식의 두 가지가 있는데 속박적 제약식들은 최적해가 이루어지는 점을 통과해야 한다. 논리적으로 말해서 한 제약식이 속박적이라면 그 자원을 완전히 소비했다는 의미이므로 이는 희귀자원(scarce resource)으로 간주된다. 반면 비속박적 제약식은 자원이 모두 사용되지는 않고 있으므로 풍부한 자원(abundant resource)을 나타낸다.

자원의 양은 제약식에 나와 있으므로 제약식에 대한 감도분석에 의해 다음의 문제에 관심이 모아진다.

i) 목적함수의 최적치를 향상시키기 위해 희귀자원을 얼마나 증가시킬 수 있는가?

ii) 현재의 최적해에 영향을 주지 않고 풍부한 자원을 얼마나 감소시킬 수 있는가?

자원이 풍부하면 남는 양을 다른 생산활동에 이용할 수 있으므로 이 분석은 특히 유용하다. 물론 희귀자원을 감소시킬 때의 효과에도 관심이 있을 수 있으나 이런 경우 목적함수의 값을 향상시킬 수 없으므로 분석의 대상이 되지 않는다.

모형 (5.1)을 그래프로 나타내면 [그림 5-1]과 같다. 제약식 ①과 ②가 교차하는 A점에서 $x_1 = \frac{8}{3}$, $x_2 = \frac{5}{3}$, $z = \frac{47}{3}$ 의 최적해가 발생하며, ①과 ②의 제약식들이 희귀자원들을 나타낸다.

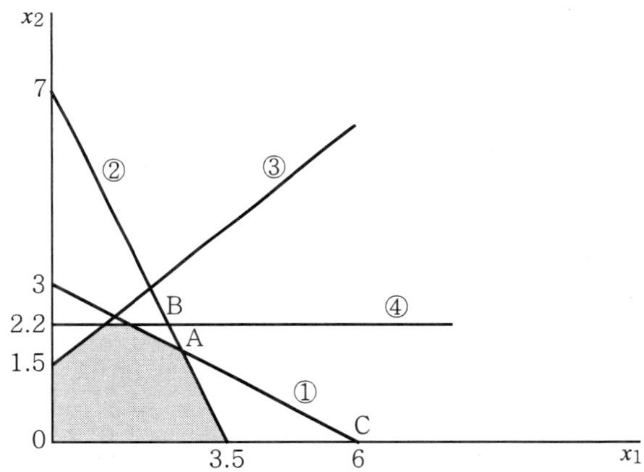

[그림 5-1] 비료 제조업체 모형의 가해영역

[희귀자원의 경우]

첫 제약식의 자원 b_1 을 먼저 고려해 보자. b_1 의 양을 증가시킴에 따라 ①은 평행으로 상향 이동하여 ②와 ④가 만나는 B점에 이르면 최적해가 발생한다. b_1을 더 증가시킨다고 하더라도 최적해에는 영향을 미치지 않아 ①은 쓸모가 없게 되므로, b_1 은 B점을 넘어서도록 증가시키면 안 될 것이다. B점에서 $x_1 = 2.4$, $x_2 = 2.2$ 가 되므로 이를 ①에 대입하면 13.6을 얻게 되어 b_1 은 최고 13.6까지 증가시킬 수 있다.

제약식 ①에서 b_1 을 최고 13.6까지 증가시킬 수 있으므로 b_1 의 최대 변화량은 $13.6 - 12 = 1.6$이 된다. 또 A에서 $z = \frac{47}{3}$이었으나 B점에서는 $z = 16.2$가 되어 z의 최대 변화량은 $16.2 - \frac{47}{3} = \frac{1.6}{3} = \frac{8}{15}$이 된다.

이번에는 둘째 제약식의 자원 b_2 에 대해 검토해 보자. 자원 b_2 를 증가시킴에 따라 ②는 상향이동하여 ①과 x_1 축이 만나는 C점에서 새로운 적정해 $x_1 = 6$, $x_2 = 0$ 이 발생한다. b_2 는 ②의 제약식에서 $2x_1 + x_2 = 12$ 까지 증가될 수 있으므로 b_2 의 최대 변화량은 $12 - 7 = 5$가 된다. 한편 새로운 목적함수의 값은 $z = 4 \cdot 6 + 3 \cdot 0 = 24$가 되므로 z의 최대 변화량은 $24 - \frac{47}{3} = \frac{25}{3}$가 된다.

[풍부한 자원의 경우]

위에서는 속박적 제약식인 ①과 ②에 대해 분석해 보았다. 이번에는 비속박적 제약식인 ③과 ④의 우변값 감소에 대해 검토해 보자. 먼저 ④는 x_2의 상한을 나타낸다. [그림 5-1]을 보면 ④는 최적해에 영향을 주지 않고도 최적점 A를 통과할 때까지 낮출 수 있다. A점에서 $x_1 = \frac{8}{3}$, $x_2 = \frac{5}{3}$이므로 b_4 는 현 최적해에 영향을 주지 않고, A점을 지나가도록 $\frac{5}{3}$까지 낮추어질 수 있다. $x_2 = 2.2$에서 $x_2 = \frac{5}{3}$로 감소시키므로 b_4 의 최대 변화량은 $\frac{5}{3} - 2.2 = -\frac{1.6}{3} = -\frac{8}{15}$이 된다. 그러나 현 최적해에는 영향이 없기 때문에 z의 최대변화량은 0이다.

제약식 ③의 우변 b_3 역시 ③이 A점을 지나도록 감소시킬 수 있다. 따라서 ③식에서 $-x_1 + x_2 = -\frac{8}{3} + \frac{5}{3} = -1$이 되어 제약식 ③은 $-x_1 + x_2 \leq -1$이 되어야 한다. b_3 의 최대변화량은 $-1 - 1.5 = -2.5$가 되고 역시 현 최적해에는 영향이 없으므로 z의 최대 변화량은 0이다.

(2) 지금까지 모형 (5.1)의 제약식들은 비음조건 두 개만 제외하고 모두 분석, 검토해 보았다. 그 다음 관심을 갖게 되는 둘째 질문은 어떤 자원을 증가시키느냐는 것이다. 다시 말해 제한된 예산으로 자금을 할당하는데 어떤 자원이 최우선으로 고려될 것이냐는 것이다. 이에 대한 정보는 이미 설명한 자원과 z의 최대 변화량에 의해 직접 얻어질 수 있다. λ_i 를 자원 i 한 단위의 가치라고 하면 다음과 같이 정

의할 수 있다.

$$\lambda_i = \frac{\text{적정 목적함수값의 최대 변화량}}{\text{자원 } i \text{의 최대 증가량}}$$

제약식 ①, 즉 b_1 에 대해서는

$$\lambda_1 = \frac{16.2 - \frac{47}{3}}{13.6 - 12} = \frac{\frac{8}{15}}{1.6} = \frac{1}{3}$$

이 되고, b_2 에 대해서는

$$\lambda_2 = \frac{24 - \frac{47}{3}}{12 - 7} = \frac{\frac{25}{3}}{5} = \frac{5}{3}$$

가 된다. 그러나 λ_3 과 λ_4 는 분자가 0이므로 λ 의 값이 모두 0이 된다. 따라서 b_2 가 단위당 가치가 제일 높으므로 자금을 최우선으로 배당받고, 그 다음으로 b_1 이 고려되며, 나머지 자원은 증가되어서는 안 된다.

(3) 우리가 관심을 갖는 셋째 질문은 목적함수의 계수들이 얼마나 변해야 하느냐는 것이다. 이 계수들의 변화는 함수의 기울기에 영향을 준다. 그렇게 되면 최적해가 발생하는 점에도 영향을 주므로 속박적 제약식들이 달라질 수도 있다. 이 때 다음의 두 가지 문제에 마주치게 된다.

i) 최적해점이 변하지 않고 한 계수가 얼마나 변화할 수 있는가?

ii) 주어진 자원의 상태가 풍부한 상태에서 희귀한 상태로, 또 희귀한 상태에서 풍부한 상태로 바뀌기 위해 한 계수가 얼마나 변해야 하는가?

이 문제들을 분석하기 위해 목적함수에서 x_1과 x_2의 계수를 각각 r_1, r_2라고 하면 목적함수는

$$z = r_1x_1 + r_2x_2$$

가 되고, 이는 다시

$$x_2 = -\frac{r_1}{r_2}x_1 + \frac{z}{r_2}$$

로 놓을 수 있다. [그림 5-1]의 가해영역을 확대하여 목적함수와 결합시키면 [그림 5-2]와 같이 나타나게 된다.

기울기가 증가하면, 즉 시계바늘의 반대 방향으로 움직이면 절편이 내려가므로 이러한 변화는 r_2의 증가 또는 r_1의 감소를 의미한다. 반면 기울기가 감소하면 즉 시계방향으로 움직이면 절편이 올라가므로 이는 r_2의 감소 또는 r_1의 증가를 의미한다. 따라서 [그림 5-2]의 A점은 목적함수의 기울기가 ①과 ②의 기울기 사이에서 움직이는 한 최적상태로 남게 된다. 목적함수선의 기울기가 증가하여 ①의 기울기와 같게 되거나, 반대로 감소하여 ②의 기울기와 같게 되면 다최적해가 발생한다. 이 범위를 조금이라도 벗어나면 D 또는 E점에서 새로운 최적해가 구해진다.

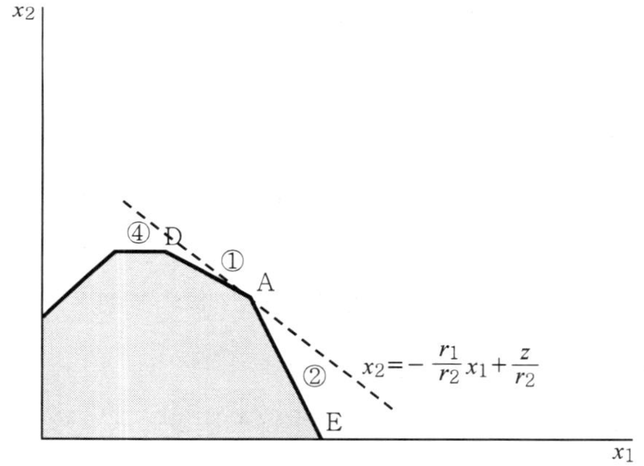

[그림 5-2] 가해영역과 목적함수

여기서 최적해점을 A에 유지시키는 r_1 의 범위를 결정해 보자. r_2 를 원래의 값인 3에 고정시키면 r_1 은 목적함수선이 ②에 일치할 때까지 증가하거나, 또는 ①에 일치할 때까지 감소한다. 따라서 r_1 의 최소치와 최대치는 목적함수의 기울기를 ①과 ②의 기울기와 각각 같게 놓음으로써 결정할 수 있다.

①의 기울기는 $2x_1 + 4x_2 \leq 12$ 에서 $-\frac{1}{2}$

②의 기울기는 $2x_1 + x_2 \leq 7$에서 -2

한편 목적함수선의 기울기는 $-\frac{r_1}{3}$이므로 r_1의 상한은 6이 되고, 하한은 $\frac{3}{2}$이 되어, A점이 유일 최적해가 되기 위한 r_1의 범위는 $\frac{3}{2} < r_1 < 6$이 된다. 따라서 r_1이 $\frac{3}{2}$아래로 감소하면 최적해는 D에서 발생하고, 같은 원리로 r_1이 6을 넘어서면 최적해는 E에서 발생하게 된다. 제약식이 속박적이면 그 제약식을 구성하는 자원은 희귀한 자원으로 간주되고, 그렇지 않으면 풍부한 자원을 나타낸다. 따라서 r_1이 $\frac{3}{2}$ 아래로 감소하면 ②의 자원은 풍부한 자원이 되고, ④의 자원은 희귀한 자원이 된다. r_1이 6을 초과할 때도 비슷한 방식의 결론을 내릴 수 있다.

여기에서 유의해야 할 점은 첫째, 자원의 단위당 가치 λ_i는 자원 i 한 단위당 목적함수의 적정값을 향상시키는 비율을 나타낸다는 것이다. 앞에서 보았듯이 b_1의 증가는 목적함수값을 $\frac{1}{3}$의 비율로 증가시킨다는 것이고, b_2에 대해서도 같은 논리가 적용된다. 그러나 b_3와 b_4는 이미 풍부하므로 단위가치가 0이다. 둘째, λ_i는 목적함수값으로 인해 금액으로 나타나지만 이 값을 해당 자원을 구입하기 위해 지불하는 실질가격으로 생각하면 안 된다는 것이다. λ_i는 단지 자원 i의 단위당 가치를 계량화시킨 경제적 척도일 뿐이며, 이 척도의 값은 제약식을 변화시킴에 따라 변하게 된다. 이러한 이유에서 이 값을 잠재가격(shadow price)이라고 부르며 제약식의 우변값 한 단위 증가당 목적함수값의 변화를 의미한다.

의사결정자에게 감도분석이 중요한 근본적 이유는 현실은 항상 변화하고, 따라서 실제의 문제들이 동태적 환경 속에서 발생하기 때문이다. 즉 원자재의 값, 상품의 수요, 주식값 등이 계속 변하므로 선형계획모형의 계수들 역시 시간이 흐름에 따라 변하게 된다. 이러한 변화가 모형의 최적해에 어떤 영향을 주는가를 결정해야 할 필요가 있다.

감도분석은 환경의 변화에 따라 수정된 모형을 처음부터 다시 해결하지 않고도 그러한 변화에 대응하는데 필요한 정보를 제공한다. 즉 주변여건에 변화가 있어도 이미 구한 최적해가 여전히 최상인지를 결정하는데 사용될 수 있으며 만약 그렇다면 수정된 모형을 처음부터 다시 풀 필요가 없게 된다. 감도분석은 또한 선형계획 모형의 계수 중 어떤 계수에 가장 주의를 기울일 필요가 있는가를 결정하는데 사용된다.

예를 들어 경영진이 생산품의 단위당 이윤을 약 9,000원으로 추정한다고 하자. 감도분석 결과 이윤이 7,500원에서 11,000원 사이에서 변화하는 한 현재의 생산은 여전히 최적이라고 나왔다면 경영진은 이윤의 추정치와 현재의 생산계획에 안도할 것이다. 그러나 감도분석을 실시했을 때 이윤이 8,800원에서 9,200원 사이의 값일 때 현재의 생산이 최적이라는 결과가 나왔다면 경영진은 이윤의 추정치를 정밀 검토할 것이다.

감도분석은 제약식 우변값의 변화에 대한 정보도 제공해 준다. 만일 속박적인 제약식의 우변값이 증가한다면, 다시 말해 희귀자원이 추가로 주어진다면 최적해에 어떤 변화가 올 것인가, 또 추가되는 자원의 가치가 각 단위당 얼마나 되는가를 결정할 수 있도록 해준다.

제 2 절　도해적 접근법

도해법에 의한 감도분석에 대해 위에서 이미 설명하였으나 목적함수의 계수와 제약식 우변값에 대해 추가로 상세히 분석해 보기로 한다.

1. 목적함수의 계수

우선 목적함수 계수의 변화가 최적해에 어떤 영향을 미치는가에 대해 고려해 보자. 접시와 컵의 생산에 관한 모형 (4.1)을 예로 들기 위해 아래와 같이 옮겨 온다.

$$\begin{aligned} \text{Max } z &= 4x_1 + 5x_2 \\ \text{s.t.} & \\ ① \ x_1 + 2x_2 &\le 40 \ (\text{노동시간 제약식}) \\ ② \ 4x_1 + 3x_2 &\le 120 \ (\text{점토량 제약식}) \\ x_1, x_2 &\ge 0 \end{aligned} \tag{5.2}$$

$x_1 = 24$, $x_2 = 8$, $z = 136$의 최적해를 앞에서 구했으나 목적함수에서 x_1과 x_2의 계수, 즉 단위당 판매고 또는 이윤은 경제 여건에 따라 언제든지 변할 수 있다. 계수가 변해도 최적해를 변화시키지 않는다면 문제를 다시 풀 필요가 없을 것이다. 예를 들어, 이 최적해를 변화시키지 않고 x_1의 목적함수에서의 계수가 취할 수 있는 범위는 얼마가 될까? 이 범위를 최적범위(range of optimality)라고 한다. 모형을 다시 그래프로 나타내면 아래와 같다.

[그림 5-3]을 자세히 보면 목적함수의 기울기가 두 제약식의 기울기 사이에 있는 한 $x_1 = 24$, $x_2 = 8$인 점 D는 최적해점이 된다. 목적함수의 한 계수 4 또는 5가 변하면 목적함수의 기울기도 변할 것이며, [그림 5-3]에서 보듯이 계수의 변화가 있어도 목적함수는 D주변을 회전할 것이다. 따라서 목적함수선이 두 제약식의 기울기 내에서 변하는 한 점 D는 여전히 최적해점이 된다.

만약, 목적함수선의 기울기가 증가한 결과 시계방향 반대로 움직여 ①과 일치하게 되면 다최적해가 나오게 되며, 같은 방향으로 더 움직이면 D는 더 이상 최적해를 주지 않게 된다. 따라서 ①의 기울기가 목적함수선 기울기의 상한을 제공해 준다. 반대로 목적함수선의 기울기가 감소, 시계방향으로 움직여 ②와 일치하게 되면 역시 다최적해가 나오게 되며, 수직 방향으로 더 움직이면 점 D는 더 이상 최적해점이 아니다. 따라서 ②의 기울기가 목적함수선 기울기의 하한을 제공해 준다. 결국 점 D가 최적해점으로 남기 위해서는 [그림 5-3]에서 보듯이 목적함수의 기울기는 ①과 ②의 기울기 $-\frac{1}{2}$과 $-\frac{4}{3}$ 사이에 있어야 한다.

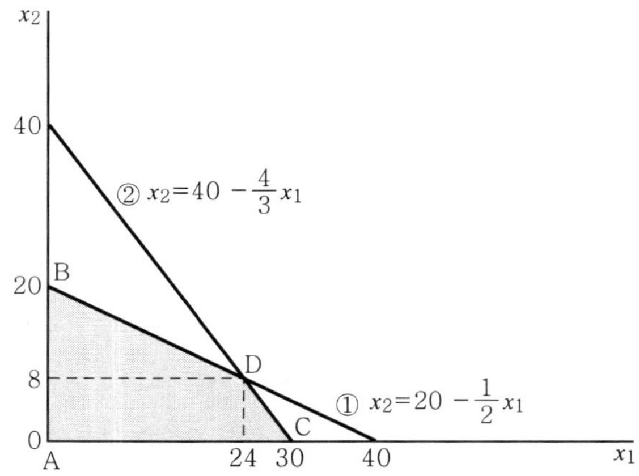

[그림 5-3] 접시와 컵 생산모형의 최적범위

각 계수의 최적범위를 계산하기 위해 목적함수를 일반식의 형식으로 나타내 보자.

$$z = c_1 x_1 + c_2 x_2$$

위의 식을 x_2에 대해 이항시키면 아래와 같다.

$$x_2 = -\frac{c_1}{c_2} x_1 + \frac{z}{c_2}$$

따라서 목적함수선의 기울기는 $-\dfrac{c_1}{c_2}$으로 주어지게 되며, 기울기가 아래의 범위 사이에서 변화하는 한 점 D는 최적해를 주는 점이 된다.

$$-\frac{4}{3} \leq -\frac{c_1}{c_2} \leq -\frac{1}{2} \qquad (5.3)$$

목적함수에서 x_1의 계수에 대한 최적범위를 계산하기 위해서는 x_2의 계수를 현재의 값$c_2 = 5$에 고정시킨다.

$$-\frac{4}{3} \leq -\frac{c_1}{5} \leq -\frac{1}{2}$$

이항하여 c_1에 대해 정리하면 목적함수에서 x_1의 계수에 대한 최적범위가 구해진다.

$$\frac{5}{2} \leqq c_1 \leqq \frac{20}{3} \tag{5.4}$$

목적함수에서 x_1 의 계수는 $c_1 = 4$였다. 최적범위는 다른 계수들이 변하지 않고 고정되어 있을 때 c_1 이 $\frac{5}{2}$와 $\frac{20}{3}$ 사이에서 변화하는 한 $x_1 = 24$, $x_2 = 8$ 은 여전히 최적 생산임을 말해 준다. 생산량이 변하지 않으므로 x_1 계수의 변화는 단지 목적함수의 값만 변화시킨다. 같은 방법으로 $c_1 = 4$에 고정시키면 c_2 에 대한 적정범위 $3 \leq c_2 \leq 8$도 구할 수 있다.

목적함수의 계수에 대한 최적범위는 한 번에 한 계수의 변화에만 적용시킬 수 있으며 다른 모든 계수들은 원래의 값에 고정되어 있다고 가정한다. 만약 두 개 이상의 목적함수 계수들이 동시에 변할 때 최적해가 변하는가를 결정하기 위해서는 추가적인 분석이 필요하다.

x_1 의 계수가 6으로 증가하고 x_2 의 계수가 4로 감소했다고 하자. 두 계수의 최적범위는 각각

$$\frac{5}{2} \leq c_1 \leq \frac{20}{3}$$

$$3 \leq c_2 \leq 8$$

이므로 c_1 이 6으로 증가하거나 또는 c_2 가 4로 감소하여도 최적해 $x_1 = 24$, $x_2 = 8$ 은 변하지 않는다. 그러나 두 계수가 동시에 변화해도 최적해를 변화시키지 않는다고 단정할 수는 없다. 만약 c_1 이 6으로 변화하고 동시에 c_2 가 4로 변화한다면 새로운 목적함수의 기울기는

$$-\frac{c_1}{c_2} = -\frac{6}{4} = -1.5$$

가 된다. 이 값은 모형 (5.3)의 하한 $-\frac{4}{3}$보다 작으므로 현재의 해 $x_1 = 24$, $x_2 = 8$ 은

더 이상 최적해가 아니며, [그림 5-3]에서 보듯이 C가 새로운 최적해를 주는 점이 된다. C에서 목적함수를 시계방향 반대로 회전시키면 [그림 5-3]에서 ②와 일치할 때 기울기가 $-\frac{4}{3}$로 상한을 제공한다. 반대로 시계방향으로 회전시키면 기울기는 더욱 큰 음수가 되어 목적함수선이 수직으로 되면서 음의 무한대로 접근해 가며 하한이 없게 된다.

위의 각 계수의 최적범위에 대해 요약해 보면 c_1이 6으로 변화하거나 또는 c_2가 4로 변화하는 것은 최적해를 변화시키지 않는다. 그러나 이 둘이 동시에 변화한다면 최적해는 변하게 된다. 왜냐하면 최적범위는 한 번에 목적함수의 한 계수가 변하는 경우에 대한 결론을 내릴 때만 사용될 수 있기 때문이다.

2. 제약식의 우변값

이번에는 제약식 우변값의 변화가 가해영역에 어떤 영향을 미치며, 따라서 최적해를 변화시킬 수 있는가에 대해 고려해 보자. 예를 들어 모형 (5.2)에서 10시간의 노동시간이 추가로 주어진다면 제약식 ①은

$$x_1 + 2x_2 \leq 50$$

이 된다. 그 결과 [그림 5-3]에서 ①의 상향 이동으로 가해영역이 확장됨에 따라 새로운 가능해가 목적함수값을 향상시키는지를 알고 싶다고 하자.

새로운 최적해는 $x_1 = 18$, $x_2 = 16$, $z = 4(18) + 5(16) = 152$로 목적함수의 값은 152 − 136 = 16이 증가하였다. 즉 추가로 주어지는 매 시간 1.60만큼 목적함수값의 증가에 기여하고 있음을 알 수 있다. 이렇게 우변값의 한 단위 증가당 목적함수값의 변화를 잠재가격이라고 했다. 따라서 노동시간의 잠재가격은 시간당 1.60임을 알 수 있다. 어느 특정 제약식의 잠재가격은 자원을 추가로 구입할 가능성이 있으므로 중요한 개념이라고 할 수 있으며, 경영진은 추가되는 시간당 화폐단위 1.60만큼 지불할 것이다.

잠재가격은 제약식 우변값의 어떠한 변화에도 적용시킬 수 있는 개념은 아니라는

점에 유의해야 한다. 자원이 계속 추가됨에 따라 우변값은 지속적으로 증가하게 되고, 그 결과 다른 제약식들이 속박적이 되어 목적함수값의 변화율을 감소시키게 될 뿐 아니라 최적해도 변하게 된다. 이렇게 되면 그 자원의 추가는 가치가 전혀 없게 된다. 또 비속박적 제약식의 잠재가격은 0이라는 점에 주목할 필요가 있다. 왜냐하면 이러한 제약식의 우변값의 변화는 잔여 또는 잉여변수의 값에만 영향을 미칠 것이기 때문이다.

제3절 컴퓨터 해법

선형계획모형을 풀기 위해 고안된 컴퓨터 프로그램은 다양하다. 수천 개의 변수와 수천 개의 제약식을 가진 문제도 컴퓨터를 사용하여 쉽게 해결할 수 있다. 대부분의 대형 선형계획문제도 불과 몇 분의 시간으로 해결될 수 있고, 소형문제는 단 몇 초에 해결할 수 있다. 시카고 대학의 Linus E. Schrage에 의해 개발된 LINDO는 MS/OR에서 가장 널리 사용되어 왔다. 일단 프로그램이 컴퓨터에 설치되면 사용자는 컴퓨터 프로그램이 요청하는 대로 목적함수와 제약식을 입력시킨다. 모든 자료가 바르게 입력된 후 사용자가 실행버튼을 클릭하면 LINDO체계는 문제를 해결하며, 최적해와 관련된 정보가 출력된다.

단, LINDO는 분수 대신 소수를 입력시켜야 한다. 예를 들어 계수 $\frac{2}{3}$ 대신 0.66667로 반올림하여 소수 이하 다섯 자리까지 입력해야 하므로 컴퓨터해는 손으로 계산한 해와 근소한 차이로 다를 수 있지만 문제의 해석에는 큰 영향을 주지 않는다. 입력시 각 제약식의 부등호는 '<'을 넣어도 LINDO는 '≤'로 해석하며, 또한 모든 변수들은 비음으로 제약되므로 제약조건 $x_1 \geq 0$, $x_2 \geq 0$ 등은 입력할 필요가 없다. 프로그램을 untitled창에 입력하고 제약식들을 나타낸 후 프로그램을 실행시키기 위해 solve menu의 solve를 선택하거나 ctrl+s키를 누르면 결과가 Reports-Window에 나타난다. 모형을 컴퓨터로 해결하기 위한 입력문과 그 출력문

은 각각 [그림 5-4]와 [그림 5-5]와 같다.

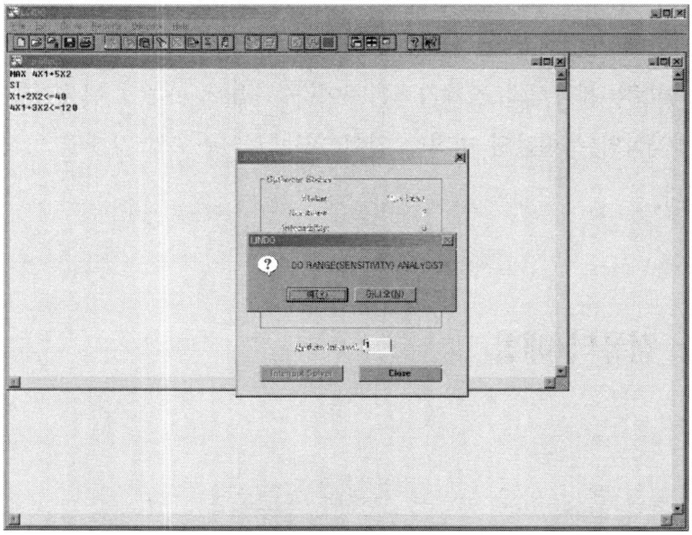

[그림 5-4] LINDO 프로그램 입력문

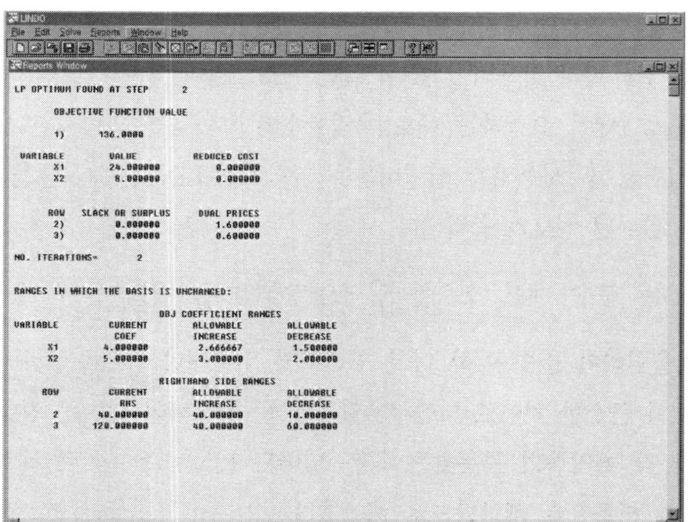

[그림 5-5] LINDO 프로그램 출력문

▶ Lindo Download

① http://www.lindo.com에 접속
② Downloads 클릭
③ Lindo for Windows 클릭
④ Download Traditional Interactive LINDO 클릭
④ 등록하기(이름, 이메일, 집주소)
⑤ 자신의 메일로 제공됨

1. 최대화모형

최대화모형인 모형 (5.2)를 LINDO로 해결하기 위한 입력문은 [그림 5-4]이며, 이를 확대하면 [그림 5-6]과 같다.

```
MAX 4X1+ 5X2
ST
X1+ 2X2<=40
4X1+ 3X2<=120
```

[그림 5-6]　접시와 컵 생산모형의 입력문

[그림 5-5]의 출력문을 확대하면 [그림 5-7]과 같으며, 다음과 같이 해석한다.

1) OBJECTIVE FUNCTION VALUE는 목적함수의 최적값을 의미하며, 그 값이 136이다. 그 아래는

2) 최적해로 $x_1 = 24$, $x_2 = 8$이 최적 생산량으로 결정되었음을 보여 준다. 우측 열에 있는

3) REDUCED COST는 각 결정변수의 최적해가 양수가 되기 위해 목적함수에서 계수의 값이 현재보다 얼마나 향상되어야 하는가를 나타낸다. 따라서 결정변수가 최적해에서 이미 $x_1 = 24$, $x_2 = 8$이라는 양의 값을 가지고 있으므로 REDUCED COST는 각각 0이 된다.

이후의 출력결과는 제약식들에 대한 정보를 나타낸다.

4) SLACK OR SURPLUS 열은 두 제약식이 모두 부등호 '≤'를 가지므로 각 제약식에 대한 잔여변수의 값을 제공해 준다. 앞에서 보았듯이 두 제약식이 모두 속박적이므로 잔여변수의 값은 최적해에서 모두 0이 된다.

5) DUAL PRICES 열은 최적해에서 각 자원의 단위당 가치에 대한 정보를 제공한다. 즉 각 제약식의 우변값이 한 단위 증가함에 따라 목적함수의 최적값이 얼마나 향상되는가를 알려준다.

따라서 row 2의 1.60과 row 3의 0.60은 노동시간과 점토량을 각각 한 단위씩 추가했을 때 목적함수의 값을 1.60, 0.60 화폐단위 만큼 향상시킨다는 것을 알려준다. 예를 들어 다른 모든 계수들은 현 상태에 고정되어 있고 노동시간이 40시간에서 41시간으로 증가하면 목적함수는 136에서 136 + 1.60 = 137.60으로 증가한다. 또는 40시간에서 50시간으로 증가하면 목적함수는 136 + 1.60(10) = 152로 증가하여 이미 앞 절에서 설명했던 바와 일치한다. 점토량 제약식의 경우도 마찬가지로 분석할 수 있다.

그러나 만약 잔여 혹은 미사용 용량이 존재한다면 그 제약식의 DUAL PRICES 열의 값은 0이 되고, 이는 자원의 추가가 목적함수의 값을 증가시키지 않는다는 것을 의미하게 된다. 앞에서 우리는 잠재가격에 대해 살펴본 바 있다. DUAL PRICES 열은 각 자원의 잠재가격에 대한 정보를 제공해 준다. 사실 최대화문제에서 이 두 가격의 의미는 같으나, 최소화문제에서는 DUAL PRICES 열은 해당 잠재가격에 대한 음의 값을 나타낸다.

다음으로 출력문은 목적함수의 계수와 제약식 우변값의 변동범위에 대한 정보를 제공 해 준다.

6) OBJ COEFFICIENT RANGES는 현재의 최적해가 유지될 수 있는 목적함수 계수들의 변동범위를 보여 준다. 예를 들어 첫 계수의 현재값 4에다 최대 증가분 2.67을 더해 주고 최대 감소분 1.50을 빼주면 아래와 같이 (5.4)와 일치되는 c_1의 최적범위가 구해진다.

$$4 - 1.50 = 2.50 \le c_1 = 4 \le 4 + 2.67 = 6.67$$

이는 목적함수에서 x_1 의 계수가 2.50에서 6.67의 범위에서 변화하는 한 $x_1 = 24$, $x_2 = 8$은 현재와 마찬가지로 여전히 최적해라는 것이다. c_2 의 경우도 마찬가지로 최적범위

$$5 - 2 = 3 \leqq c_2 = 5 \leqq 5 + 3 = 8$$

이 구해져 앞에서 살펴본 바와 일치되고 있다. 즉 목적함수에서 x_2 의 계수가 하한값 3, 상한값 8의 범위 내에서 변화하는 한 새로운 해를 구할 필요가 없다는 것이다.

7) RIGHTHAND SIDE RANGES는 DUAL PRICES 열의 현재값을 적용시킬 수 있는 제약식 우변값의 변화 범위를 보여 준다. 제약식 우변값이 이 범위 안에서 변화하는 한 DUAL PRICES 열의 값은 유효하며, 우변값 한 단위 증가로 인해 향상되는 목적함수의 값이 된다. 첫 제약식에서 자원의 추가량은 단위당 즉 시간당 1.60씩 목적함수의 값을 증가시킨다고 결론지을 수 있다. 반대로 자원의 한 단위 감소는 단위당 1.60씩 목적함수의 값을 악화시킨다는 것이다. RIGHTHAND SIDE RANGES는 DUAL PRICES 열의 값이 적용될 수 있는 한계를 제시해 준다. 이 범위 밖으로 나가게 되면 새로운 값을 얻기 위해 문제를 다시 풀어야 하므로 DUAL PRICES 열의 값을 적용시킬 수 있는 범위를 가능범위(range of feasibility)라고 한다. 각 제약식의 우변값에 최대 증가량을 더하고, 최대 감소량을 빼주면 가능범위가 아래와 같이 구해지며, 각 우변값이 이 범위 안에서 변화하는 한 1.60과 0.60은 바뀌지 않는다.

$$40 - 10 = 30 \leqq b_1 = 40 \leqq 40 + 40 = 80$$
$$120 - 60 = 60 \leqq b_2 = 120 \leqq 120 + 40 = 160$$

컴퓨터가 출력한 감도분석은 한 번에 한 계수만 변화하며, 다른 계수값들은 현재 상태에 고정되어 있다는 가정에 근거한다. 컴퓨터 출력에 의해 제공되는 감도분석에 대한 정보는 둘 이상의 계수가 동시에 변할 때는 적용시킬 수 없으며, 100%법칙에 의해서만 동시변화에 대한 분석이 가능해진다.

```
              LP OPTIMUM FOUND AT STEP      2

                     OBJECTIVE FUNCTION VALUE

                         1)       136.0000

       VARIABLE        VALUE          REDUCED COST
             X1        24.000000          0.000000
             X2         8.000000          0.000000

            ROW   SLACK OR SURPLUS     DUAL PRICES
             2)         0.000000          1.600000
             3)         0.000000          0.600000

                 NO. ITERATIONS=       2

         RANGES IN WHICH THE BASIS IS UNCHANGED:

                                  OBJ COEFFICIENT RANGES
   VARIABLE      CURRENT        ALLOWABLE        ALLOWABLE
                   COEF          INCREASE         DECREASE
         X1      4.000000        2.666667         1.500000
         X2      5.000000        3.000000         2.000000

                                   RIGHTHAND SIDE RANGES
        ROW      CURRENT        ALLOWABLE        ALLOWABLE
                    RHS          INCREASE         DECREASE
          2     40.000000       40.000000        10.000000
          3    120.000000       40.000000        60.000000
```

[그림 5-7] 접시와 컵 생산모형의 출력문

둘 이상의 목적함수 계수가 동시에 변해도 100%법칙이 만족되는 한 최적해는 바뀌지 않는다. 마찬가지로 둘 이상의 제약식 우변이 동시에 변한다 해도 100%법칙이 만족되는 한 DUAL PRICES가 주는 정보는 바뀌지 않는다. 100%법칙을 적용시키기 위해서는 각 계수의 변화량과 최대 증가량 또는 감소량과의 비율을 계산해야만 한다. 모든 변화율의 합이 100%를 초과하지 않는다면 동시변화가 100%법칙을 만족시킨다고 할 수 있다. 그럼 우변값의 동시변화에 대한 예를 들어 보기로 하자.

모형 (5.2)의 첫째 제약식과 둘째 제약식에 10단위와 25단위의 자원이 각각 추가되었다고 하자. [그림 5-7] 하단의 RIGHTHAND SIDE RANGES에서 노동시간 10단위는 최대 증가량의 $(\frac{10}{40})(100) = 25\%$이며, 점토량 25단위는 역시 최대 증가량의 $(\frac{25}{40})(100) = 62.5\%$에 해당된다. 따라서 변화량의 누적률은 $25\% + 62.5\% = 87.5\%$에 불과하여 100%를 초과하지 않으므로 DUAL PRICES가 주는 정보는 변화 후에도 여전히 적용이 가능하며, 또 목적함수는 $10(1.6) + 25(0.6) = 31$만큼 향상된다.

제약식의 수가 두 개인 경우는 상대적으로 단순하므로 이번에는 제약식의 수가 네 개인 이윤 극대화 생산모형 (3.2)를 같은 방식으로 간략히 살펴보기로 하자. 입력문은 [그림 5-8]과 같다.

```
MAX 60X1+45X2
ST
0.5X1+0.3X2<18
0.4X1+0.5X2<19.6
0.1X1<3.8
0.2X2<5
```

[그림 5-8] 이윤 극대화 생산모형의 입력문

출력문 [그림 5-9]를 보면 최대 이윤을 주는 목적함수값은 2,340이고, 최적해는 $x_1 = 24, x_2 = 20$이다. 각 결정변수의 값들이 이미 양수이므로 REDUCED COST는 0이 된다. 잔여변수의 값들을 보면 $s_1 = s_2 = 0$으로 첫째와 둘째 제약식이 속박적이며, 따라서 원료 1과 원료 2가 희귀자원으로 간주된다. DUAL PRICES 열을 보면 원료 1과 원료 2의 잠재가격은 각각 92.31과 34.62로 한 단위씩 추가될 때마다 이 값만큼 이윤을 증대시키는 것으로 나타난다. 반면 풍부한 자원인 원료 3과 4는 각각 잔여 1.4와 1이 존재해 이윤 증대에 기여하지 않으므로 예상대로 잠재가격은 각각 값 0을 가진다.

```
LP OPTIMUM FOUND AT STEP       2

       OBJECTIVE FUNCTION VALUE

       1)       2340.000

 VARIABLE        VALUE          REDUCED COST
       X1        24.000000          0.000000
       X2        20.000000          0.000000


      ROW   SLACK OR SURPLUS     DUAL PRICES
       2)         0.000000         92.307693
       3)         0.000000         34.615383
       4)         1.400000          0.000000
       5)         1.000000          0.000000

NO. ITERATIONS=        2


RANGES IN WHICH THE BASIS IS UNCHANGED:

                           OBJ COEFFICIENT RANGES
VARIABLE         CURRENT        ALLOWABLE         ALLOWABLE
                  COEF          INCREASE          DECREASE
      X1       60.000000        14.999999         24.000002
      X2       45.000000        30.000000          9.000000

                           RIGHTHAND SIDE RANGES
     ROW         CURRENT        ALLOWABLE         ALLOWABLE
                   RHS          INCREASE          DECREASE
       2       18.000000         3.640000          1.625000
       3       19.600000         1.300000          5.200000
       4        3.800000         INFINITY          1.400000
       5        5.000000         INFINITY          1.000000
```

[그림 5-9] 이윤 극대화 생산모형의 출력문

목적함수 계수들의 최적범위는 각각 아래와 같이 계산된다. 이윤에 변동이 발생해도 각각 상한과 하한 사이에서 변화하는 한 현재의 최적 생산량은 그대로 유지되며, 단위당 이윤이 변하므로 목적함수값만 달라진다.

$$60 - 24 \le c_1 \le 60 + 15$$
$$45 - 9 \le c_2 \le 45 + 30$$

DUAL PRICES 값이 변하지 않는 각 제약식 우변값의 가능범위는 다음과 같다.

$$18 - 1.625 \le b_1 \le 18 + 3.64$$
$$19.6 - 5.2 \le b_2 \le 19.6 + 1.3$$
$$3.8 - 1.4 \le b_3 \le 3.8 + \infty$$
$$5 - 1 \le b_4 \le 5 + \infty$$

희귀자원인 원료 1과 원료 2의 가능범위를 보면 [그림 5-7]의 접시와 컵 생산모형에 비해 현재의 잠재가격을 적용시킬 수 있는 범위는 넓지 않음을 알 수 있다. 반면 이미 잔여가 발생해 잠재가격이 값 0을 가지는 풍부한 자원의 경우 상한은 존재하지 않고, 하한을 보면 현재의 우변값에서 잔여값 만큼 줄이면 잠재가격이 값을 가질 수 있는 것으로 나타난다.

2. 최소화모형

앞의 최대화모형의 컴퓨터해법에 이어 이번에는 생산비의 최소화를 위한 아래와 같은 최소화모형의 컴퓨터출력에 대해 해석해 보자.

$$\begin{aligned} \text{Min} \ \ & 3x_1 + 4x_2 \\ \text{s.t.} \ \ & \\ & x_1 \geq 130 \\ & x_1 + x_2 \geq 350 \\ & 2x_1 + x_2 \leq 590 \\ & x_1, x_2 \geq 0 \end{aligned} \tag{5.5}$$

모형 (5.5)의 입력문과 출력문은 다음의 [그림 5-10] 및 [그림 5-11]과 같다.

1) 목적함수의 값 1,160과

2) 결정변수의 값 $x_1 = 240$, $x_2 = 110$ 이 최적해로서 얻어진다.

3) REDUCED COST 열은 두 변수 모두 이미 양의 값을 갖고 있으므로 0으로 나타난다.

```
MIN 3X1+4X2
ST
X1>=130
X1+X2>=350
2X1+X2<=590
```

[그림 5-10] 최소화모형의 입력문

4) SLACK OR SURPLUS 열은 모형 (5.5)의 첫째 제약식(row 2)에 잉여 110단

위가 발생함을 보여주며, 이는 x_1 의 최적 생산이 최소 요구량을 110단위나 초과하고 있음을 의미한다. 둘째(row 3)와 셋째(row 4) 제약식에서 SLACK OR SURPLUS는 값 0을 가지므로 이 두 제약식이 최적해를 결정하는 속박적 제약식임을 알 수 있다.

5) DUAL PRICES 열은 제약식 우변값의 한 단위 증가로 인한 목적함수값의 향상을 보여준다. row 4의 값 1.0은 셋째 제약식의 우변값을 590에서 591로 한 단위 증가시키면 목적함수값이 한 단위가 향상됨을 뜻한다. 모형의 목적이 비용의 최소화이므로 향상이라는 뜻은 비용의 감소를 의미한다. 따라서 우변값이 591로 주어진다면 최적해의 값은 1,160 - 1 = 1,159로 향상될 것이다.

DUAL PRICES열의 row 3에 해당하는 값은 -5.0이다. 둘째 제약식의 우변값이 350에서 351로 목적함수값은 향상되지 않고 오히려 5만큼 악화된다는 뜻이다. 최소화모형에서의 악화는 비용의 증가를 뜻하므로 목적함수값은 우변값이 한 단위 증가하면 1,160 + 5 = 1,165가 된다. 따라서 음의 값을 갖게 되는 제약식의 우변값을 증가시키면 목적함수의 값을 악화시키므로 오히려 감소시키도록 해야 한다. 만약 우변값을 350에서 349로 감소시키면 총비용은 1,160 - 5 =1,155가 된다.

6) OBJ COEFFICIENT RANGES는 목적함수에서 x_1 의 현 계수를 c_1 이라고 할 때

$$c_1 - \infty \leqq c_1 \leqq c_1 + 1.00$$

이 되어 이 범위 내에서의 계수, 즉 비용의 변화는 최적해를 변화시키지 않는다는 뜻이다.

7) RIGHTHAND SIDE RANGES의 row 4에 의하면 세 번째 제약식의 우변값을 110까지 증가시킬 수 있다. 따라서 DUAL PRICES 열의 row 4에 해당하는 값 1.0은 셋째 제약식의 우변값이 총 590 + 110 = 700단위까지 매 단위 추가될 때마다 적용시킬 수 있다.

```
LP OPTIMUM FOUND AT STEP       3

       OBJECTIVE FUNCTION VALUE

       1)       1160.000

 VARIABLE         VALUE          REDUCED COST
       X1       240.000000          0.000000
       X2       110.000000          0.000000


      ROW   SLACK OR SURPLUS     DUAL PRICES
       2)       110.000000          0.000000
       3)         0.000000         -5.000000
       4)         0.000000          1.000000

NO. ITERATIONS=        3


RANGES IN WHICH THE BASIS IS UNCHANGED:

                              OBJ COEFFICIENT RANGES
VARIABLE         CURRENT        ALLOWABLE          ALLOWABLE
                   COEF          INCREASE           DECREASE
      X1        3.000000         1.000000           INFINITY
      X2        4.000000         INFINITY           1.000000

                              RIGHTHAND SIDE RANGES
     ROW         CURRENT        ALLOWABLE          ALLOWABLE
                   RHS           INCREASE           DECREASE
       2      130.000000       110.000000           INFINITY
       3      350.000000       110.000000          55.000000
       4      590.000000       110.000000         110.000000
```

[그림 5-11] 최소화모형의 출력문

부등호가 '≤'인 형태의 제약식인 경우는 우변값의 증가가 목적함수의 값을 악화시킬 수 없으므로 DUAL PRICES 열의 값은 항상 0보다 크거나 같다. 마찬가지로 '≥'제약식의 경우 우변값의 증가가 목적함수의 값을 향상시킬 수 없으므로 DUAL PRICES 열에 나타난 값은 언제나 0보다 작거나 같게 된다. DUAL PRICES 열에 나오는 값은 최대화문제에서는 잠재가격과 같으나, 최소화문제에서는 서로 반대부호를 가진다. 즉 DUAL PRICE = －잠재가격이 된다.

3. 다변수모형

앞의 모형들과는 달리 이번에는 결정변수가 네 개인 모형을 다루어 보기로 한다. 접근방법은 결정변수가 두 개인 모형의 경우와 근본적으로 같다.

예를 들어, 축구, 야구, 농구, 배구의 네 개 구기종목에 사용될 선수들의 유니폼을 생산하기 위해 한 신규업체가 설립되었다고 하자. 생산될 품목들은 세 가지의 공정과정을 거칠 예정인데, 지식과 경험이 부족하고 또 색상과 디자인에 대한 안목이 넓지 못한 관계로 우선 각 공정에 배당될 시간을 여유있게 잡아두었다. 다가오는 생산분기가 지나면 세밀한 검토 후 오류를 수정하고 경험을 축적하고자 모든 시간은 분 단위로 세분하여 A, B, C 세 공정과정에 20,000, 18,000, 8,500분씩 각각 할당하기로 했다. 세 공정과정에서 각 품목의 제조에 걸리는 시간과 품목당 예상되는 판매 이윤은 [표 5-1]에 요약되어 있다.

그리고 한 스포츠용품 업체에서 주문한 축구 유니폼 1,100벌은 반드시 생산, 배달해야만 한다. 이 때 모형과 포함된 결정변수는 다음과 같다.

x_1 : 축구 유니폼 생산량(벌)
x_2 : 야구 유니폼 생산량(벌)
x_3 : 농구 유니폼 생산량(벌)
x_4 : 배구 유니폼 생산량(벌)

$$\begin{aligned}
\text{Max} \quad \pi &= 4x_1 + 5x_2 + 2x_3 + 2x_4 \qquad (5.6)\\
&\text{s.t.}\\
11x_1 + 12x_2 + 7x_3 + 2x_4 &\leq 20{,}000 \ (A\text{공정})\\
16x_1 + 12x_2 + 12x_3 + 2x_4 &\leq 18{,}000 \ (B\text{공정})\\
4x_1 + 3x_2 + 2x_3 + x_4 &\leq 8{,}500 \ (C\text{공정})\\
x_1 &\geq 1{,}100 \ (\text{주문})\\
x_1, x_2, x_3, x_4 &\geq 0
\end{aligned}$$

[표 5-1] 이윤 및 제조과정에 관한 자료

종 목	단위당 이윤 (천원)	A 공정과정(분)	B 공정과정(분)	C 공정과정(분)
축 구	4	11	16	4
야 구	5	12	12	3
농 구	2	7	12	2
배 구	2	2	2	1

모형 (5.6)에 대한 컴퓨터 입력문은 [그림 5-12], 또 출력문은 [그림 5-13]과 같이 나타난다.

```
MAX 4X1+5X2+2X3+2X4
ST
11X1+12X2+7X3+2X4<=20000
16X1+12X2+12X3+2X4<=18000
4X1+3X2+2X3+X4<=8500
    X1>=1100
```

[그림 5-12] 유니폼 제조업체의 모형 입력문

출력문을 보면

1) OBJECTIVE FUNCTION VALUE는 값이 4,800이므로, 최대 이윤이 480만원임을 보여준다.

2) 각 결정변수들의 최적치는 $x_1 = 1100$, $x_2 = 0$, $x_3 = 0$, $x_4 = 200$으로 생산품이 축구 유니폼으로 집중되고 있음을 알 수 있다. 현재의 자료로는 야구와 농구 유니폼은 생산하지 않는 것이 유리하다는 것을 알 수 있다.

3) REDUCED COST는 최적해값이 양수가 되기 위해서는 목적함수의 계수가 얼마나 변화해야 하는가를 나타낸다. 출력결과가 보여주듯이 최적해에서 이미 양의 값을 갖고 있는 x_1과 x_4에 대해서는 그 값이 0으로 나온다. 반면 x_2의 경우 야구 유니폼의 판매이윤이 현재의 5에서 7이 증가한 12 화폐단위 즉 12,000원이 되어야 생산이 가능하다는 뜻이다. x_3의 경우도 같은 방식으로 해석한다.

```
LP OPTIMUM FOUND AT STEP       2

       OBJECTIVE FUNCTION VALUE

       1)      4800.000

 VARIABLE        VALUE          REDUCED COST
       X1      1100.000000          0.000000
       X2         0.000000          7.000000
       X3         0.000000         10.000000
       X4       200.000000          0.000000


      ROW   SLACK OR SURPLUS     DUAL PRICES
       2)      7500.000000          0.000000
       3)         0.000000          1.000000
       4)      3900.000000          0.000000
       5)         0.000000        -12.000000

NO. ITERATIONS=        2


RANGES IN WHICH THE BASIS IS UNCHANGED:

                          OBJ COEFFICIENT RANGES
VARIABLE         CURRENT        ALLOWABLE        ALLOWABLE
                  COEF          INCREASE         DECREASE
      X1        4.000000        12.000000         INFINITY
      X2        5.000000         7.000000         INFINITY
      X3        2.000000        10.000000         INFINITY
      X4        2.000000         INFINITY         1.166667

                          RIGHTHAND SIDE RANGES
     ROW         CURRENT        ALLOWABLE        ALLOWABLE
                   RHS          INCREASE         DECREASE
       2    20000.000000         INFINITY      7500.000000
       3    18000.000000      7500.000000       400.000000
       4     8500.000000         INFINITY      3900.000000
       5     1100.000000        25.000000       975.000000
```

[그림 5-13] 유니폼 제조업체의 모형 출력문

4), 5) SLACK OR SUPLUS 열을 보면 둘째 제약식(row 3)의 잔여가 0이므로 주어진 시간이 모두 사용되었음을 알 수 있으며, DUAL PRICES 값 1.0은 추가되는 매 분당 목적함수의 값, 즉 이윤이 한 단위씩 증가됨을 말해 준다. A공정에서는 주어진 20,000분 중 7,500분이, 또 C공정에는 3,900분이나 잔여량이 존재함에 따라 DUAL PRICES 열에는 0의 값이 두 공정에 주어진다. 마지막 제약식의 잉여값 0은 둘째와 넷째 제약식이 속박적임을 알려 주고 있다. 해당 DUAL PRICES 열의 값 −12.0은 의뢰받은 주문량이 1,100에서 1,101로 증가하면 이윤은 12단위나 감소하는

것을 의미하므로 이 업체는 위탁주문량의 감축을 고려해야 한다. 위탁량을 줄이면 한 벌당 12단위씩 이윤이 증가하게 된다. 이 사실은 이 업체에게 축구 유니폼의 위탁주문량이 과도하다는 걸 나타내며, 이러한 부담이 생산공정을 비효율적으로 운영하게 만들어 생산품을 다변화시키지 못하는 주요인이 되고 있음을 알 수 있다.

6) OBJ COEFFICIENT RANGES는 목적함수의 각 계수에 대한 최적범위를 제공하며, 현재의 목적함수의 계수에 해당 변수의 ALLOWABLE INCREASE의 값을 더해 주고 ALLOWABLE DECREASE의 값을 빼주어 구한다. 목적함수의 계수가 최적범위 내에서 변화하는 한 현재의 해는 여전히 최적해로 유지된다. 예를 들어 c_2 의 최적범위를 구하면 아래와 같다.

$$-\infty \leq c_2 = 5 \leq 5+7 = 12$$

이 결과는 앞의 REDUCED COST가 주는 정보와 일치된다. 앞에서 야구 유니폼의 생산량이 양의 값으로 최적해에 있기 위해서는 단위당 이윤이 현재의 5에서 7이 더해져 12단위로 증가해야 한다는 것을 보았다.

7) RIGHTHAND SIDE RANGES는 우변값의 가능범위를 계산하는데 사용된다. 역시 현재의 각 제약식 우변값에 ALLOWABLE INCREASE의 값을 더하고, ALLOWABLE DECREASE의 값을 빼주면 상한과 하한의 범위가 구해지게 된다. 먼저 B공정의 제약식 row3을 보면 앞의 4)와 5)에서 B공정에 1분씩 공정시간이 추가될 때마다 이윤을 한 단위씩 증가시킨다고 했다. 이 사실은 현재 주어진 시간 18,000분에서 18,000 + 7,500 = 25,500분까지 유지된다. 증가량이 이 수준을 넘어서면 반드시 이윤을 증가시킨다고 볼 수 없다. 또 앞에서 축구 유니폼의 위탁주문량을 줄이는 것이 바람직하다는 것을 보았다. 이에 관한 제약식 row5를 보면 현재의 값 1,100의 거의 90%에 가까운 분량을 줄일 수 있는 것으로 나타난다.

컴퓨터해법에 의한 감도분석은 다른 모든 계수들은 현재의 값에 고정되어 있고 한 번에 한 계수만 변화하는 경우에 해당된다. 여러 계수가 동시에 변하는 경우는 앞에서 설명한 바와 같이 총변화량이 100%법칙을 위배할 만큼 크지 않는 한 문제를 다시 풀 필요가 없게 된다.

이제 각 상품이 각 공정과정에서 차지하는 비중, 즉 각 공정과정에 배정된 시간이 각 상품의 생산에 어떻게 할당되는가를 파악함으로써 모형의 완전한 해를 구하고자 한다. [표 5-2]에 결과가 요약되어 있다. [그림 5-13]에서 보았듯이 최적해는 $x_1 = 1,100$, $x_2 = 0$, $x_3 = 0$, $x_4 = 200$으로 축구 유니폼 11,00벌, 배구 유니폼 200벌을 생산하여 총이윤은 $\pi = 4(1,100) + 2(200) = 4,800$ 화폐단위, 즉 480만원이 되며, 축구 유니폼의 경우 최소한의 위탁주문은 만족시키고 있음을 알 수 있다.

[표 5-2] 각 상품이 각 공정과정에서 차지하는 비중

	A	B	C
x_1	12,100	17,600	4,400
x_2	0	0	0
x_3	0	0	0
x_4	400	400	200
계	12,500	18,000	4,600
우변값	20,000	18,000	8,500
잔여	7,500	0	3,900

제4절 심플렉스 접근방법

감도분석이란 모형의 계수가 변할 때 최적해가 어떻게 변화하는가를 분석하는 것으로서 이러한 감도분석의 방법론으로 지금까지 그래프 접근법과 컴퓨터 접근법에 대해 살펴보았다. 감도분석은 통상적으로 목적함수의 계수와 제약식 우변값의 범위, 또 잠재가격을 계산하는 것을 포함한다. 이번에는 선형계획모형의 컴퓨터 해가 주는 감도분석의 정보가 어떻게 개발되는가를 설명하고자 한다. 최종 심플렉스표가 잠재가격, 또 목적함수의 계수의 범위와 더불어 제약식 우변값의 범위도 계산할 수 있는 정보를 제공해 준다.

1. 목적함수의 계수

목적함수의 계수에 대한 감도분석은 최적범위를 제공해 주며, 목적함수의 계수가 이 범위에서 변화하는 한 현재 기본가능해는 여전히 최적상태로 남는다. 따라서

i) 비기본변수의 경우에 최적범위는 이 변수가 여전히 비기본변수로 남을 수 있는 목적함수 계수의 값을 주며,

ii) 기본변수의 경우에는 여전히 기본변수로 남을 수 있는 목적함수 계수의 값을 준다.

이미 지적한 바 있듯이 목적함수 계수의 최적범위를 계산할 때는 한 번에 한 계수만 변화하고 모든 다른 계수들은 변하지 않는다는 것을 가정한다. 목적함수 계수의 범위를 계산하는 과정을 보기 위해 다시 접시와 컵의 모형 (5.2)를 예로 들어 보자.

$$
\begin{aligned}
\text{Max} \quad & z = 4x_1 + 5x_2 \\
\text{s.t.} \quad & x_1 + 2x_2 \leqq 40 \\
& 4x_1 + 3x_2 \leqq 120 \\
& x_1,\ x_2 \geqq 0
\end{aligned}
$$

최종 심플렉스표는 아래와 같았다.

		x_1	x_2	s_1	s_2	
B		4	5	0	0	
x_2	5	0	1	$\frac{4}{5}$	$-\frac{1}{5}$	8
x_1	4	1	0	$-\frac{3}{5}$	$\frac{2}{5}$	24
	z_j	4	5	$\frac{8}{5}$	$\frac{3}{5}$	136
	$c_j - z_j$	0	0	$-\frac{8}{5}$	$-\frac{3}{5}$	

모든 $c_j - z_j \leq 0$ 이므로 최적해에 도달했음을 알 수 있다. 그러나 만약 목적

함수의 어느 계수가 변화하여 한 개 이상의 $c_j - z_j$ 값이 양의 값을 갖게 된다면 새로운 최적해를 찾기 위해 다시 계산을 해야 한다. 따라서 한 목적함수 계수의 최적범위는 $c_j - z_j \le 0$를 유지하는 계수값들에 의해 결정되게 된다.

[기본변수의 경우]

먼저 기본변수의 경우를 보면 목적함수의 첫 계수를 c_1 이라 할 때 위의 4 대신 c_1 으로 대체해 주면 최종표는 다음과 같이 나타난다.

B		x_1	x_2	s_1	s_2	
		c_1	5	0	0	
x_2	5	0	1	$\frac{4}{5}$	$-\frac{1}{5}$	8
x_1	c_1	1	0	$-\frac{3}{5}$	$\frac{2}{5}$	24
	z_j	c_1	5	$4-\frac{3}{5}c_1$	$\frac{2}{5}c_1 - 1$	$40 + 24c_1$
	$c_j - z_j$	0	0	$\frac{3}{5}c_1 - 4$	$1-\frac{2}{5}c_1$	

기본변수 x_1, x_2의 $c_j - z_j$ 값은 여전히 0이므로, 두 개의 비기본변수 s_1 과 s_2에 대해서만 c_1 이 $c_j - z_j \le 0$ 이 되도록 한다면 현재의 해는 여전히 최적해일 것이다. 이를 위해서는 아래와 같아야 한다.

$$\frac{3}{5}c_1 - 4 \le 0 \text{ , 그리고 } 1 - \frac{2}{5}c_1 \le 0$$

따라서 (5.4)와 일치하는 결과가 나오게 되는 것을 확인할 수 있다.

$$\frac{5}{2} \le c_1 \le \frac{20}{3}$$

그렇다면 이 제조업체가 어떻게 위의 감도분석에 대한 정보를 사용할 수 있는가를 보기 위해 원가 하락 또는 수요 증가 등의 유리한 요인으로 인해 c_1 이 4에서 6으로 증가했다고 하자. 최적범위는 현재의 해 $x_1 = 24$, $x_2 = 8$, $s_1 = 0$, $s_2 = 0$ 이 여전히 최적임을 보여주고 있다. 이를 입증해 보기 위해 c_1 이 6으로 증가한 후의 최종 심플렉스표를 다시 계산해 보자.

B	x_1	x_2	s_1	s_2	
	6	5	0	0	
x_2 5	0	1	$\frac{4}{5}$	$-\frac{1}{5}$	8
x_1 6	1	0	$-\frac{3}{5}$	$\frac{2}{5}$	24
z_j	6	5	$\frac{2}{5}$	$\frac{7}{5}$	184
$c_j - z_j$	0	0	$-\frac{2}{5}$	$-\frac{7}{5}$	

모든 $c_j - z_j \le 0$이므로 원래의 해는 여전히 최적이다. 다시 말해서 $c_1 = 4$일 때의 최적해는 $c_1 = 6$일 때의 최적해와 같다는 것이다. 다만 c_1의 증가로 목적함수의 값이 증가했을 뿐이다. c_1의 변화가 최적범위 내에 있을 때는 최적해에 변화가 없음을 알 수 있다. 만약 변화량이 이 범위를 넘어선다면 어떤 결과가 발생하는가 보자. 예를 들어 c_1이 4에서 7로 증가했다면 이 값은 최적범위 밖에 있으므로 최적해가 변할 것이다. 이를 증명하기 위해 최종 심플렉스표에서 c_1 값을 수정한 후 다시 계산해 보기로 하자.

아래의 표를 보면 예상한 바와 같이 $c_3 - z_3 > 0$ 이 되어 현재의 해는 더 이상 최적해가 아니며, 최적해를 구하기 위해서는 최소한 한 번은 심플렉스표의 계산을 수행해야 한다.

B	x_1	x_2	s_1	s_2	
	7	5	0	0	
x_2 5	0	1	$\frac{4}{5}$	$-\frac{1}{5}$	8
x_1 7	1	0	$-\frac{3}{5}$	$\frac{2}{5}$	24
z_j	7	5	$-\frac{1}{5}$	$\frac{9}{5}$	208
$c_j - z_j$	0	0	$\frac{1}{5}$	$-\frac{9}{5}$	

c_1 의 최적범위를 계산하는데 사용된 위의 과정은 어떠한 기본변수에도 사용되는 일반적인 절차이다. c_1 이 상승하는 대신 하락하는 경우에도 같은 방식이 사용된다.

[비기본변수의 경우]

이번에는 비기본변수의 경우를 살펴보도록 하자. 목적함수에서 비기본변수 s_1 의 계수 0을 c_3으로 대체시키면 원래 모형의 최종 심플렉스표에서 아래와 같이 s_1 열에서만 변화가 발생한다.

B		x_1	x_2	s_1	s_2	
		4	5	c_3	0	
x_2	5	0	1	$\frac{4}{5}$	$-\frac{1}{5}$	8
x_1	4	1	0	$-\frac{3}{5}$	$\frac{2}{5}$	24
	z_j	4	5	$\frac{8}{5}$	$\frac{3}{5}$	136
	$c_j - z_j$	0	0	$c_3 - \frac{8}{5}$	$-\frac{3}{5}$	

현재의 해가 최적상태로 머물기 위해서는 다음과 같이 성립되어야 한다.

$$c_3 - \frac{8}{5} \leqq 0$$

좌변의 둘째항을 아래와 같이 우변으로 이항한다.

$$c_3 \leqq \frac{8}{5}$$

계수 c_3이 얼마나 감소하느냐에 관계없이 하한이 존재하지 않으므로 c_3의 최적범위가 구해지며, 이와 같은 원리가 모든 비기본변수에 그대로 적용된다.

$$-\infty < c_3 \leqq \frac{8}{5}$$

최대화문제에서는 최적범위에 하한이 존재하지 않고 상한은 z_j 에 의해 주어지게 되므로, 어떠한 비기본변수의 목적함수 계수에 대한 최적범위도 다음과 같이 주어지게 된다.

$$-\infty < c_j \leq z_j$$

s_1 은 접시와 컵의 모형에서 잔여변수로서 목적함수에서 계수는 항상 0의 값을 가지므로 변동하지 않는다. 뒤에 설명하겠지만 비기본 잔여변수의 범위에 대한 상한은 해당 제약식의 잠재가격을 나타내 준다.

최적범위의 계산과정을 요약해 보면 다음과 같다.

① 변수 x_k 의 목적함수 계수를 최종 심플렉스표에 나타나는 모든 곳에서 c_k 로 대체 시킨다.

② x_k 가 기본변수일 때는 각 비기본변수에 대해 $c_j - z_j$ 를 재계산하고, 반면에 x_k 가 비기본변수인 경우 단순히 $c_k - z_k$ 를 재계산하면 된다. 여기에서 상한과 하한이 정해져 범위가 밝혀지게 되나

③ 만약 c_k 의 상한이 두 개 이상이면 더 작은 값이 적정범위의 상한이고,

④ 만약 c_k 의 하한이 두 개 이상이면 더 큰 값이 하한이 된다.

⑤ 원래의 모형이 심플렉스법을 사용하기 위해 최대화문제로 전환시킨 최소화문제라면 위의 단계에서 얻은 부등식에 -1을 곱해 주어 부등호의 방향을 바꾸어 준다. 그러면 원래의 최소화문제에 대한 적정범위를 구할 수 있게 된다.

2. 제약식의 우변값

선형계획모형에서 제약식의 우변값은 일반적으로 자원의 사용가능한 양으로 해석된다. 잠재가격은 추가되는 자원의 가치에 대한 정보를 제공해 주며 잠재가격이 유효한 범위는 우변값의 범위에 의해 주어진다.

(1) 잠재가격

잠재가격이란 제약식의 우변값, 즉 자원 한 단위 증가로 인한 목적함수값의 변화를 말한다. 심플렉스법을 사용할 때 잠재가격은 구하기 쉬우며 최종표의 z_j 행에서 얻어진다. 그렇다면 왜 최종표에서 잔여변수의 z_j 값이 잠재가격인가를 보기 위해

심플렉스법을 설명할 때 다루었던 다변수모형을 옮겨 분석해 보기로 한다.

모든 제약식들이 '≤'형의 부등호를 가지며, 아래의 최종 심플렉스표에서 보듯이 잔여변수들이 최적해에서 기본변수와 비기본변수로 구분되어 분석에 적합하다. 세 잔여변수들의 z_j 값은 각각 $\frac{3}{10}$, 0, $\frac{9}{5}$로 이들이 각 제약식의 잠재가격이며, 그 중 셋째 제약식 자원의 추가가 목적함수값의 향상에 가장 큰 기여를 하게 된다.

$$\begin{aligned} \text{Max} \quad & 4x_1 + 6x_2 + 3x_3 + x_4 \qquad (5.7) \\ \text{s.t.} \quad & \\ & \tfrac{3}{2}x_1 + 2x_2 + 4x_3 + 3x_4 \leq 550 \\ & 4x_1 + x_2 + 2x_3 + x_4 \leq 700 \\ & 2x_1 + 3x_2 + x_3 + 2x_4 \leq 200 \\ & x_1,\ x_2,\ x_3,\ x_4 \geq 0 \end{aligned}$$

먼저 잔여변수가 기본변수인 경우에는 z_j 값이 0이 될 것이다. 이는 해당 제약식에 대해 잠재가격이 0임을 의미한다. 예를 들어 기본변수 s_2에 대해서 살펴보면 (5.7)의 둘째 제약식

$$4x_1 + x_2 + 2x_3 + x_4 + s_2 = 700$$

은 최적해에서 $s_2 = 425$가 되므로 425단위가 사용되지 않고 있으며, 이 자원의 추가량은 가치가 없으므로 잠재가격은 0이 된다. 따라서 잔여변수가 최적해에서 기본변수일 때는 z_j의 값, 즉 해당 자원의 잠재가격은 0이다.

반면 잔여변수가 비기본변수인 s_1을 예로 들어보면 목적함수에서 s_1의 계수 c_5가 다음의 범위 내에 있는 한 현재의 해는 최적상태가 유지되며 $\frac{3}{10}$보다 크지 않는 한 $s_1 = 0$이다.

$$-\infty < c_5 \leq \frac{3}{10}$$

B		x_1	x_2	x_3	x_4	s_1	s_2	s_3	
		4	6	3	1	0	0	0	
x_3	3	$\frac{1}{20}$	0	1	$\frac{1}{2}$	$\frac{3}{10}$	0	$-\frac{1}{5}$	125
s_2	0	$\frac{39}{12}$	0	0	$-\frac{1}{2}$	$-\frac{1}{2}$	1	0	425
x_2	6	$\frac{13}{20}$	1	0	$\frac{1}{2}$	$-\frac{1}{10}$	0	$\frac{2}{5}$	25
	z_j	$\frac{81}{20}$	6	3	$\frac{9}{2}$	$\frac{3}{10}$	0	$\frac{9}{5}$	525
$c_j - z_j$		$-\frac{1}{20}$	0	0	$-\frac{7}{2}$	$-\frac{3}{10}$	0	$-\frac{9}{5}$	

따라서 단위당 $\frac{3}{10}$이 넘는 가치가 있지 않다면 첫째 제약식에서 잔여가 발생하지 않도록 해야 한다. 그러므로 $\frac{3}{10}$이 자원 1의 한 단위당 가치가 될 것이며, 만약 추가분이 주어질 수 있다면 단위당 $\frac{3}{10}$화폐단위까지 지불할 것이다. 다른 비기본 잔여변수의 z_j값에 대해서도 비슷한 해석을 할 수 있다. 그렇다면 z_j는 그 잔여변수에 해당하는 행의 자원 추가 한 단위의 값이 된다.

다시 살펴보면 한 변수의 $(c_j - z_j)$값은 그 변수 한 단위가 기본변수로 집입할 때 목적함수값의 순변화를 나타낸다. 예를 들어 s_1한 단위가 기본변수로 들어올 때마다 목적함수값은 $\frac{3}{10}$씩 감소한다. s_3한 단위가 기본변수로 진입하면 목적함수값은 $\frac{9}{5}$씩 감소한다.

s_1과 s_3은 비기본변수로 값은 0이다. 따라서 첫째와 셋째 제약식은 잔여가 존재하지 않는 속박적 제약식이다. $s_1 = 1$이라면 첫 제약식 우변값이 550 대신 549만 사용함을 뜻하며, 목적함수값이 $\frac{3}{10}$감소한다. 반면 우변값이 551로 1을 더 사용하면 목적함수값은 $\frac{3}{10}$만큼 증가한다. 그러므로 이 자원의 추가 단위당 가치는 $\frac{3}{10}$이라고 할 수 있다.

제약식이 '≥'부등호를 가지는 경우는 우변값의 한 단위 증가가 제약식을 만족시키기 더욱 어렵게 하므로 잠재가격은 0보다 작거나 같게 된다. 그 결과 최대화문제에서 '≥'제약식의 우변값이 증가할 때 목적함수의 최적값은 감소할 수 있으며 잠재가격은 이러한 변화량을 음수로 주게 된다. 따라서 '≥'형태의 제약식에 대한 잠재가격은 최종 심플렉스표에서 해당 잉여변수의 $-z_j$값으로 주어지게 된다.

제약식이 등식인 경우에도 해당 인공변수의 z_j값으로 잠재가격을 계산할 수 있다. 그러나 심플렉스표의 계산과정에서 각 인공변수가 기본변수에서 퇴출되자마자 해당 인공변수의 열을 제거하는 것이 바람직하다고 했으므로 더 이상 여기에서 설명하지 않겠다.

끝으로 최소화모형은 심플렉스법을 사용하기 위해 목적함수에 -1을 곱해주어 최대화문제로 전환시킨다. 따라서 최소화모형의 경우 우변값 변화의 효과를 구하기 위해 전환된 최대화모형의 심플렉스표에서 계산된 잠재가격에 -1을 곱해 주어야 한다.

(2) 가능범위

지금까지 살펴보았듯이 최종 심플렉스표의 z_j행은 잠재가격을 결정하는데 사용되었다. 제약식 우변의 변화가 현재의 해를 불가능해로 만들 만큼 크지 않는 한 우변값 한 단위 변화에 대한 목적함수값의 변화를 예측할 수 있게 된다. 따라서 어느 특정 우변값이 현재의 어떠한 기본변수들도 0보다 작은값, 즉 불가능해로 만들지 않고 변화할 수 있는 범위를 계산하는데 관심을 갖게 된다. 이미 설명한 바와 같이 이 범위를 가능범위라고 한다.

우변값 즉 b_i의 변화에 의한 결과를 보면, 모형 (5.7)에서 첫 번째 제약식의 우변값이 550에서 560으로 증가한다고 하자. 현재의 기본변수들이 여전히 가능해를 준다면 잠재가격이 $\frac{3}{10}$이고, 목적함수값은 $10(\frac{3}{10}) = 3$단위가 증가할 것이다. 이때 새로운 해를 구하기 위해 문제를 다시 풀 필요없이 변화하기 전과 비교하면 새로운 최종 심플렉스표는 기본변수들과 목적함수의 값만 다를 뿐이다. 이는 심플렉스표의 마지막 열만 바뀐다는 것으로 수정된 마지막 열은 아래와 같이 계산된다.

모든 기본변수들이 비음이므로 x_2, x_3, s_2 는 여전히 가능해이고 또 예상대로 목적함수의 값은 525에서 528로 3단위 증가했다. 위식의 좌변 첫 항은 원래의 최적해이고, 둘째 항은 최종표의 s_1 열에 제약식 우변값의 변화량 10을 곱해 준 것이며, 반면 우변은 새로 구해진 해이다.

$$\begin{matrix} x_3 : \\ s_2 : \\ x_2 : \end{matrix} \begin{bmatrix} 125 \\ 425 \\ 25 \\ \hline 525 \end{bmatrix} + 10 \begin{bmatrix} \frac{3}{10} \\ -\frac{1}{2} \\ -\frac{1}{10} \\ \hline \frac{3}{10} \end{bmatrix} = \begin{bmatrix} 128 \\ 420 \\ 24 \\ \hline 528 \end{bmatrix}$$

그렇다면 왜 이 과정이 새로운 해를 얻는데 사용될 수 있는가를 살펴보기로 하자. s_1 열의 각 계수는 s_1 의 한 단위 증가에 따른 해당 기본변수의 감소량을 나타낸다고 했다. 다시 말해서 s_1 한 단위가 해로 들어올 때 해당되는 현재의 기본변수들이 각각 몇 단위가 해에서 밀려나가는가를 이들 계수들이 말해 준다는 것이다. 그러므로 s_1 열의 원소들은 b_1 한 단위 증가에 해당하는 현재의 기본변수값들의 변화로 해석될 수 있다.

b_1 한 단위 증가에 대한 목적함수값의 변화는 해당되는 열의 z_j 값 즉, 잠재가격에 의해 주어진다. 위에서 첫 번째 제약식의 우변값이 10단위 증가했으므로 해의 변화를 구하기 위해 s_1 열의 네 원소를 10으로 곱해 주었다.

b_1 의 변화량이 커서 현재의 기본변수가 불가능해가 될 때를 어떻게 알 수 있을까? 그러면 현 최적 기본변수들을 불가능해로 만들지 않고 b_1 이 최대로 변화할 수 있는 상, 하한을 계산해 보자. b_1 이 10단위 증가함에 따라 새로운 기본가능해의 값을 어떻게 구하는가를 이미 보았다.

[제약식의 부등호가 '≤'일 때]

b_1 의 변화 Δb_1 에 대해 기본변수들의 새로운 값은 다음과 같다.

$$\begin{bmatrix} x_3 \\ s_2 \\ x_2 \end{bmatrix} = \begin{bmatrix} 125 \\ 425 \\ 25 \end{bmatrix} + \Delta b_1 \begin{bmatrix} \frac{3}{10} \\ -\frac{1}{2} \\ -\frac{1}{10} \end{bmatrix} = \begin{bmatrix} 125 + \frac{3}{10}\Delta b_1 \\ 425 - \frac{1}{2}\Delta b_1 \\ 25 - \frac{1}{10}\Delta b_1 \end{bmatrix}$$

각 기본변수의 새로운 값이 비음인 한 현재의 기본변수들은 가능해이고 따라서 최적해이다.

$$\begin{aligned} 125 + \frac{3}{10}\Delta b_1 &\geqq 0 \\ 425 - \frac{1}{2}\Delta b_1 &\geqq 0 \\ 25 - \frac{1}{10}\Delta b_1 &\geqq 0 \end{aligned} \tag{5.8}$$

식 (5.8)의 조건들을 만족시키도록 b_1 의 변화 즉 Δb_1 을 제한함으로써 기본변수들을 비음으로 유지시킬 수 있다. 위의 부등식 좌변은 b_1 이 변화한 후 각 기본변수들의 새로운 값을 나타내며, 식 (5.8)의 부등식들이 모두 만족되는 범위를 구할 수 있다.

$$-\frac{1250}{3} \leqq \Delta b_1 \leqq 250 \tag{5.9}$$

첫 제약식에서 우변의 초기값은 550이었다. 따라서 $b_1 = 550 + \Delta b_1$ 이고, b_1 은 우변값이다. 식 (5.9)는

$$133.33 \leqq 550 + \Delta b_1 \leqq 800$$

이 되어, b_1 의 가능범위가 구해진다.

$$133.33 \leqq b_1 \leqq 800$$

b_1 이 두 값 사이에 있는 한 현재의 최적 기본변수는 유효하다. b_1 을 550에서 상한인 800으로 250단위 증가시키면 해가 어떻게 변할까? 최적 기본변수들의 값은 아래와 같이 된다.

$$x_3 = 125 + 250\left(\frac{3}{10}\right) = 200$$
$$s_2 = 425 + 250\left(-\frac{1}{2}\right) = 300$$
$$x_2 = 25 + 250\left(-\frac{1}{10}\right) = 0$$

원래의 최적해 $x_3 = 125$, $s_2 = 425$, $x_2 = 25$에 비해 x_2는 감소하고 x_3은 증가하게 되었다. b_1의 잠재가격이 $\frac{3}{10}$이므로 목적함수의 값은 $\frac{3}{10}(250) = 75$가 증가하여 525 + 75 = 600이 되며 기본변수들은 여전히 최적상태에 있게 된다.

위의 가능범위를 계산하는 과정은 지금까지 첫 제약식에 국한시켰으나 다른 '≤' 제약식들에게도 같은 원리를 적용시킬 수 있다. 일반적인 제약식 i에 대한 첫 단계는 아래의 부등식들을 만족시키는 b_i값의 범위를 계산하는 것이다.

$$\begin{bmatrix} b_1 \\ b_2 \\ \vdots \\ b_m \end{bmatrix} + \Delta b_i \begin{bmatrix} a_{1j} \\ a_{2j} \\ \vdots \\ a_{mj} \end{bmatrix} \geq \begin{bmatrix} 0 \\ 0 \\ \vdots \\ 0 \end{bmatrix} \tag{5.10}$$

식 (5.10)은 (5.8)의 조건들을 벡터의 형태로 정리한 것이라고 할 수 있으며, 이 부등식은 Δb_i의 상한과 하한을 식별하는데 사용된다. 범위는 하한의 최대값과 상한의 최소값에 의해 세워지게 된다. 좌변의 첫 항은 현재의 해로서 최종 심플렉스표의 마지막 열이며, 둘째 항의 a 벡터는 최종 심플렉스표에서 제약식 i의 잔여변수에 해당하는 열이다.

[제약식의 부등호가 '≥'일 때]

제약식의 부등호가 '≥'일 때 우변값의 범위를 결정하는 과정에도 위에 제시된 것과 비슷한 논리가 사용된다. 과정은 근본적으로 같으나 이번에는 제약식의 잉여변수에 해당하는 열이 주된 역할을 한다. 일반적인 '≥'형태의 제약식 i에 대해 아래 (5.11)의 부등식을 만족시키는 Δb_i 값의 범위를 우선 계산해야 하며, 이 부등식들이 Δb_i의 하한과 상한을 결정한다.

$$\begin{bmatrix} b_1 \\ b_2 \\ \vdots \\ b_m \end{bmatrix} - \Delta b_i \begin{bmatrix} a_{1j} \\ a_{2j} \\ \vdots \\ a_{mj} \end{bmatrix} \geq \begin{bmatrix} 0 \\ 0 \\ \vdots \\ 0 \end{bmatrix} \tag{5.11}$$

식 (5.11) 좌변의 첫째 항은 (5.10)에서와 같이 현재의 해로서 최종 심플렉스표의 마지막 열이며, 둘째 항은 최종 심플렉스표에서 제약식 i 의 잉여변수에 해당하는 열이다.

[제약식이 등식인 경우]

등제약식의 우변값에 대한 범위 역시 계산할 수 있다. 등제약식 i 에 대해서는 최종 심플렉스표에서 식 (5.11)의 제약식 i 에 포함된 인공변수의 열을 사용한다. 그러나 앞에서도 언급했던 바와 같이 인공변수가 비기본변수로 퇴출되자마자 인공변수열을 심플렉스표에서 제거할 것을 권장했으므로 최종표에서는 이 열이 존재하지 않게 된다. 따라서 더 복잡한 계산이 필요하게 되며 자세한 것은 이 책의 범위를 벗어나므로 생략하기로 한다.

제약식 우변값이 가능범위 내에서 변화하는 한 현재의 기본변수들이 여전히 가능해와 최적해를 준다. 우변값 b_i 의 변화가 이 범위를 벗어나면 새로운 최적해를 얻기 위한 심플렉스표의 계산이 뒤따르게 되며, 그 결과 기본변수들이 바뀐 새로운 심플렉스표가 구해지게 된다.

최적범위와 가능범위를 구하는 과정에서 보았듯이 한 번에 한 계수의 변화만 허용될 뿐 다른 계수들은 원래의 값에 고정되어 있음을 주목할 필요가 있다. 그러나 둘 이상의 목적함수의 계수나 둘 이상의 우변값이 동시에 변할 때는 앞에서 설명한 바 있는 100%법칙을 적용시켜야 한다.

첫째, 둘 이상의 목적함수의 계수가 동시에 변했을 때, 변화한 각 계수에 대해 변화량과 증가 또는 감소 허용치와의 비율을 계산한다. 만약 이들 비율의 합이 100%를 초과하지 않는다면 100%법칙은 만족되고, 동시변화는 최적해를 변화시키지 않는다. 그러나 한 계수가 변할 때와 마찬가지로 계수의 변화로 인해 목적함수의 값은 변화한다.

둘째, 두 개 이상의 제약식의 우변값이 동시에 변화할 때, 각 변화량과 증감 허용치와의 비율을 계산한다. 모든 비율의 합이 100%를 초과하지 않는다면, 100%법칙은 만족되고 현재의 잠재가격은 그대로 유효하다.

제5절 쌍 대 성

1. 원모형과 쌍대모형과의 관계

모든 선형계획모형은 쌍대모형(dual model)이라 불리는 연관 선형계획모형을 가진다. 원래의 모형(primal model)과 쌍대모형 간 관계의 근본 성질은 한 모형의 최적해가 다른 쪽의 최적해까지도 제공해 준다는 사실이다. 따라서 두 모형 간 계산상 난이도에 차이가 있을 때는 해결하기 쉬운 쪽을 선택하면 된다.

서론에서 모든 제약식이 '≤'부등호를 가지고, 결정변수들이 비음인 최대화모형을 정규형이라고 했으며, 쌍대성을 다룰 때 유용하다고 설명한 바 있다. 정규모형을 쌍대모형으로 전환시키는 것은 상대적으로 수월하다. 그 관계를 요약해 보면 다음과 같다.

① 쌍대모형은 최소화문제이다.

② 쌍대모형은 모두 '≥'형의 제약식을 가진다.

③ 원모형이 n개의 결정변수를 가질 때, 쌍대모형은 n개의 제약식을 가진다. 쌍대모형의 첫 제약식은 원모형의 첫 변수들로 구성되고, 둘째 제약식은 원모형의 둘째 변수들로 구성되는 방식으로 연결된다.

④ 원모형이 m개의 제약식을 가질 때 쌍대모형은 m개의 결정변수를 가진다. 쌍대모형의 제약식에서 쌍대변수(dual variable) y_1은 원모형의 첫 제약식, 쌍대변수 y_2는 원모형의 둘째 제약식 등으로 관련짓게 된다.

⑤ 원모형의 목적함수 계수는 쌍대모형의 제약식 우변값이 된다.

⑥ 원모형의 제약식 우변값은 쌍대모형의 목적함수 계수가 된다.

⑦ 원모형 i번째 변수의 제약식의 계수는 쌍대모형 i번째 제약식의 계수가 된다.

⑧ 원모형과 쌍대모형의 변수들은 비음조건을 가진다.

정규모형을 쌍대모형으로 전환시키기 위해서는 위에 언급한 항목들이 반드시 만족되어야 한다. 위의 요건들이 복잡해 보이지만 몇 번의 간단한 연습만으로도 쉽게 익숙해진다. 모형 (5.1)을 다시 보자.

$$
\begin{aligned}
\text{Max} \quad z = \; & 4x_1 + 3x_2 \\
\text{s.t.} \quad & \\
2x_1 + 4x_2 &\leqq 12 \\
2x_1 + x_2 &\leqq 7 \\
-x_1 + x_2 &\leqq 1.5 \\
x_2 &\leqq 2.2 \\
x_1, x_2 &\geqq 0
\end{aligned}
$$

위의 정규모형을 쌍대모형으로 전환시키면 모형 (5. 12)와 같다.

$$
\begin{aligned}
\text{Min} \quad & 12y_1 + 7y_2 + 1.5y_3 + 2.2y_4 \\
\text{s.t.} \quad & \\
& 2y_1 + 2y_2 - y_3 \geq 4 \\
& 4y_1 + y_2 + y_3 + y_4 \geq 3 \\
& y_1, y_2, y_3, y_4 \geq 0
\end{aligned}
\tag{5.12}
$$

모형 (5.7)을 이곳에 옮긴다.

$$
\begin{aligned}
\text{Max} \quad & 4x_1 + 6x_2 + 3x_3 + x_4 \\
\text{s.t.} \quad & \\
& \frac{3}{2}x_1 + 2x_2 + 4x_3 + 3x_4 \leqq 550 \\
& 4x_1 + x_2 + 2x_3 + x_4 \leqq 700 \\
& 2x_1 + 3x_2 + x_3 + 2x_4 \leqq 200 \\
& x_1, x_2, x_3, x_4 \geqq 0
\end{aligned}
$$

쌍대모형으로 전환시켜 보면 아래와 같다.

$$\begin{aligned} \text{Min} \quad & 550y_1 + 700y_2 + 200y_3 \\ & \text{s.t.} \\ & \frac{3}{2}y_1 + 4y_2 + 2y_3 \geq 4 \\ & 2y_1 + y_2 + 3y_3 \geq 6 \\ & 4y_1 + 2y_2 + y_3 \geq 3 \\ & 3y_1 + y_2 + 2y_3 \geq 1 \\ & y_1,\ y_2,\ y_3 \geq 0 \end{aligned} \tag{5.13}$$

위의 두 원모형과 쌍대모형 (5.12), (5.13)의 예에서 알 수 있듯이

첫째, 원모형의 a_{ij} 는 쌍대모형의 a_{ji} 가 되며,

둘째, 원모형의 A 행렬이 m 행×n 열이면 쌍대모형의 A 행렬은 n 행×m 열이 된다는 것이다.

이번에는 원모형과 쌍대모형간의 관계를 더 자세히 파악하기 위해 접시와 컵 제조업체의 모형 (5.2)를 분석해 보자. 모형 (5.2)를 다시 옮겨온다.

$$\begin{aligned} \text{Max} \quad & z = 4x_1 + 5x_2 \\ & \text{s.t.} \\ & x_1 + 2x_2 \leq 40 \\ & 4x_1 + 3x_2 \leq 120 \\ & x_1,\ x_2 \geq 0 \end{aligned}$$

정규형이므로 수월하게 쌍대모형으로 전환시킬 수 있다.

$$\begin{aligned} \text{Min} \ & w = 40y_1 + 120y_2 \\ & \text{s.t.} \\ & y_1 + 4y_2 \geq 4 \\ & 2y_1 + 3y_2 \geq 5 \\ & y_1,\ y_2 \geq 0 \end{aligned} \tag{5.14}$$

쌍대모형인 (5.14)를 심플렉스법으로 풀어보자. 우선 표준형으로 전환시키기 위해 각 제약식에서 잉여변수 s_1, s_2를 빼주고, 다음 인공변수 a_1, a_2를 더해 주어 심플렉스표의 형식으로 바꾸어 준다. (5.14)는 최소화모형이므로 동일한 최대화모형으로 전환시키기 위해 목적함수에 -1을 곱해 주면 (5.15)와 같이 되어 초기 심플렉스표를 세울 수 있다.

$$\begin{aligned}
\text{Max} \quad -w &= -40y_1 - 120y_2 + 0s_1 + 0s_2 - Ma_1 - Ma_2 \\
\text{s.t.} \quad & \\
y_1 + 4y_2 - s_1 + a_1 &= 4 \\
2y_1 + 3y_2 - s_2 + a_2 &= 5 \\
y_1,\ y_2,\ s_1,\ s_2,\ a_1,\ a_2 &\geqq 0 \qquad (5.15)
\end{aligned}$$

		y_1	y_2	s_1	s_2	a_1	a_2	
B		-40	-120	0	0	$-M$	$-M$	
a_1	$-M$	1	4	-1	0	1	0	4
a_2	$-M$	2	3	0	-1	0	1	5
	z_j	$-3M$	$-7M$	M	M	$-M$	$-M$	$-9M$
	$c_j - z_j$	$-40+3M$	$-120+7M$	$-M$	$-M$	0	0	

초기표에서 y_2가 기본변수로 들어오고 a_1이 비기본변수로 나가게 되어 다음과 같은 2차표가 얻어진다.

		y_1	y_2	s_1	s_2	a_2	
B		-40	-120	0	0	$-M$	
y_2	-120	$\frac{1}{4}$	1	$-\frac{1}{4}$	0	0	1
a_2	$-M$	$\frac{5}{4}$	0	$\frac{3}{4}$	-1	1	2
	z_j	$-30-\frac{5}{4}M$	-120	$30-\frac{3}{4}M$	M	$-M$	$-120-2M$
	$c_j - z_j$	$-10+\frac{5}{4}M$	0	$-30+\frac{3}{4}M$	$-M$	0	

위의 표에서 a_2가 퇴출되고 y_1이 새로운 기본변수로 진입하게 되어 아래와 같은 3차표가 구해진다.

B	y_1	y_2	s_1	s_2	
	-40	-120	0	0	
y_2 -120	0	1	$-\frac{2}{5}$	$\frac{1}{5}$	$\frac{3}{5}$
y_1 -40	1	0	$\frac{3}{5}$	$-\frac{4}{5}$	$\frac{8}{5}$
z_j	-40	-120	24	8	-136
$c_j - z_j$	0	0	-24	-8	

모든 인공변수가 비기본변수로 퇴출되고 또 $c_j - z_j \leq 0$이므로 최적 $y_1 = \frac{8}{5}$, $y_2 = \frac{3}{5}$, $s_1 = 0$, $s_2 = 0$이 얻어진다. 쌍대목적함수의 음의 값을 최대화시켰으므로 최적 쌍대해의 목적함수값은 $-(-136) = 136$이 된다. 앞에서 구했던 원모형의 최종 심플렉스표를 다시 보면 아래와 같다.

B	x_1	x_2	s_1	s_2	
	4	5	0	0	
x_2 5	0	1	$\frac{4}{5}$	$-\frac{1}{5}$	8
x_1 4	1	0	$-\frac{3}{5}$	$\frac{2}{5}$	24
z_j	4	5	$\frac{8}{5}$	$\frac{3}{5}$	136
$c_j - z_j$	0	0	$-\frac{8}{5}$	$-\frac{3}{5}$	

최적해는 $x_1 = 24$, $x_2 = 8$, $s_1 = 0$, $s_2 = 0$이며 목적함수의 최적값은 136이었다. 따라서 원모형과 쌍대모형의 최적 목적함수값이 같음을 알 수 있으며, 이러한 원리는 모든 원모형과 쌍대모형에 똑같이 적용된다.

2. 쌍대변수의 경제적 의미

쌍대모형을 구성하고 있는 결정변수로서 쌍대변수가 갖는 의미를 해석해 보자. 쌍대모형을 세울 때 각 쌍대변수는 원모형의 제약식 중 하나를 구성한다. 예를 들면, y_1 은 원모형의 첫 제약식, y_2 는 원모형의 둘째 제약식 등으로 관련을 짓는다. 이러한 쌍대변수들을 이해하고 해석하기 위해 원모형-쌍대모형 간의 관계를 본다면 앞에서 한 모형의 최적해를 구하면 다른 모형의 최적해까지 구할 수 있다고 했다. 이 점에 관해서는 뒤에 다시 설명하겠으나 가장 중요한 것은 원모형과 쌍대모형의 목적함수값이 같아야만 한다는 사실이다.

최적해에서 원모형의 목적함수는

$$4x_1 + 5x_2 = 136 \tag{5.16}$$

이고, 쌍대모형의 목적함수는

$$40y_1 + 120y_2 = 136 \tag{5.17}$$

이다. (5.16)을 사용하여 원모형의 목적함수에 대해 해석해 보면, x_1 과 x_2 는 상품의 생산량이고 계수 4와 5가 상품의 값이다. 각 상품의 단위당 값에다 생산량을 곱해 주어 목적함수의 값이 나오게 된다.

마찬가지로 쌍대목적함수 (5.17)에 대해 해석해 보면, 계수 40과 120은 (5.2)에서 보듯이 자원의 주어진 양이다. 그렇다면 최적해에서 두 목적함수값이 같으므로 단위가 일관성이 있기 위해서는 y_1 과 y_2 가 자원의 단위당 값으로 해석되어야만 한다. 따라서

y_1 : 노동의 값 즉 시간당 임금

y_2 : 파운드당 점토의 값

이 된다.

앞에서 이들 자원의 값을 식별해 본 적이 있다. 제약식의 우변값에 대한 감도분석에서 추가되는 각 자원의 단위당 값을 구했으며, 이 값이 바로 잠재가격으로 자원이 한 단위 추가될 때 목적함수에 기여하는 가치라는 것을 설명했다. 노동시간이 추가로 1시간씩 주어질 때 1.60단위만큼 목적함수를 증가시켜 잠재가격이 시간당 1.60임을 알 수 있었다. 같은 논리로 점토량에 대해서도 파운드당 0.60의 잠재가격이 얻어질 수 있었다.

모형 (5.14)의 쌍대모형의 최적해를 보면 $y_1 = \frac{8}{5}$, $y_2 = \frac{3}{5}$ 이었다. 이 사실에서 쌍대변수의 값과 잠재가격은 같은 것이라는 중요한 경제적 해석에 도달하게 된다. 쌍대변수의 최적치는 최적해에서 추가되는 자원의 단위당 잠재가격을 식별하여 준다. 원모형과 쌍대모형을 아래와 같이 해석할 수 있다.

원 모 형: 산출품 단위당 값이 주어졌을 때, 총산출값을 최대화시키는 각 산출량을 결정한다. 제약식은 사용되는 각 자원의 양이 사용가능량보다 적거나 같게 되는 형태로 된다.

쌍대모형: 각 자원 또는 투입량이 주어졌을 때, 총비용을 최소화시키는 자원의 단위당 값을 결정한다. 제약식은 투입되는 자원의 단위당 값이 생산품 단위당 값보다 크거나 같게 되는 형태로 된다.

다시 살펴보면 원모형은 행위가 양으로 나타나게 되고, 값을 곱해주어 목적함수가 이윤 극대화, 판매액 최대화 등으로 되며, 제약식도 모두 수량으로 표현된다. 쌍대모형은 행위가 값으로 나타나고 수량을 곱해주어 비용 최소화의 형식으로 되며, 제약식도 모두 값으로 표현되므로 (5.14)의 쌍대모형은 아래와 같이 쓸 수 있다

$$
\begin{aligned}
\text{Min} \quad w &= 40p_A + 120p_B \\
&\text{s.t.} \\
&p_A + 4p_B \geq 4 \quad (\text{접시 가격 제약식}) \\
&2p_A + 3p_B \geq 5 \quad (\text{컵 가격 제약식}) \\
&p_A,\ p_B \geq 0
\end{aligned}
$$

이 식이 쌍대모형의 더 정확한 표현이라고 할 수 있으며, 여기서 p_A와 p_B는 노동시간과 점토의 단위당 값이다.

3. 원모형과 쌍대모형 해의 관계

원모형과 쌍대모형 간의 관계에서 중요한 특징은 최적해에 도달했을 때 두 모형의 목적함수값이 같다는 사실이다. 그러나 만약 쌍대모형만 해결한다면 어떻게 원모형 변수들의 최적값들을 식별할 수 있을까?

앞에서 심플렉스표로 감도분석을 할 때 변수들의 최적값은 최종표의 최우측열에

나타나고, 잠재가격(혹은 쌍대변수의 값)들은 z_j 행에서 찾았다. 쌍대모형의 최종 심플렉스표는 쌍대변수들의 최적값들을 주고, 원모형 변수들의 값은 z_j 행에서 찾아야 할 것이다.

두 모형 간 관계에서 또 하나의 중요한 특징은 아래와 같이 요약된다. 쌍대모형의 최종 심플렉스표에서 원모형 결정변수들의 최적값은 표에 있는 잉여변수들의 z_j 원소이고, 또 원모형 잔여변수들의 최적값은 표에서 y_j 변수들의 $-(c_j - z_j)$ 값이다. 쌍대모형 (5.14)의 최종 심플렉스표를 이곳에 다시 옮겨 보면 아래와 같다.

B	y_1	y_2	s_1	s_2	
	-40	-120	0	0	
y_2 -120	0	1	$-\frac{2}{5}$	$\frac{1}{5}$	$\frac{3}{5}$
y_1 -40	1	0	$\frac{3}{5}$	$-\frac{4}{5}$	$\frac{8}{5}$
z_j	-40	-120	24	8	-136
$c_j - z_j$	0	0	-24	-8	

원모형의 결정변수와 잔여변수들의 최적해는 $x_1 = 24$, $x_2 = 8$, $s_1 = 0$, $s_2 = 0$, 그리고 목적함수값은 $z = -(-136) = 136$이 된다.

4. 일반모형의 쌍대 전환

지금까지는 정규형의 쌍대 전환문제만 다루었다. 그러나 아래와 같이 원모형이 최소화문제이고 제약식이 모두 '≤'형이 아닐 때는 쌍대모형으로 어떻게 전환시키는가? 이런 경우 원모형을 정규형으로 우선 전환시킨다.

$$
\begin{aligned}
\text{Min} \quad & 3x_1 - 5x_2 \\
\text{s.t.} \quad & \\
& x_1 + 3x_2 \leq 14 \\
& 5x_1 - 2x_2 \geq 4 \\
& 7x_1 - x_2 = 12 \\
& x_1,\ x_2 \geq 0
\end{aligned}
$$

i) 목적함수에 -1을 곱해 동일한 최대화문제로 전환시킨다.

$$\text{Max} \quad -3x_1 + 5x_2$$

ii) 둘째 제약식과 같이 부등호가 '≥'형의 제약식은 양변에 -1을 곱해 동일한 '≤'형의 제약식으로 만든다.

$$-5x_1 + 2x_2 \leqq -4$$

iii) 셋째 제약식과 같이 등식인 경우는 부등호의 방향이 다른 두 부등제약식으로 대체 한다.

$$\begin{aligned} 7x_1 - x_2 &\leqq 12 \\ 7x_1 - x_2 &\geqq 12 \end{aligned}$$

두 식 중에서 아래의 식은 양변에 -1을 곱해 부등호의 방향을 바꾸어 준다.

$$-7x_1 + x_2 \leq -12$$

따라서 원모형은 아래와 같이 정규형으로 전환된다.

$$\begin{aligned} \text{Max} \quad & -3x_1 + 5x_2 \\ & \text{s.t.} \\ & x_1 + 3x_2 \leqq 14 \\ & -5x_1 + 2x_2 \leqq -4 \\ & 7x_1 - x_2 \leqq 12 \\ & -7x_1 + x_2 \leqq -12 \\ & x_1,\ x_2 \geqq 0 \end{aligned}$$

모형 (5.12), (5.13), 또 (5.14)에서 보듯이 같은 절차를 거쳐 쌍대모형이 구해 진다.

$$\begin{aligned} \text{Min} \quad & 14y_1 - 4y_2 + 12y_3' - 12y_3'' \\ & \text{s.t.} \\ & y_1 - 5y_2 + 7y_3' - 7y_3'' \geqq -3 \\ & 3y_1 + 2y_2 - y_3' + y_3'' \geqq 5 \\ & y_1,\ y_2, y_3',\ y_3'' \geqq 0 \end{aligned}$$

쌍대모형의 첫 제약식의 우변값이 음수이므로 심플렉스법 사용 전 양변에 −1을 곱해 우변값을 양수로 만들어 준다. 또 원모형의 제약식이 등식일 때 두 개의 '≤' 형태의 제약식을 필요로 하므로 두 개의 쌍대변수 y_3'과 y_3''로 표시하여 세 번째 제약식에 속해 있음을 표시했다. 이 때 한 등식에 대해 두 개의 쌍대변수가 있으므로 우변 자원의 잠재가격으로서 쌍대변수의 해석은 다소 수정이 가해져야 한다. 등제약식 $7x_1 - x_2 = 12$의 잠재가격은 쌍대최적해에서 $y_3' - y_3''$ 값이어야 한다. 따라서 제약식이 등식인 경우 잠재가격은 음수가 될 수 있다.

쌍대성에서 마지막으로 언급할 사항은 두 모형 간 선택문제이다. 심플렉스표를 갱신하는 과정에서 나오는 기본해는 제약식 수만큼의 기본변수를 갖는다. 그리고 심플렉스표를 갱신하는 수는 기본변수의 수에 비례한다. 따라서 일반적으로 제약식의 수가 많을수록 기본변수의 수가 많고 아울러 계산시간과 노력이 더 든다. 그러므로 원모형과 쌍대모형 간에 제약식 수에서 차이가 많을 때는 제약식의 수가 적은 모형을 선택해서 문제를 해결하는 편이 낫다.

연 습 문 제

1. 아래의 모형에서,

$$
\begin{aligned}
\text{Max} \quad & 45x_1 + 35x_2 \\
\text{s.t.} \quad & \\
& 7x_1 + 5x_2 \le 280 \\
& x_2 \le 20 \\
& 5x_1 + 3x_2 \le 140 \\
& x_1 + x_2 \le 25 \\
& x_1, x_2 \ge 0
\end{aligned}
$$

(1) 목적함수 계수들의 최적범위를 구하라.

(2) 목적함수에서 둘째 변수의 계수 c_2 가 28로 감소했다면 최적해가 변화할까? 만약 그렇다면 새로운 해는 무엇인가?

2. 모형 (5.7)에서

(1) b_2 와 b_3 의 가능범위를 구하라.

(2) 만약 b_2 에 150이 추가될 수 있다면 목적함수값은 어떻게 될까?

(3) 기본변수와 비기본변수들의 최적범위를 구하라.

3. 두 상품이 세 공정과정을 거쳐 생산된다. 두 상품의 제조에 할당된 공정시간은 각각 하루 10시간(600분)으로 제한되어 있다. 생산시간은 상품 A에 대해 각 공정과정에서 10, 6, 8분이 걸리고, 상품 B는 5, 20, 15분이 걸린다. 상품 A는 단위당 2,000원, B는 단위당 3,000원의 이윤이 발생하리라고 예상된다.

(1) 최적해를 구하라.

(2) 최적해에서 충분한 용량을 가진 공정과정을 식별하고 사용되지 않은 용량을 구하라.

(3) 각 공정과정이 총가동될 때 용량을 한 단위 증가시킬 때의 가치를 구하라.

(4) 용량의 증가에 가장 우선이 되는 공정과정은?

4. 원모형이 아래와 같을 때 심플렉스법을 사용하여 최적해를 구하고, 쌍대모형의 최적해도 구하라.

$$\begin{aligned}
\text{Min} \quad & 2x_1 + 3x_2 - 3x_3 \\
\text{s.t.} \quad & \\
& -2x_1 + x_2 + 2x_3 = 15 \\
& 12x_1 - 8x_2 + 7x_3 \geqq 6 \\
& x_1,\ x_2,\ x_3 \geqq 0
\end{aligned}$$

5. 다음과 같은 모형에서

$$\begin{aligned}
\text{Max} \quad & \frac{15}{2}x_1 + 15x_2 + 10x_3 \\
\text{s.t.} \quad & \\
& 2x_1 + 2x_3 \leqq 8 \\
& \frac{1}{2}x_1 + 2x_2 + x_3 \leqq 3 \\
& x_1 + x_2 + 2x_3 \leqq 6 \\
& x_1,\ x_2,\ x_3 \geqq 0
\end{aligned}$$

(1) 최적해를 구하라.

(2) c_1과 c_3의 최적범위를 구하라.

(3) c_3를 15로 증가시키면 최적해와 목적함수값에는 어떤 영향을 미칠까?

(4) b_1, b_2, b_3의 범위를 구하라.

(5) 만약 b_2가 3에서 4로 증가한다면 목적함수의 값은 얼마나 변화하겠는가?

(6) b_3이 6에서 7로 증가하면 목적함수값은 얼마나 변화하겠는가?

6. 다음 모형의 최적해를 구하라.

$$
\begin{aligned}
\text{Min} \quad & 6x_1 + 6x_2 + 4x_3 \\
\text{s.t.} \quad & 5x_1 + 5x_2 + 5x_3 \geqq 35 \\
& 5x_1 + 5x_2 + 3x_3 \geqq 58 \\
& 12x_1 + 10x_2 \geqq 90 \\
& x_1 + x_2 - x_3 \geqq 25 \\
& 2x_1 + 4x_2 - 15x_3 \geqq 10 \\
& x_2 - 10x_3 \geqq 28 \\
& 7x_1 + 6x_2 - 9x_3 \geqq 36 \\
& x_1,\ x_2,\ x_3 \geqq 0
\end{aligned}
$$

7. 다음의 모형에서

$$
\begin{aligned}
\text{Max} \quad & 4x_1 + 2x_2 + 5x_3 \\
\text{s.t.} \quad & 2x_1 + x_2 \geq 50 \\
& 2x_1 + 3x_2 + 2x_3 \leq 55 \\
& 2x_1 + x_2 + 3x_3 \leq 28 \\
& x_1 + x_2 + x_3 \geq 12 \\
& x_1,\ x_2,\ x_3 \geq 0
\end{aligned}
$$

(1) 정규형모형으로 전환시켜라.

(2) 쌍대모형을 구하라.

8. 다음과 같은 모형에서

$$
\begin{aligned}
\text{Max} \quad & 2x_1 + 4x_2 \\
\text{s.t.} \quad & 2x_1 + x_2 \leqq 10 \\
& 3x_1 + 2x_2 \leqq 11 \\
& x_1, x_2 \geqq 0
\end{aligned}
$$

(1) 쌍대모형을 구하라.

(2) 도해법으로 원모형과 쌍대모형의 해를 구하라.

(3) 심플렉스해법으로 원모형과 쌍대모형의 해를 구하라.

9. 다음 모형의 정규형과 쌍대모형을 구하라.

$$\begin{aligned} \text{Max} \quad & 8x_1 + 2x_2 + 5x_3 + 3x_4 \\ \text{s.t.} \quad & 4x_1 + 2x_2 + 2x_3 = 36 \\ & 2x_1 + 2x_2 + 2x_3 + x_4 \geq 13 \\ & 2x_2 + x_3 + 2x_4 \leq 25 \\ & x_1, x_2, x_3, x_4 \geq 0 \end{aligned}$$

의 정규형과 쌍대모형을 구하라.

10. 아래의 모형에서

$$\begin{aligned} \text{Max } z = \ & 5x_1 + 3x_2 \\ \text{s.t.} \quad & 2x_1 + x_2 \geq 3 \\ & -x_1 + 5x_2 \geq 4 \\ & 2x_1 - 3x_2 \leq 6 \\ & 3x_1 + 2x_2 \leq 35 \\ & \frac{3}{7}x_1 + x_2 \leq 10 \\ & x_1, x_2 \geq 0 \end{aligned}$$

(1) 최적해를 구하라.

(2) 둘째와 셋째 제약식의 잠재가격을 구하라.

(3) c_1이 4로 감소하고, c_2가 8로 증가한다면 새로운 최적해는?

(4) c_1이 4로 감소하고, c_2가 10으로 증가할 때의 최적해는?

(5) c_2만 7로 증가한다면 최적해는?

11. 아래의 모형에서 다음을 답하라.

$$\begin{aligned} \text{Max} \quad & 5x_1 + 8x_2 \\ \text{s.t.} \quad & ① \ x_1 + \frac{3}{2}x_2 \leq 900 \\ & ② \ \frac{1}{2}x_1 + \frac{1}{3}x_2 \leq 300 \\ & ③ \ \frac{1}{8}x_1 + \frac{1}{4}x_2 \leq 100 \\ & x_1, x_2 \geq 0 \end{aligned}$$

(1) 모형의 최적해를 구하라.

(2) 각 제약식에서 실제로 사용되는 자원의 양은?

(3) 각 제약식의 잔여는 얼마이고, 속박적 제약식은?

(4) 각 자원의 잠재가격은?

(5) 목적함수 계수들의 최적범위를 구하고, 첫 계수의 범위에 대해 해석하라.

(6) 각 제약식 우변값의 가능범위는?

(7) 셋째 제약식의 자원 10단위가 추가로 주어진다면 목적함수값은 얼마나 향상될까?

12. 아래의 모형에 대한 다음 질문에 답하라.

$$
\begin{aligned}
\text{Max} \quad & x_1 + x_2 \\
\text{s.t.} \quad & x_1 + 2x_2 \geq 80 \\
& x_1 \geq 30 \\
& x_2 \geq 20 \\
& x_1, x_2 \geq 0
\end{aligned}
$$

(1) 모형을 표준형으로 바꾸라

(2) 모형을 심플렉스표의 형으로 전환시키라.

(3) 최적해를 구하라.

(4) 목적함수 각 계수들의 최적범위를 구하라.

(5) 각 제약식에 대한 잠재가격은?

(6) 둘째 제약식의 잠재가격에 대해 해석하라.

(7) 각 제약식 우변값에 대한 가능범위를 계산하라.

(8) 첫 제약식의 우변값이 5단위 증가하면 어떤 변화가 일어날까?

13. 아래의 최소화모형에 대한 질문에 답하라.

$$
\begin{aligned}
\text{Min} \quad c &= 15x_1 + 15x_2 + 16x_3 \\
\text{s.t.} \\
x_1 \qquad\quad + \; x_3 &\le 30 \\
0.5x_1 - x_2 + 6x_3 &\ge 15 \\
3x_1 + 4x_2 - x_3 &\ge 20 \\
x_1,\ x_2,\ x_3 &\ge 0
\end{aligned}
$$

(1) 모형의 최적해는?

(2) 모형의 표준형은?

(3) 어느 제약식들이 속박적인가?

(4) 잠재가격은?

(5) 각 제약식에 대한 잠재가격을 해석하라.

(6) 목적함수 계수들의 최적범위를 구하고, 첫 계수의 최적범위를 해석하라.

(7) 목적함수에서 x_3의 계수가 30만큼 더 증가하면 새로운 최적해를 구하라.

(8) 목적함수에서 x_1의 계수가 0.25 증가하고, x_2의 계수가 0.32 감소하면 새로운 최적해는?

(9) REDUCED COST 열이 양의 값을 가지는 변수가 있으면 이를 해석하라.

제 6 장

수송문제와 할당문제

제 1 절 수송문제

수송문제에 대하여 F. L. Hitchcock은 1941년에 "The Distribution of a Product from Several Sources to Numerous Localities"라는 연구를 발표하였다. 이것은 수송문제의 해결에 대한 최초의 중요한 기여로 고려된다. 1947년에는 T. C. Koopmans가 "Optimum Utilization of the Transportation System"이라는 연구를 발표하였다.

수송문제는 재화나 서비스를 다수의 원천(origin)으로부터 다수의 목적지(destination)에 최소의 비용으로 수송하는 계획을 세우는 것이다. 다양한 문제들이 수송문제의 형식으로 해결될 수 있다.

수송문제는 수학적 형식으로는 선형계획법의 특수한 경우이므로 선형계획법으로 풀 수도 있겠으나 보다 효율적인 해법들이 개발되었다.

> 수송문제(transportation problem); 재화나 서비스를 다수의 원천에서 다수의 목적지로 최소의 비용으로 보내는 문제.
>
> 수송문제의 특징; ① 선형계획모형의 일종
> ② 제약조건식은 등식
> ③ 기술계수는 모두 1 혹은 0
> ④ 답은 정수

수송문제의 예를 들면 다음과 같다. 설악우유(주)에서는 2개의 목장에서 생산한 우유를 3개의 대리점에 보내고 있다.

각 목장의 월별 생산량은 다음과 같다.

목 장	월별생산량(톤)
설 악	20
보 은	10
합 계	30

각 대리점의 월별 수요량은 다음과 같다.

대 리 점	월별생산량(톤)
서 울	16
수 원	8
강 릉	6
합 계	30

설악우유의 경영진에서는 각 공장에서 각 대리점에 얼마씩 보내는 것이 좋은지 알고자 한다. 이 문제를 표현하면 [그림 6-1]과 같다.

[그림 6-1]과 같이 수송문제는 마디(nodes)와 가지(arcs) 즉 네트워크(network)로 표현되므로 네트워크흐름문제(network flow problem)라고도 한다.

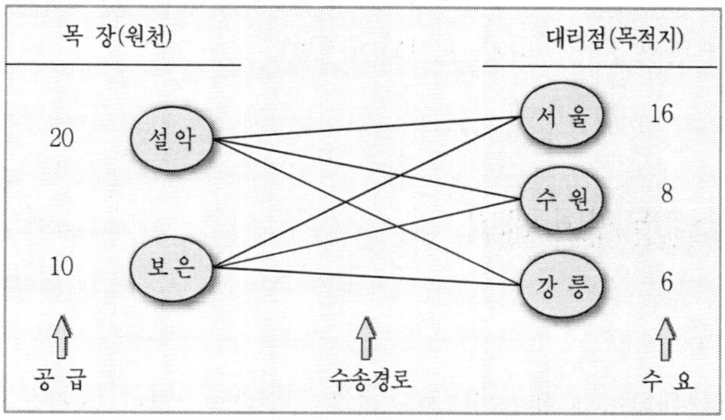

[그림 6-1] 설악우유 수송문제의 네트워크

각 목장에서의 우유 생산비용이 동일하다고 가정한다면, 주로 고려해야 될 변동비용은 수송비다. 이것은 어떤 수송경로로 얼마의 양을 수송해야 총수송비가 최소가 될 것인가의 문제다. 우유 1톤을 수송할 때의 각 경로에 대한 수송비는 [표 6-1]과 같다.

[표 6-1] 설악우유의 단위당 수송비(만원)

원 천	목 적 지		
	서 울	수 원	강 릉
설 악	6	4	1
보 은	5	2	7

먼저, 설악우유 문제를 [표 6-2]와 같은 수송표(transportation tableau)로 요약해 보자.

[표 6-2] 수송표 ; 설악우유

원천 \ 목적지	1. 서 울	2. 수 원	3. 강 릉	공급량(톤)
1. 설 악	6	4	1	20
2. 보 은	5	2	7	10
수요량(톤)	16	8	6	30

[표 6-2]를 보면 6개의 빈 칸(cells)들이 있는데, 이것은 6가지의 수송경로를 나타낸다. 각 칸에는 단위당 수송비가 표시되어 있다.

제2절 수송문제의 해법

수송문제의 특성에 맞는 해법이 개발되었는데, 이는 2개의 단계로 이루어진다.

1**단계**; 우선 하나의 안을 작성한다. 이를 최초해(initial feasible solution)라고 한다.

2**단계**; 최초해를 기초로 반복계산을 통해 최적해(optimal solution)를 구한다.

1단계에서는 다음 기법들 중 하나를 이용하면 된다; 북서코너법(northwest corner method), 최소비용법(minimumcost method).

2단계에서는 다음 기법들 중 하나를 이용하면 된다; 디딤돌법(steppingstone method), 수정배분법(modified distribution method, MODI).

1. 북서코너법 - 디딤돌법

그러면, 설악우유 문제를 북서코너법과 디딤돌법을 이용해 풀어 보기로 한다.

(1) 북서코너법

북서코너는 좌측상단의 칸을 말한다. 북서코너법은 좌측 상단에서 내려오면서 최대한의 수량을 적어 넣는다. 그러면 [표 6-3]과 같이

① 설악농장에서 서울대리점에는 최대한 16톤을 보낼 수 있다.

② 설악농장에서 수원에 나머지 4톤을 보낸다.

③ 보은농장에서는 수원에 4톤을 보낼 수 있다.

④ 보은농장에서 강릉에 나머지 6톤을 보낸다.

이 수송계획은 다음과 같이 162만원의 총수송비가 든다.

설악 - 서울 : 6만원 × 16톤 = 96 만원	
설악 - 수원 : 4만원 × 4톤 = 16 만원	
보은 - 수원 : 2만원 × 4톤 = 8 만원	
보은 - 강릉 : 7만원 × 6톤 = 42 만원	
합 계	162 만원

그리하여 북서코너법에 의한 최초해는 [표 6-3]과 같이 구해졌다. 최초해에 4개의 칸이 채워졌음에 유의하라. 이것에는 특별한 의미가 있다. 수송문제에서는 더도 덜도 말고 반드시 "원천의 수(m) + 목적지의 수(n) -1"의 칸이 채워져야 한다. 이 경우에는 $m + n - 1 = 2+3-1 = 4$가 된다.
그 이유는 무엇일까? 그래야만 이 최초해가 실행가능영역의 꼭지점이 되기 때문이다. 수송문제는 선형계획모형의 일종이므로, 최적해는 실행가능영역의 꼭지점에서 성립한다. 꼭지점이 되기 위하여는 제약조건식 만큼의 기본변수가 있어야 한다. 이 문제에서는 원천의 제약 2개, 목적지의 제약 3개, 합 5개의 제약조건식이 있다. 그런데 총계가 30으로 고정되므로 실질적으로는 4개($m + n - 1$)의 제약조건식이 있는 것과 같다. 이에 따라 4개의 기본변수가 있어야 하며, 이는 4개의 칸이 채워지는 것으로 표현된다.

[표 6-3] 최초해 ; 북서코너법

원천 \ 목적지	1. 서 울	2. 수 원	3. 강 릉	공급량(톤)
1. 설 악	[6] 16	[4] 4	[1]	20
2. 보 은	[5]	[2] 4	[7] 6	10
수요량(톤)	16	8	6	30

(총수송비 : 162만원)

(2) 디딤돌법

디딤돌법은 최초해를 기초로 하여 최적해로 나아가는 반복적인 과정을 제공한다.

먼저 최초해에 사용되지 않은 경로를 사용할 경우의 경제성을 평가한다. 만일 비용절감이 되는 경로를 발견하면, 그 경로에 최대로 수송하기로 한다. 그리하여 개선된 다른 해를 구하게 된다. 이런 과정을 반복함으로써 결국 최적해를 구하게 된다.

[최초해]

최초해가 개선될 여지가 있는지 고찰해 보자(최적성검사). [표 6-3]의 최초해를 보면 사용되지 않는 경로는 빈칸으로 표현되어 있다. 즉 경로 "설악-강릉"(칸 1, 3)과 경로 "보은-서울"(칸 2, 1)이 현재 사용되지 않는다.

① 경로 "설악-강릉"(칸 1, 3) ; 수송량 1톤 추가, 수송비 1만원 추가
② 경로 "보은-강릉"(칸 2, 3) ; 수송량 1톤 감소, 수송비 7만원 감소
③ 경로 "보은-수원"(칸 2, 2) ; 수송량 1톤 추가, 수송비 2만원 추가
④ 경로 "설악-수원"(칸 1, 2) ; 수송량 1톤 감소, 수송비 4만원 감소

(합계 : 8만원 감소)

[표 6-4] 설악-강릉 경로로 우유 1톤을 보내는 경우

원천 \ 목적지	1. 서 울	2. 수 원	3. 강 릉	공급량(톤)
1. 설 악	6 16	4 (-4만원) 4-1=3	1 (+1만원) 1	20
2. 보 은	5	2 (+2만원) 4+1=5	7 (-7만원) 6-1=5	10
수요량(톤)	16	8	6	30

(총수송비: 8만원 감소)

만일 설악-강릉 경로로 우유 1톤을 보낸다면, 총비용에는 어떤 변화가 있을까? 공급량과 수요량을 감안하여 [표 6-4]처럼 추가, 감소를 해주면 다음과 같이 총수송비는 최초해보다 8만원이 감소하게 된다.

만일 보은-서울 경로로 우유 1톤을 보낸다면, 총비용에는 어떤 변화가 있을까? 공급량과 수요량을 감안하여 [표 6-5]처럼 추가, 감소를 해주면 이 경우에는 총수송비는 최초해보다 오히려 1만원이 추가된다.

① 경로 "보은-서울"(칸 2, 1) ; 수송량 1톤 추가, 수송비 5만원 추가
② 경로 "설악-서울"(칸 1, 1) ; 수송량 1톤 감소, 수송비 6만원 감소
③ 경로 "설악-수원"(칸 1, 2) ; 수송량 1톤 추가, 수송비 4만원 추가
④ 경로 "보은-수원"(칸 2, 2) ; 수송량 1톤 감소, 수송비 2만원 감소

(합계: 1만원 추가)

결국, 설악-강릉 경로로 우유 1톤을 보내는 경우에 총수송비에 8만원이 감소되므로 이 경로에 최대로 보내는 것이 유리하다는 결론에 이른다. 그러면, 설악-강릉 경로에 얼마까지 보낼 수 있을까? 공급, 수요량을 감안하면 4만톤(비용감소효과가 있는 칸들의 수송량들 중 최소값)까지 보낼 수 있다. 그러면 각 경로의 수송량이 그에 따라 변동하므로 [표 6-6]의 두 번째 해를 얻는다.
두 번째 해의 총수송비는 6만원 × 16톤 + 1만원 × 4톤 + 2만원 × 8톤 + 7만원 × 2톤 = 130만원이다.

[표 6-5] 보은-서울 경로로 우유 1톤을 보내는 경우

원천 \ 목적지	1. 서 울	2. 수 원	3. 강 릉	공급량(톤)
1. 설 악	6 (-6만원) 16-1=15	4 (+4만원) 4+1=5	1	20
2. 보 은	5 (+5만원) 1	2 (-2만원) 4-1=3	7 6	10
수요량(톤)	16	8	6	30

(총수송비: 1만원 추가)

[표 6-6] 디딤돌법 ; 두 번째 해

원천 \ 목적지	1. 서 울	2. 수 원	3. 강 릉	공급량(톤)
1. 설 악	6 16	4	1 4	20
2. 보 은	5	2 8	7 2	10
수요량(톤)	16	8	6	30

(총수송비: 130만원)

[두 번째 해]

[표 6-6]의 두 번째 해에 대해 같은 논리로 최적성검사를 계속해 보자. 만일 설악-수원 경로로 우유 1톤을 보낸다면, 총비용에는 어떤 변화가 있을까? 공급량과 수요량을 감안하여 추가, 감소를 해주면 다음과 같이 총수송비는 8만원이 추가된다.

① 경로 "설악-수원"(칸 1, 2) : 수송량 1톤 추가, 수송비 4만원 추가
② 경로 "설악-강릉"(칸 1, 3) : 수송량 1톤 감소, 수송비 1만원 감소
③ 경로 "보은-강릉"(칸 2, 3) : 수송량 1톤 추가, 수송비 7만원 추가
④ 경로 "보은-수원"(칸 2, 2) : 수송량 1톤 감소, 수송비 2만원 감소

(합계: 8만원 추가)

만일 보은-서울 경로로 우유 1톤을 보낸다면, 총수송비에는 어떤 변화가 있을까? 공급량과 수요량을 감안하여 추가, 감소를 해주면 총수송비는 7만원이 감소된다.

① 경로 "보은-서울"(칸 2, 1) : 수송량 1톤 추가, 수송비 5만원 추가
② 경로 "설악-서울"(칸 1, 1) : 수송량 1톤 감소, 수송비 6만원 감소
③ 경로 "설악-강릉"(칸 1, 3) : 수송량 1톤 추가, 수송비 1만원 추가
④ 경로 "보은-강릉"(칸 2, 3) : 수송량 1톤 감소, 수송비 7만원 감소

(합계: 7만원 감소)

결국, 보은-서울 경로로 우유 1톤을 보내는 경우에 총 수송비에 7만원이 감소되므로 이 경로에 최대로 보내는 것이 유리하다는 결론에 이른다. 그러면, 보은-서울 경로에 얼마까지 보낼 수 있을까? 공급, 수요량을 감안하면 2만톤(비용감소효과가 있는 칸들의 수송량들 최소값)까지 보낼 수 있다. 그러면 각 경로의 수송량이 그에 따라 변동하므로 [표 6-7]의 세 번째 해를 얻는다.

세 번째 해의 총수송비는 6만원 × 14톤 + 1만원 × 6톤 + 5만원 × 2톤 + 2만원 × 8톤 = 116만원이다.

[표 6-7] 디딤돌법 ; 세 번째 해

원천 \ 목적지	1. 서 울	2. 수 원	3. 강 릉	공급량(톤)
1. 설 악	[6] 14	[4]	[1] 6	20
2. 보 은	[5] 2	[2] 8	[7]	10
수요량(톤)	16	8	6	30

(총수송비: 116만원)

[세 번째 해]

[표 6-7]의 세 번째 해에 대해 최적성검사를 해보자. 만일 설악-수원 경로로 우유 1톤을 보낸다면, 총비용에는 어떤 변화가 있을까? 다음과 같이 총수송비는 세 번째 해보다 오히려 1만원이 추가된다.

① 경로 "설악-수원"(칸 1, 2) ; 수송량 1톤 추가, 수송비 4만원 추가
② 경로 "보은-수원"(칸 2, 2) ; 수송량 1톤 감소, 수송비 2만원 감소
③ 경로 "보은-서울"(칸 2, 1) ; 수송량 1톤 추가, 수송비 5만원 추가
④ 경로 "설악-서울"(칸 1, 1) ; 수송량 1톤 감소, 수송비 6만원 감소

(합계: 1만원 추가)

만일 보은-강릉 경로로 우유 1톤을 보낸다면, 총비용에는 어떤 변화가 있을까? 총수송비는 세 번째 해보다 7만원이 추가된다.

① 경로 "보은-강릉"(칸 2, 3) ; 수송량 1톤 추가, 수송비 7만원 추가
② 경로 "보은-서울"(칸 2, 1) ; 수송량 1톤 감소, 수송비 5만원 감소
③ 경로 "설악-서울"(칸 1, 1) ; 수송량 1톤 추가, 수송비 6만원 추가
④ 경로 "설악-강릉"(칸 1, 3) ; 수송량 1톤 감소, 수송비 1만원 감소

(총수송비: 7만원 추가)

결국, 세 번째 해는 더 이상 비용개선의 여지가 없다는 결론에 이른다. 따라서 세 번째 해가 바로 최적해가 된다.

[표 6-8] 디딤돌법 ; 세 번째 해, 최적해

원천 \ 목적지	1. 서 울	2. 수 원	3. 강 릉	공급량(톤)
1. 설 악	6 / 14	4	1 / 6	20
2. 보 은	5 / 2	2 / 8	7	10
수요량(톤)	16	8	6	30

(최적 총수송비: 116만원)

이상으로 북서코너법과 디딤돌법을 이용하여 최적해를 구할 수 있었다. 음미하자면 어떤 경로로 수송하는 경우의 비용변화를 구할 때, 이미 채워져 있는 칸들에 +, −부호를 적어나갔다. 이미 채워져 있는 칸들을 마치 냇물을 건널 때의 디딤돌처럼 디디었으므로 이를 디딤돌방법이라고 한다.

+, - 부호들은 하나의 고리를 형성하게 되며 고리의 모양은 0자, 혹은 8자 모양 등을 할 수 있으나 항상 제자리에 오게 되어 폐쇄회로(closed loop) 모양을 이룬다. 고리의 형성은 위의 예에서는 시계방향으로 적어 나갔으나, 반대방향으로 해도 무방하다.

어떤 빈칸에 새로 수송할 때는 −부호가 적힌 칸들의 수송량들 중 최소값을 가감하면 된다.

주의할 점은, 수정문제의 해법들(디딤돌법, 수정배분법 등)에서 채워진 칸들의 수는 항상 $m+n-1$개여야 한다. 만일 이 숫자에 모자라게 되면 적절한 칸(들)에 형식적으로 0을 채워서라도 개수를 $m+n-1$개로 만들어야 한다. 0 대신에 ε (epsilon)이라고 하기도 하지만 그 의미는 마찬가지다($\epsilon \fallingdotseq 0$으로 정의함).

2. 최소비용법

최초해를 구하기 위해 최소비용법을 이용할 수도 있다. 최소비용법은 단위당 수송비가 최소인 경로에 우선적으로 수송하는 방안이다. 설악우유 문제의 경우를 고찰해 보자.

① 경로 "설악-강릉"(칸 1, 3)은 단위당 수송비가 1만원으로 최소이다. 따라서 가능한 최대량인 6톤을 이 경로로 수송하기로 하자.

이제 3열은 더 고려할 필요가 없으므로 표시하기로 한다([표 6-9] 참조).

[표 6-9] 최소비용법 ; 칸(1, 3)선택

원천 \ 목적지	1. 서 울	2. 수 원	3. 강 릉	공급량(톤)
1. 설 악	6	4	1 6	20
2. 보 은	5	2	7	10
수요량(톤)	16	8	6	30

② 나머지 중에서는 경로 "보은-수원"(칸 2, 2)가 단위당 수송비가 2만원으로 최소이다. 따라서 가능한 최대량인 8톤을 이 경로로 수송하기로 하자.

[표 6-10] 최소비용법 ; 칸(2, 2)선택

원천 \ 목적지	1. 서 울	2. 수 원	3. 강 릉	공급량(톤)
1. 설 악	6	4	1 6	20
2. 보 은	5	2 8	7	10
수요량(톤)	16	8	6	30

이제 2열도 더 고려할 필요가 없으므로 표시하기로 한다([표 6-10] 참조).

③ 나머지 중에서는 경로 "보은-서울"(칸 2, 1)가 단위당 수송비가 5만원으로 최소이다. 따라서 가능한 최대량인 2톤을 이 경로로 수송하기로 하자. 당연하게 나머지 14톤은 경로 "설악-서울"(칸 1, 1)로 보낸다. 그리하여 최소비용법에 의한 최초해는 [표 6-11]과 같이 구해진다.

[표 6-11] 최소비용법에 의한 최초해

원천 \ 목적지	1. 서 울	2. 수 원	3. 강 릉	공급량(톤)
1. 설 악	[6] 14	[4]	[1] 6	20
2. 보 은	[5] 2	[2] 8	[7]	10
수요량(톤)	16	8	6	30

3. 수정배분법

최적해를 구하기 위해 수정배분법을 이용할 수도 있다. 수정배분법은 디딤돌법과 같은 논리에 의하지만, 보다 효율적으로 계산이 수행된다. 각 경로의 단위당 수송비를 C_{ij}라고 하면, 절차는 다음과 같다.

① 각 행에 지수 U_i, 각 열에 지수 V_j를 설정하여, 채워진 칸에 대해 $C_{ij} = U_i + V_j$ 가 되도록 한다(계산을 위해 일단 U_1에 임의의 숫자(예 ; 0)를 대입한다).

② 빈칸에 대해 $E_{ij} = C_{ij} - U_i - V_j$ 를 계산한다.

[표 6-12] 북서코너법에 의한 최초해

원천 \ 목적지	1. 서 울	2. 수 원	3. 강 릉	공급량(톤)	
1. 설 악	[6] 16	[4] 4	[1]	20	U_1
2. 보 은	[5]	[2] 4	[7] 6	10	U_2
수요량(톤)	16	8	6	30	
	V_1	V_2	V_3		

만일 모든 빈칸의 $E_{ij} \geq 0$이면 최적해를 구했다.

③ E_{ij} 가 음수인 것 중에서 절대값 최대값인 칸에 최대로 할당을 한다. 그러면 개선된 해를 구했다. 다시 이 과정을 반복한다(①로 간다).

북서코너법에서 구한 최초해 [표 6-12]를 이용하기로 하자.

① 각 행에 지수 U_i, 각 열에 지수 V_j를 설정하여 채워진 칸에 대해 $C_{ij} = U_i + V_j$가 되도록 한다.

> 경로 "설악-서울"(칸 1, 1) ; $6 = U_1 + V_1$
> 경로 "설악-수원"(칸 1, 2) ; $4 = U_1 + V_2$
> 경로 "보은-수원"(칸 2, 2) ; $2 = U_2 + V_2$
> 경로 "보은-강릉"(칸 2, 3) ; $7 = U_2 + V_3$

이 연립식에서 식의 개수는 미지수의 개수보다 적다. 따라서 계산수행을 위해 임의적으로 $U_1 = 0$으로 놓으면, 다음과 같이 풀린다.

> $U_1 = 0$　　　$V_1 = 6$
> $U_2 = -2$　　　$V_2 = 4$
> 　　　　　　　$V_3 = 9$

② 빈 칸에 대해 $E_{ij} = C_{ij} - U_i - V_j$를 계산한다.

> 경로 "설악-강릉"(칸 1, 3) ; $E_{13} = C_{13} - U_1 - V_3 = 1-0-9 = -8$
> 경로 "보은-서울"(칸 2, 1) ; $E_{21} = C_{21} - U_2 - V_1 = 5-(-2)-6 = 1$

③ E_{ij}가 음수인 것 중에서 절대값 최대값인 칸에 최대로 할당을 한다. 칸 (2, 1)의 $E_{ij} < 0$ 이므로 경로 "설악-강릉"에 최대로 할당하는 것이 유리하다. 이것은 설악-강릉 경로로 우유 1톤을 보내는 경우에 총수송비에 8만원이 감소되므로 이 경로에 최대로 보내는 것이 유리하다는 의미이다. 그러면, 설악-강릉 경로에 얼마까지 보낼 수 있을까? 공급, 수요량을 감안하면 4만톤(비용감소효과가 있는 칸들의 수송량들 최대값)까지 보낼 수 있다. 그러면 각 경로의 수송량이 그에 따라 변동하므로 [표 6-13]의 두 번째 해를 얻는다.

두 번째 해의 총수송비는 6만원×16톤+1만원×4톤+2만원×8톤 +7만원×2톤 = 130만원이다.

[표 6-13] 수정배분법 ; 두 번째 해

원천 \ 목적지	1. 서 울	2. 수 원	3. 강 릉	공급량(톤)
1. 설 악	6 16	4	1 4	20
2. 보 은	5	2 8	7 2	10
수요량(톤)	16	8	6	30

(총수송비: 130만원)

수정배분법에 의해 얻은 두 번째 해 [표 6-16]은 디딤돌법에 의해 얻은 두 번째 해 [표 6-6]과 정확히 일치함에 유의하라. 수정배분법은 디딤돌법과 같은 논리에 의하지만 보다 효율적으로 계산하도록 해준다.

[표 6-16]의 두 번째 해를 기초로 하여 다시 수정배분법의 과정 ① ② ③을 반복하면 다음의 해들을 얻게 되어 결국 최적해에 이르게 된다.

수정배분법에서도 어떤 빈 칸에 새로 수송하기 위하여는 디딤돌법에서처럼 이미 채워져 있는 칸에 +, - 부호를 적어나간다. 전술한 바와 같이 이 +, - 부호들은 폐쇄회로(closed loop) 모양을 이룬다. 어떤 빈 칸에 새로 수송할 때는 -부호가 적힌 칸들의 수송량들 중 최소값을 가감하면 된다.

제3절 수송문제의 특수한 경우

다음과 같은 특별한 상황을 고려해 보자

1) 총공급량이 총수요량과 일치하지 않은 경우

2) 극대화 목표의 경우

3) 수송경로의 일부가 통행금지 되어 있는 경우

총공급량이 총수요량과 일치하지 않은 경우에는 가상적 원천(dummy origin) 혹은 가상적 목적지(dummy destination)를 설정함으로써 쉽게 처리할 수 있다. 만일 총공급량이 더 크다면 가상적 목적지에 초과량만큼을 보낸다고 설정하면 된다. 단위당 수송비는 물론 0으로 놓아야 한다. 총수요량의 더 큰 경우에도 같은 방식으로 하면 된다.

수송문제가 극대화목표를 가진 경우에는 한가지만 달리 생각하면 된다. 즉 단위당 변화(디딤돌법에서의 변화 혹은 수정배분법에서의 E_{ij})가 음수값 절대값 최대인 것을 선택하는 대신에, 양수값 최대인 것을 선택하면 된다.

수송경로의 일부가 통행금지 되어 있는 경우에는 그 경로에 아주 높은 수송비, 예컨대 M을 부과하면 된다(극대화문제에서는 $-M$을 부과한다).

예를 들어보자. 중원산업(주)의 제품은 두 공장에서 생산되어 세 대리점으로 수송되는데, 각 공장의 월별 생산량은 다음과 같다.

공 장	월별생산량(톤)
P_1	20
P_2	10
합 계	30

각 대리점의 월별 수요량은 다음과 같다.

대 리 점	월별생산량(톤)
R_1	10
R_2	10
R_3	5
합 계	25

각 공장에서의 생산비용이 다르며, 각 대리점에서의 판매가격도 다르다고 한다. 그리하여 생산비용, 판매가격, 수송비를 고려하여, 각 경우에서의 단위당 이익이 [표 6-14]에 나와 있다.

[표 6-14] 중원산업의 단위당 이익(만원)

원 천	목 적 지		
	서 울	수 원	강 릉
P_1	6	4	1
$P2$	5	2	7

이 예에서 총생산량은 총수요량을 초과한다. 가상의 대리점(dummy)이 초과량을 수요한다고 가정하기로 하자. 즉 대리점 R_4가 5톤의 수요를 가지고 있다고 가정한다. 다만 실제로 수송하는 것은 아니므로 단위당 이익은 0으로 놓는다.

그런데 이번 달에 눈이 많이 와서 공장 P_1에서 대리점 R_3에 가는 길이 막혀 있다고 가정하자. 이를 반영하기 위하여 수송표에서는(칸 1, 3)에 절대값이 큰 음수값 $-M$을 부여한다. 이 경우에는 $M = 100$으로 놓기로 하자. 이를테면 이 경로에 수송한다면 100만원의 손해가 있다고 가정하는 셈이다.

이 문제는 이익극대화 문제이므로 경로선정에 있어서 양수로 최대값을 선택하게 된다. 북서코너법에 의한 최초해는 [표 6-15]와 같다.

최초해에서 채워진 칸의 수는 $m + n - 1 = 2 + 4 - 1 = 5$가 되어야 하는데 4밖에 안 된다. 그래서 임의적으로 (칸 2, 1)에 0을 수송하기로 하자.

디딤돌법에 의해 최적검사를 해보자. 각 빈 칸에 1톤을 수송할 때의 이익변화는 다음과 같다([표 6-16] 참조).

(칸1, 3) ; (칸1, 3) − (칸2, 3) + (칸2, 1) − (칸1, 1) = −100 − 7 + 5 − 6 = −108

(칸1, 4) ; (칸1, 4) − (칸2, 4) + (칸2, 1) − (칸1, 1) = +0 − 0 + 5 - 6 = −1

(칸2, 2) ; (칸2, 2) − (칸2, 1) + (칸1, 1) − (칸1, 2) = +2 − 5 + 6 − 4 = −1

각 빈 칸의 이익변화가 각각 음수이므로 더 이상 이익이 증가할 수 있는 수송방법은 없다. 그러므로 현재의 최초해가 바로 최적해가 된다.

[표 6-15] 최초해 ; 중원산업

원천 \ 목적지	1. 서 울	2. 수 원	3. 강 릉	dummy	공급량(톤)
1. 설 악	6 10	4 10	-100	0	20
2. 보 은	5	2	7 5	0 5	10
수요량(톤)	10	10	5	5	30

(총이익: 135만원)

[표 6-16] 최적해 ; 중원산업

원천 \ 목적지	1. 서 울	2. 수 원	3. 강 릉	dummy	공급량(톤)
1. 설 악	6 10	4 10	100 (-108)	0 (-1)	20
2. 보 은	5 0	2 (-1)	7 5	0 5	10
수요량(톤)	10	10	5	5	30

(총이익: 135만원)

제 4 절 수송문제의 컴퓨터에 의한 해법

수송문제를 풀기 위한 소프트웨어 패키지(software package)들-QSB, ABPOM 등-이 개발되어 있다. 수송문제를 ABPOM을 이용하여 풀기 위하여, 사용자는 다음의 자료를 입력해야 한다.

① 원천의 개수

② 목적지의 개수

③ 최소화/최대화

④ 각 원천에서 각 목적지의 단위당 수송비

⑤ 각 원천의 공급량

⑥ 각 목적지의 수요량

설악우유 문제의 컴퓨터 출력이 [표 6-17]에 나와 있다.

[표 6-17] ABPOM에 의한 설악우유문제의 최적해

Transportation			Solution	
Number of sources(2-99) 2			Number of destinations(2-99) 3	
sorak company				
Options → Northwst Comptr PrntOFF				
	dest 1	dest 2	dest 3	Supply
srce 1	14	+1	6	20
srce 2	2	8	+7	10
Demand	16	8	6	
The total cost is	$ 116 and is optimal			

제5절 수송문제의 선형계획모형

수송문제를 일반적인 선형계획모형으로 표현하면 다음과 같다.

최소화 $$z = \sum_{i=1}^{m} \sum_{j=1}^{n} C_{ij} X_{ij}$$

제약조건 $$\sum_{j=1}^{n} X_{ij} = S_i,\ S_i > 0,\ i = 1, 2, \cdots, m$$

$$\sum_{i=1}^{m} X_{ij} = D_i,\ D_j > 0,\ j = 1,\ 2, \cdots, n$$

S_i = 공급지 i에서 공급 가능한 제품수량

D_i =수요지 j에서 필요로 하는 제품수량

C_{ij} =공급지 i에서 수요지 j로 제품 1단위를 수송하는 데 소요되는 비용

X_{ij} =공급지 i에서 수요지 j에 수송되어야 할 수량

만일 어떤 경로에 수량의 한계가 있는 경우에는 이를 모형에 추가할 수 있다. 예를 들어 경로 X_{ab} 에 수송할 수 있는 최대량이 L_{ab}라면 다음 조건을 추가하면 된다.

$$X_{ab} \leq L_{ab}$$

만일 경로 X_{ab}에 최소 L_{ab} 이상을 수송해야 한다면 다음을 추가한다.

$$X_{ab} \geq L_{ab}$$

이러한 수송문제를 용량제한 수송문제(capacitated transportation problem)라고 한다. [표 6-18]의 설악우유 문제를 선형계획모형으로 표현하면 다음과 같다.

[표 6-18] 설악우유 문제

원천 \ 목적지	1. 서 울	2. 수 원	3. 강 릉	공급량(톤)
1. 설 악	6 X_{11}	4 X_{12}	1 X_{13}	20
2. 보 은	5 X_{21}	2 X_{22}	7 X_{23}	10
수요량(톤)	16	8	6	30

설악우유 문제의 선형계획 모형

최소화 $Z = 6X_{11} + 4X_{12} + X_{13} +$

$5X_{21} + 2X_{22} + 7X_{23}$

제약조건 $X_{11} + X_{12} + X_{13} = 20$

$X_{21} + X_{22} + X_{23} = 10$

$X_{11} + X_{21} = 16$

$X_{12} + X_{22} = 8$

$$X_{13} + X_{23} = 6$$

$$\text{모든 } X_{ij} \geq 0$$

제6절 할당문제

적재적소(適材適所)라는 성구가 있다. 능력 있는 인재에게 그에 합당한 임무를 부여하였음을 묘사하는 말이며 경영자가 해야 할 중요한 일이다. 경영활동에서는 이처럼 어떤 사람에게 임무를 할당한다든지, 기계에 작업을 할당하는 의사결정을 해야 할 때가 있다. 이런 유형의 문제를 할당문제라고 한다.

할당문제(assignment problem)는 자원(resource)을 과업(job)에 1 대 1로 할당하는 문제이다. 예를 들어 작업을 기계에, 작업자를 직무에, 판매요원을 판매지역에 할당하는 경우 등이다. 이는 비용최소화, 시간최소화, 이익극대화 등의 특정한 목표를 지닌다.

예를 들어, 미래산업연구소에서는 세 명의 고객으로부터 시장조사연구를 해달라는 요청을 접수하였다. 이 3개의 시장조사연구 프로젝트에 팀장을 적절히 임명하고자 한다. 현재로서 주요임무를 가지지 않은 세 명 장길산, 임거정, 홍길동이 후보자들인데, 이들은 경험이나 능력이 각각 다양하다. 이들에게 각 프로젝트에 대한 추진계획과 예상되는 완료기간을 제출받았더니 [표 6-19]와 같다.

[표 6-19] 미래산업 할당문제의 팀장-프로젝트별 예상 완료기간

(단위: 일)

팀 장	프 로 젝 트		
	1	2	3
장 길 산	5	17	3
임 거 정	8	16	4
홍 길 동	8	13	7

[표 6-19]와 같이 3명의 팀장후보를 3개의 프로젝트에 할당해야 하므로 9가지의

대안이 있는 셈이다. 부연하면, 이 문제는 9개 원소(element)가 있는 행렬(matrix)의 형식을 가지고 있다.

장길산이 프로젝트 2를 맡는다면 17일에 완성할 수 있다. 그러나 임거정은 프로젝트 2를 16일만에 할 수 있다고 제출하였다. 총소요일을 최소화하는 임명방안은 무엇일까?

> 할당문제(assignment problem) ; 자원(resource)을 과업(job)에 1 대 1로 할당하는 문제.
> 할당문제의 특징 ; ① 선형계획모형의 일종
> ② 제약조건식은 등식
> ③ 기술계수는 모두 1 혹은 0
> ④ 답은 0 혹은 1

제 7 절 할당문제의 해법

할당문제의 독특한 성격에 맞는 해법 - 헝가리법(Hungarian method)이 개발되었다. 헝가리법에서는 행렬에서 적절한 값들을 빼거나 더하는 방법 즉 행렬감산(matrix reduction)이라는 방법을 이용한다. 그 절차는 다음과 같다.

단계 1: 최초의 행렬의 각 행의 원소들에서 그 행의 최소의 원소값을 뺀다. 여기에 다시, 각 열의 원소들에서 그 열의 최소의 원소값을 뺀다.

미래산업문제에 적용해 보자. [표 6-19]에서 1행의 최소값은 3이므로 각 원소에서 3을 뺀다. 2행에서는 4를 뺀다. 3행에서는 7을 뺀다. 그러면 다음의 행감산행렬(row-reduced matrix)이 된다.

	1	2	3
장 길 산	2	14	0
임 거 정	4	12	0
홍 길 동	1	6	0

이 행감산행렬은 원래의 행렬과 최적해가 같다는 점에서 동일한 의미를 가진 행렬이다. 예를 들어, 장길산이 프로젝트 1, 2, 3을 완료하는 소요기간은 각각 5, 17, 3일인데, 이것은 상대적으로 말하면 프로젝트 3에 비해서 프로젝트 1은 2일, 프로젝트 2는 14일을 더하는 것이다.

행함산행렬에서 이제는 각 열에서 최소의 원소값을 빼보자. 1열에서는 최소값인 1을 뺀다. 2열에서는 최소값인 6을 뺀다. 3열의 최소값은 0이므로 변화가 없다. 그리하여 다음의 열감산행렬(column reduced matrix)을 얻는다. 이 열감산행렬도 원래의 행렬과 최적해가 같다는 점에서 동일한 의미를 가진 행렬이다. 각 프로젝트의 상대적 소요기간이 표시되어 있다.

	1	2	3
장 길 산	1	8	0
임 거 정	3	6	0
홍 길 동	0	0	0

단계 2: 위에서 구한 행렬에 0인 모든 원소들이 덮여지도록 행과 열에 직선들을 긋는다. 단, 직선의 개수를 최소로 한다.

이 직선의 개수가 행(혹은 열)의 개수와 같으면 종료하고, 아니면 ③으로 간다. 종료되면, 0인 원소들이 최적할당이다.

헝가리법의 목표는 행렬감산을 계속하여 할당할 원소가 0이 되도록 하는 것이다. 그리하여 상대적인 총 소요기간이 0이 되도록 한다.

현재의 행렬에 0인 모든 원소들이 덮여지도록 직선들을 그으면, 다음 표와 같이 직선의 개수는 2개가 된다. 따라서 다음 단계 3으로 간다.

	1	2	3	
장 길 산	1	8	0	
임 거 정	3	6	0	
홍 길 동	0	0	0	←
			↑	

단계 3: 선이 그어지지 않은 원소들의 값을 그 중 최소값으로 뺀다. 이 최소값을 두 직선의 교차점에 더한다. 다른 원소들은 그대로이다. 단계 2로 간다.

현재의 행렬에서 선이 그어지지 않은 원소들 중 최소값은 1이다. 선이 그어지지 않은 원소들의 값에서 1을 뺀다. 1을 두 직선의 교차점에 더한다. 그리하여 새로운 행렬을 얻었다.

	1	2	3	
장 길 산	0	7	0	←
임 거 정	2	5	0	←
홍 길 동	0	0	1	←

현재의 행렬에서 0을 다 덮으려면 위의 표처럼 3개의 직선이 필요하다. 따라서 최적해가 구해졌다. 바로 0인 원소들에 할당하면 된다. 할당한 다음에는 더 이상 고려하지 않으므로 그 행(열)을 지운다. 2행은 0이 하나뿐이므로 우선 임거정을 프로젝트 3에 할당한다. 그리하여 2행과 3열을 지운다. 그러면 1행에 0이 하나만 남으므로 장길산을 프로젝트 1에 할당한다. 홍길동은 나머지 프로젝트 2에 할당한다.

미래산업의 해답은 다음과 같은데, 이 감산행렬에서 소요기간은 0으로 표현된다.

	1	2	3
장 길 산	(0)	7	0
임 거 정	2	5	(0)
홍 길 동	0	(0)	1

원래의 문제에 최적할당을 표시해 보면 [표 6-20]과 같이 되며 총 소요기간은 22

일이 된다(5 + 4 + 13 = 22).

[표 6-20] 최적할당

팀 장	프 로 젝 트		
	1	2	3
장 길 산	(5)	17	3
임 거 정	8	16	(4)
홍 길 동	8	(13)	7

(총소요일자: 22일)

어떤 경우에는 모든 0을 덮기 위한 최소 개수의 직선을 긋기가 어려울 때가 있다. 다음의 요령이 있다. 하나의 0이 있는 어떤 행이나 열을 택한다. 이것이 행이라면, 0이 있는 열에 직선을 긋는다. 이것이 열이라면, 0이 있는 행에 직선을 긋는다. 이런 식으로 모든 0을 덮어나간다.

실수로 너무 많은 직선을 그어, 아직 아닌데도 최적해를 발견했다고 생각할 수도 있다. 그런 경우에는 0에 할당하는 것이 불가능함을 발견할 것이다.

제8절 할당문제의 특수한 경우

헝가리법을 사용함에 있어 다음의 특수한 상황을 고려해 보자.

1) 총후보자의 수가 총과업의 수와 일치하지 않은 경우

2) 극대화 목표의 경우

3) 어떤 할당이 금지되어 있는 경우

헝가리법은 행과 열의 수가 같다는 전제에서 절차가 시작되었다. 그런데 예를 들어, 미래산업연구소에서는 세 명의 고객으로부터 시장조사연구를 해달라는 요청을 접수하였는데, 팀장 후보가 4명이 있다고 하자. 미래산업은 동일한 문제-최소 소요일로 팀장을 할당하는 문제에 직면한다.

이들에게 각 프로젝트에 대한 추진계획과 예상되는 완료기간을 제출받았더니 [표

6-21]과 같다. 이 경우에는 가상열(dummy column), 혹은 가상고객을 추가함으로 해결할 수 있다. 가상고객에 할당되는 팀장은 사실상 할당받지 못하는 팀장이다. 가상열의 소요기간은 각 팀장후보에 동일한 임의의 어떤 숫자를 부여해도 좋으나 편의상 0으로 하자. 그리하여 문제는 [표 6-22]와 같다.

[표 6-21] 4명의 팀장-프로젝트별 예상 완료기간

(단위: 일)

팀 장	프 로 젝 트		
	1	2	3
장 길 산	5	17	3
임 거 정	8	16	4
홍 길 동	8	13	7
전 봉 준	6	12	5

[표 6-22] 가상고객이 추가된 할당문제

(단위: 일)

팀 장	프 로 젝 트			
	1	2	3	가상고객
장 길 산	5	17	3	0
임 거 정	8	16	4	0
홍 길 동	8	13	7	0
전 봉 준	6	12	5	0

반대로, 만일 4명의 고객이 있고, 단지 3명의 팀장후보가 있다고 하면 헝가리법을 적용하기 위해서는 가상행(dummy row)을 추가해야 할 것이다. 문제에 따라서는 여러 개의 가상행, 열을 추가해야 할 수도 있다.

극대화문제의 예를 들어 보자. 청원할인점(주)에서는 새로 건물을 임차하여 건물 내의 각 위치에 어떤 부문을 할당한 것인지를 결정하려고 한다. 이제 4개의 위치가 남아 있는데 고려대상이 되는 4개의 부문—구두, 장난감, 자동차용품, 레코드—이 있다. 과거의 기록으로 볼 때 위치에 따른 각 부문의 예상매출액이 구해졌으며 청원할인점(주)은 극대매출을 보장하는 위치 할당을 하고자 한다.

그런데, 위치 2에서는 장난감가게는 불가하고 위치 4에서는 자동차용품가게는 불가하다고 생각된다. 그 경우에 대하여는 수송문제에서와 같이 $-M$이라는 숫자를 부여한다. $-M$이란 절대값이 충분히 큰 값이어야 하며 그리하여 $-M$이 부여된 원소는 결코 0이 되지 않으며 따라서 할당이 발생하지 않을 것이다. 이 문제에서 $M = 100$으로 놓으면 청원할인점문제는 [표 6-23]과 같다.

[표 6-23] 청원할인점 ; 부문-위치에 따른 연간예상매출

(단위: 억원)

부 문	위 치			
	1	2	3	4
구 두	10	6	12	8
장난감	15	-100	5	11
자동차용품	17	10	13	-100
레코드	14	16	6	12

극대화문제의 경우에는 모든 요소들을 기회비용(opportunity loss)으로 변환시켜 동등한 극소화문제로 변환시켜 풀면 된다. 변환하는 방법은 각 열의 요소들과 그 열의 최대값의 차이를 구하는 것이다. 예를 들어 1열의 최대값은 17이므로 각 요소와 17과의 차이를 구한다. 이런 식으로 하여 [표 6-24]와 같은 기회비용표를 구한다.

[표 6-24] 청원할인점 ; 기회비용표

(단위 : 억원)

부 문	위 치			
	1	2	3	4
구 두	7	10	1	4
장난감	2	116	8	1
자동차용품	0	6	0	112
레코드	3	0	7	0

기회비용표로 나타내어진 극소화문제를 헝가리법을 이용하여 풀면, 원래의 극대화문제를 푼 것과 같은 해답에 이르게 된다. 청원할인점문제를 풀면 위치 1-자동차용품, 위치 2-레코드, 위치 3-구두, 위치 4-장난감으로 총예상매출액은 56억원이

된다.

제 9 절 할당문제의 선형계획모형

할당문제를 일반적인 선형계획모형으로 표현하면 다음과 같다.

최소화 $z = \sum_{i=1}^{m} \sum_{j=1}^{n} C_{ij} X_{ij}$

제약조건 $\sum_{j=1}^{n} X_{ij} = 1, \ i = 1, 2, \cdots, m$

$\sum_{i=1}^{n} X_{ij} = 1, \ j = 1, 2, \cdots, n$

C_{ij} = 자원 i를 과업 j에 할당하는 데 소요되는 비용

X_{ij} = 자원 i를 과업 j에 할당할 것인지 여부

1, 할당되는 경우

0, 할당되지 않는 경우

미래산업문제 [표 6-25]를 선형계획모형으로 표현하면 다음과 같다.

[표 6-25] 미래산업 할당문제의 팀장-프로젝트별 예상 완료기간

(단위: 일)

팀 장	프 로 젝 트		
	1	2	3
장 길 산	5	17	3
임 거 정	8	16	4
홍 길 동	8	13	7

미래산업문제의 선형계획 모형

최소화 $Z = 5X_{11} + 17X_{12} + 3X_{13} +$
$8X_{21} + 16X_{22} + 4X_{23} +$
$8X_{11} + 13X_{12} + 7X_{13}$

제약조건 $X_{11} + X_{12} + X_{13} = 1$
$X_{21} + X_{22} + X_{23} = 1$
$X_{31} + X_{32} + X_{33} = 1$
$X_{11} + X_{21} + X_{31} = 1$
$X_{12} + X_{22} + X_{32} = 1$
$X_{13} + X_{23} + X_{33} = 1$
모든 $X_{ij} = 0$ 혹은 1

연 습 문 제

1. 수송문제(비용최소화)의 다음 기본해가 있다.

공장 \ 창고	1	2	3	4	공급량
가	[10] 6	[22]	[10] 3	[20]	9
나	[15]	[20] 11	[12] 2	[8]	13
다	[20]	[12]	[10]	[5] 11	11
수 요 량	6	11	5	11	33

이 기본해에서 시작하여 디딤돌법이나 수정배분법으로 최적해를 구하라. 최소 총비용은 얼마인가?

2. 성신식품회사에서는 세 개의 농장으로부터 세 개의 공장에 농산물들을 공급하고 있다. 각 농장의 주당 공급가능량은 다음과 같다(단위; 톤).

농장 1; 10톤　　농장 2; 20톤　　농장 3; 30톤

한편, 각 공장의 주당 소요량은 다음과 같다(단위; 톤).

공장 1; 10톤　　공장 2; 10톤　　공장 3; 20톤

한편, 각 농장으로부터 각 공장에 이르는 톤당 수송비는 다음과 같다.

	공 장 1	공 장 2	공 장 3
농장 1	1	2	3
농장 2	7	6	4
농장 3	8	5	[교통수리 중, 통과 못함]

(1) 북서코너법에 의하여 최초기본해를 구하라. 총비용은?

(2) 위에서 구한 최초기본해에서 시작하여 최적해를 구하라. 최적총비용은?

3. 다음은 수송문제를 푸는 도중이다. 이 수송표에 대하여 최적해인지 여부를 판정하라. 만일 최적해가 아니라면 그 다음의 개선된 수송표를 작성하라.

[최소화문제]

공급＼수요	1	2	3	공급량
가	5 / 50	4	2 / 20	70
나	6	3 / 50	2	50
다	1	5	1 / 10	10
수요량(톤)	50	50	30	130

4. A제작소에서는 3건의 주문을 맡았다. 주문을 처리할 Machine center는 4개가 있다. 각 주문의 특성과 Machine center의 특성에 따라서 작업비용은 다음과 같이 예상된다. 1건의 주문을 1개의 Machine center에 할당한다고 할 때 헝가리법에 의해 최적할당을 구하라(단, 주문 2는 MC2에 의해 처리되지 않는다).

	주 문 1	주 문 2	주 문 3
MC1	9원	5원	10원
MC2	11원	-	6원
MC3	7원	2원	4원
MC4	3원	8원	5원

5. 굿모닝보험회사는 3개의 지역에 대하여 각각 1명씩 판매원을 임명하려 한다. 후보 4명이 있다. 각 지역의 특성과 후보의 특성에 따라서 연간이익은 표와 같이 예상된다(단 지역 2는 후보 2를 임명할 수 없는 사정이 있다).

(단위 : 억원)

지 역	후보 1	후보 2	후보 3	후보 4
종 로	9	3	7	4
송 파	5	-	2	8
강 동	4	6	1	5

(1) 이 문제를 수학적 모형(선형모형)으로 정식화하라.

(2) 이 문제를 헝가리법에 의해 풀라.

6. A회사는 상품을 2개의 항구; 즉 부산항구와 인천항구를 통해 수입하고 있다. 상품은 서울, 아산, 대구, 광주에 소재한 고객들에게로 운반되고 있다. 다음 기간에 각 항구를 통하여 수입되는 양과 , 고객들의 수요량들, 각 상자당의 운반비가 다음 표와 같다.

(1) 이 수송문제를 나타내는 네트워크를 그려보라.

(2) 이 수송문제를 선형계획모형으로 작성하라. 각 변수를 정의하라.

항구\고객	서울	아산	대구	광주	수입량
부 산	100원/상자	80원/상자	40원/상자	50원/상자	5,000상자
인 천	5원/상자	20원/상자	70원/상자	60원/상자	3,000상자
수요량	3,200상자	1,500상자	2,000상자	1,300상자	

7. 한국화약(주)은 현재 공급이 부족한 어떤 석유류제품을 생산하고 있다. 고객 중의 넷에게서 이미 한국화약(주)의 두 개의 공장(평택 및 포항)의 총 용량을 초과하는 주문이 들어와 있다. 경영자는 각 고객에게의 공급량을 결정해야 한다. 네 고객들은 각기 다른 산업에 속하기 때문에 산업의 가격구조에 따라 가격은 다르게 책정될 수 있다. 그러나 두 공장의 약간 다른 생산비용 및 고객에의 운송비용의 차이 때문에, 가격만 보고 결정할 수도 없다. 가격, 생산비 및 운송비를 고려하여 한국화약(주)은 각 경우에 대하여 다음 표의 단위당 이익 구조를 작성

하였다.

	고객			
공장	D_1	D_2	D_3	D_4
평 택	32원	34원	32원	40원
포 항	34원	30원	28원	38원

각 공장의 생산능력과 고객의 주문은 다음과 같다.

평택공장: 5,000단위

포항공장: 3,000단위

고객 D1: 2,000단위

고객 D2: 5,000단위

고객 D3: 3,000단위

고객 D4: 2,000단위

(1) 이 수송문제를 나타내는 네트워크를 그려보라.

(2) 선형계획모형을 작성하라.

(3) 이익을 극대화하기 위하여는 각 공장에서 각 고객에게 얼마나 공급하는 것이 좋은가? 수요가 충족되지 못하는 고객은 누구인가? 선형계획모형 혹은 수송계획법으로 해를 구하라.

8. 고려회계법인은 세 명의 새로운 고객을 맞이했다. 프로젝트 리더 들이 각 고객에 할당될 것이다. 리더들의 다양한 배경과 경험에 비추어, 다양한 리더-고객 할당에 따라 프로젝트 완성시간은 다양할 것이다. 가능한 할당에 따른 추정완료시간(일자)은 다음 표와 같다.

프로젝트리더	고객 1	고객 2	고객 3
결사비우	10일	16일	32일
흑수돌	14일	22일	40일
금 란	22일	24일	34일

(1) 이 문제를 할당문제의 해법으로 풀라. 필요한 총 일자는 얼마인가?

(2) 이 문제를 선형계획모형으로 작성하라.

제 7 장

정수계획법

선형계획모형은 앞에서 보았듯이 분할이 가능해 모든 변수는 비음의 정수, 소수 또는 분수값을 취할 수 있다. 그러나 현실적으로 변수의 값이 정수가 되어야만 의미가 있는 경우가 있다. 예를 들어 어느 자동차회사에서 연 평균 3245.37대의 특정 차종을 생산한다면 소수점 이하를 반올림하든 하지 않든 큰 문제가 아닐 것이다. 그러나 인천국제공항에 1분간 착륙할 수 있는 항공기의 적정수가 예를 들어 15.45대라면 이 수를 16대로 해야 하는지 그렇지 않으면 15대로 잡아야 하는지에는 관심을 갖게 된다.

시간, 거리, 면적, 무게 등을 나타낼 때는 소수나 분수값을 취할 수 있으나 제품, 사람, 기계, 사건 등의 수는 정수여야만 의미가 있게 된다. 많은 선형계획모형에서 결정변수들을 정수값으로 제한시킬 수 있다면 타당성은 크게 향상될 수 있다. 따라서 변수가 정수값을 가져야 하는 경우는 모형에 새로운 제약조건을 추가하여 결정변수의 일부 또는 전부가 정수가 되도록 해야 한다.

제1절 개 념

지금까지 다루어 왔던 모형에 일부 또는 모든 결정변수들이 정수여야만 한다는 추가적 요구사항이 포함된 또 다른 계층의 모형을 정수계획(integer programming) 모형이라고 한다. 정수를 변수로 사용하면 모형설정에 유연성이 추가되어 선형계획 방법론을 실제 응용할 수 있는 분야가 확장된다. 그러나 융통성이 추가되는 대가로 정수인 변수들을 포함하는 선형계획문제는 통상 해결하기가 어렵다. 실제로 수천 개의 연속변수들을 가진 선형계획문제는 기계적으로 해결할 수 있어도 100개도 안 되는 변수를 가진 정수선형계획문제를 해결하기는 무척 힘들다.

1970년대부터 거의 모든 선형계획문제의 해결과정은 특정 결정변수들을 정수값으로 제한시킬 수 있을 만큼 용량이 증가하였다. 일반적인 선형계획모형과의 유일한 차이는 정수계획모형은 최소한 변수들 중 일부가 정수이어야 한다는 필요조건이다. 정수계획모형 중 모든 변수들이 정수이어야 한다는 조건이 있으면 전정수계획법(all integer programming)이고, 일부 결정변수가 정수가 되어야 한다면 혼합정수계획법(mixed integer programming)이 된다. 또한 응용시 사용되는 정수값이 0 또는 1인 경우 이를 0-1계획법(0-1 programming)이라고 한다. 따라서 비음조건에서 아래와 같이 구분된다.

$x_1, x_2, x_3 \geq 0$, 정수 … 전정수계획법

$x_1, x_2, x_3 \geq 0$, x_2 : 정수 … 혼합정수계획법

$x_1, x_2, x_3 = 0$ 또는 1 … 0 - 1 계획법

일반적으로 선형계획문제의 해결시간은 예측이 가능하다. 대략 시간이 변수의 수에 비례적으로, 또 제약식 수의 제곱으로 증가한다. 이에 반해 정수계획문제는 제약식의 수가 증가함에 따라 해결시간은 감소할 수도 있다. 그러나 정수인 변수의 수가 증가함에 따라 해결 시간은 극적으로 증가할 수 있다. 정수계획문제를 하나 보

기로 하자.

어느 부동산 회사는 현재 10억 5,000만원의 자금을 가지고 여러 종류의 임대용 부동산을 투자대상으로 물색하고 있다. 세밀한 검토 끝에 여러 동의 다세대주택과 아파트 몇 채로 대상을 좁히기로 결정하였다. 다세대주택은 4세대용으로 한 채 1억 5,000만원에 구입할 수 있으나 현재 네 채만이 구입 가능하며, 아파트 구입에는 한 채 2억 1,000만원가량 예상하고 있다. 회사의 프로젝트 운영팀은 이 투자건에 월 70시간을 할당받았으며, 한 동의 다세대주택의 운영에 월 2시간, 또 각 아파트 관리 및 운영에는 월 20시간이 소요된다. 연간 수입은 모든 비용을 제하고, 다세대 주택 한 채에 3,000만원, 아파트 한 채에 5,000만원으로 추정된다. 이 회사는 다세대주택과 아파트에 투자자금을 할당하여 연수입을 극대화시키려 한다.

이 문제에 적절한 수리모형을 개발하기 위해서 먼저 다음의 결정변수들을 도입한다.

x_1 : 구입하는 다세대주택의 수

x_2 : 구입하는 아파트 수

목적함수와 제약식은 금액의 단위를 천만원으로 잡으면 아래와 같다.

$$
\begin{aligned}
\text{Max} \quad & z_1 = 3x_1 + 5x_2 \\
\text{s.t.} \quad & \\
& ①\ 15x_1 + 21x_2 \le 105 \\
& ②\ \ 2x_1 + 20x_2 \le 70 \\
& ③\ \ \ x_1 \le 4 \\
& \quad x_1, x_2 \ge 0
\end{aligned}
\tag{7.1}
$$

결정변수가 두 개이므로 도해법을 사용하면 [그림 7-1]과 같이 가해영역이 구분된다.

속박적 제약식 ①과 ②가 만나는 A점을 목적함수가 지나게 되어 최적해 $x_1 = 2.44$, $x_2 = 3.26$을 얻게 된다. 따라서 목적함수 값은 3(2.44) + 5(3.26) = 23.62가 되어 금액은 2억3,620만원이 된다. 그러나 다세대주택의 수와 아파트의 수는 소수값이 사용될 수 없고 정수가 되어야 하므로 이 해는 가능해가 아니다. 따라서 문제의 성격에 맞게 모형을 수정하면 아래와 같은 전정수계획모형이어야 할 것이다.

$$\begin{aligned} \text{Max} \quad & z_2 = 3x_1 + 5x_2 \\ \text{s.t.} \quad & \\ ① \ & 15x_1 + 21x_2 \le 105 \\ ② \ & 2x_1 + 20x_2 \le 70 \\ ③ \ & x_1 \le 4 \\ & x_1, x_2 \ge 0, \text{ 정수} \end{aligned} \tag{7.2}$$

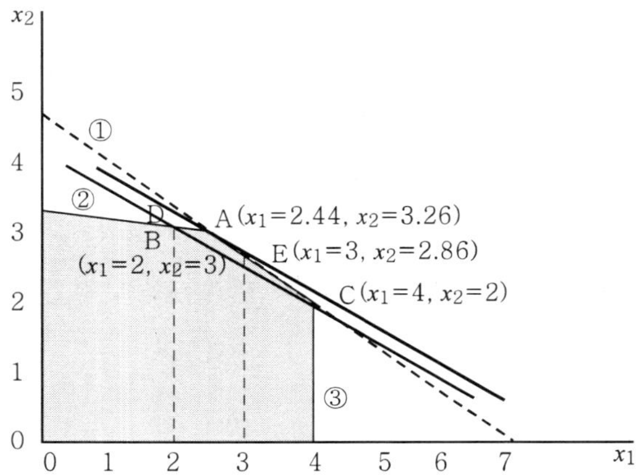

[그림 7-1] 부동산 투자회사의 가해영역

최적해를 정수값으로 구하기 위해 모형 (7.1)을 선형계획법으로 해결한 후 해에서 소수 이하의 값을 반올림한 해는 정수계획모형에 대한 최적해를 주지 않는다. 오히려 이러한 결정변수들의 값은 때로는 불가능해를 주기도 한다. 모형 (7.1)의 최적해를 반올림하면 $x_1 = 2$, $x_2 = 3$이 나와 [그림 7-1]의 점 B에 해당된다. 이 때 목적함수의 값은 3(2) + 5(3) = 21이 되며 금액은 2억 1,000만원이 나온다.

[그림 7-1]에서 보듯이 최적정수해는 C에서 $x_1 = 4$, $x_2 = 2$가 되어 목적함수의 값은 3(4) + 5(2) = 22, 금액으로 2억 2,000만원이 된다. 선형계획 모형의 해를 반올림하는 접근방법은 부동산 투자회사로서 옳은 전략이 아니며 최적정수해에 비해 연간 1,000만원 손해를 보게 된다. 두 변수 정수계획모형의 도해과정은 일반 선형계획모형의 도해과정과 비슷하다. 우선 선형계획모형의 가해영역을 식별한 후 최상의 목적함수선이 지나는 정수해점을 찾을 수 있으며 바로 이 점이 정수선형계획모형의 최적해가 된다.

위의 분석으로부터 정수계획모형의 최적해와 일반 선형계획모형의 최적해 간에 한 가지 중요한 관계가 성립됨을 알 수 있다. 최대화 모형에서 어떠한 전정수 또는 혼합정수계획모형의 최적 목적함수값은 일반 선형계획모형의 그것을 초과하지 않는다는 것이다. 일반 선형계획모형의 경우 23.62, 그리고 정수계획모형에서서는 22였다. 따라서 선형계획모형의 목적함수값을 z_1, 정수계획모형의 목적함수값을 z_2 라고 표시하면 다음의 관계가 성립되고, 최소화모형인 경우에는 부등호가 반대로 된다.

$$z_2 \leq z_1$$

위의 관계는 어떠한 최대화 전정수 혹은 혼합정수계획모형값의 상한은 정수제약을 해제한 선형계획모형을 풀면 구할 수 있다는 것을 의미한다. [그림 7-1]을 보면 선형계획모형의 최적해는 가장 높은 목적함수 선상에 있으며, 그 값이 23.62인 반면 최적 정수해는 낮은 목적함수 선상에 있어 그 값이 22이다. 이러한 관계는 정수선형계획문제를 해결하기 위한 분단탐색법(branch and bound method) 과정에 사용된다.

제 2 절 정수계획모형의 분단탐색법

선형계획모형과 마찬가지로 변수를 세 개 이상 포함하는 정수계획모형은 그래프로 해결할 수 없으므로 다른 해법과정이 사용되어야만 한다. 정수계획모형을 해결하기 위해 다양한 방법들이 제안되어 왔으나 현재까지 가장 효율적이면서 신뢰할 수 있다고 입증된 방법이 바로 분단탐색법이다. 거의 모든 시판 정수계획코드는 이 방법을 채택하고 있다. 분단탐색법은 처음에는 문제를 선형계획법으로 푼다. 만약 선형계획해가 정수여야 할 변수에 정수값을 주면 되나, 그렇지 않으면 소수값을 반올림하는 등 모든 가능한 방법을 찾는다.

정수계획문제의 분단탐색과정은 모든 가능해의 집합을 작은 하부집합들로 나누는데, 이를 분단(branching)이라고 한다. 최적해를 포함할 가능성이 있는 하부집합들과 최적해를 포함할 가능성이 없어서 더 이상 조사할 필요가 없는 하부집합들을 구분하는 데는 다양한 법칙이 사용된다. 각 하부집합에서 최상해 값의 상한은 정수의 제한을 해제한 선형계획문제의 해에 의해 정해진다. 어느 때든 정수의 제한을 해제한 선형계획문제의 해가 정수해가 되면 하부집합의 최상해가 구해진 것이며 이 때 하부집합의 하한이 결정된다. 모든 가능한 하부집합의 정수가능해 중 최상의 것이 최적해가 된다.

1. 전정수계획법

분단탐색법이 정수계획문제를 해결하는데 사용되는 과정을 앞의 부동산 투자회사의 모형에 응용하여 살펴보기로 하자. 분단탐색과정은 정수계획모형 (7.2)에서 정수의 제한을 해제한 선형계획모형 (7.1)을 푸는 것으로부터 시작한다. 모형 (7.1)의 최적해가 정수 요구사항을 만족시키면 정수계획모형의 최적해를 얻은 것이다. 그러나 $x_1 = 2.44$, $x_2 = 3.26$과 목적함수값 23.62는 정수가 아니므로 분단탐색과정을 계속해야 한다.

첫 단계는 정수선형계획모형에서 정수 제약을 해제시킨 모형을 풀면 정수선형계획모형의 값에 대한 상한이 주어지므로, 부동산 투자회사에 대한 모형의 최적 정수해값은 23.62를 초과할 수 없다는 것을 알 수 있다. 제약식의 모든 변수들의 계수는 비음이고 또 제약식들은 모두 '$\leq$'형의 부등호를 가지고 있으므로 각 결정변수 값의 소수점 아래를 없애면 가능정수해를 구할 수 있다. 즉 소수점 아래를 자르면 부등식의 좌변만 감소시킬 뿐이므로 항상 가능해가 구해지게 된다.

이런 방식으로 구한 가능해는 $x_1 = 2$, $x_2 = 3$이 되고 목적함수값은 21이 되며, 이 가능해의 값이 정수계획모형에 대한 최적해값의 하한이 된다. 왜냐하면 최적해의 값은 어떠한 가능해의 값보다 크거나 같은 값을 가져야 하기 때문이다. 따라서 하한 21이 세워지게 되고 분단탐색나무(branch and bound search tree)의 첫 마디(node)가 아래와 같이 나타나게 되며, 여기서 UB(upper bound)는 상한, 또 LB(lower bound)는 하한을 나타낸다.

[그림 7-2]의 마디 상단의 1은 식별번호이고, z_1은 정수제약을 해제한 선형계획모형의 값이며, LB는 결정변수값의 우수리를 없앤 정수가능해 $x_1 = 2$, $x_2 = 3$에

의한 모형의 값이다. 따라서 최적해의 값은 상한 23.62와 하한 21 사이에 있게 된다. 이미 21이라는 값을 가진 가능해를 갖게 되었지만 더 나은 해를 찾을 수 있는가를 보기 위해 탐색을 계속한다. 따라서 분단탐색 해결과정의 분단부분이 역할을 하게 되는 것이다.

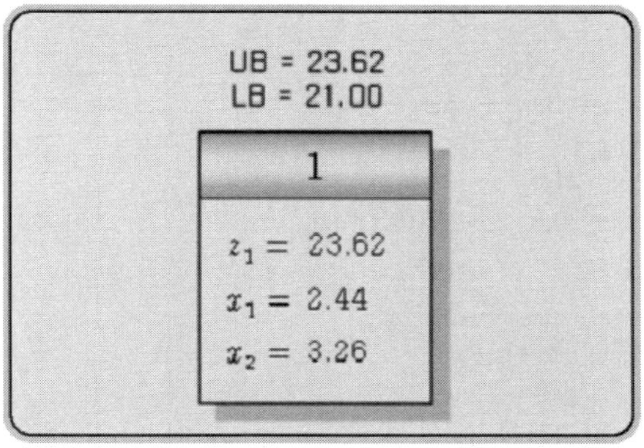

[그림 7-2] 부동산 투자회사의 분단탐색법 첫 마디

정수제약이 해제된 선형계획모형의 가능해집합은 두 개의 하부집합으로 분리되는데, 이들은 정수로부터 가장 먼 값을 가진 변수를 선택해서 그 변수의 위, 아래 정수값을 취하게 함으로써 둘로 분리된다. 즉 2.44의 값을 가진 x_1이 선택되어 최적정수해에서 x_1은 정수가 되기 위해 $x_1 \leq 2$ 또는 $x_1 \geq 3$의 두 분단과 두 하부마디(descendant node)가 만들어지게 된다. 하나는 $x_1 \leq 2$를 가진 해의 하부집합에 해당되고, 다른 하나는 $x_1 \geq 3$을 가진 해의 하부집합에 해당된다. x_1 은 정수가 되어야만 하므로 최적해는 이 두 하부집합 중 하나에 포함되어야만 한다.

마디 1로부터의 첫 분단은 부동산 투자회사의 모형 (7.1)에 제약식 $x_1 \leq 2$를 추가하여 만든다. 이를 마디 2라 하고 아래의 선형계획모형을 풀게 된다.

$$
\begin{aligned}
\text{Max} \quad & z_1^2 = 3x_1 + 5x_2 \\
\text{s.t.} \quad & \\
& 15x_1 + 21x_2 \leq 105 \\
& 2x_1 + 20x_2 \leq 70 \\
& x_1 \leq 4 \\
& x_1 \leq 2 \\
& x_1, x_2 \geq 0
\end{aligned}
$$

추가된 제약식 $x_1 \leq 2$는 제약식 $x_1 \leq 4$를 여분으로(redundant) 만들지만 이는 우연의 일치일 뿐 항상 발생하는 것은 아니다. 위 모형의 해는 [그림 7-1]의 D에서 $x_1 = 2$, $x_2 = 3.30$이고 값은 3(2) + 5(3.30) = 22.50이 된다.

마디 1로부터의 두 번째 분단은 모형 (7.1)에 제약식 $x_1 \geq 3$을 추가해서 만들어지며 이를 마디 3이라 하고 아래의 선형계획모형을 풀게 된다.

$$
\begin{aligned}
\text{Max} \quad & z_1^3 = 3x_1 + 5x_2 \\
& s.t. \\
& 15x_1 + 21x_2 \leq 105 \\
& 2x_1 + 20x_2 \leq 70 \\
& x_1 \leq 4 \\
& x_1 \geq 3 \\
& x_1, x_2 \geq 0
\end{aligned}
$$

해는 [그림 7-1]의 E점인 $x_1 = 3$, $x_2 = 2.86$ 이 되고, 값은 3(3) + 5(2.86) = 23.30이 된다.

앞에서 살펴본 바와 같이 마디 2에서 정수제약이 없는 선형계획모형의 값은 $x_1 \leq 2$를 가진 모든 해의 상한이고, 또 마디 3에서 선형계획모형의 값은 $x_1 \geq 3$을 가진 모든 해의 상한이다. 이러한 두 하부집합은 부동산 투자회사의 모든 해를 포함하고 있으므로 새로운 상한이 계산될 수 있다. 새로운 상한은 마디 2에서의 목적함수값 22.50과 마디 3에서의 23.30 중 최대값이므로 투자회사 정수계획해의 값에 대한 새로운 상한은 23.30이 된다. 일반적으로 한 마디로부터 두 개의 분단이 완료될 때마다 상한을 다시 계산한다.

이 때 하한도 역시 계산된다. 하한의 새로운 값은 지금까지 나온 모든 가능정수해들 중 최대값이 된다. 마디 2와 3에서 구한 해는 가능정수해가 아니므로 마디 1에서 구한 하한 21은 여전히 유지된다. 분단탐색 해결과정을 밟는 이 시점에서 상한은 UB = 23.30이고, 또 하한은 LB = 21.00이 되어 현재의 분단탐색나무는 아래 [그림 7-3]과 같다.

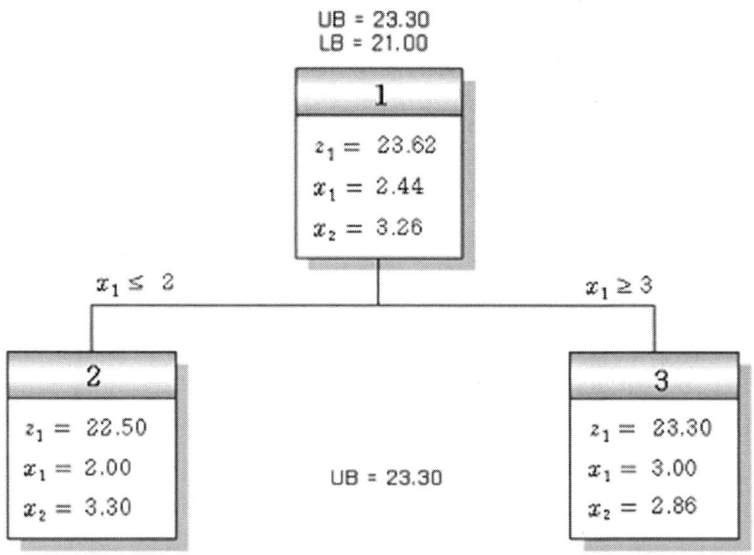

[그림 7-3] 부동산 투자회사의 분단탐색 해결과정

[그림 7-3]에서 마디 2의 22.50이 $x_1 \leq 2$를 가진 모든 해의 상한이고, 마디 3의 23.30이 $x_1 \geq 3$을 가진 모든 해의 상한이다. 여기에서 중요한 사실은 최대화문제의 각 마디에서 선형계획모형의 값은 모든 하부마디에서의 선형계획모형값의 상한이 된다는 것이다. 이러한 결과는 분단탐색 해결과정을 계속하는데 사용될 수 있다. 따라서 만약 마디 2로부터 분단되면 22.50보다 큰 값을 주는 해는 발견할 수 없을 것이고, 또 마디 3으로부터 분단된다면 23.30보다 큰 값을 주는 해 역시 나오지 않을 것이다.

일반적으로 가장 큰 선형계획모형의 값을 가진 마디를 항상 선택하여 분단을 계속한다. 마디 3이 마디 2보다 더 나은 해가 나올 잠재성을 가지고 있고, x_2가 마디 3에서는 소수값을 가진 유일한 변수이므로 이를 선택하여 분단한다. 따라서 마디 3에서는 $x_2 \leq 2$, $x_2 \geq 3$인 두 개의 분단이 이루어지게 된다. 다시 말해 마디 4와 5에서 각각 다음 두 개의 선형계획모형들이 다루어지므로 두 개의 하부마디가 생기게 되는 것이다.

$$\begin{aligned} \text{Max} \quad z_1^4 = 3x_1 + 5x_2 \\ s.t. \\ 15x_1 + 21x_2 &\le 105 \\ 2x_1 + 20x_2 &\le 70 \\ x_1 \quad &\le 4 \\ x_1 \quad &\ge 3 \\ x_2 &\le 2 \\ x_1, x_2 &\ge 0 \end{aligned}$$

$$\begin{aligned} \text{Max} \quad z_1^5 = 3x_1 + 5x_2 \\ s.t. \\ 15x_1 + 21x_2 &\le 105 \\ 2x_1 + 20x_2 &\le 70 \\ x_1 \quad &\le 4 \\ x_1 \quad &\ge 3 \\ x_2 &\ge 3 \\ x_1, x_2 &\ge 0 \end{aligned}$$

z_1^4와 z_1^5에서 첫 네 개의 제약식까지는 마디 3의 제약식과 같다. 마지막 다섯 번째의 제약식만 마디 4와 5에 각각 추가된다. 위의 두 선형계획문제를 풀면 [그림 7-4]와 같은 분단탐색나무가 된다. 마디 3으로부터 $x_2 \le 2$로 갈라져 나온 마디 4에서 가능정수해가 발생한다. 그러나 같은 마디 3으로부터 $x_2 \ge 3$으로 갈려 나온 마디 5에서는 가능해가 존재하지 않는다.

마디 4와 5의 모형과 [그림 7-1]을 보면 마디 5는 가해영역을 벗어나 불가능해가 발생하고, 마디 4는 C에서 $x_1 = 4$, $x_2 = 2$, $z_1^4 = 22$로 가능해가 이루어진다. UB = 22.00가 되므로 최적해는 22보다 클 수가 없다. 또 지금까지 모든 가능정수해 중 최대값이므로 LB = 22.00가 된다. UB = LB가 될 때 분단탐색 해결과정의 최적해가 찾아지게 되고, 값이 LB와 같은 가능해이다. 그러므로 해 $x_1 = 4$, $x_2 = 2$, 값 22가 부동산 투자회사의 최적해가 된다.

지금까지 부동산 투자회사의 전정수계획모형을 분단탐색 해결과정을 이용하여 해결해 보았다. 전정수선형계획모형을 해결하는 일반적인 과정을 요약하면 다음과 같다.

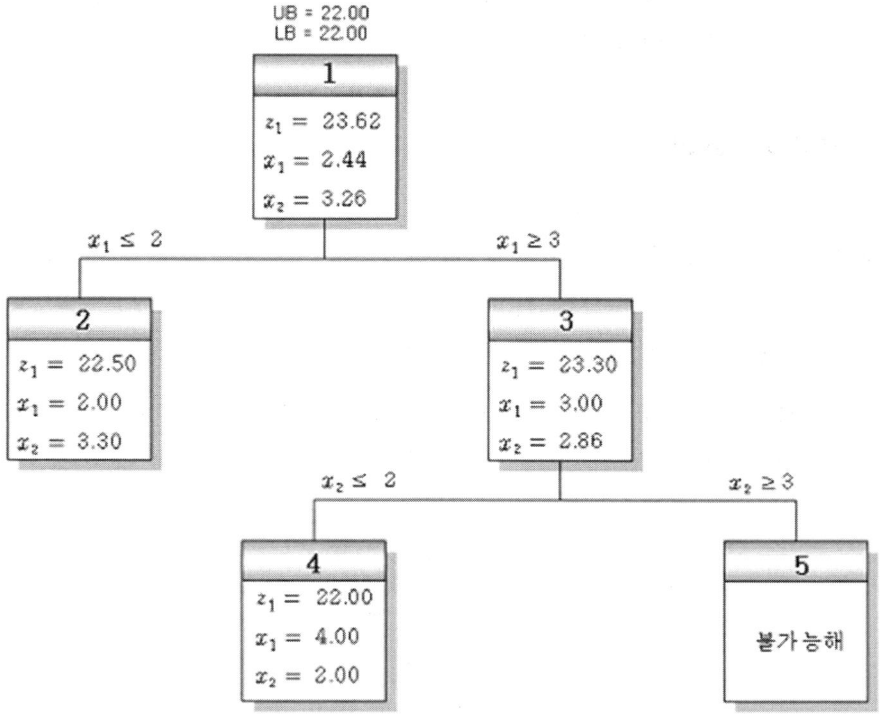

[그림 7-4] 부동산 투자회사의 분단탐색나무

i) 마디 1에서 정수선형계획모형의 정수제약을 해제한 선형계획모형의 해를 구하고, 여기에서 나온 선형계획모형의 값을 상한(UB)으로 정한다.

ii) 가능정수해를 구하고, 이 때 선형계획모형의 값을 하한(LB)으로 정한다.

iii) 만약 UB = LB가 되면 최적해가 얻어지고 모형의 값이 LB와 같게 된다.

iv) 만약 UB ≠ LB가 되면 선형계획모형의 값이 가장 큰 마디로부터 분단한다. 정수에서 가장 먼 변수 x_j를 선택하여, 두 개의 분단과 두 개의 하부마디를 만든다. 하나는 $x_j \leq [x_j]$, 다른 하나는 $x_j \geq [x_j] + 1$을 가진다. 여기서 $[x_j]$는 x_j보다 작거나 같은 가장 큰 정수를 뜻하여 예를 들어 [3.79] = 3을 의미한다.

v) 각 하부마디에서 정수제약이 해제된 선형계획모형을 풀고 그 값을 기록한다.

vi) 분단이 없는 모든 마디 중 최대값을 구해 상한을 재계산한다.

vii) 지금까지 구할 수 있는 모든 가능정수해 중 최대값으로 하한을 재계산한다.

viii) 다시 iii으로 돌아가 반복

2. 혼합정수계획법

정수계획법에서 분단탐색 해결과정의 큰 장점은 전정수, 그리고 혼합정수계획법 모두에 적용시킬 수 있다는 것이다. 분단탐색 접근방법이 혼합정수선형계획법에 이용되는 방법을 살펴보기 위해 부동산 투자회사의 모형에서 x_2가 정수일 필요가 없다고 가정해 보자. 만약, 아파트를 일부 지분으로도 구입할 수 있다면 이것이 그런 경우에 속할 것이다.

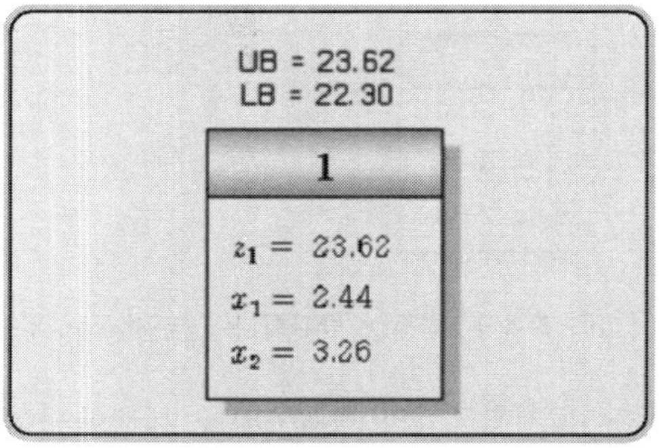

[그림 7-5] 부동산 투자회사의 혼합정수 분단탐색법 첫 마디

이 경우에도 마디 1에서 선형계획모형의 해는 정확히 같아 상한으로서 23.62가 나온다. 그러나 하한은 x_1만을 우수리를 제하고 구한다. 그러면 마디 1에서 하한값은 가능혼합정수해 $x_1 = 2$, $x_2 = 3.26$ 에 의해 22.3으로 [그림 7-5]와 같이 나타난다.

분단을 위해서 정수가 되어야 하는 변수들만을 고려 대상으로 제한시킨다. 소수값이 큰 정수의 변수를 선택해야 하므로 역시 x_1에 대해 $x_1 \leq 2$, 또 $x_1 \geq 3$의 두 가지 분단이 필요하게 된다. 따라서 마디 2와 3에서의 선형계획모형의 해는 [그림 7-6]에서 보듯이 전정수계획모형과 동일하다.

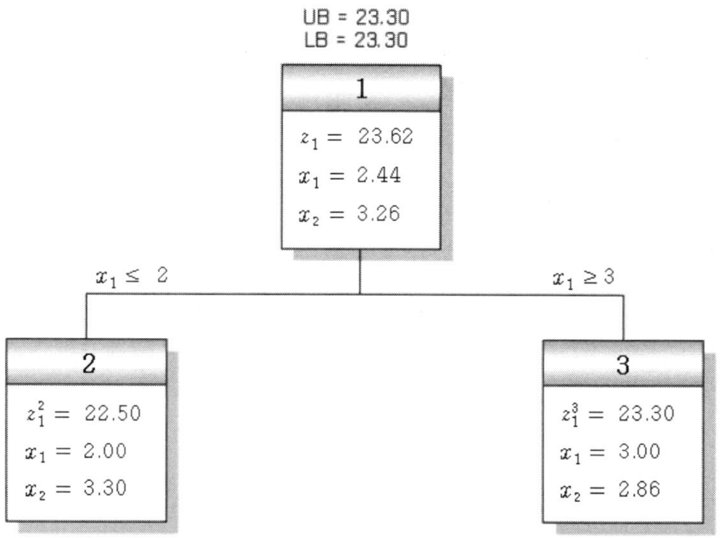

[그림 7-6] 부동산 투자회사의 혼합정수 분단탐색나무

그러나 여기에서 주목할 점은 선형계획해가 마디에서 x_1이 정수가 될 때마다 가능혼합정수해는 존재한다는 것이다. 따라서 마디 2와 3 두 곳에서의 해는 혼합정수 선형계획의 가능해가 된다. 새로운 하한 LB = 23.30이 모든 가능혼합정수해의 값을 비교한 후 얻어지게 된다. 새로운 상한 UB = 23.30은 마디 2와 3에서 선형모형의 값을 비교하여 얻게 된다. 상한값과 하한값이 같으므로 x_1만 정수인 부동산 투자회사 모형의 최적해가 구해지고 $x_1 = 3.0$, $x_2 = 2.86$, 그리고 목적함수의 값 23.30이 나오게 된다.

3. 0-1 계획법

이번에는 정수값으로서 0과 1만 허용되는 정수계획모형에 분단탐색법이 어떻게 이용되는가 다음의 모형을 예로 들어 살펴보기로 하자.

$$\begin{aligned} \text{Max} \quad & 75x_1 + 6x_2 + 3x_3 + 33x_4 \\ \text{s.t.} \quad & \\ & 774x_1 + 76x_2 + 22x_3 + 42x_4 \le 875 \\ & 67x_1 + 27x_2 + 794x_3 + 53x_4 \le 875 \\ & x_1,\ x_2,\ x_3,\ x_4 = 0,1 \end{aligned}$$

최적 정수해를 발견하기 위해 컴퓨터가 시행하는 탐색과정은 [그림 7-7]의 분단탐색나무에 나타나 있다. 먼저 제약식 $x_1, x_2, x_3, x_4 \le 1$을 가진 선형계획모형의 해를 구하며, 그 결과 마디 1에 요약되어 있다. x_2 와 x_3 이 소수값을 가지고 있어서 가능해가 아니므로 이 시점에서 x_2 를 임의로 선택한다. 정수최적해에서 x_2 는 0 또는 1이어야 하므로, 원래의 문제를 마디 2에서 x_2 가 1로 제약되고, 마디 8에서 x_2 가 0으로 제약되는 두 개의 새로운 하부문제로 대체시킨다. 이 두 개의 새로운 정수계획문제를 풀면 향상된 해가 원문제의 최적해가 될 것이다.

여기에서 분단이라는 단어를 사용하는 동기가 생기게 되고, 계속 만들어지는 하부문제 즉 각 마디의 인식번호는 검토되는 순서를 나타낸다. x_2 가 1로 제약되는 마디 2는 선형계획문제로 인식되어 해결되므로 x_1 과 x_3 이 소수값이 나온다. 앞에서와 마찬가지로 이번에는 변수 x_1 을 사용하여 두 개의 하부마디가 만들어지며, 하나는 x_1 이 마디 7에서 보듯이 0으로 제약되고, 다른 하나는 마디 3에서와 같이 x_1 을 1로 제약한다. 이 과정은 x_4 와 x_3 을 사용하여 마디 5까지 반복되며 여기서 $z = 81$을 가진 정수해가 구해진다. 이 해가 최적 정수해인지는 아직 알 수 없으며, 마디 6부터 10까지 검토를 계속해야 한다.

마디 6은 x_2, x_1, x_4 의 값이 모두 1이므로 첫 제약식이 성립될 수 없고, 가능해가 존재하지 않기 때문에 더 이상 검토할 필요가 없다. 마디 7도 목적함수값이 $z = 42$로 이미 구한 정수해보다 값이 낮으므로 같은 경우에 해당한다. 마디 9에서 $x_3 = 0$일 때 $z = 108$을 가진 월등한 정수해가 나온다. 마디 10은 분단탐색의 경계를 정하는(bounding) 알고리즘의 근간을 보여준다. 마디 3에서와 같이 소수해가 나오지만 $z = 86.72$는 이미 구한 정수해를 가진 $z = 108$보다 적으므로 더 이상 검토하지 않는다.

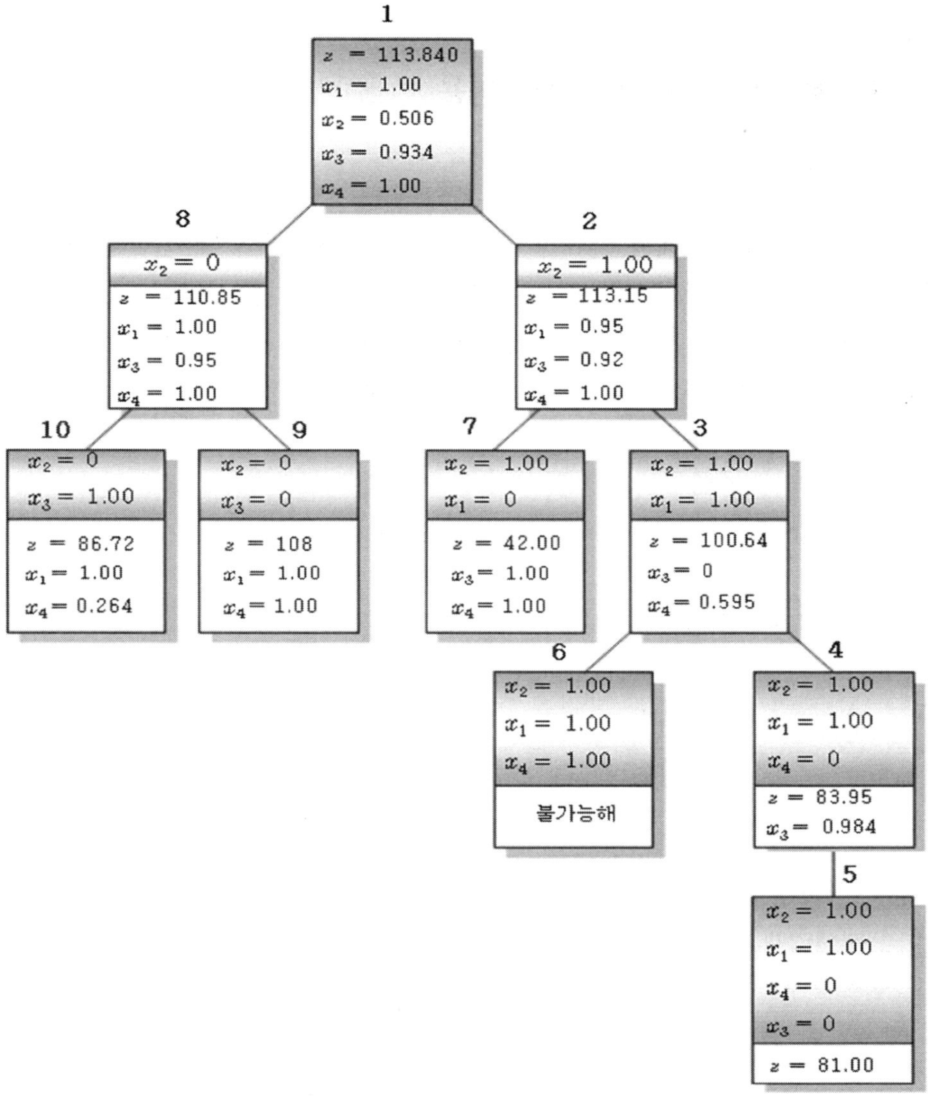

[그림 7-7] 0－1계획법의 분단탐색나무

하부마디 또는 하부문제는 제약이 추가되면서 생기므로 모든 마디에서 z값은 하부마디 z값의 한계가 된다. 제약이 가해질수록 상태는 악화될 뿐이며, 이는 달리 말해 아래로 내려갈수록 z값은 향상될 수 없음을 의미한다.

제 3 절 0-1 변수의 효율적 이용

앞의 서론에서 선형계획모형으로 분배체계를 설계한 바 있다. 상품을 운송하는 문제에서 공급지와 수요지가 고정되어 있다고 가정하고, 총운송비를 최소화시키기 위해 각 생산지에서 각 수요지까지 상품을 얼마씩 운송해야 하는가를 결정하는 것이었다. 따라서 모형은 아래 (7.3)과 같이 나타나게 된다.

$$\text{Min} \quad \sum_{i=1}^{m}\sum_{j=1}^{n} c_{ij}x_{ij} \tag{7.3}$$

$$\sum_{j=1}^{n} x_{ij} \le s_i \quad i = 1, 2, \cdots, m \quad (\text{공급})$$

$$\sum_{i=1}^{m} x_{ij} = d_j \quad j = 1, 2, \cdots, n \quad (\text{수요})$$

$$x_{ij} \ge 0$$

i : 생산지 지수, $i = 1, 2, \cdots, m$

j : 수요지 지수, $j = 1, 2, \cdots, n$

x_{ij} : i 부터 j 까지의 운송량

c_{ij} : i 부터 j까지 단위당 수송비용

s_i : 생산지 i 에서의 공급량 또는 생산용량

d_j : 수요지 j 에서의 수요량

현실적인 또는 더 일반적인 분배체계를 고안하기 위해서는 생산지로 적합한 장소와 각 생산지에서 판매지까지의 선적량을 선택할 필요가 있다. 생산지는 용량 s_i 를 가진 공장들이 입지할 m 개의 잠정적 지역으로 나타내고, 수요지는 수요량 d_j 를 가진 n 개의 소매상을 나타낸다고 하자. 만약 지역 i 가 공장 입지에 선정된다면 공장 건설과 시설 유지에 따른 고정비용(fixed cost)이 있을 것이고, 또 공장 i 에서 여러 소매상으로 가는 선적량에 따라 가변비용(variable cost)이 있을 것이다.

반면에 지역 i 가 선정되지 않는다면 고정비용도 발생하지 않을 것이고 또한 i 로부터의 선적량도 존재하지 않을 것이다. 공장이 들어설 각 잠정지역에 한 개씩의 정수 0-1 변수를 도입함으로써 이 분배체계의 설계 문제를 설명하는 혼합정수선형 계획모형을 개발할 수 있다. 여기에서 아래와 같이 변수들을 정의한다.

y_i : 공장이 지역 i에 건설된다면 1, 아니면 0

fc_i : 지역 i 에 용량 s_i 를 가진 공장이 건설될 때 드는 고정비용

선정되는 각 지역에 공장 건설에 따른 고정비용은 다음과 같다.

$$\sum_{i=1}^{m} fc_i y_i$$

만약 공장이 i 지역에 세워지지 않는다면 $y_i = 0$이 되어 고정비용의 항은 계산되지 않을 것이다.

만약 공장이 건설되지 않는다면 지역 i 로부터 아무 것도 선적될 수 없다는 제약식을 나타내기 위해 모형 (7.3)의 공급제약식이 아래와 같이 수정된다.

$$\sum_{j=1}^{n} x_{ij} \le s_i y_i \qquad i = 1, 2, \cdots, m$$

그리고, 고정비용을 나타내는 항을 목적함수에 추가시켜 분배체계를 설명하는 모형은 아래의 (7.4)와 같이 설정된다.

$$\begin{aligned} \text{Min} \quad & \sum_{i=1}^{m}\sum_{j=1}^{n} c_{ij}x_{ij} + \sum_{i=1}^{m} fc_i y_i \qquad (7.4) \\ & \sum_{j=1}^{n} x_{ij} \le s_i y_i \qquad i = 1, 2, \cdots, m \quad (\text{공급}) \\ & \sum_{i=1}^{m} x_{ij} = d_j \qquad j = 1, 2, \cdots, n \quad (\text{수요}) \\ & x_{ij} \ge 0 \\ & y_i = 0, 1 \qquad i = 1, 2, \cdots, m \end{aligned}$$

모형 (7.4)는 공장으로부터 저장창고를 거쳐 소매상으로 선적하는 경우, 또 다상

품의 경우를 포함하는 분배체계를 수용하도록 확장시킬 수 있다. 뿐만 아니라 0-1 변수의 특성을 사용하여 공장 위치에 대한 다양한 형태의 배치 제약식들을 수용하도록 확장시킬 수도 있다. 예를 들어 위치 1이 서울이고, 위치 2가 경기도 분당이라면 이 두 도시가 아주 가깝기 때문에 공장이나 시설을 두 군데 다 세우고 싶지는 않을 것이다. 따라서 아래의 제약식을 모형에 포함시켜 y_1 이나 또는 y_2 가 1이 되도록 하여 두 변수가 모두 1을 취할 수는 없도록 만들 수 있다.

$$y_1 + y_2 \leq 1$$

만약 부등호 대신 위의 제약식을 등식으로 세운다면 선다형 제약식이 될 것이다. 그 외에 공장의 위치를 배치하는데 있어서 경영상의 요구사항을 만족시키기 위한 여러 형태의 제약식이 도입될 수 있으나 이는 추가로 다루기로 한다.

0-1 변수는 위의 문제에서 본 바와 같이 모형의 사용 가능범위를 확대하고, 용도를 다양화시키며, 모형이 현실에 더욱 가깝게 표현될 수 있도록 해준다. 실제 접하게 되는 많은 문제들이 복잡하지만 근본적으로는 선형계획인 바 이러한 문제들은 단지 0-1로만 명시할 필요가 있는 정수계획법의 설계에 결합시킴으로써 해결되는 경우가 대부분이라는 것이다. 그러면 0-1 변수가 어떻게 효율적으로 사용될 수 있는가 몇 가지 경우를 들어 분석함으로써 그 다양성과 유용도에 대해 파악해 보자.

(1) 생산수준에는 관계없이 규모의 경제가 어떤 생산활동에 존재할 때 의사결정자는 그 활동에 대한 최소 작업규모를 지정할 수 있다. 예를 들어 어떤 모델의 자동차를 한 지역공장에서 생산해야 할 때 최소 10,000대는 생산해야만 한다고 하자. 이 때 0-1 변수가 다음과 같은 제약을 가하게 된다.

x : 결정되어야 할 행위의 수준

y : $x > 0$ 일 때 1, 아니면 0

M : x 의 최소 생산규모

U : 알려져 있는 x 값의 상한

으로 변수들이 정의될 때 다음의 두 제약식이 최소 생산규모 조건을 준다.

$$x \leqq Uy$$
$$My \leqq x$$

만약 $y = 0$이라면 첫 제약식에서 $x = 0$이므로, 둘째 제약식은 자동적으로 만족이 된다. 만약 $y = 1$이라면 첫 제약식은 자동적으로 만족되고, 둘째 제약식에서 x는 최소한 M이 된다. 따라서 y는 x가 0 또는 최소한 M으로 전환시키는 역할을 한다. 이 때 U는 계산상의 효율성으로 인해 가능한 작고 유효하게 잡을 필요가 있다.

(2) 비용함수가 고정비용 + 선형으로 되어 있어 아래 그래프와 같다고 하자.

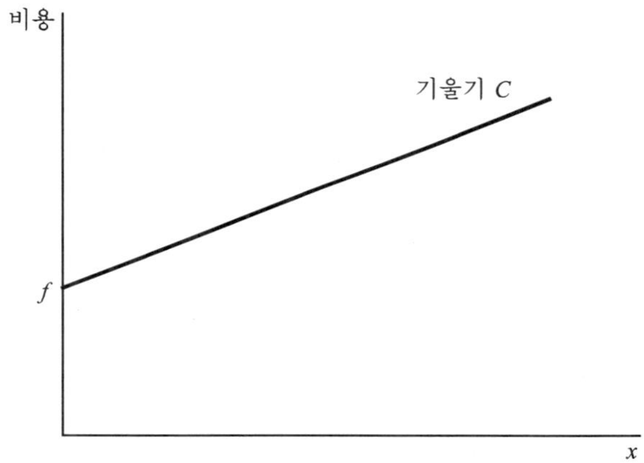

x, y, U는 (1)에서와 같이 정의되고, f는 $x > 0$의 조건으로 발생하는 고정비용이라면 모형은 아래와 같은 형태를 갖게 된다.

$$\begin{aligned} \text{Min } & fy + cx + \cdots \\ & \text{s.t.} \\ & x \leqq Uy \\ & \vdots \end{aligned}$$

$y = 1$이면, 고정비용이 발생하고 $x > 0$이 되며, 첫 제약식은 자동적으로 만족, $y = 0$이면 $x = 0$이 되어 고정비용이 발생하지 않는다. 따라서 목적함수의 fy와 제약식에서 고정비용 f가 발생하지 않는다면 $x > 0$일 수 없다.

(3) 앞의 자동차 생산에서 최소 작업규모의 필요조건은 한 쌍의 A 또는 B 제약식의 한 예이다. 즉 $x \leqq 0$ 또는 $x \geqq M$이 반드시 성립되어야 한다는 것이다.

이렇게 0-1 변수는 A 또는 B라는 조건을 강요하는데 사용될 수 있다. 이번에는 어느 공장에서 두 공정과정 i와 j를 계획하는데 이 두 과정은 겹칠 수 없다고 하자. 변수들은 다음과 같이 정의된다.

g_i : i의 제조시간
g_j : j의 제조시간
h_i : i의 착수시간
h_j : j의 착수시간

g는 알려져 있으며, h는 결정되어야 할 사항이다. i의 마감시간은

$$h_i + g_i$$

가 되고, i와 j는 중복될 수 없다. 따라서

$$h_i + g_i \leqq h_j \quad \text{또는} \quad h_j + g_j \leqq h_i$$

즉, i는 j 시작 전에 끝난다. 또는 j는 i 시작 전에 끝난다는 의미이다. 이러한 A 또는 B 조건은 0-1 변수 y_{ij}가 아래처럼 도입되면 모형에 강요되어 컴퓨터해법 과정에서 조건의 고려가 보장된다.

$$y_{ij} = \begin{cases} i\text{가 } j\text{에 선행하면} & 1 \\ j\text{가 } i\text{에 선행하면} & 0 \end{cases}$$

U가 충분히 큰 상수라면 다음의 두 제약식이 효력을 발휘하게 된다.

$$\begin{aligned} h_i + g_i &\leqq h_j + U(1 - y_{ij}) \\ h_j + g_j &\leqq h_i + U y_{ij} \end{aligned}$$

만약 $y_{ij} = 1$이면, 첫 제약식에서 i는 j가 시작하기 전에 끝나는 것으로 되며, 둘째 제약식은 Uy_{ij} 라는 큰 값 때문에 자동만족이 된다.

만약 $y_{ij} = 0$이면, 첫 제약식은 큰 값 $U(1 - y_{ij})$로 자동만족이 되고, 둘째 제약식은 j는 i에 선행한다는 것을 뜻하게 된다.

(4) N개의 상품을 생산하는 생산계획문제에서 상품 j의 생산비용은 단위당 가변비용 c_j와 이와는 관련이 없는 고정비용 f_j로 구성된다. 상품 j를 x_j 만큼 생산한다면 생산비용함수는 아래와 같이 표현된다.

$$c_j(x_j) = \begin{cases} \text{만약} \quad x_j > 0 \text{ 라면} \quad f_j + c_j x_j \\ \text{만약} \quad x_j = 0 \text{ 이라면} \quad 0 \end{cases}$$

이 때 목적함수는

$$\text{Min} \quad z = \sum_{j=1}^{N} c_j(x_j)$$

가 되나 원점에서의 불연속성 때문에 x_j에서 비선형일 수 있다. 따라서 문제를 쉽게 해결하기 위해 보조적인 0-1 변수를 도입시킨다. 즉

$$y_i = \begin{cases} x_j = 0 \text{이면} \quad 0 \\ x_j > 0 \text{이면} \quad 1 \end{cases}$$

이 조건은 아래와 같은 하나의 선형제약식의 형태로 표현될 수 있다.

$$x_j \leqq Uy_j$$

여기서 $U > 0$는 충분히 큰 수이다. 따라서 목적함수를 다시 쓰면 모형은 다음과 같이 나타난다.

$$\text{Min} \quad z = \sum_{j=1}^{N} (c_j x_j + f_j y_j)$$
$$0 \le x_j \le Uy_j$$
$$y_j = 0, 1$$

$x_j \leqq Uy_j$가 적절한 제약식이라는 것을 보이기 위해서는 아래 사항에 주목해야 한다. 만약 $x_j > 0$이면 $y_j = 1$이 되고 고정비용 f_j가 목적함수에 추가된다. 만약 $x_j = 0$이면, 위의 정의에 의해 $y_j = 0$이 된다.

(5) 한 기계에서 가능한 최소한의 시간으로 n 개의 다른 공정을 끝마쳐야 하는 연속성 문제를 고려해 보자. 각 상품은 순서가 꼭 지켜져야 하는 일련의 다른 공정을 계속 거쳐 가며 최종 완제품은 배달기일을 엄수해야 한다.

이 문제는 세 가지 형태의 제약식을 갖는다.

[연속성]

다음과 같이 변수를 정의하자.

k_j : 공정 j를 시작하는 시간

a_j : 공정 j를 마치는 데 필요한 제조시간

공정 i가 공정 j를 선행한다면 연속성 제약식은 아래와 같다.

$$k_i + a_i \leq k_j$$

[비동시성]

한 기계에서는 어떠한 두 공정도 동시에 이루어질 수 없다. 따라서 공정 i와 j가 동시에 기계를 점하지 않게 식을 설정한다.

만약 j가 i를 선행한다면 $k_i - k_j \geq a_j$

또는

만약 i가 j를 선행한다면 $k_j - k_i \geq a_i$

이러한 A 또는 B 형식의 제약식은 모형이 선형계획형이 아니기 때문에 문제점이 존재하므로 0-1 변수 y_{ij}를 도입해서 해결한다.

$$y_i = \begin{cases} \text{만약 공정 } j \text{ 가공정 } i \text{ 를 선행한다면 } 0 \\ \text{만약 공정 } i \text{ 가공정 } j \text{ 를선행한다면} 1 \end{cases}$$

M이 충분히 큰 상수라면 A 또는 B형의 제약식은 두 개의 연립제약식과 같게 된다.

$$My_{ij} + (k_i - k_j) \geq a_j$$
$$M(1 - y_{ij}) + (k_j - k_i) \geq a_i$$

이러한 변환으로 만약 최적해에서 $y_{ij} = 0$이라면 둘째 제약식은 중복적이어서 불필요하게 되고 첫 제약식만 효력이 있다. 즉 j가 i를 선행한다.

만약 $y_{ij} = 1$이라면 첫 제약식은 중복적이지만, 둘째 제약식이 효력을 발휘한다. 즉 i가 j를 선행한다.

따라서 0-1 변수 y_{ij}를 도입하여 제약식을 줄이고 혼합정수계획법을 응용할 수 있게 된다.

[배달기일]

만약 공정 j가 기간 d_j까지 완료되어야만 한다면 아래의 제약식을 추가하면 된다.

$$k_j + a_j \leq d_j$$

따라서 t가 모든 n공정을 마치는데 필요한 총시간이라면 문제는 아래의 모형에 위의 연속성, 비동시성, 배달기일의 제약식들을 추가한다.

$$\begin{aligned} &\text{Min} \quad z = t \\ &\quad \text{s.t.} \\ &\quad k_j + a_j \leq t \ , \ j = 1, 2, \cdots, n \end{aligned}$$

(6) 어느 특수한 경우에 m개의 제약식 중 일부 k제약식들만이 실제 영향력을 미친다는 사실이 필요하다고 가정하자. 이 특정 제약이 반드시 강요되어야 하지만 미리 알 수는 없다면 이 때는 아래와 같이 다룬다. m개의 제약식이 다음과 같은 형을 갖는다 하자.

$$g_i(x_1, x_2, \cdots, x_n) \leq b_i \qquad i = 1, 2, \cdots, m$$

이 때 효력 여부에 따라 y_i를 정의한다.

$$y_i = \begin{cases} \text{만약 } i \text{ 번째 제약식이 효력이 있으면 } 0 \\ \text{만약 } i \text{ 번째 제약식이 효력이 없으면 } 1 \end{cases}$$

따라서 m개의 제약식 중 실제는 어떠한 k개가 소용된다는 것이 보증되기 위해서 M이 아주 큰 수라 할 때

$$\begin{aligned} &g_i(x_1, x_2, \cdots, x_n) \le b_i + My_i \quad i = 1, 2, \cdots, m \\ &y_1 + y_2 + y_3 + \cdots + y_m = m - k \\ &\quad y_i = 0, 1 \end{aligned}$$

로 한다. 이는 $m-k$개의 제약식에 대해 우변이 $b_i + M$형이 되어, 제약식들이 중복적이 되므로 쓸모없게 만든다. 따라서 이러한 제약여건을 설정하면 최상의 목적함수값을 내도록 하는 제약식들만을 골라낸다.

또 이에 관련되는 문제로서 한 제약식의 우변이 여러 값 중 하나라는 것을 가정할 필요가 있을 때는

$$g_i(x_1, x_2, \cdots, x_n) \leqq b_i, b_2, \cdots \text{or } b_r$$

의 제약식을 아래와 같이 전환시키면 된다.

$$\begin{aligned} &g(x_1, x_2, \cdots, x_n) \leqq \sum_{k=1}^{r} b_k y_k \\ &y_1 + y_2 + \cdots + y_r = 1 \end{aligned}$$

여기서

$$y_k = \begin{cases} \text{만약 } b_k\text{가 우변값이면 } 1, \\ \text{그렇지 않으면 } 0 \end{cases}$$

(7) 어느 기업체가 한정된 예산으로 다양한 프로젝트를 계획하고 있다고 하자. 프로젝트 중 한 가지는 최신 기계류 한 세트를 도입하는 것으로 여러 프로젝트와 함께 모형에 포함되어 있다. 이 기업체는 이윤이 가장 높은 프로젝트들만 선정하여 예산을 배분하려 한다. 이 때 결정변수 중 하나로 다음과 같이 프로젝트 승인 여부를 정의한다.

$$x_1 = \begin{cases} \text{최신 기계 도입 프로젝트가 승인이 되면 } 1, \\ \text{그렇지 않으면 } 0 \end{cases}$$

만약 기계류 한 세트 도입 대신 이 기업체는 A, B, C형의 세 세트의 도입을 고

려하고 있다고 하자. 이 기계류로 제조할 상품의 수요 증가로 한 세트는 반드시 도입되어야만 하나 두 세트 이상 도입하여 이윤이 발생할 만큼 충분한 새로운 수요가 있는 것은 아니다. 이 때 이 상황을 반영하기 위해 0-1 정수계획모형에 선다형 제약식을 포함시킨다. 변수를 아래와 같이 정의하면

$$x_2 = \begin{cases} \text{두 번째 세트의 기계류 도입 프로젝트가 승인이 되면 } 1, \\ \text{그렇지 않으면 } 0 \end{cases}$$

$$x_3 = \begin{cases} \text{세 번째 세트의 기계류 도입 프로젝트가 승인이 되면 } 1, \\ \text{그렇지 않으면 } 0 \end{cases}$$

세 프로젝트 중 단지 하나만 선택되어야만 한다는 요구사항을 반영하는 선다형 제약식은 아래와 같다.

$$x_1 + x_2 + x_3 = 1$$

만약 신기계류 한 세트의 도입이 꼭 필요한 것이 아니라면 선다형 제약식은 기계류가 도입되지 않는 경우도 발생하나, 두 개 이상 도입되는 것은 허용하지 않는다는 형식으로 수정된다.

$$x_1 + x_2 + x_3 \leqq 1$$

이번에는 n개의 프로젝트 중 k개가 선택되어야만 하는 경우를 보자. x_1, x_2, x_3, x_4, x_5 가 다섯 가지 형태의 잠정적인 기계 도입 프로젝트라 하자. 이 중 두 가지만 필요하다고 고려된다면 다음 제약식이 새로운 요구사항을 만족시킨다.

$$x_1 + x_2 + x_3 + x_4 + x_5 = 2$$

만약 다섯 가지 중 두 가지를 초과해서는 안 된다면 아래의 부등식이 설정된다.

$$x_1 + x_2 + x_3 + x_4 + x_5 \leqq 2$$

x_1 으부터 x_5 까지 모든 변수가 0-1로 값이 제약된다. 때로는 한 프로젝트의 승인은 다른 프로젝트의 승인이 있어야 하는 조건부일 때가 있다. 예를 들어 기계류 도입 프로젝트는 시설확장 프로젝트 x_0 에 달려 있다고 하자. 이 기업체는 시설이

확장되지 않는다면 기계류 도입을 고려하지 않는다고 할 때, 이러한 상황을 강요하기 위해 아래의 조건부 제약식이 성립될 수 있다.

$$x_1 \leq x_0$$

x_0 와 x_1 이 모두 0 또는 1을 취하므로 x_0 가 0일 때마다 x_1 은 0으로 강요된다. x_0 가 1이면 x_1 도 1이 될 수 있어 시설과 기계류 프로젝트가 모두 실현될 수 있다.

그러나 위의 제약식은 시설확장 프로젝트 x_0 가 승인된다면 기계류 도입 프로젝트 x_1 역시 승인되도록 하지는 않는다. x_0 가 승인될 때마다 x_1 도 승인되도록 하려면 이 제약식은 x_0 와 x_1 이 같은 값을 취하도록 한다.

$$x_0 = x_1$$

제 4 절 정수계획모형의 응용

1. 인원배치

대부분의 서비스 시설을 운영하는데 있어서 중요한 일은 적절한 수의 인원을 적절한 근무시간에 배치하는 것이다. 이러한 종류의 문제는 귀한 자원을 할당하는 것이 아니라 다양한 간격의 일정 시간 동안 근무자 수가 만족되어야만 하는 필요조건의 모음이다. 즉 전화국 교환대, 대형병원, 고속도로 톨게이트 등의 시간대에 따른 인원배치 문제가 그러한 예다. 이러한 문제의 해결과정은 최소한 세 부분으로 구성된다.

첫째, 하루의 각 시간대, 또는 한 주의 매일 필요한 인원수에 대한 정확한 예측이 필요하고,

둘째, 필요한 인원수에 근거해 원활하게 수행될 수 있는 근무시간의 패턴을 식별하고,

셋째, 비용을 최소화시키고 필요 인원을 만족시키기 위해 몇 명의 인원이 매 근

무시간 에 일하여야 하는가를 결정한다.

예를 들어 어느 고속도로 톨게이트는 매 24시간 간격으로 아래와 같은 수의 수금원이 필요하다고 하자.

	시 간	필요한 수금원 수
오 전	자정-6시	3
	6시-10시	9
	10시-정오	6
오 후	정오-4시	5
	4시-6시	8
	6시-10시	9
	10시-자정	4

각 수금원은 언제든지 일을 시작할 수 있으며 네 시간 일하고, 한 시간 쉰 후, 다시 네 시간을 일한다. 목적은 고용하는 수금원의 수를 최소화하는 데 있다. 결정변수들을 정의하면,

x_1 : 자정에 근무를 시작하는 수금원 수

x_2 : 새벽 1시에 시작하는 수금원 수

x_3 : 새벽 2시에 시작하는 수금원 수

⋮

x_{24} : 밤 11시에 시작하는 수금원 수

제약식은 매 시간대마다 한 개씩 있어서, 그 시간대의 근무자 수는 그 시간에 필요한 인원보다 적지 않다는 것을 말해 준다. 따라서 모형은 다음과 같이 설정된다.

$$\text{Min} \quad \sum_{i=1}^{24} x_i$$

s.t.

$$
\begin{aligned}
&x_1 + x_{24} + x_{23} + x_{22} + x_{20} + x_{19} + x_{18} + x_{17} \geq 3 \ (\text{자정} - \text{오전 1시}) \\
&x_2 + x_1 + x_{24} + x_{23} + x_{21} + x_{20} + x_{19} + x_{18} \geq 3 \ (\text{오전 1시} - \text{오전 2시}) \\
&\vdots \\
&x_7 + x_6 + x_5 + x_4 + x_2 + x_1 + x_{24} + x_{23} \geq 9 \ (\text{오전 6시} - \text{오전 7시}) \\
&\vdots \\
&x_{22} + x_{21} + x_{20} + x_{19} + x_{17} + x_{16} + x_{15} + x_{14} \geq 9 \ (\text{밤 9시} - \text{밤 10시}) \\
&x_{23} + x_{22} + x_{21} + x_{20} + x_{18} + x_{17} + x_{16} + x_{15} \geq 4 \ (\text{밤 10시} - \text{밤 11시}) \\
&x_{24} + x_{23} + x_{22} + x_{21} + x_{19} + x_{18} + x_{17} + x_{16} \geq 4 \ (\text{밤 11시} - \text{자정}) \\
&\qquad\qquad x_i \geq \text{정수}
\end{aligned}
$$

2. 스케줄 짜기

항공 스케줄은 매우 복잡하나 잘만 짜면 더 적은 수의 항공기로도 비행 수와 탑승객 수를 늘려 항공사의 이윤을 크게 증가시킨다. 아래의 단순한 예를 하나 보자. 미국의 어느 소형 항공사는 아래와 같은 비행 스케줄을 운영하고 있다.

비행번호	출발지	도착지	비행시간
405	뉴 욕	시 카 고	오 후
210	뉴 욕	마이애미	밤
17	마이애미	시 카 고	아 침
12	시 카 고	뉴 욕	밤
10	마이애미	뉴 욕	아 침
18	시 카 고	마이애미	밤

항공사의 경영진은 저비용의 승무원 근무스케줄을 짜고 싶다. 근본적인 문제는 한 승무원이 비행을 끝낸 후 다음 비행을 결정하는 것이다. 이러한 순환여행의 성격은 첫째 한 번에서 세 번까지의 연결비행이 있고, 둘째 출발지로 돌아오면 경비가 $1,000이 들지만, 셋째 출발지로 돌아오지 않고 다른 도시에서 머물게 되면 $2,000의 경비가 들어간다 하자.

우선 모든 가능한 순환여행을 열거하면 6개의 1회 비행, 7개의 2회 비행을 포함해서 아래 표에 비용과 함께 자세히 요약되어 있다. 결정변수를 정의하면 다음과 같으며, 비용은 $1,000단위로 잡는다. 또 표의 순환여행 15와 같은 경우는 출발지를 구분하지 않는다.

$$a_i = \begin{cases} \text{순환여행 } i\text{를 하면 } 1, \\ \text{순환여행 } i\text{를 하지 않으면 } 0 \end{cases} \quad i = 1, 2, \cdots, 18$$

1회 비행 여행			2회 비행 여행			3회 비행여행		
1	405	$2,000	7	405, 12	$1,000	14	405, 18, 17	$2,000
2	210	$2,000	8	405, 18	$2,000	15	405, 18, 10	$1,000
3	17	$2,000	9	210, 17	$2,000	16	210, 10, 405	$2,000
4	12	$2,000	10	210, 10	$1,000	17	10, 405, 12	$2,000
5	10	$2,000	11	10, 405	$2,000	15	10, 405, 18	$1,000
6	18	$2,000	12	18, 17	$1,000	18	18, 17, 110	$2,000
			13	18, 10	$2,000	15	18, 10, 405	$,1000

모형은 아래와 같다.

$$\begin{aligned} Min \quad & 2a_1 + 2a_2 + 2a_3 + 2a_4 + 2a_5 + 2a_6 + a_7 + 2a_8 + 2a_9 \\ & + a_{10} + 2a_{11} + 2a_{12} + 2a_{13} + 2a_{14} + a_{15} + 2a_{16} + 2a_{17} + 2a_{18} \\ s.t. \quad & \\ & a_1 + a_7 + a_8 + a_{11} + a_{14} + a_{15} + a_{16} + a_{17} = 1 \ (\# 405) \\ & a_2 + a_9 + a_{10} + a_{16} = 1 \ (\# 210) \\ & a_3 + a_9 + a_{12} + a_{14} + a_{18} = 1 \ (\# 17) \\ & a_4 + a_7 + a_{17} = 1 \ (\# 12) \\ & a_5 + a_{10} + a_{11} + a_{13} + a_{15} + a_{16} + a_{17} = 1 \ (\# 10) \\ & a_6 + a_8 + a_{12} + a_{13} + a_{14} + a_{15} + a_{18} = 1 \ (\# 18) \end{aligned}$$

3. 자본 할당

어느 제조업체는 다음 4년에 걸쳐 몇 가지 프로젝트에 투자를 고려하고 있다. 각 프로젝트별로 매해 자본이 투입되어야 하고 연간 예산은 제한되어 있으므로 경영진은 투자에 비해 가장 이윤이 큰 프로젝트를 선정하고 싶다. 현재의 가치로 환산한 각 프로젝트의 추정가와 다음 4년간의 자본 소요량 및 예산은 아래와 같다. 현재의 가치를 극대화시키는 프로젝트를 선정하기 위한 모형을 설정하라.

단위:10억원

프로젝트	시설확장	부지 확장	신형 기계 도입	연구 개발	
현재의 가치	8	3.5	1.5	4.5	예산
1년차 자본	2	1	1.2	1	4.2
2년차 자본	1.5	1.5		1	4.5
3년차 자본	1.8	2		1.2	4
4년차 자본	1.6	0.6	0.5	1	3.8

네 개의 0-1 결정변수를 정의하면 아래와 같이 모형을 설정할 수 있다.

x_1 : 시설확장 프로젝트가 선정되면 1, 아니면 0.

x_2 : 부지확장 프로젝트가 선정되면 1, 아니면 0.

x_3 : 신형기계도입 프로젝트가 선정되면 1, 아니면 0.

x_4 : 연구개발 프로젝트가 선정되면 1, 아니면 0.

$$\begin{aligned}
\text{Max} \quad & 8x_1 + 3.5x_2 + 1.5x_3 + 4.5x_4 \\
\text{s.t.} \quad & \\
& 2x_1 + x_2 + 1.2x_3 + x_4 \le 4.2 \\
& 1.5x_1 + 1.5x_2 + \quad + x_4 \le 4.5 \\
& 1.8x_1 + 2x_2 + 1.2x_4 \le 4 \\
& 1.6x_1 + 0.6x_2 + 0.5x_3 + x_4 \le 3.8 \\
& x_1, x_2, x_3, x_4 = 0, 1
\end{aligned}$$

연 습 문 제

1. 다음의 전정수계획모형에서

$$\begin{aligned} &\text{Max} \quad 2x_1 + x_2 \\ &\text{s.t.} \\ &3x_1 + 6x_2 \le 21 \\ &x_1 + 4x_2 \le 13 \\ &2x_1 + x_2 \le 9 \\ &x_1,\ x_2 \ge 0,\ \text{정수} \end{aligned}$$

(1) 모형을 그래프로 나타내라.

(2) 정수제약이 없는 선형계획모형의 해를 구하라.

(3) 최적정수해를 구하라.

2. 아래의 모형을 분단탐색법으로 해결해 보자.

$$\begin{aligned} &\text{Max} \quad z = 3x_1 + 13x_2 \\ &\text{s.t.} \\ &2x_1 + 9x_2 \le 40 \\ &11x_1 - 8x_2 \le 82 \\ &x_1,\ x_2 \ge 0,\ \text{정수} \end{aligned}$$

3. 다음의 혼합정수선형계획모형에서

$$\begin{aligned} &\text{Max} \quad x_1 + x_2 \\ &\text{s.t.} \\ &9x_1 + 5x_2 \le 45 \\ &3x_1 + x_2 \le 12 \\ &7x_1 + 9x_2 \le 63 \\ &x_1,\ x_2 \ge 0,\quad x_2 : \text{정수} \end{aligned}$$

(1) 그래프로 나타내고, 정수 제약이 없는 모형의 최적해를 구하라.

(2) x_2의 우수리를 없애고 가능혼합정수해를 구하라. 최적해의 값에 대한 상한과

하한을 명시하라.

(3) 혼합정수계획모형의 최적해를 구하라.

4. 한 외국계 기업이 자사 상품의 수요 증가로 생산시설을 몇 개 지역에 추가로 건설하려 한다. 현재는 1지역에만 30,000톤 규모의 생산시설이 있고 새로운 시설부지로 2, 3, 4, 5의 4개 지역을 고려 중에 있다. 아래 표에 각 공장으로부터 판매지역까지의 톤당 운송비용, 예상 시설용량, 각 시설의 고정비용, 그리고 다음 1년간 각 소비지에서의 수요량이 요약되어 있다. 이 기업의 목적은 상품의 판매와 생산시설의 확장에 드는 비용을 최소화시키는데 있다.

판 매 지

	공급 i \ 수요 j	1	2	3	생산용량(톤)	고정비용($)
생산지	1	8	4	3	30,000	
	2	5	2	3	10,000	175,000
	3	4	3	4	20,000	300,000
	4	9	7	5	30,000	375,000
	5	10	4	2	40,000	500,000
		30,000	20,000	20,000		

(1) 이 문제에 대한 모형을 세워라.

(2) 만약 이 기업이 최대 2개의 시설을 1, 4, 5 지역에 세울 수 있다면 위의 모형에 어떠한 변화가 추가되는가?

(3) (2)와는 달리 2 또는 3 지역에 한 시설만 세워야 한다면 제약식은 어떻게 되는가?

(4) 만약 2가지 용량을 가진 시설을 지역 4에 세울 수 있다고 하자. 하나는 위의 표에 있는 것과 같고, 다른 하나는 용량 45,000톤, 고정비용 $500,000이라면 (1)에 있는 모형에 어떠한 수정이 가해질까?

5. 분단탐색과정에서 전정수계획모형과 혼합정수계획모형 값의 상한과 하한을 구하는 방법에 대해 요약하라.

6. 다음의 혼합정수계획 모형을

$$\begin{aligned} \text{Max} \quad & x_1 + 2x_2 + x_3 \\ \text{s.t.} \quad & \\ & 7x_1 + 4x_2 + 3x_3 \leq 28 \\ & 4x_1 + 7x_2 + 2x_3 \leq 28 \\ & x_1, x_2, x_3 \geq 0, \quad x_1, x_2 : \text{정수} \end{aligned}$$

분단탐색과정을 사용하여 문제를 풀어라.

7. 어느 기업체에서 사업을 확장하기 위해 한정된 예산으로 5가지의 프로젝트를 검토하고 있다. 실행 시에는 1, 아니면 0으로 한다면 아래의 상황에 해당하는 제약식을 세워라.

(1) 프로젝트 2, 또는 4가 실행되어야만 하지만 동시에 같이 실행하지는 못한다.

(2) 프로젝트 4는 프로젝트 1과 2가 선행되지 않는 한 실행될 수 없다.

(3) 프로젝트 2와 5는 동시에 실행되어야만 한다.

(4) 프로젝트 1과 2가 실시될 때 프로젝트 4 역시 실행되어야만 한다.

8. 어느 화공약품 업체는 세 가지 수출용 상품 A, B, C를 제조하기 위해 생산라인을 확장 하였다. 세 제품의 톤당 수출 이윤은 각각 \$45, \$30, 그리고 \$48이다. 톤당 제품 A는 0.5톤의 원료 1과 0.7톤의 원료 3이 필요하고, 제품 B는 0.6톤의 원료 1과 0.2톤의 원료 2, 또 0.4톤의 원료 3이 필요하며, 그리고 제품 C는 0.8톤의 원료 1, 0.2톤의 원료 2, 또 0.3톤의 원료 3이 필요하다. 오는 생산기간 동안 원료 1은 18톤, 원료 2는 8톤, 원료 3은 21톤이 사용 가능하다. 추가로 생산에 필요한 설비비용과 각 제품의 최대 생산량이 아래의 표와 같이 주어진다고 하자.

제품	비용	최대 생산량
A	\$240	50 톤
B	\$50	30 톤
C	\$350	45 톤

설비비용과 최대 생산량이 주어지기 전과 후에 대한 선형계획모형을 세우라.

9. 연구원 네 명을 네 가지 연구용역에 가장 최소의 비용으로 할당하는 문제를 모형화하기 위해 0-1 계획법을 다음의 자료에 적용해 보라.

단위: 십만원

용역 / 연구원	A	B	C	D
가	50	25	48	43
나	48	30	62	66
다	65	84	32	59
라	37	47	55	35

10. 어느 연예기획사는 지방에서 열리는 공연에 짐과 스태프진을 수송하는 계획을 짜고 있다. 이 회사는 두 가지 형의 차량을 렌트하기로 결정하였다. A형 차량은 2톤의 짐과 10명을 수송할 수 있으며 비용은 75만원이 든다. B형 차량은 1톤의 짐과 6명을 수송할 수 있고 비용은 50만원이 든다. 적어도 9톤의 짐과 60명의 인원을 수송하기에 충분한 차량이 있어야 한다. 렌트비용을 최소화하는 차량의 수를 결정하는 정수계획모형을 세우라.

제3부

동적 모형

제 8 장　동적계획법

제 9 장　프로젝트 관리(PERT/CPM)

제10장　마코브분석

제11장　학습곡선(Learning Curves)

제 8 장

동적계획법

동적계획법(dynamic programming)은 서로 관련된 순차적인 의사결정에 이용되는 유용한 수학적 기법이다. 이것은 하나의 접근방법으로서, 선형계획법과는 달리 어떤 표준적인 수학적 절차는 없다.

동적계획법의 기본적인 특성들은 다음과 같다.

① 어떤 문제를 여러 단계(stage)들로 분해하여 푼다. 각 단계는 나름대로의 정책결정(policy decision)을 필요로 한다.

② 각 단계에는 여러 상태(state)들이 있다.

③ 어떤 단계의 정책결정에 의해 그 단계의 상태는 다음 단계의 상태로 변환된다.

④ 전체 문제의 최적정책이 구해지도록 해법이 설계된다.

⑤ 어떤 단계 이후의 최적정책은 이전 단계들의 정책들과는 독립적이다[이를 동적계획법의 최적성의 원리(principle of optimality)라고 한다].

⑥ 해법 절차는 마지막 단계의 최적 정책을 구하는 것에서부터 시작한다.

⑦ 어떤 단계의 최적정책이 주어지면 그 전 단계의 최적정책을 확인할 수 있는 반복관계(recursive relationship)가 존재한다.

⑧ 반복관계를 이용하여 해법 절차는 마지막 단계의 최적 정책에서부터 처음 단계의 최적정책까지 역진적(backward)으로 진행된다.

제1절 자원배분 문제 : 경영개선팀 파견

동적계획법은 예를 통하여 쉽게 이해될 수 있다. 자원배분문제(resource allocation problem)의 예를 들면, GS그룹은 산하 회사들의 경영을 돕기 위해 5개의 긴급 경영개선팀을 두고 있다. 지금 3개의 회사들(GS식품, GS전자, GS철강)의 생산성에 문제가 있다는 진단이 나와서 이 팀들을 파견하려고 한다. 파견방법은 1개 회사에 하나 혹은 복수의 팀을 파견하는 것이다. 5개의 팀을 3개의 회사에 어떻게 할당해야 전체적인 효과를 극대화할 수 있을까? 자료에 의하면 팀이 파견되었을 때 예상되는 각 회사의 생산성증가가 [표 8-1]처럼 추정된다(GS식품과 GS철강에는 최대 2개의 팀, GS전자에는 최대 3개의 팀을 보낸다는 정책이다).

[표 8-1] 파견되는 경영개선팀 수에 따른 생산성증가

(단위: 억원)

	회 사		
팀의 수	1. GS식품	2. GS전자	3. GS철강
1	20	30	40
2	70	70	90
3		100	

이 의사결정문제를 순차적으로 접근한다고 가정하자. 즉 GS식품에 몇 팀을 보낼 것인가를 먼저 결정하고, 다음에 GS전자에 몇 팀을 보낼 것인가를 결정하고, 마지막으로 GS철강에 몇 팀을 보낼 것인가를 결정하는 것이다. 이 문제에서는 각 회사를 단계(stage)들로 생각할 수 있다. 즉,

단계 1. GS식품

단계 2. GS전자

단계 3. GS철강

의사결정변수(decision varible) x_n은 각 단계에 파견하는 팀의 수이다.

x_1 = GS식품에 파견하는 팀의 수(1 혹은 2개팀)

x_2 = GS전자에 파견하는 팀의 수(1, 2 혹은 3개팀)

x_3 = GS철강에 파견하는 팀의 수(1 혹은 2개팀)

각 단계의 의사결정에 따라 성과 r_n이 산출된다.

r_1 = GS식품의 생산성증가(20 혹은 70억원)

r_2 = GS전자의 생산성증가(30, 70 혹은 100억원)

r_3 = GS철강의 생산성증가(40 혹은 90억원)

한편, 각 단계에는 파견가능한 팀의 수가 상태 s_n으로 주어진다고 할 수 있다. 예를 들어 GS식품에 2개의 팀을 파견하고 GS전자에 2개의 팀을 파견하기로 하였다면, 마지막 의사결정단계인 GS철강에는 파견 가능한 팀이 1개밖에는 남지 않으며 그 조건에서 GS철강에 대한 결정은 x_1 = 1팀으로 될 수밖에 없을 것이다. 즉 상태 s_n은 의사결정을 위한 조건이 된다. 이 문제에서는 처음 의사결정이 GS식품에 대하여 이루어지므로 s_1 = 5로 놓자.

s_1 = GS식품에 파견가능한 팀의 수 = 5개 팀

s_2 = GS전자에 파견가능한 팀의 수

s_3 = GS철강에 파견가능한 팀의 수

이 문제의 동적계획법 접근은 [그림 8-1]로 묘사될 수 있다.

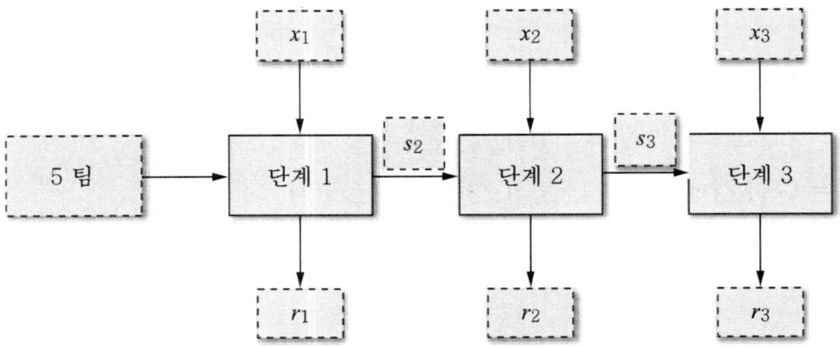

[그림 8-1] 경영개선팀 파견문제의 동적계획법 구조

그런데 각 단계의 정책결정이 종합되어 전체적인 최적결정이 이루어져야 한다. 이를 위한 수단으로 각 단계의 성과를 누적할 필요가 있다. 누적성과를 f_n 이라고 하면,

누적성과 = 성과 + 다음 단계의 최적누적성과

$$f_n = r_n + f_{n+1^*}$$

마지막의 단계 3에서는 아직 누적성과가 없으므로

$$f_3 = r_3$$

단계 2에서는

$$f_2 = r_2 + f_{3^*}$$

단계 1에서는

$$f_1 = r_1 + f_{2^*}$$

이처럼 단계 n+1의 정책이 결정될 때 단계 n의 정책결정을 확인할 수 있는 반복관계(recursive relationship) $f_n = r_n + f_{n+1^*}$ 가 이용된다.

동적계획법에서는 역진적으로 해법 절차를 진행하므로, 마지막 정책결정 단계인 GS철강에 대하여 먼저 고찰해 보자.

단계 3 GS철강

x_3 = GS철강에 파견하는 팀의 수(1 혹은 2개팀)

r_3 = GS철강의 생산성증가(40 혹은 90억원)

s_3 = GS철강에 파견가능한 팀의 수

이 자료에 의해 [표 8-2]를 만들어 최적결정을 찾아보자.

[표 8-2] 단계 3 GS철강의 최적정책

결정(x_3) / 상태(s_3)	1개 팀	2개 팀	최적결정	최적누적
	결과(f_3)	결과(f_3)	(x_3^*)	성과(f_3^*)
1개 팀	40억원	-	1개 팀	40억원
2개 팀	40억원	90억원	2개 팀	90억원
3개 팀	40억원	90억원	2개 팀	90억원
4개 팀	40억원	90억원	2개 팀	90억원
5개 팀	40억원	90억원	2개 팀	90억원

[표 8-2]와 같이, 단계 3 GS철강에서의 상태가 1개 팀이라면 다른 대안이 없어 1개 팀 파견이 최적결정이 되고 최적누적성과는 40억원으로 놓는다. 만일 상태가 2개팀이라면 1개 팀 파견하여 40억원의 성과를 얻는 것보다는 2개 팀 파견하여 90억원의 성과를 얻는 것이 바람직하며, 최적누적성과는 90억원이다.

상태가 3개 팀 이상인 경우에도 역시 2개 팀 파견이 최적결정이 되고 최적누적성과는 90억원이다. 다음에는 역진적으로 단계 2 GS전자에 대하여 고찰해 보자.

단계 2 GS전자

x_2 = GS전자에 파견하는 팀의 수(1, 2 혹은 3개 팀)

r_2 = GS전자의 생산성증가(30, 70 혹은 100억원)

s_2 = GS전자에 파견가능한 팀의 수

이 자료에 의해 [표 8-3]을 만들어 최적결정을 찾아보자.

[표 8-3] 단계 2 GS전자의 최적정책

결정(x_2) / 상태(s_2)	1개 팀	2개 팀	3개 팀	최적결정 (x_2^*)	최적누적 성과(f_2^*)
	누적성과 (f_2)	누적성과 (f_2)	누적성과 (f_2)		
1개 팀	-	-	-	-	-
2개 팀	30+40억원	-	-	1개 팀	70억원
3개 팀	30+90억원	70+40억원	-	1개 팀	120억원
4개 팀	30+90억원	70+90억원	100+40억원	2개 팀	160억원
5개 팀	30+90억원	70+90억원	100+90억원	3개 팀	190억원

[표 8-3]에서 단계 2의 누적성과는 다음 식으로 구해진다.

$$f_2 = r_2 + f_{3*}$$

단계 2 GS전자의 상태가 1개 팀이라면, 1개 팀 파견을 결정할 경우 단계 3 GS철강에 파견할 팀이 없어지므로 이 경우는 고려하지 않는다.

단계 2 GS전자의 상태가 2개 팀이라면 1개 팀 파견으로 30억원의 성과를 얻는다. 한편 남은 1개 팀으로 단계 3에서 40억원의 최적누적성과를 얻게 된다. 따라서 누적성과는 30 + 40 = 70억원이다.

$$\begin{aligned} f_2 &= r_2 + f_{3*} \\ &= 30 + 40 = 70 \end{aligned}$$

2개 팀을 파견할 경우 단계 3 GS철강에 파견할 팀이 없어지므로 이 경우도 고려하지 않는다. 따라서 상태가 2개 팀 일 경우의 최적결정은 1개 팀 파견이며 최적누적성과는 70억원이다.

단계 2 GS전자의 상태가 3개 팀이라면, 1개 팀을 파견할 경우 30억원의 성과를 얻는다. 남은 2개 팀으로 단계 3에서 90억원의 최적누적성과를 얻게 된다. 따라서 누적성과는 30 + 90 = 120억원이다.

$$\begin{aligned} f_2 &= r_2 + f_{3*} \\ &= 30 + 90 = 120 \end{aligned}$$

2개 팀을 파견할 경우 70억원의 성과를 얻는다. 남은 1개 팀으로 단계 3에서 40

억원의 최적누적성과를 얻게 된다. 따라서 누적성과는 70 + 40 = 110억원이다.

$$\begin{aligned} f_2 &= r_2 + f_{3*} \\ &= 70 + 40 = 110 \end{aligned}$$

이 둘 중에서 120억원이 크므로 최적결정은 1개 팀 파견이며 최적누적성과는 120억원이다.

단계 2 GS전자의 상태가 4개 팀이라면, 1개 팀을 파견할 경우 30억원의 성과를 얻는다. 남은 3개 팀으로 단계 3에서 90억원의 최적누적성과를 얻게 된다. 따라서 누적성과는 30 + 90 = 120억원이다.

$$\begin{aligned} f_2 &= r_2 + f_{3*} \\ &= 30 + 90 = 120 \end{aligned}$$

2개 팀을 파견할 경우 70억원의 성과를 얻는다. 남은 2개 팀으로 단계 3에서 90억원의 최적누적성과를 얻게 된다. 따라서 누적성과는 70 + 90 = 160억원이다.

$$\begin{aligned} f_2 &= r_2 + f_{3*} \\ &= 70 + 90 = 160 \end{aligned}$$

3개 팀을 파견할 경우 100억원의 성과를 얻는다. 남은 1개 팀으로 단계 3에서 40억원의 최적누적성과를 얻게 된다. 따라서 누적성과는 100 + 40 = 140억원이다.

$$\begin{aligned} f_2 &= r_2 + f_{3*} \\ &= 100 + 40 = 140 \end{aligned}$$

이 셋 중에서 160억원이 제일 크므로 최적결정은 2개 팀 파견이며 최적누적성과는 160억원이다.

단계 2 GS전자의 상태가 5개 팀이라면, 1개 팀을 파견할 경우 30억원의 성과를 얻는다. 남은 4개 팀으로 단계 3에서 90억원의 최적누적성과를 얻게 된다. 따라서 누적성과는 30 + 90 = 120억원이다.

$$\begin{aligned} f_2 &= r_2 + f_{3*} \\ &= 30 + 90 = 120 \end{aligned}$$

2개 팀을 파견할 경우 70억원의 성과를 얻는다. 남은 3개 팀으로 단계 3에서 90억원의 최적누적성과를 얻게 된다. 따라서 누적성과는 70 + 90 = 160억원이다.

$$f_2 = r_2 + f_{3*}$$
$$= 70 + 90 = 160$$

3개 팀을 파견할 경우 100억원의 성과를 얻는다. 남은 2개 팀으로 단계 3에서 90억원의 최적누적성과를 얻게 된다. 따라서 누적성과는 100 + 90 = 190억원이다.

$$f_2 = r_2 + f_{3*}$$
$$= 100 + 90 = 190$$

이 셋 중에서 190억원이 제일 크므로 최적결정은 3개 팀 파견이며 최적누적성과는 190억원이다.

마지막으로 역진적으로 단계 1 GS식품에 대하여 고찰해 보자.

단계 1 GS식품

x_1 = GS식품에 파견하는 팀의 수(1 혹은 2개 팀)

r_1 = GS식품의 생산성증가(20 혹은 70억원)

s_1 = GS식품에 파견가능한 팀의 수(5개 팀)

이 자료에 의해 [표 8-4]를 만들어 최적결정을 찾아보자.

[표 8-4] 단계 1 GS식품의 최적정책

결정(x_1) / 상태(s_1)	1개 팀 누적성과 (f_1)	2개 팀 누적성과 (f_1)	최적결정 (x_1^*)	최적누적성과 (f_1^*)
5개 팀	20+160억원	70+120억원	2개 팀	190억원

[표 8-4]에서 단계 1 GS식품의 누적성과는 다음 식으로 구해진다.

$$f_1 = r_1 + f_{2*}$$

단계 1 GS식품에 대한 정책결정이 맨 처음에 시행되므로 상태는 5개 팀이다. 1

개 팀을 파견할 경우 20억원의 성과를 얻는다. 남은 4개 팀으로 단계 2에서 160억원의 최적누적성과를 얻게 된다. 따라서 누적성과는 20 + 160 = 180억원이다.

$$f_1 = r_1 + f_{2^*}$$
$$= 20 + 160 = 180$$

2개팀을 파견할 경우 70억원의 성과를 얻는다. 남은 3개팀으로 단계 2에서 120억원의 최적누적성과를 얻게 된다. 따라서 누적성과는 70 + 120 = 190억원이다.

$$f_1 = r_1 + f_{2^*}$$
$$= 70 + 120 = 190$$

이 둘 중에서 190억원이 크므로 GS식품에의 최적결정은 2개 팀 파견이며 최적누적성과는 190억원이다.

이 문제의 최적해는? 단계 1 GS식품에 대하여 2개 팀을 파견하는 것이다. 그러면 3개 팀이 남는데 단계 2 GS전자에 1개 팀을 파견한다. 이제 2개 팀이 남는데 단계 3 GS철강에 2개 팀을 파견한다. 그리하여 최적누적성과는 190억원이 된다. 정리하면,

단 계	상 태	결 정	성 과
1. GS식품	5개 팀	2개 팀	70억원
2. GS전자	3개 팀	1개 팀	30억원
3. GS철강	2개 팀	2개 팀	90억원
합 계			190억원

제 2 절 배낭문제 : 프로젝트 선정

배낭문제(knapsack problem)라고 불리우는 유형의 문제들은 다음의 형식을 지닌다. n가지 종류의 품목들이 있다. 각 종류 j는 무게 w_i와 가치 v_i를 지닌다. 이들

을 담을 배낭이 하나 있는데 최대 W킬로그램까지 담을 수 있다고 하자. 그러면, 배낭에 담는 가치를 최대로 하기 위하여는 어떻게 담아야 하겠는가?

이러한 문제들로는 자본예산(capital budgeting), 프로젝트 선정(project selection) 등이 있다. 예를 들어 최근에 자그마한 회사를 차린 흥부는 5억원의 자금으로 유망 프로젝트들을 시작하려고 한다. 조사해 보니 다음 3가지의 종류의 프로젝트가 유망한데, 최대이익을 얻기 위해서 어떤 종류의 프로젝트들을 각각 몇 건씩 선정하면 좋겠는지 알아보고 싶다.

① 금융 프로젝트는 3건이 가능하고 각각의 소요 투자액은 1억원, 투자액을 회수하고 남는 이익은 3억원이다.

② 벤처기업 프로젝트는 2건이 가능하고 각각의 소요 투자액은 2억원, 이익은 5억원이다.

③ 부동산 프로젝트는 1건이 가능하고 소요 투자액은 2억원, 이익은 4억원이다.

이 문제를 동적계획법으로 접근해 보자. 먼저, 자료를 정리하면 [표 8-5]와 같다.

[표 8-5] 프로젝트 종류에 따른 투자액과 이익

(단위: 억원)

프로젝트	건 수	투자액	이 익
1. 금 융	3건	1	3
2. 벤처기업	2건	2	5
3. 부동산	1건	2	4

이 의사결정문제를 순차적으로 접근한다고 가정하자. 즉 금융 프로젝트를 몇 건 할 것인가를 먼저 결정하고, 다음에 벤처기업 프로젝트를 몇 건 할 것인가를 결정하고, 마지막으로 부동산 프로젝트를 몇 건 할 것인가를 결정하는 것이다. 그렇다면, 이 문제에서는 각 프로젝트 종류를 단계(stage)들로 생각할 수 있다. 즉,

단계 1　금융 프로젝트

단계 2　벤처기업 프로젝트

단계 3　부동산 프로젝트

의사결정변수(decision variable) x_n 은 각 단계에서 선정되는 프로젝트 건수이다. 즉,

x_1 = 금융 프로젝트의 선정 건수(0, 1, 2 혹은 3)

x_2 = 벤처기업 프로젝트의 선정 건수(0, 1 혹은 2)

x_3 = 부동산 프로젝트의 선정 건수(0 혹은 1)

각 단계의 의사결정에 따라 성과 r_n이 산출된다.

r_1 = 금융프로젝트의 이익(건당 3억)

r_2 = 벤처기업프로젝트의 이익(건당 5억)

r_3 = 부동산프로젝트의 이익(건당 4억)

한편, 각 단계에는 투자가능한 자금이라는 상태 s_n이 주어진다고 할 수 있다. 예를 들어 금융 프로젝트를 3건 선정하여 3억원을 투자했다면, 다음 벤처기업 프로젝트 선정할 때에는 2억원이라는 자금을 전제로 고려해야 한다. 만일 벤처기업 프로젝트를 1건 선정하여 2억원을 투자했다면, 마지막 의사결정단계인 부동산 프로젝트에는 투자할 자금이 없게 된다. 즉 상태 s_n 은 의사결정을 위한 조건이 된다. 이 문제에서는 처음 의사결정이 금융 프로젝트에 대하여 이루어지므로 s_1 =5로 놓자.

s_1 = 금융 프로젝트에 투자가능한 자금 = 5 억원

s_2 = 벤처기업 프로젝트에 투자가능한 자금

s_3 = 부동산 프로젝트에 투자가능한 자금

이 문제의 동적계획법 접근은 [그림 8-2]로 묘사될 수 있다.

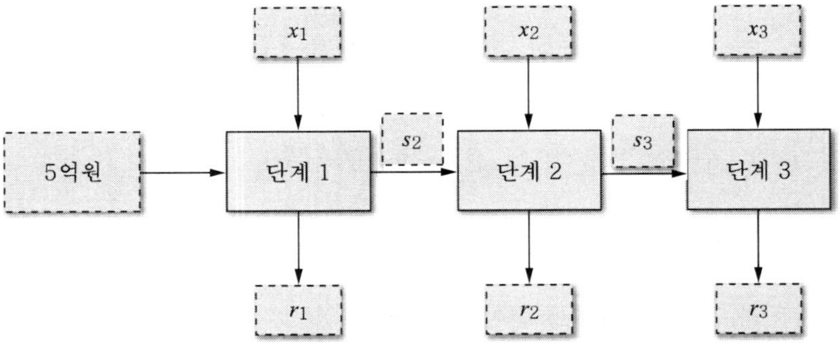

[그림 8-2] 프로젝트 선정문제의 동적계획법 구조

그런데, 각 단계의 정책결정은 종합되어 전체적인 최적결정이 이루어져야 한다. 이를 위한 수단으로 각 단계의 성과를 누적할 필요가 있다. 누적성과를 f_n이라고 하면,

누적성과 = 성과 + 다음 단계의 최적누적성과

$$f_n = r_n + f_{n+1^*}$$

마지막의 단계 3에서는 아직 누적성과가 없으므로,

$$f_3 = r_3$$

단계 2에서는,

$$f_2 = r_2 + f_{3^*}$$

단계 1에서는,

$$f_1 = r_1 + f_{2^*}$$

동적계획법에서는 역진적으로 해법 절차를 진행하므로, 마지막 정책결정 단계인 부동산 프로젝트에 대하여 먼저 고찰해 보자.

단계 3 부동산 프로젝트(건당 투자액 = 2억원)

x_3 = 부동산 프로젝트의 선정건수(0 혹은 1)

r_3 = 부동산 프로젝트의 이익(건당 4억원)

s_3 = 부동산 프로젝트에 투자가능한 자금

이 자료에 의해 [표 8-6]을 만들어 최적정책을 찾아보자.

[표 8-6] 단계 3 부동산 프로젝트의 최적정책

(건당 투자액 = 2억원)

결정(x_3) / 상태(s_3)	0 건	1 건	최적결정	최적누적성과
	결과(r_3)	결과(r_3)	(x_3^*)	(f_3^*)
0억원	0억원	-	0건	0억원
1억원	0억원	-	0건	0억원
2억원	0억원	4억원	1건	4억원
3억원	0억원	4억원	1건	4억원
4억원	0억원	4억원	1건	4억원
5억원	0억원	4억원	1건	4억원

[표 8-6]과 같이, 단계 3 부동산 프로젝트에서의 상태가 0억원이라면 0건을 선정한다. 최적누적성과는 0억원으로 놓는다.

상태가 1억원이라면 선정할 자금이 모자라므로 0건을 선정한다. 최적누적성과는 0억원이다. 만일 상태가 2억원이라면 1건을 선정하여 4억원의 성과를 얻는다. 최적누적성과는 4억원이다.

상태가 3억원 이상인 경우들에도 역시 1건 선정이 최적결정이 되고 최적누적성과는 4억원이다.

다음에는 역진적으로 단계 2 벤처기업 프로젝트에 대하여 고찰해 보자.

단계 2 벤처기업 프로젝트(건당 투자액 = 2억원)

x_2 = 벤처기업 프로젝트의 선정건수(0, 1 혹은 2)

r_2 = 벤처기업 프로젝트의 이익(건당 5억원)

s_2 = 벤처기업 프로젝트에 투자가능한 자금

이 자료에 의해 [표 8-7]을 만들어 최적정책을 찾아보자.

[표 8-7] 단계2 벤처기업 프로젝트의 최적정책

(건당 투자액: 2억원)

결정(x_2) / 상태(s_2)	0건	1건	2건	최적결정 (x_2^*)	최적누적 성과(f_2^*)	s_3^*
	누적성과 (f_2)	누적성과 (f_2)	누적성과 (f_2)			
0억원	0+0억원	-	-	0건	0억원	0
1억원	0+0억원	-	-	0건	0억원	1
2억원	0+4억원	5+0억원	-	1건	5억원	0
3억원	0+4억원	5+0억원	-	1건	5억원	1
4억원	0+4억원	5+4억원	10+0억원	2건	10억원	0
5억원	0+4억원	5+4억원	10+0억원	2건	10억원	1

[표 8-7]에서 단계 2의 누적성과는 다음 식으로 구해진다.

$$f_2 = r_2 + f_{3^*}$$

한편, 단계 2의 결정은 단계 3의 상태를 결정하는데, 이처럼 어느 단계의 결정이 다음 단계의 상태를 정하는 것을 묘사하는 함수를 변환함수(transf OR/MS mation function)라고 한다. 단계 2에서 벤처기업 프로젝트 한 건 선정할 때마다 2억원의 자금이 소요되므로 다음 단계 3에서의 상태는 이 금액을 뺀 것이 된다. 따라서 단계 3의 상태를 나타내는 변환함수는,

$$s_3 = s_2 - 2x_2$$

[표 8-7]에서 단계 2 벤처기업 프로젝트에서의 상태가 0억원이라면 0건을 선정한다. 다음 단계 3의 상태 역시 0억원이므로 단계 3에서도 0억원의 최적누적성과를 얻는다. 따라서 단계 2의 누적성과는 0억원이다.

$$x_2 = 0$$

$$\begin{aligned} s_3 &= s_2 - 2x_2 \\ &= 0 - 2 \times 0 = 0 \end{aligned}$$

$$\begin{aligned} f_2 &= r_2 + f_{3^*} \\ &= 0 + 0 = 0 \end{aligned}$$

상태가 1억원이라면 선정할 자금이 모자라므로 0건을 선정한다. 다음 단계 3의 상태는 1억원이 되는데 단계 3에서 0억원의 최적누적성과를 얻는다. 따라서 단계 2의 누적성과는 0억원이다.

$$x_2 = 0$$

$$\begin{aligned} s_3 &= s_2 - 2x_2 \\ &= 1 - 2 \times 0 = 1 \end{aligned}$$

$$\begin{aligned} f_2 &= r_2 + f_{3*} \\ &= 0 + 0 = 0 \end{aligned}$$

상태가 2억원이라면 0건을 선정할 경우, 다음 단계 3의 상태는 2억원이 되는데 단계 3에서 4억원의 최적누적성과를 얻는다. 따라서 단계 2의 누적성과는 4억원이다.

$$x_2 = 0$$

$$\begin{aligned} s_3 &= s_2 - 2x_2 \\ &= 2 - 2 \times 0 = 2 \end{aligned}$$

$$\begin{aligned} f_2 &= r_2 + f_{3*} \\ &= 0 + 4 = 4 \end{aligned}$$

1건을 선정할 경우는, 단계 2에서 5억원의 성과를 얻는다. 단계 3의 상태는 0억원이 되어 단계 3에서 0억원의 최적누적성과를 얻는다. 따라서 단계 2의 누적성과는 5억원이다.

$$x_2 = 1$$

$$\begin{aligned} s_3 &= s_2 - 2x_2 \\ &= 2 - 2 \times 1 = 0 \end{aligned}$$

$$\begin{aligned} f_2 &= r_2 + f_{3*} \\ &= 5 + 0 = 5 \end{aligned}$$

이 둘 중 5억원이 크므로 단계 2의 상태가 2억원일 때의 최적결정은 1건 선정이다. 최적누적성과는 5억원이며, 다음 단계 3의 상태는 0억원이 된다.

상태가 3억원이라면 0건을 선정할 경우, 다음 단계 3의 상태는 3억원이 되는데 단계 3에서 4억원의 최적누적성과를 얻는다. 따라서 단계 2의 누적성과는 4억원이다.

$$x_2 = 0$$

$$\begin{aligned} s_3 &= s_2 - 2x_2 \\ &= 3 - 2 \times 0 = 3 \end{aligned}$$

$$\begin{aligned} f_2 &= r_2 + f_{3^*} \\ &= 0 + 4 = 4 \end{aligned}$$

1건을 선정할 경우는, 단계 2에서 5억원의 성과를 얻는다. 단계 3의 상태는 1억원이 되어 단계 3에서 0억원의 최적누적성과를 얻는다. 따라서 단계 2의 누적성과는 5억원이다.

$$x_2 = 1$$

$$\begin{aligned} s_3 &= s_2 - 2x_2 \\ &= 3 - 2 \times 1 = 1 \end{aligned}$$

$$\begin{aligned} f_2 &= r_2 + f_{3^*} \\ &= 5 + 0 = 5 \end{aligned}$$

이 둘 중 5억원이 크므로 단계 2의 상태가 3억원일 때의 최적결정은 1건 선정이다. 최적누적성과는 5억원이며, 다음 단계 3의 상태는 1억원이 된다.

상태가 4억원이라면 0건을 선정할 경우, 다음 단계 3의 상태는 4억원이 되는데 단계 3에서 4억원의 최적누적성과를 얻는다. 따라서 단계 2의 누적성과는 4억원이다.

$$x_2 = 0$$

$$\begin{aligned} s_3 &= s_2 - 2x_2 \\ &= 4 - 2 \times 0 = 4 \end{aligned}$$

$$\begin{aligned} f_2 &= r_2 + f_{3^*} \\ &= 0 + 4 = 4 \end{aligned}$$

1건을 선정할 경우는, 단계 2에서 5억원의 성과를 얻는다. 다음 단계 3의 상태는 2억원이 되어 단계 3에서 4억원의 최적누적성과를 얻는다. 따라서 단계 2의 누적성과는 9억원이다.

$$x_2 = 1$$

$$\begin{aligned} s_3 &= s_2 - 2x_2 \\ &= 4 - 2 \times 1 = 2 \end{aligned}$$

$$\begin{aligned} f_2 &= r_2 + f_{3*} \\ &= 5 + 4 = 9 \end{aligned}$$

2건을 선정할 경우는, 단계 2에서 10억원의 성과를 얻는다. 다음 단계 3의 상태는 0억원이 되어 단계 3에서 0억원의 최적누적성과를 얻는다. 따라서 단계 2의 누적성과는 10억원이다.

$$x_2 = 2$$

$$\begin{aligned} s_3 &= s_2 - 2x_2 \\ &= 4 - 2 \times 2 = 0 \end{aligned}$$

$$\begin{aligned} f_2 &= r_2 + f_{3*} \\ &= 10 + 0 = 10 \end{aligned}$$

이중 10억원이 가장 크므로 단계 2의 상태가 4억원일 때의 최적결정은 2건 선정이다. 최적누적성과는 10억원이며, 다음 단계 3의 상태는 0억원이 된다.

상태가 5억원이라면 0건을 선정할 경우, 다음 단계 3의 상태는 5억원이 되는데 단계 3에서 4억원의 최적누적성과를 얻는다. 따라서 단계 2의 누적성과는 4억원이다.

$$x_2 = 0$$

$$\begin{aligned} s_3 &= s_2 - 2x_2 \\ &= 5 - 2 \times 0 = 5 \end{aligned}$$

$$\begin{aligned} f_2 &= r_2 + f_{3*} \\ &= 0 + 4 = 4 \end{aligned}$$

1건을 선정할 경우는, 단계 2에서 5억원의 성과를 얻는다. 다음 단계 3의 상태는 3억원이 되어 단계 3에서 4억원의 최적누적성과를 얻는다. 따라서 단계 2의 누적성과는 9억원이다.

$$x_2 = 1$$

$$\begin{aligned} s_3 &= s_2 - 2x_2 \\ &= 5 - 2 \times 1 = 3 \end{aligned}$$

$$\begin{aligned} f_2 &= r_2 + f_{3^*} \\ &= 5 + 4 = 9 \end{aligned}$$

2건을 선정할 경우는, 단계 2에서 10억원의 성과를 얻는다. 다음 단계 3의 상태는 1억원이 되어 단계 3에서 0억원의 최적누적성과를 얻는다. 따라서 단계 2의 누적성과는 10억원이다.

$$x_2 = 2$$

$$\begin{aligned} s_3 &= s_2 - 2x_2 \\ &= 5 - 2 \times 2 = 1 \end{aligned}$$

$$\begin{aligned} f_2 &= r_2 + f_{3^*} \\ &= 10 + 0 = 10 \end{aligned}$$

이 중 10억원이 가장 크므로 단계 2의 상태가 5억원일 때의 최적결정은 2건 선정이다. 최적누적성과는 10억원이며, 다음 단계 3의 상태는 1억원이 된다. 마지막으로 역진적으로 단계 1 금융 프로젝트에 대하여 고찰해 보자.

단계 1 금융 프로젝트(건당 투자액 = 1억원)

x_1 = 금융 프로젝트의 선정건수(0, 1, 2 혹은 3)

r_1 = 금융 프로젝트의 이익(건당 3억원)

s_1 = 금융 프로젝트에 투자가능한 자금

이 자료에 의해 [표 8-8]을 만들어 최적정책을 찾아보자.

[표 8-8] 단계 1 금융 프로젝트의 최적정책

(건당 투자액: 1억원)

결정(x_1) / 상태(s_1)	0 건 누적성과 (f_1)	1 건 누적성과 (f_1)	2 건 누적성과 (f_1)	3 건 누적성과 (f_1)	최적 결정 (x_1^*)	최 적 누적성과 (f_1^*)	s_2^*
5 억원	0+10억원	3+10억원	6+5억원	9+5억원	3 건	14 억원	2

[표 8-8]과 같이 단계 1 금융 프로젝트의 상태는 5억원이다. 0건을 선정할 경우, 다음 단계 2의 상태는 5억원이 되는데 단계 2에서 10억원의 최적누적성과를 얻는다. 따라서 단계 1의 누적성과는 10억원이다.

$$x_1 = 0$$

$$\begin{aligned} s_2 &= s_1 - x_2 \\ &= 5 - 0 = 5 \end{aligned}$$

$$\begin{aligned} f_1 &= r_1 + f_{2*} \\ &= 0 + 10 = 10 \end{aligned}$$

1건을 선정할 경우는, 단계 1에서 3억원의 성과를 얻는다. 다음 단계 2의 상태는 4억원이 되어 단계 2에서 10억원의 최적누적성과를 얻는다. 따라서 단계 1의 누적성과는 13억원이다.

$$x_1 = 1$$

$$\begin{aligned} s_2 &= s_1 - x_1 \\ &= 5 - 1 = 4 \end{aligned}$$

$$\begin{aligned} f_1 &= r_1 + f_{2*} \\ &= 3 + 10 = 13 \end{aligned}$$

2건을 선정할 경우는, 단계 1에서 6억원의 성과를 얻는다. 다음 단계 2의 상태는 3억원이 되어 단계 2에서 5억원의 최적누적성과를 얻는다. 따라서 단계 1의 누적성과는 11억원이다.

$$x_1 = 2$$

$$\begin{aligned} s_2 &= s_1 - x_1 \\ &= 5 - 2 = 3 \end{aligned}$$

$$\begin{aligned} f_1 &= r_1 + f_{2*} \\ &= 6 + 5 = 11 \end{aligned}$$

3건을 선정할 경우는, 단계 1에서 9억원의 성과를 얻는다. 다음 단계 2의 상태는 2억원이 되어 단계 2에서 5억원의 최적누적성과를 얻는다. 따라서 단계 1의 누적성과는 14억원이다.

$$x_1 = 3$$

$$\begin{aligned} s_2 &= s_1 - x_1 \\ &= 5 - 3 = 2 \end{aligned}$$

$$\begin{aligned} f_1 &= r_1 + f_{2*} \\ &= 9 + 5 = 14 \end{aligned}$$

14억원이 가장 크므로 단계 1의 최적결정은 금융 프로젝트 3건 선정이다. 최적누적성과는 14억원이며, 다음 단계 2의 상태는 2억원이 된다.

이 문제의 최적해는? 단계 1 금융 프로젝트를 3건 선정한다. 그러면 2억원이 남는데 단계 2 벤처기업 프로젝트를 1건 선정한다. 단계 3 부동산프로젝트는 선정하지 않는다. 그리하여 최적누적성과는 14억원이 된다. 정리하면,

단 계	상 태	결 정	성 과
1. 금융프로젝트	5억원	3건(소요자금 3억원)	9억원
2. 벤처기업프로그램	2억원	1건(소요자금 2억원)	5억원
3. 부동산프로젝트	0억원	0건	
합 계			14억원

제3절 컴퓨터를 이용한 해법

동적계획법을 현실문제에 응용함에 있어 문제 규모가 크므로 컴퓨터 패키지를 이용하게 된다. 예를 들어 QSB 프로그램을 이용하여 앞의 배낭문제: 프로젝트선정을 풀면 입력해야 하는 자료는 다음과 같다.

Capacity of Knapsack: 총자금액을 입력하는데, 이 문제에서는 5억원이다.

Types of Item(stage): 단계의 종류를 입력하는데, 금융 프로젝트, 벤처기업 프로젝트 및 부동산 프로젝트이다.

Number of Items: 선정가능한 각 프로젝트의 건수를 입력하는데, 이 문제에서는 각각 3, 2, 1건이다.

Space Required: 건당 소요투자액을 입력하는데, 이 문제에서는 각각 1, 2, 2억원이다.

Weight/Value: 건당 이익을 입력하는데, 이 문제에서는 각각 3, 5, 4억원이다.

자료를 입력한 QSB화면은 [그림 8-3]과 같다.

Types of Item(stage)	Number of Items	Space Required	Weight/Value
1	3	1	3
2	2	2	5
3	1	2	4

[그림 8-3] 프로젝트 선정 문제의 자료를 입력한 QSB화면

자료를 입력하고 "Solve the Problem"을 선택하면 [그림 8-4]와 같은 해답을 구할 수 있다.

The Final Solution for PROJECT SELECTION

Stage	Decision	Return	Capacity Left
1	3	9	2
2	1	5	0
3	0	0	0

[그림 8-4] 프로젝트 선정 문제의 해답을 보여주는 QSB화면

[그림 8-4]에서 다음의 해답을 볼 수 있다.

Stage: 단계의 종류인데, 이 문제에서는 금융 프로젝트, 벤처기업 프로젝트 및 부동산 프로젝트이다.

Decision: 각 단계에서의 결정인데, 금융 프로젝트, 벤처기업 프로젝트 및 부동산 프로젝트를 각각 3, 1, 0건을 선정하였다.

Return: 각 단계에서 얻은 이익인데, 금융 프로젝트, 벤처기업 프로젝트 및 부동산 프로젝트에서 각각 9, 5, 0억원을 얻었다.

Capacity Left: 다음 단계의 상태인데, 벤처기업 프로젝트 및 부동산 프로젝트의 상태는 각각 2, 0억원이며 마지막에 남은 자금은 0억원이다.

연습문제

1. 보물섬에 도착한 대조영은 다음과 같은 보물을 발견하였다. 사파이어원석 1개(무게 3킬로그램/개, 가격 10억원/개), 신라금관 2개(무게 2킬로그램/개, 가격 13억원/개), 루비원석 3개(무게 1킬로그램/개, 가격 6억원/개). 그런데 자신이 가져온 고무보트에는 단지 3킬로그램밖에 실을 수 없다. 어떤 보물(들)을 몇 개(씩) 가져와야 최대의 이익을 얻겠는가? 동적계획법으로 풀어라.

2. 철수는 봉고차에 상품들을 싣고 외떨어진 교외지역을 다니면서 장사를 하고 있다. 봉고차는 5입방미터의 용적을 가지고 있다. 상품종류에 따라 가능한 상품의 개수, 소요되는 개당 용적과 개당 이익이 다음에 나타나 있다.

상품종류	개 수	개당용적(단위 :입방미터)	개당이익(단위 : 만원)
가	2	1	8
나	1	3	12
다	2	2	10

어느 날 아침 봉고차에 상품들을 싣고 출발하려고 한다. 어느 상품을 몇 개씩 실어야(상품은 당일에 다 팔 수 있다고 가정함) 그날 최대이익을 보겠는지 알고 싶다. 이 문제를 동적계획법으로 풀려고 할 때, 문제의 기본구조와 변수들을 상세히 설계하라.

이 문제를 동적계획법으로 풀어라. 종류별로 몇 개씩 실어야 하나? 최대이익은 얼마인가?

3. 서울 투자회사는 5억원의 자금을 가지고 투자하려고 한다. 투자안은 다음 3가지이다.

A형프로젝트는 3건이 가능하고 각각의 비용은 1억원, 이익은 1억원이다.

B형프로젝트는 2건이 가능하고 각각의 비용은 2억원, 이익은 3억원이다.

C형프로젝트는 1건이 가능하고 각각의 비용은 2억원, 이익은 2억원이다.

최대이익을 얻기 위해서 어떤 형의 프로젝트를 각각 몇 건씩 하면 좋겠는지 동적계획법으로 풀어라. 최대이익은?

4. 세계건강기구(WHC, WOR/MSld Health Council)에서는 아프리카지역에 파견할 의료팀 5개를 구성하였다. 파견대상국가로는 3개국이 선정되었다. 의료팀 몇 개를 파견하느냐에 따라 파견대상국가의 건강상태는 그만큼 좋아지게 된다. 건강상태는 수명연장연수로 측정된다(단위=1,000years). 자료는 다음과 같다.

수명연장연수

파견되는 의료팀의 수	국 가 1	국 가 2	국 가 3
0	0	0	0
1	45	20	50
2	70	45	70
3	90	75	80
4	105	110	100
5	120	150	130

5개 의료팀을 각 국가에 몇 팀씩 파견하면 좋겠는가? 문제를 동적계획법으로 풀어라.

5. 우리나라의 우주센터에서는 화성에 인간을 보내는 프로젝트를 수행하고 있다. 이 계획의 추진을 위하여 세 개의 연구팀이 활동하고 있다.

현재의 상태로 각 팀이 성공하지 못할 확률은 각각 0.40, 0.60, 0.80이다. 그리하여 세 팀 전부가 실패할 확률은 (0.40)(0.60)(0.80)=0.192이다. 이 확률을 줄이기 위하여 우주센터에서는 최고수준의 과학자 2명을 새로 영입하였다.

영입한 과학자 2명을 어느 연구팀에 배치할 것인가를 결정해야 한다. 각 팀의 특성을 볼 때 새로 배치되는 과학자의 수에 따라 실패확률은 다음과 같이 감소한다.

실패확률

배치되는 과학자의 수	연구팀 1	연구팀 2	연구팀 3
0	0.40	0.60	0.80
1	0.20	0.40	0.50
2	0.15	0.20	0.30

어느 연구팀에 몇 명씩 배치할 것인지, 이 문제를 동적계획법으로 풀어라.

6. 가수 "비"는 앞으로 5일간에 대한 일정계획을 세우려 한다.

공연 계약의 제의는 다음 3곳에서 들어와 있다.

라스베가스 공연[2건, 소요일수 각 4일, 보수 각 5억원]
제주도 공연 [3건, 소요일수 각 2일, 보수 각 3억원]
서울 공연 [2건, 소요일수 각 1일, 보수 각 1억원]

5일간 어느 공연을 몇 건씩 해야 최대의 보수를 받겠는가? 이 문제를 동적계획법으로 풀어라.

제 9 장

프로젝트 관리(PERT/CPM)

경영자는 다수의 부문이나 개인에 의해 수행되는 수많은 독립된 직무 혹은 활동(activity)들로 이루어진 프로젝트를 계획, 일정관리, 통제하기도 한다. 이런 경우를 위해 PERT(program evaluation and review technique) 및 CPM(critical path method) 기법이 유용함이 입증되었다.

PERT 및 CPM이 쓰이는 프로젝트의 예를 들면 다음과 같다.

① 신제품 및 신공정의 연구개발

② 공장, 건물, 고속도로의 건설

③ 대형 및 복잡한 장비의 보전

④ 새로운 시스템의 설계 및 설치

이런 프로젝트들을 관리하는 데는 다음의 질문에 대한 해답이 필요하다.

① 프로젝트가 완료되는 시일은 언제가 될까?

② 각 활동의 시작일과 완료일은 언제가 되어야 하나?

③ 프로젝트의 완료기 일에 맞추기 위하여 늦어서는 안 되는 중요(critical) 활동들은 무엇인가?

④ 프로젝트의 완료기일 범위 내에서 중요하지 않은(noncritical) 활동들은 얼마까지 지연이 가능한가?

PERT 및 CPM은 위의 질문들에 해답할 수 있게 도와준다. PERT는 1950년대에

폴라리스(Polaris) 미사일 개발을 위해 고안되었다. CPM은 산업 프로젝트를 위해 고안되었다. 오늘날에는 이 두 기법이 종합되어 PERT/CPM으로 사용된다.

제 1 절 프로젝트 일정관리 : 각 활동의 소요시간이 알려진 경우

PERT/CPM의 첫 단계는 활동을 정의하는 것으로 시작된다. 예를 들어 파크팰리스 쇼핑센터(주)는 현재의 쇼핑센터를 remodeling하려고 한다. 이 프로젝트는 [표 9-1]과 같이 5개의 활동으로 이루어졌다.

[표 9-1] 쇼핑센터 프로젝트의 활동 목록

활동	묘사	선행활동	시간(주)
A	설계도작성	-	5
B	remodeling	A	8
C	상가 분양	A	4
D	자금 조달	-	6
E	상가 입주	B, C, D	3
합 계			26

[표 9-1]에서, 선행활동(immediate predecessors)이란 그것이 완료되어야만 본 활동을 시작할 수 있는 활동을 말한다. 활동 E는 B, C 그리고 D가 끝나야만 시작할 수 있다. 활동 E가 끝남으로써 프로젝트는 끝난다.

마지막 열은 활동의 소요시간(활동시간)인데, 예컨대 A는 5주일이 걸린다. 소요시간의 합계는 26주지만 동시에 진행되는 활동들이 있으므로 프로젝트 완료기일은 더 짧을 것이다.

[그림 9-1]은 이 프로젝트를 묘사하는데 이를 프로젝트 네트워크(project network)라고 한다. 활동은 네트워크의 마디(node)로 묘사되는데, 시작과 끝을 나타내는 마디가 추가되었다. 활동간의 관계는 가지(arc, 화살표)로 묘사된다. 프로젝트 네트워크는 활동간의 관계를 표시하며 PERT/CPM 계산을 위한 기반을 제공한다.

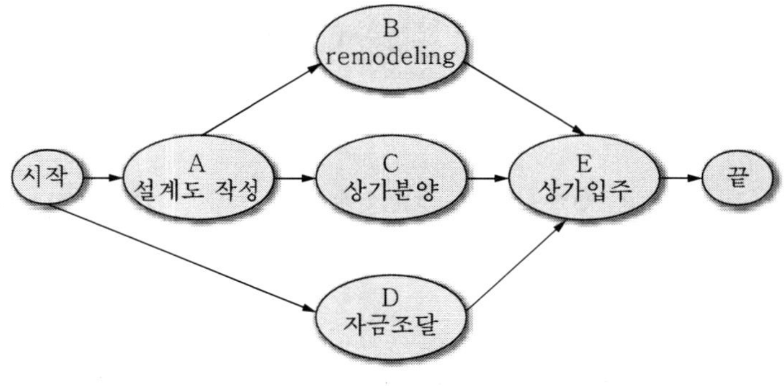

[그림 9-1] 파크팰리스 쇼핑센터의 프로젝트 네트워크

1. 주 경 로

PERT/CPM 계산을 위해 네트워크를 [그림 9-2]와 같이 바꾸어 보자. 각 마디의 왼쪽 위에 각 활동의 영문자가 적혀있다. 소요시간은 바로 그 밑에 적혀 있다.

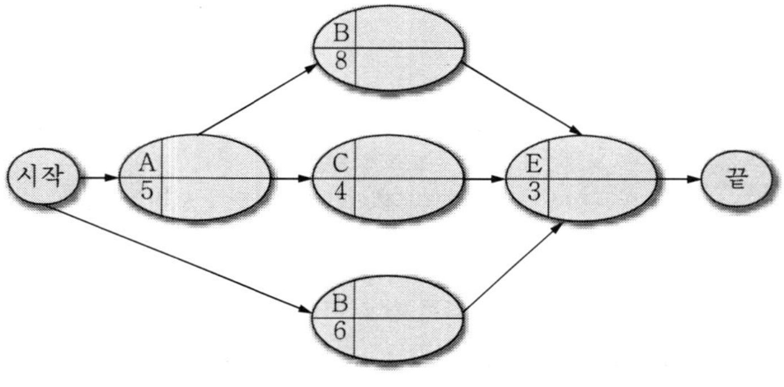

[그림 9-2] 파크팰리스 쇼핑센터의 프로젝트 네트워크

프로젝트의 완료시간을 예측하기 위해서는 네트워크를 분석하여 주경로(critical path)라는 것을 찾아야 한다. 경로(path)는 시작 마디부터 끝 마디까지 이어지는 연결되는 마디들의 한 줄로 정의된다. 예를 들어 [그림 9-2]의 네트워크에서 경로 A-B-E가 있다. 또 경로 A-C-E 및 경로 D-E가 발견된다. 프로젝트를 완료하기 위하여 각 경로들은 반드시 거쳐져야 한다. 짧은 시간이 소요되는 경로들이 먼저 완

결된다 하더라도, 가장 많은 시간이 소요되는 경로가 완결되어야만 비로소 본 프로젝트가 완결될 것이다. 가장 많은 시간이 소요되는 경로를 주경로(critical path)라고 한다.

주경로(critical path) ; 가장 많은 시간이 소요되는 경로

주경로상의 활동들을 주활동(critical activity)이라고 한다. 그러면 주경로를 찾는 단계적 알고리즘을 알아보자.

2. 주경로의 확인

먼저, 각 활동의 가장 빠른 시작시각(earliest start time)과 가장 빠른 완료시각(earliest finish time)을 확인해 보자.

ES = 어떤 활동의 가장 빠른 시작시각(earliest start time)
EF = 어떤 활동의 가장 빠른 완료시각(earliest finish time)
t = 활동의 소요시간.

어떤 활동의 가장 빠른 완료시각은

$$EF = ES + t$$

활동 A는 프로젝트의 개시와 더불어 시작되므로 A의 가장 빠른 시작시각을 0으로 놓자. 소요시간은 5주이므로 가장 빠른 완료시각은 제5주가 될 것이다. 즉 $EF = ES + t = 0 + 5 = 5$.

가장 빠른 시작시각과 가장 빠른 완료시각을 마디의 영문자 오른쪽에 적어 넣자. 즉, pert00

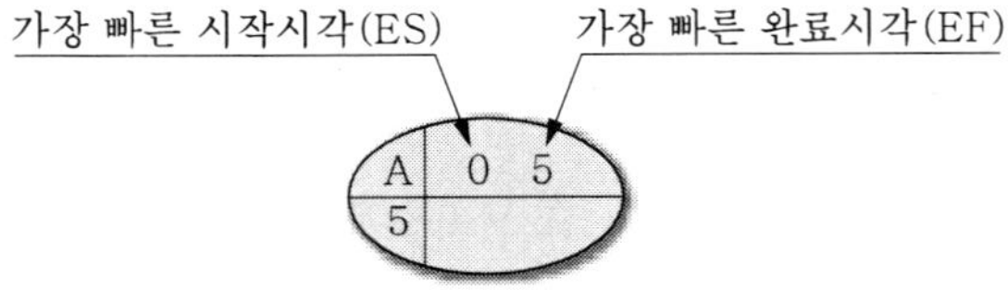

어떤 활동은 모든 선행활동들이 끝나야만 시작될 수 있으므로 다음 규칙이 활동의 가장 빠른 시작시각을 결정하는 데 이용된다.

> 규칙: 어떤 활동의 가장 빠른 시작시각(ES)은 모든 선행활동들의 가장 빠른 완료시각(EF)들 중 가장 늦은 것(=최대치)과 같다

그러면 각 마디의 가장 빠른 시작시각과 가장 빠른 완료시각을 구해 보자. 활동 B는 유일한 선행활동이 A이므로, 가장 빠른 시작시각은 ES = 5가 된다. 그러면 소요시간이 8주이므로 B의 가장 빠른 완료시각 EF = ES + t = 5 + 8 = 13이 된다. 활동 C도 유일한 선행활동이 A이므로, 가장 빠른 시작시각은 ES = 5가 된다. 그러면 소요시간이 4주이므로 C의 가장 빠른 완료시각 EF = ES + t = 5 + 4 = 9가 된다.

이런 식으로 전방진행(forward pass)을 계속해 보자. 활동 D는 가장 빠른 시작시각을 0으로 놓고(ES=0), 소요시간이 6주이므로 EF = ES + t = 0 + 6 = 6이 된다. 활동 E는 선행활동이 B, C, D의 세 개가 된다. 이들의 가장 빠른 완료시각은 각각 13, 9, 6이다. 이 중에서 가장 늦은 것, 즉 가장 큰 값은 13이므로 E의 가장 빠른 시작시각 ES=13이 될 것이다. 그러면 소요시간이 3주이므로 E의 가장 빠른 완료시각 EF = ES + t = 13 + 3 = 16이 된다. E는 마지막 활동이므로 이 프로젝트의 완결시각은 제16주가 됨을 예측할 수 있다. 이상이 [그림 9-3]에 묘사되어 있다.

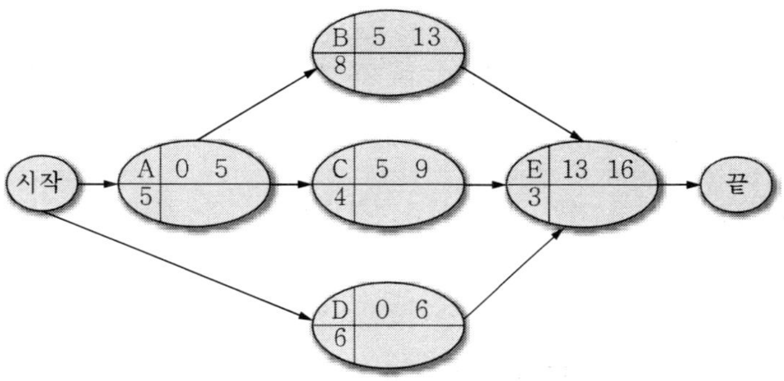

[그림 9-3] 쇼핑센터의 프로젝트 네트워크 : 가장 빠른 시작시각 및 가장 빠른 완료시각

이 알고리즘의 다음 단계는 네트워크에서의 역진행(backward pass)으로써 주경로를 발견하는 것이다. 프로젝트는 제16주에 완료할 수 있으므로 마지막 활동 E의 가장 늦은 완료시각(latest finish time)을 제16주로 놓기로 하자. 가장 늦은 완료시각이란 그 프로젝트를 지연하지 않기 위하여 늦어도 그때까지는 완료되어야만 하는 시각이다. 가장 늦은 완료시각이 결정되면, 그 활동의 가장 늦은 시작시각(latest start time)은 다음과 같이 계산될 수 있다. 즉,

LS = 어떤 활동의 가장 늦은 시작시각(latest start time)
LF = 어떤 활동의 가장 늦은 완료시각(latest finish time)
t = 활동의 소요시간.

어떤 활동의 가장 늦은 시작시각은

$$LS = LF - t$$

역진행을 활동 E에서 시작하면, 우리는 가장 늦은 완료시각 LF=16임을 알고 있고 소요시간 t=3임을 알고 있다. 따라서 활동 E의 가장 늦은 시작시각 LS = LF - t = 16 - 3 = 13이 된다. 이 LS, LF의 값을 마디의 아래쪽에 적기로 하자. 즉,

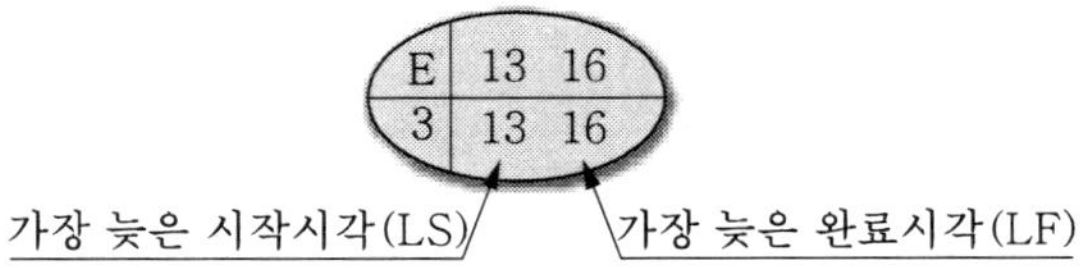

다음 규칙이 각 활동의 가장 늦은 완료시각(LF)을 결정하는 데 이용된다.

> 규칙: 어떤 활동의 가장 늦은 완료시각(LF)은 그 직후의 모든 활동들의 가장 늦은 시작시각(LS)들 중 가장 빠른 것(=최소치)과 같다

그러면 각 마디의 가장 늦은 시작시각과 가장 늦은 완료시각을 구해보자. 활동 D는, 바로 뒤의 활동인 E가 제13주에 시작되어야 하므로 늦어도 제13주까지 완료되어야만 한다. 그래서 D의 가장 늦은 완료시각 LF = 13이 된다. D의 소요시간 t = 6주이므로, 가장 늦은 시작시각 LS = LF - t = 13 - 6 = 7이 된다.

활동 C도, 바로 뒤의 활동인 E가 제13주에 시작되어야 하므로 늦어도 제13주까지 완료되어야만 한다. 그래서 C의 가장 늦은 완료시각 LF = 13이 된다. C의 소요시간 t = 4주이므로 가장 늦은 시작시각 LS = LF - t = 13 - 4 = 9가 된다.

활동 B도, 바로 뒤의 활동인 E가 제13주에 시작되어야 하므로 늦어도 제13주까지 완료되어야만 한다. 그래서 B의 가장 늦은 완료시각 LF = 13이 된다. B의 소요시간 t = 8주이므로 가장 늦은 시작시각 LS = LF - t = 13 - 8 = 5가 된다.

활동 A는, 바로 뒤의 활동들이 B, C의 두 개가 있다. 이들은 각각 늦어도 제5주, 제9주에는 시작되어야 한다. 그렇다면 A는 이들 중 가장 빠른 것(최소치)인 제5주에는 완료되어야만 할 것이다. 그래서 A의 가장 늦은 완료시각 LF=5가 된다. A의 소요시간 t = 5주이므로, 가장 늦은 시작시각 LS = LF - t = 5 - 5 = 0이 된다.

[그림 9-4]는 이상과 같이 역진행으로 LS, LF를 구한 결과를 보여준다.

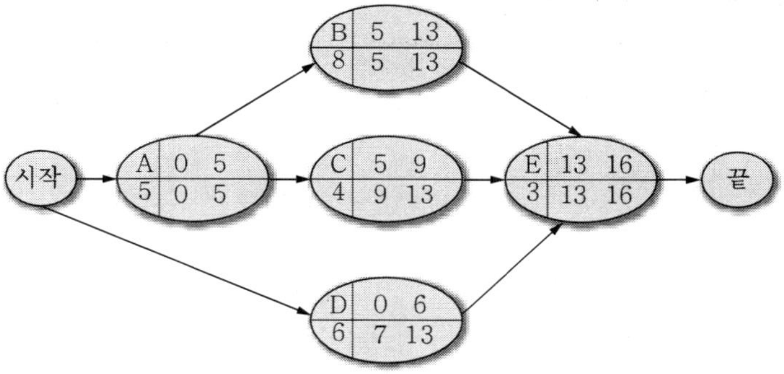

[그림 9-4] 쇼핑센터의 프로젝트 네트워크 : 가장 늦은 시작시각 및 가장 늦은 완료시각

이상과 같이 전방진행 및 역진행을 완료한 뒤에는 각 활동의 여유를 구할 수 있게 된다. 여유(slack)란 어떤 활동이 본 프로젝트의 완료시각을 늦추게 하지 않으면서도 지연될 수 있는 시간을 말한다. 여유는,

여유(slack) = LS - ES = LF - EF

예를 들어 D의 경우, 여유는 LS - ES = 7 - 0 = 7 이다. 즉 활동 D가 7주간 지연되어도 본 프로젝트는 16주에 그대로 완료될 수 있다. 따라서 활동D는 프로젝트의 완결시간 측면에서 볼 때 긴급한 것은 아니다.

한편 B를 보자. 여유는 LS - ES = 5 - 5 = 0 이다. 여유가 없으므로 이 활동이 지연되면, 본 프로젝트가 지연되고 만다. 따라서 B를 정확히 제 시각에 마치는 것이 프로젝트의 일정에 있어 중요하다. 이런 의미에서 B는 주활동(critical activity)이다. 여유가 없는 활동은 모두 주활동이라고 부른다.

[그림 9-4]의 시작 및 완료시각들은 각 활동들의 일정관리에 사용될 수 있는데, 이를 [표 9-2]에 다시 정리하였다. [표 9-2]에서 여유가 0인 활동들 A, B, E가 프로젝트의 주활동들이다. 이 마디들로 이루어진 A-B-E가 이 프로젝트 네트워크의 주공정(critical path)이다.

[표 9-2] 쇼핑센터의 프로젝트의 활동 일정표

활 동	시 작 (ES)	시 작 (LS)	완 료 (EF)	완 료 (LF)	여 유 (LS-ES)	주공정?
A	0	0	5	5	0	주공정
B	5	5	13	13	0	주공정
C	5	9	9	13	4	
D	0	7	6	13	7	
E	13	13	16	16	0	주공정

3. PERT/CPM의 활용

프로젝트 관리자는 프로젝트의 계획, 일정관리, 통제를 함에 있어 PERT/CPM을 통하여 다음의 질문에 대한 해답을 얻게 된다.

① 프로젝트가 완료되는 기일은 얼마나 될까?

답: 이 프로젝트는 각 활동들이 일정에 맞는다면 16주가 걸린다.

② 각 활동의 시작일과 완료일은 언제가 되어야 하나?

답: [표 9-2]의 활동일정표에서 각 활동의 가장 빠른, 가장 늦은 시작시각 그리고 가장 빠른, 가장 늦은 완료시각을 알려 준다.

③ 프로젝트의 완료기 일에 맞추기 위하여 늦어서는 안 되는 주(critical) 활동들은 무엇인가?

답: A, B, E가 이 프로젝트의 주활동들이다.

④ 프로젝트의 완료기일 범위 내에서 중요하지 않은(noncritical) 활동들은 얼마까지 지연이 가능한가?

답: [표 9-2]의 활동일정표에서 각 활동의 여유시간을 보여준다.

이런 정보들은 어떤 프로젝트의 관리에서든지 매우 가치가 있다. 대형 프로젝트에서의 계산을 위하여 컴퓨터 패키지들이 사용될 수 있다. [그림 9-5]는 ABPOM에 의해 구해진 쇼핑센터의 프로젝트의 활동 일정표이다. 이 프로그램을 위한 입력은 활동들, 선행활동들, 소요시간 등이다.

CPM/PERT Project Scheduling solution
Number of activities(1-99) 5
Seosan Shopping Center
Project completion time= 16

Task	Time	ES	EF	LS	LF	slack
a	5	0	5	0	5	0
b	8	5	13	5	13	0
c	4	5	9	9	13	4
d	6	0	6	7	13	7
e	3	13	16	13	16	0

[그림 9-5] 컴퓨터에 의한 쇼핑센터 프로젝트의 활동 일정표

이상의 PERT/CPM 주경로를 구하는 절차는 다음과 같이 요약된다.

단계 1: 프로젝트를 이루는 활동들의 목록을 작성한다.

단계 2: 각 활동의 선행활동을 확인한다.

단계 3: 각 활동의 소요시간을 추정한다.

단계 4: 활동과 선행활동 관계를 묘사하는 프로젝트 네트워크를 그린다.

단계 5: 네트워크와 활동시간들을 이용하여 전방진행으로 가장 빠른 시작시각(ES), 가장 빠른 완료시각(EF)을 구한다. 마지막 활동의 가장 빠른 완료시각(EF)이 프로젝트 완결에 소요되는 시간이다.

단계 6: 프로젝트의 완료시각을 마지막 활동의 가장 늦은 완료시각(LF)으로 한다. 네트워크에서 역진행으로 각 활동의 가장 늦은 시작시각(LS)과 가장 늦은 완료시각(LF)을 구한다.

단계 7: 각 활동의 가장 빠른 시작시각(ES)과 가장 늦은 시작시각(LS)의 차이에 의하여 각 활동의 여유(slack)를 구한다.

단계 8: 여유가 0인 활동이 주활동(critical activity)들이다.

단계 9: 단계 5, 6의 정보에 의해 프로젝트의 활동일정표를 작성한다.

제2절 프로젝트 일정관리: 각 활동의 소요시간이 불확실한 경우

신제품개발 등과 같이 신규로 이루어지는 프로젝트의 활동들은 대개 처음 시도되는 것들이기 때문에 소요시간의 불확실성이 감안되어야 한다. 불확실한 활동 소요시간의 경우를 어떻게 다루어야 하는지 고려해 보자.

1. 진공청소기 Cleanvac 프로젝트

남해전기산업(주)에서는 수년간 산업체를 위한 진공청소시스템을 제조해 왔다. 최근에 개발팀에서 무선진공청소기의 생산을 제안하였다. 신제품은 가칭 Cleanvac 이라고 명명되었으며 가전시장에의 진출에 기여할 것으로 기대된다. 경영층에서는 합리적인 원가에 제조될 수 있을 것으로 희망하며 이동성과 편리성을 갖추어 아주 매력적일 것으로 기대하고 있다.

남해의 경영층은 Cleanvac 생산의 실행가능성(feasibility)을 연구하려 한다. 실행가능성 연구에 의해 취해야 할 행동이 결정될 것이다. 연구의 완결을 위하여는 회사의 연구개발, 제품검사, 제조, 원가추정, 시장조사팀들로부터 정보가 모아져야 한다. 이 실행가능성 연구는 시일이 얼마나 걸릴까?

이 실행가능성 연구 프로젝트 일정관리의 처음 단계는 활동들의 목록을 작성하고 선행활동을 확인하는 것이다. [표 9-3]에서는 Cleanvac 프로젝트의 자료를 보여준다.

[표 9-3] Cleanvac 프로젝트의 활동목록

활 동	묘 사	선 행 활 동
A	제품설계	-
B	원형 및 검사	A
C	원가 및 수요예측	A
D	시장조사	-
E	보고서작성	B, C, D

Cleanvac 프로젝트 네트워크가 [그림 9-6]에 있다. 네트워크의 선행관계가 [표 9-4]와 같음을 확인해 보라.

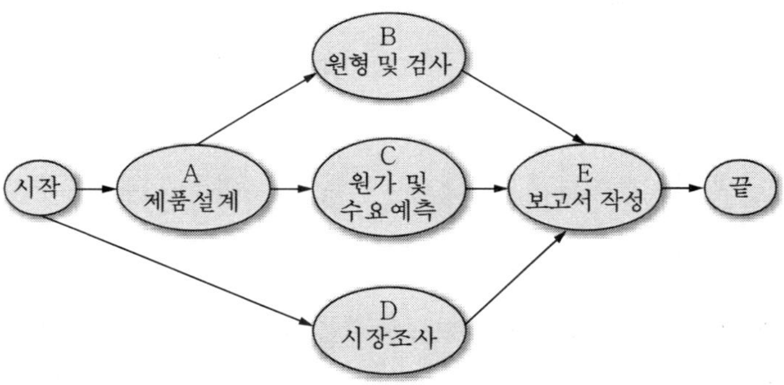

[그림 9-6] Cleanvac 프로젝트 네트워크

2. 불확실한 소요시간

각 활동의 소요시간에 대한 정보는 프로젝트의 완료시각 예측 및 활동의 일정관리에 필요하다. 건설, 보수유지 등 반복되는 프로젝트에서는 활동의 소요시간 추정에 필요한 경험적, 역사적 자료들이 확보될 수 있다. 그러나 새롭거나 독특한 프로젝트에서는 소요시간 추정이 불확실하다.

그런 경우에는 소요시간을 어떤 특정값보다는 값들의 범위로 묘사하는 것이 더 좋다. 그래서 소요시간을 확률분포를 가진 확률변수로 취급한다. 먼저, 각 활동에 대해 세 가지의 추정치를 구한다.

낙관치 a =모든 조건이 이상적일 때의 최소의 소요시간 최빈치m = 보통 조건에서의 가장 가능성 있는 소요시간 비관치 b = 심각한 지체가 발생할 때의 최대의 소요시간

Cleanvac 프로젝트의 경우, 활동들의 낙관치, 최빈치, 비관치가 [표 9-4]와 같이 구해졌다.

[표 9-4] Cleanvac 프로젝트의 활동소요시간의 낙관치, 최빈치, 비관치

(단위: 주)

	낙 관 치	최 빈 치	비 관 치
활 동	a	m	b
A	3	4	11
B	4	7	16
C	2	3.5	8
D	4	5	12
E	2	3	4

[표 9-4]에서 예컨대 활동 B는 가장 가능한 소요시간인 최빈치는 7주이며, 4주(낙관치)부터 16주(비관치)까지의 범위이다. 만일 활동 B가 무수히 반복될 수 있다면 소요시간의 평균치는 얼마가 될까? 평균치 혹은 기대시간 t 는,

$$\text{기대시간} \quad t = \frac{a + 4m + b}{6} \quad \cdots\cdots (1)$$

활동 B의 경우에, 기대시간은,

$$t = \frac{4 + 7(4) + 16}{6} = 8\,(\text{주})$$

불확실한 소요시간의 경우에, 소요시간의 산포 혹은 변동을 묘사하기 위하여 분산(variance)을 이용할 수 있다. 소요시간의 분산은 다음 공식으로 구해진다.

$$분산\ \sigma^2 = (\frac{b-a}{6})^2 \cdots\cdots(2)$$

비관치(b)와 낙관치(a)의 차이가 분산값에 영향을 미치는데, 이 차이가 크다는 것은 활동 소요시간의 불확실성 정도가 높다는 것을 반영한다. 활동 B의 분산은,

$$\sigma^2(B) = (\frac{16-4}{6})^2 = 4$$

공식 (1)과 (2)는 소요시간의 분포가 베타(beta) 확률분포에 의해 묘사될 수 있다는 가정에 기초한다. 이 가정에 의하면, 예컨대 활동 B의 소요시간의 확률분포는 [그림 9-7]과 같다.

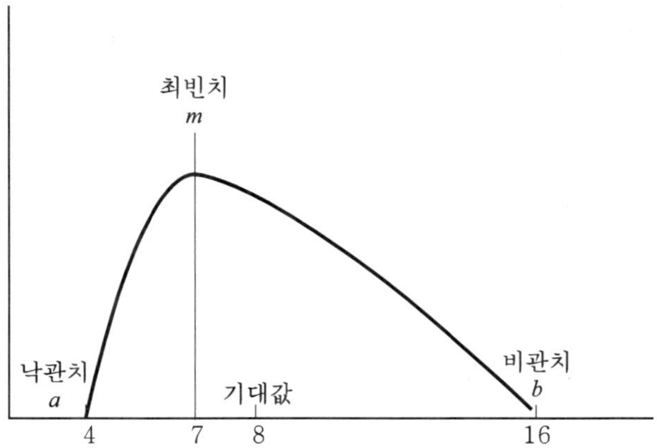

[그림 9-7] Cleanvac 프로젝트의 제품설계 활동 B의 소요시간 분포

[표 9-4]의 자료와 공식들을 이용하여 활동들의 기대시간 분산을 [표 9-5]와 같이 구하였다.

[표 9-5] Cleanvac 프로젝트 활동들의 기대시간과 분산

활 동	기대시간(주)	분 산
A	5	1.78
B	8	4.00
C	4	1.00
D	6	1.78
E	3	0.11

3. 주공정

네트워크와 기대시간들이 구해졌으므로, 주공정을 확인하여 프로젝트 완료시간과 활동 일정표를 작성할 수 있게 되었다. 앞에서와 같은 방법으로 계산을 하면 [그림 9-8]과 같다. 프로젝트의 완료시간은 16주이다.

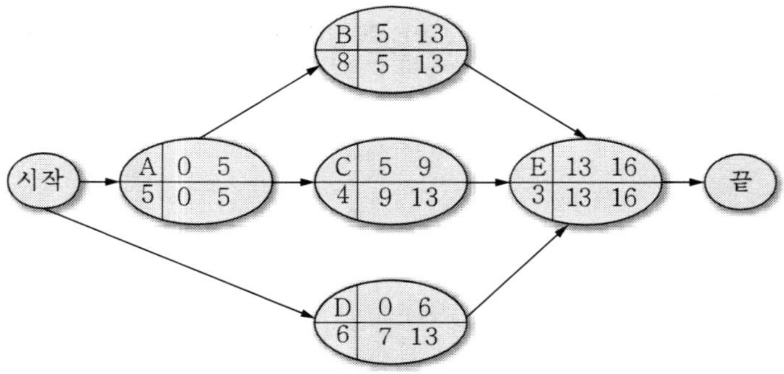

[그림 9-8] Cleanvac 프로젝트 네트워크

4. 프로젝트 완료시간의 분포

우리는 Cleanvac 프로젝트의 주공정이 A-B-E이며 완료시간이 16주임을 알게 되었다. 그런데 주활동들의 분산이 프로젝트 완료시간의 분산을 초래할 수 있다. 중요하지 않은 활동들은 여유시간이 있으므로 프로젝트 완료시간에 보통 영향을 미치지 않지만, 너무 길게 지연되면 주공정이 새로이 확인되고 프로젝트 완료시간도 길어질 수 있다.

주활동이 기대시간보다 늦어지면 프로젝트 완료시간은 지연된다. 반면, 주활동이 기대시간보다 단축되면, 다른 활동이 새로 주활동이 되지 않는 한 프로젝트 완료시간은 단축된다. 그러면, 프로젝트 완료시간의 분산을 계산해 보자.

T를 프로젝트의 완료시간이라고 하자. T의 기대시간은 주활동들의 기대시간들의 합이다.

$$\text{기대완료시간}\quad E(T) = t(A) + t(B) + t(E)$$
$$= 5 + 8 + 3 = 16\text{주}$$

프로젝트 완료시간의 분산은 주활동들의 분산의 합으로 주어진다. 즉,

$$\sigma^2 = \sigma^2(A) + \sigma^2(B) + \sigma^2(E)$$
$$= 1.78 + 4.00 + 0.11 = 5.89$$

σ^2의 공식은 활동 소요시간들이 서로 독립적이라는 가정에 기초한다. 표준편차는 분산의 제곱근이므로, Cleanvac 프로젝트 완료시간의 표준편차는,

$$\sigma = \sqrt{\sigma^2} = \sqrt{5.89} = 2.43$$

프로젝트 완료시간 T는 [그림 9-9]와 같은 정규분포로 가정된다. 이 분포로 프로젝트가 특정시간에 완료될 수 있는 확률을 계산할 수 있다.

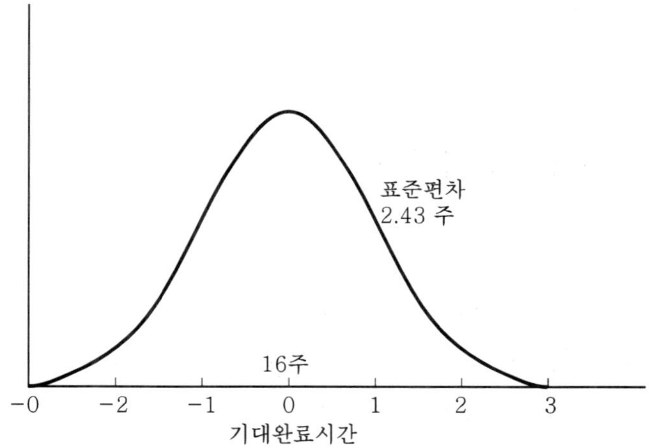

[그림 9-9] Cleanvac 프로젝트 완료시간의 분포

예를 들어, 경영층은 Cleanvac 프로젝트에 20주의 기일을 정하였다. 20주에 완료될 수 있는 확률은 얼마일까? 이 확률은 [그림 9-10]의 흐린영역으로 표시된다. z 값은,

$$z = \frac{20 - 16}{2.43} = 1.65$$

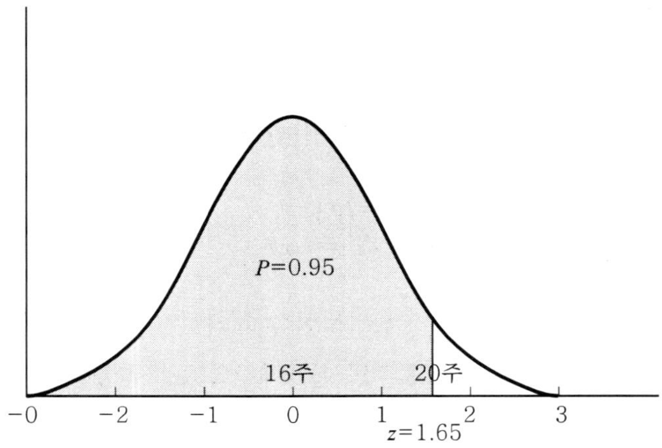

[그림 9-10] Cleanvac 프로젝트가 20주 이전에 완료될 확률

z =1.65를 이용한다면 정규분포표(부록)에서 확률은 .45 + .5 = .95임을 알 수 있다. 따라서 프로젝트는 20주 이내에 완료될 것이 거의 확실하다. 비슷하게 다른 기일에 따른 확률도 계산할 수 있다.

제3절 시간과 비용의 절충

프로젝트 경영자는 완료시간을 단축하기 위해 특정 활동에 자원을 추가하는 경우가 있다. 그런데, 자원추가(더 많은 작업자, 잔업 등)는 프로젝트 비용을 증가시킨다. 경영자는 활동시간 단축과 비용 증가와의 절충(trade-off)을 하게 된다.

1. 활동 시간의 단축

사정상 Cleanvac 프로젝트를 10주 내에 끝내야 한다고 하자. 그러기 위해서는 주공정의 어떤 활동들을 긴급하게(crashing) 단축해야 한다. 최소비용으로 단축되는 활동을 확인하여 필요한 시간만 단축해야 할 것이다.

각 활동이 얼마나 단축될 수 있는가, 단축비용은 얼마인가에 대한 다음의 정보가 필요하다.

① 정상적 기대시간의 활동비용

② 최대한 단축할 때의 활동시간(긴급시간)

③ 최대한 단축할 때의 활동비용(긴급비용)

어떤 활동에서 최대한 단축할 수 있는 시간을 M이라고 표기하자. 그리고 최대한 단축할 때 소요되는 비용을 C라고 하자. 그러면 단위시간(예; 주)당 단축비용은 C/M이 된다.

예를 들어 활동 B의 정상적인 기대시간은 8주이며 정상적인 비용은 500만원이다. 최대한 단축하면 4주(긴급시간)에 완료될 수 있는데 비용은 800만원(긴급비용)이 든다고 한다. 그러면 1주당의 단축비용은 어떻게 될까?

최대한 단축할 수 있는 시간은 M = 8 - 4 = 4주이다. 소요되는 비용은 C = 800 - 500 = 300만원이다. 그러면 단위시간(예 ; 주)당 단축비용은 C/M = 300/4 = 75(만원/주)이 된다.

조금씩의 단축도 가능하다고 가정하자. 예컨대, 활동 B를 2주 단축하고자 한다면 150만원으로 가능하다는 것이다. [그림 9-11]은 활동 B의 시간-비용관계를 보여준다. Cleanvac 프로젝트 활동의 정상시간, 긴급시간은 [표 9-6]에 나와 있다.

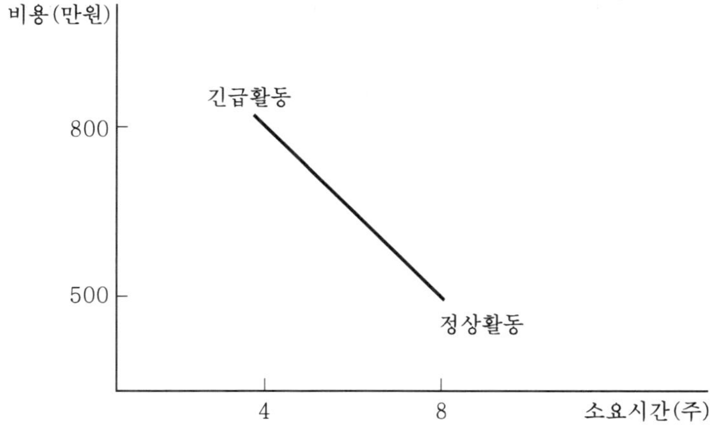

[그림 9-11] 활동 B의 시간-비용 관계

Cleanvac 프로젝트의 정상적 완료기일은 13주인데, 10주로 단축하고자 한다면 어느 활동들이 단축되어야 할까? 당신의 처음 반응은 주활동 A, B, E를 고려하는 것이다. 이들 중 활동 B가 단축비용이 75만원으로 가장 작다. 따라서 활동 B를 3주 단축함으로써 프로젝트를 10주에 끝낼 수가 있을 것이다.

[표 9-6] Clean-Vac 프로젝트의 정상, 긴급 활동자료

	시 간(주)		비 용(만원)			
활 동	정 상	긴 급	정 상	긴 급	단축가능시간	주당단축비용
A	5	3	400	600	2	100
B	8	4	500	800	4	75
C	4	2	300	600	2	150
D	6	4	400	700	2	150
E	3	2	300	500	1	200
			1900	3200		

일반적으로, 활동시간의 단축에는 한 가지 고려할 점이 있다. 어떤 활동을 단축하다 보면 다른 공정(들)이 주공정(들)이 될 수도 있다는 것이다. 따라서 단축 후에는 항상 네트워크의 주공정을 새로 검토하여, 다른 활동의 단축 필요성을 알아보아야 한다.

소규모 네트워크에서는 시행착오적인 접근으로 단축에 관한 결정을 내릴 수 있다. 대규모 네트워크에서는 최적의 단축결정에 수학적인 절차—선형계획법이용 등—가 필요하다.

연 습 문 제

1. 어떤 프로젝트의 자료가 있다.

활 동	선행활동	시간(월)
A	-	5
B	-	7
C	A	4
D	A	8
E	B, C	4
F	B, C	5
G	D, E	6

(1) 프로젝트 네트워크를 작성하라.

(2) 주공정을 찾아라.

(3) 프로젝트는 늦어도 제20월까지는 완료되어야 한다. 그 시간에 완료될 수 있겠는가?

2. 어떤 프로젝트의 자료가 있다.

활 동	선행활동	낙관치(주)	최빈치(주)	비관치(주)
A	-	3	4	6
B	-	2.5	3	4
C	A	6	7	8
D	A	5	6	10
E	B	6	8	11
F	D, E	2	3	4
G	D, E	8	10	13
H	C, F	5	7	13

(1) 프로젝트 네트워크를 작성하라.

(2) 주공정을 찾아라. 예상 완료시각은?

(3) 이 프로젝트를 20주내에 완료할 확률은?

(4) 이 프로젝트가 24주 이상 지연될 확률은?

3. 다음 프로젝트에 대하여 프로젝트 네트워크를 그려라. 이 프로젝트는 활동 F 와 G 가 둘 다 완결되어야 완성된다.

활동	A	B	C	D	E	F	G
직전 선행활동	-	-	A	A	C, B	C, B	D, E

4. 다음의 프로젝트 네트워크와 활동시간(주 단위)을 고려하자.

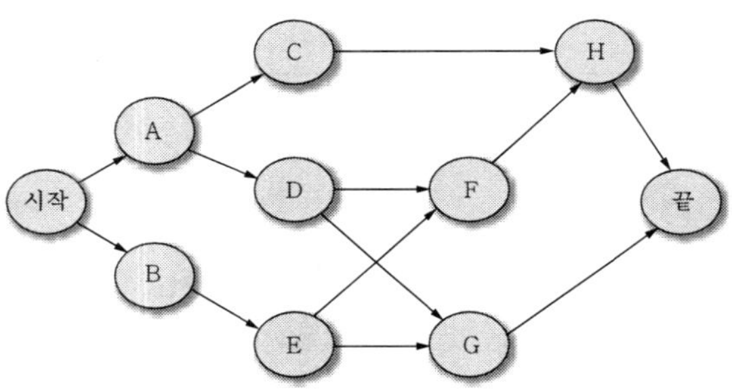

활동	A	B	C	D	E	F	G	H
활동 시간	5	3	7	6	7	3	10	8

(1) 주경로(主徑路)를 구하라.

(2) 이 프로젝트를 완성하려면 얼마의 시간이 필요한가?

(3) 활동 D는 전체 프로젝트를 지연시키지 아니하면서 지연될 수 있는가? 만일 그렇다면 얼마나 오랜 시간동안?

(4) 활동 C는 전체 프로젝트를 지연시키지 아니하면서 지연될 수 있는가? 만일 그렇다면 얼마나 오랜 시간동안?

(5) 활동 E를 위한 일정은 무엇인가?

5. 다음에 어떤 소규모 프로젝트의 활동시간(일(日) 단위)의 추정치가 구해졌다.

활동	낙관치	최빈치	비관치
A	4	5.0	6
B	8	9.0	10
C	7	7.5	11
D	7	9.0	10
E	6	7.0	9
F	5	6.0	7

(1) 각 활동에 대하여 기대되는 활동완료시간과 분산을 구하라.

(2) 한 분석가는 주경로가 활동 B-D-F로 구성된다고 결정하였다. 기대되는 프로젝트 완료시간과 분산을 구하라.

6. 다음에 프로젝트 네트워크와 활동시간(주 단위)의 추정치가 주어졌다.

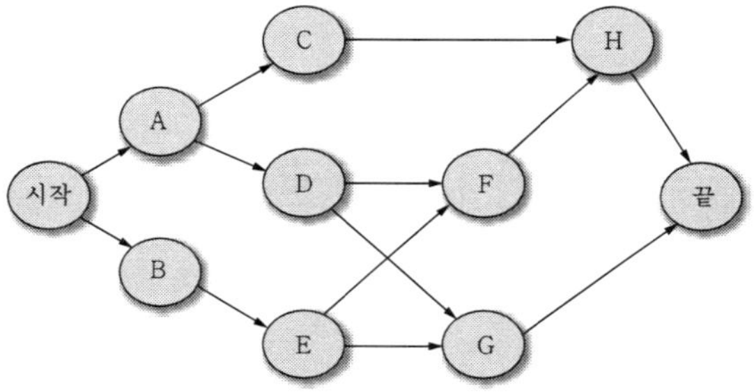

활동	낙관치	최빈치	비관치
A	4	5.0	6.0
B	2.5	3.0	3.5
C	6.0	7.0	8.0
D	5.0	5.5	9.0
E	5.0	7.0	9.0
F	2.0	3.0	4.0
G	8.0	10.0	12.0
H	6.0	7.0	14.0

이 프로젝트가 다음의 기간 내에 완료될 확률은?

(1) 21주 내에?

(2) 22주 내에?

(3) 25주 내에?

제10장

마코브분석

마코브 분석(Markov analysis)은 반복적인 시행에 따른 시스템의 진화(evolution)를 연구하는데 유용하며, 러시아 수학자 Andrei A. Markov에 의하여 20세기 초에 개발되었다. 이 분석은 시장점유율과 관련한 고객의 행태 등 다양한 의사결정상황에 응용되어 왔다.

제1절 시장점유율 분석

외딴 마을 "줄포"에 두 개의 식품가게, "LG마트"와 "삼성식품"만 있다고 가정하자. 우리는 두 가게의 시장점유율(market share)과 고객충성도(customer loyalty)분석에 관심을 가진다.

어떤 고객이 일주일에 한번만 장을 보는데 두 가게 중 하나에만 간다고 가정하자. 매주 한번 장을 보는 것을 과정의 시행(trials of the process)이라고 한다. 어떤 주에 고객이 선택한 특정 가게를 시스템의 상태(state of the system)라고 한다. 이 시스템에는 다음 두 상태가 있다.

상태 1: 고객이 LG마트에서 장을 본다.

상태 2: 고객이 삼성식품에서 장을 본다.

우리는 고객이 어느 주에 어느 가게에 갈지의 확률을 알고자 하는데, 이를 위하여 먼저 고객의 성향을 파악해야 한다.

이 마을의 소비자 30명을 8주 동안 관찰하였다고 하자. LG마트를 갔던 소비자들 중 80%는 다음 주에도 LG마트에 갔지만, 20%는 다음 주에 삼성식품으로 갔다.

한편, 삼성식품을 갔던 소비자들 중 60%는 다음 주에도 삼성식품에 갔지만, 40%는 다음 주에 LG마트로 옮겨 버렸다. 이것이 이 마을의 소비자들의 성향을 대표하는 자료라고 보고, [표 10-1]에 정리하였는데 이를 전이확률(transition probability)이라고 한다.

[표 10-1] LG마트와 삼성식품의 전이확률

	다음 주	
이번 주	LG마트	삼성식품
LG마트	0.8	0.2
삼성식품	0.4	0.6

[표 10-1]을 보면 LG마트의 가게 충성도는 0.8로 높지만, 삼성식품의 충성도는 0.6으로 낮다. 한편 고객들의 가게-옮김 특성은 각각 0.2와 0.4가 된다. 분석의 편의를 위해, 이 확률은 모든 고객에게 동일하고 시간이 흘러도 변치 않는다고 가정하자. 전이확률을 P_{ij} 라고 하자. 또, 전이확률 행렬을 P 라고 하자.

P_{ij} = 어떤 기간에 상태 i 였다가 다음기간에 상태 j 로 전이하는 확률

$$P = \begin{bmatrix} P_{11} & P_{12} \\ P_{21} & P_{22} \end{bmatrix} = \begin{bmatrix} 0.8 & 0.2 \\ 0.4 & 0.6 \end{bmatrix}$$

어떤 고객이 지난주에 LG마트에 갔다고 하자. 이번 주에도 LG마트에 갈 확률은 얼마일까? 전이확률행렬에 의하면 이 확률 P_{11} 는 0.8이다.

그러면 다음 주에는? 이를 알아보는 쉬운 방법은 [그림 10-1]과 같은 나무그림을 그려보는 것이다.

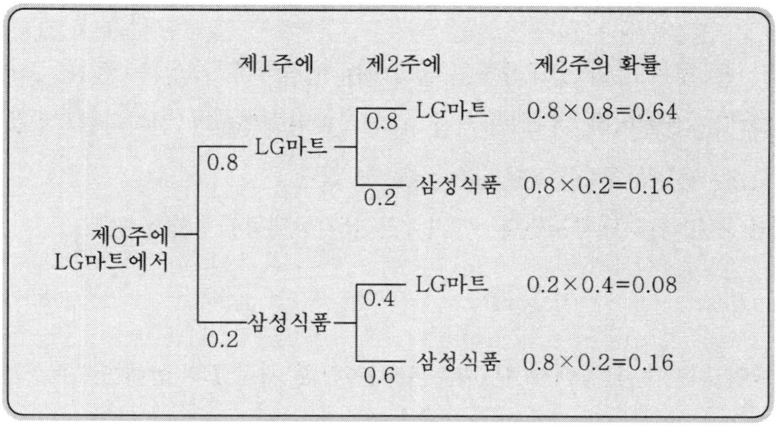

[그림 10-1] 지난 주 LG마트에 갔던 고객의 2주의 장보기

[그림 10-1]에 의하면 예를 들어 이 고객이 제1, 2주에 계속 LG마트에 갈 확률은 $0.8 \times 0.8 = 0.64$가 된다. 제1주에 삼성식품으로 옮겼다가 다시 LG마트에 올 확률은 $0.2 \times 0.4 = 0.08$이 된다.

나무그림이 보기 쉽기는 하지만 기간이 증가되면 그리기가 어려워진다. 보다 간단한 방법은 행렬곱셈을 이용하는 것인데 먼저 다음의 상태확률을 정의하자.

$\pi_i(n)$ = 시스템이 기간 n에 상태 i에 있을 확률.

예를 들어 $\pi_1(1)$은 시스템이 기간 1에 상태 1에 있을 확률이다. 즉 어떤 고객이 제1주에 LG마트에 갈 확률을 말한다. 또 상태확률을 다음의 행렬로 표현하자.

$$\Pi(n) = [\pi_1(n) \quad \pi_2(n)]$$

고객이 지난주에 LG마트에 갔다고 하자. 확률로 말하자면, 지난주에 LG마트에 갈 확률은 1이고, 삼성식품에 갈 확률은 0이다. 기호로 표시하자면 기간 0의 상태, 즉 시스템의 초기상태는,

$\Pi(0)$ =[기간 0에 상태 1(LG마트)인 확률
기간 0에 상태 2(LG마트)인 확률]

$= [\pi_1(0) \quad \pi_2(0)]$

$$= [\ 1 \quad 0\ ].$$

또 $\Pi(1)$은 첫째 주의 상태확률을 나타내는 행렬이며, $\Pi(2)$는 둘째 주의 상태확률을 나타내는 행렬이다. 우리는 기간 n의 상태확률행렬과 전이확률행렬을 곱함으로써 기간 $n+1$의 상태확률행렬을 구할 수 있다.

즉, 다음 기간의 상태확률행렬 = 지금기간의 상태확률행렬 × P

$$\Pi(n+1) = \Pi(n)P$$

예를 들어 기간 0의 상태가 $\Pi(0)=[1\ 0]$이라면 기간 1의 상태는,

$$\Pi(1) = \Pi(0)P$$

$$[\pi_1(1) \quad \pi_2(1)] = [\pi_1(0) \quad \pi_2(0)]\begin{bmatrix} P_{11} & P_{12} \\ P_{21} & P_{22} \end{bmatrix}$$

$$= [\ 1 \quad 0\ ]\begin{bmatrix} 0.8 & 0.2 \\ 0.4 & 0.6 \end{bmatrix}$$

$$= [(1 \times 0.8 + 0 \times 0.4) \quad (1 \times 0.2 + 0 \times 0.6)]$$

$$= [\ 0.8 \quad 0.2\ ]$$

즉, 기간 0에 LG마트에 간 고객이 기간 1에 LG마트에 갈 확률은 0.8이고, 삼성식품에 갈 확률은 0.2이다.

그러면 지난주에 LG마트에 갔던 고객의 앞으로 12주 후의 상태를 알아보자. 초기상태는 [1 0], 첫째 주의 상태는 [0.8 0.2]이다. 둘째 주의 상태는,

$$\Pi(2) = \Pi(1)P$$

$$[\pi_1(2) \quad \pi_2(2)] = [\pi_1(1) \quad \pi_2(1)]\begin{bmatrix} P_{11} & P_{12} \\ P_{21} & P_{22} \end{bmatrix}$$

$$= [\ 0.8 \quad 0.2\ ]\begin{bmatrix} 0.8 & 0.2 \\ 0.4 & 0.6 \end{bmatrix}$$

$$= [\ 0.72 \quad 0.28\ ]$$

둘째 주에 LG마트에 갈 확률은 0.72이고 삼성식품에 갈 확률은 0.28이다. 이런 식으로 5주를 계산한 Excel 결과는 [표 10-2]와 같다. [표 10-2]에서 일부 칸의 Excel식은 다음과 같다.

F2 = B2*D2+C2*D3 (F4 이하 같은 방법)

G2 = B2*E2+C2*E3 (G4 이하 같은 방법)

B4 = $F2 (B6 이하 같은 방법)

C4 = $G2 (C6 이하 같은 방법)

[표 10-2] 초기에 LG마트로 시작, 5기간의 상태확률(Excel)

	A	B	C	D	E	F	G
1	기간 i	상태확률(i-1)		전이확률		상태확률 i	
2	1	1	0	0.8	0.2	0.8	0.2
3				0.4	0.6		
4	2	0.8	0.2	0.8	0.2	0.72	0.28
5				0.4	0.6		
6	3	0.72	0.28	0.8	0.2	0.688	0.312
7				0.4	0.6		
8	4	0.688	0.312	0.8	0.2	0.6752	0.3248
9				0.4	0.6		
10	5	0.6752	0.3248	0.8	0.2	0.6701	0.3299
11				0.4	0.6		

12주를 계속한 결과는 [표 10-3]과 같다. 지난 주에 LG마트에 갔던 고객이 12주 후에도 LG마트에 갈 가능성은 .6667이라는 것이다. 지난 주에 LG마트에서 장을 본 100명이 있다고 하자. 그러면 제12주에는 그 중 67명은 LG마트에서 장을 볼 것이고, 33명은 삼성식품에서 장을 볼 것이다.

[표 10-3] 초기에 LG마트로 시작, 12기간의 상태확률

상태	기 간(n)												
확률	0	1	2	3	4	5	6	7	8	9	10	11	12
π_1	1	.8	.72	.688	.6752	.6701	.6680	.6672	.6669	.6668	.6667	.6667	.6667
π_2	0	.2	.28	.312	.3248	.3299	.3320	.3328	.3331	.3332	.3333	.3333	.3333

거꾸로, 지난 주에 삼성식품에 갔던 고객의 앞으로 12주 후의 상태를 알아보자. 초기상태는,

$$\Pi(0) = [\text{기간 0에 상태 1(LG마트)인 확률} \quad \text{기간 0에 상태 2(LG마트)인 확률}]$$
$$= [\pi_1(0) \quad \pi_2(0)]$$
$$= [0 \quad 1].$$

기간 1, 2의 상태확률은,

$$\Pi(1) = \Pi(0)P$$
$$[\pi_1(1) \quad \pi_2(1)] = [\pi_1(0) \quad \pi_2(0)]\begin{bmatrix} P_{11} & P_{12} \\ P_{21} & P_{22} \end{bmatrix}$$
$$= [\ 0 \quad 1\ ]\begin{bmatrix} 0.8 & 0.2 \\ 0.4 & 0.6 \end{bmatrix}$$
$$= [\ 0.4 \quad 0.6\ ]$$
$$\Pi(2) = \Pi(1)P$$
$$[\pi_1(2) \quad \pi_2(2)] = [\pi_1(1) \quad \pi_2(1)]\begin{bmatrix} P_{11} & P_{12} \\ P_{21} & P_{22} \end{bmatrix}$$
$$= [\ 0.4 \quad 0.6\ ]\begin{bmatrix} 0.8 & 0.2 \\ 0.4 & 0.6 \end{bmatrix}$$
$$= [\ 0.56 \quad 0.44\ ]$$

이런 식으로 12주를 계속한 결과는 [표 10-4]와 같다. 지난주에 삼성식품에 갔던 고객이 12주 후에도 삼성식품에 갈 가능성은 .3333이라는 것이다. 지난 주에 삼성식품에서 장을 본 100명이 있다고 하자. 그러면 제10주에는 그중 67명은 LG마트에서 장을 볼 것이고, 33명은 삼성식품에서 장을 볼 것이다.

[표 10-4] 초기에 삼성식품으로 시작, 12기간의 상태확률

상태	기 간(n)												
확률	0	1	2	3	4	5	6	7	8	9	10	11	12
π_1	1	.4	.56	.624	.6496	.6598	.6639	.6656	.6662	.6665	.6666	.6666	.6667
π_2	0	.6	.44	.376	.3504	.3402	.3361	.3344	.3338	.3335	.3334	.3334	.3333

마코브 과정을 많은 기간 계속하면, 초기상태가 어떤가에 상관없이 특정한 상태확률에 이르게 됨을 발견하게 된다. 이를 안정상태확률(steady-state probabilities)이

라고 한다. [표 10-3]과 [표 10-4]에서 알 수 있는 바와 같이 12기간이 지나면 초기상태에 관계없이 상태확률은 [0.6667 0.3333]이 되어 버린다.
안정상태확률은 다음의 절차로도 구할 수 있다. 먼저

$$\Pi(n+1) = \Pi(n)P$$

$$[\pi_1(n+1) \quad \pi_2(n+1)] = [\pi_1(n) \quad \pi_2(n)]\begin{bmatrix} P_{11} & P_{12} \\ P_{21} & P_{22} \end{bmatrix}$$

그런데 많은 기간이 지난 후에는 $\pi_i(n+1)$과 $\pi_i(n)$의 차이가 미소해지는 것이 관찰되므로 n을 표시하지 않고 이들을 그냥 π_i라고 놓자. 그러면

$$\begin{aligned}[\pi_1 \quad \pi_2] &= [\pi_1 \quad \pi_2]\begin{bmatrix} P_{11} & P_{12} \\ P_{21} & P_{22} \end{bmatrix} \\ &= [\pi_1 \quad \pi_2]\begin{bmatrix} 0.8 & 0.2 \\ 0.4 & 0.6 \end{bmatrix} \\ &= [(\pi_1 \times 0.8 + \pi_2 \times 0.4) \quad (\pi_1 \times 0.2 + \pi_2 \times 0.6)]\end{aligned}$$

그래서

$$\pi_1 = \pi_1 \times 0.8 + \pi_2 \times 0.4 \cdots\cdots\cdots\cdots ①$$

$$\pi_2 = \pi_1 \times 0.2 + \pi_2 \times 0.6 \cdots\cdots\cdots\cdots ②$$

그런데 $\pi_1 + \pi_2 = 1$ 이므로 $\pi_2 = 1 - \pi_1$을 ①에 대입하면,

$$\pi_1 = \pi_1 \times 0.8 + (1 - \pi_1) \times 0.4$$

이를 풀면

$$\pi_1 = 0.6667, \ \pi_2 = 0.3333$$

만일 줄포의 소비자가 10,000명이라고 한다면, 마코브 과정모형에 의하면 장기적으로 6,667명은 LG마트의 고객이 되고 3,333명은 삼성식품의 고객이 되리라는 것이다.

시장점유율 정보는 의사결정자에 있어서 매우 가치있는 것이다. 예를 들어 삼성

식품 주인이 가게를 새로 꾸미면, LG마트의 고객을 이끌어오는 확률을 현재의 0.2에서 0.25로 증가시킬 것이라고 확신한다고 하자. 그러면 개정된 전이확률은 [표 10-5]와 같다.

[표 10-5] LG마트와 삼성식품의 개정된 전이확률

	다음 주	
이번 주	LG마트	삼성식품
LG마트	0.75	0.25
삼성식품	0.4	0.6

그러면 새로운 안정상태확률은

$$[\pi_1 \quad \pi_2] = [\pi_1 \quad \pi_2]\begin{bmatrix} P_{11} & P_{12} \\ P_{21} & P_{22} \end{bmatrix}$$

$$= [\pi_1 \quad \pi_2]\begin{bmatrix} 0.75 & 0.25 \\ 0.4 & 0.6 \end{bmatrix}$$

$$= [(\pi_1 \times 0.75 + \pi_2 \times 0.4) \quad (\pi_1 \times 0.25 + \pi_2 \times 0.6)]$$

그래서

$$\pi_1 = \pi_1 \times 0.75 + \pi_2 \times 0.4$$

$$\pi_2 = \pi_1 \times 0.25 + \pi_2 \times 0.6$$

$$\pi_1 + \pi_2 = 1$$

$$\therefore \pi_1 = 0.6154, \quad \pi_2 = 0.3846$$

삼성식품의 시장점유율은 현재의 0.3333에서 0.3846으로 증가될 것임을 알 수 있다. 소비자가 총 10,000명이라고 한다면 과거의 3,333명에서 3,846명으로 513명이 증가될 것이다. 고객당의 1주당 평균 가게이익이 1만원이라고 한다면, 신장개업은 삼성식품의 이익을 주당 513만원 증가시킬 것이다.

제 2 절 장비보전관리

마코브분석은 장비보전관리(equipment maintenance)에도 응용된다. 예를 들어, OX맥주공장의 창고담당자 수정이는 맥주병을 이동하는데 쓰는 크레이트(crate, 24개의 병을 담는다)를 매주말에 점검하고 있는데, 크레이트는 다음 4가지 상태 중 하나로 분류된다.

상태 1: 신품이다(신품).
상태 2: 좋은 상태이다(좋다).
상태 3: 쓸만하다(보통).
상태 4: 파손되어 쓸 수 없다(파손).

파손된 크레이트는 수리하러 보내는데, 수리는 대개 1주일이 걸리며 신품이 되어 돌아온다. 과거의 기록을 보면 전이확률은 [표 10-6]과 같다.

[표 10-6] 크레이트의 전이확률

	다음 주			
이번 주	신품	좋다	보통	파손
신품	0	0.9	0.1	0
좋다	0	0.8	0.2	0
보통	0	0	0.7	0.3
파손	1.0	0	0	0

회계부의 자료에 의하면, 크레이트 하나를 수리하는 데는 1만원이 든다. 또 파손되어 있는 크레이트는 이동 및 상하차에 지장을 주기 때문에 파손된 크레이트 하나당 주당 0.7만원의 손해가 발생한다고 한다.

크레이트의 장비보전관리 비용을 알아보기 위해 안정상태확률을 구해 보자.

$$[\pi_1\ \pi_2\ \pi_3\ \pi_4] = [\pi_1\ \pi_2\ \pi_3\ \pi_4]\begin{bmatrix} P_{11} & P_{12} & P_{13} & P_{14} \\ P_{21} & P_{22} & P_{23} & P_{24} \end{bmatrix}$$

$$= [\pi_1\ \ \pi_2\ \ \pi_3\ \ \pi_4]\begin{bmatrix} 0.0 & 0.9 & 0.1 & 0.0 \\ 0.0 & 0.8 & 0.2 & 0.0 \\ 0.0 & 0.0 & 0.7 & 0.3 \\ 1.0 & 0.0 & 0.0 & 0.0 \end{bmatrix}$$

따라서

$\pi_1 = \pi_4$ ………………… ①

$\pi_2 = \pi_1 \times 0.9 + \pi_2 \times 0.8$ ………………… ②

$\pi_3 = \pi_1 \times 0.1 + \pi_2 \times 0.2 + \pi_3 \times 0.7$ ……… ③

$\pi_4 = \pi_3 \times 0.3$ ………………… ④

그런데

$\pi_1 + \pi_2 + \pi_3 + \pi_4 = 1$ ………………… ⑤

이를 풀면

$\pi_1 = 0.1017,\ \ \pi_2 = 0.4576,$

$\pi_3 = 0.3390,\ \ \pi_4 = 0.1017$.

안정상태확률에 의하면, 언제나 전체 크레이트 중 10.17%는 신품이며, 45.76%는 좋은 상태이고, 33.90%는 쓸만하며, 10.17%는 파손되어 있는 상태이다. 그렇다면 크레이트의 장비보전관리 비용은 다음과 같이 계산되어, 주당 크레이트당 1729원의 수리보전비용이 발생하고 있다.

장비보전관리 비용 = 수리비용 + 손해

= .1017(1) + .1017(0.7)

= 0.1729만원(주당 크레이트당)

수정이는 새로운 장비보전정책을 시행하려 한다. 크레이트가 파손되었을 때 수리하러 보내는 것이 아니라, 쓸만한 상태(상태 3)일 때 수리하러 보내는 것이다. 그렇게 되면 파손된 크레이트(상태 4)는 존재하지 않게 되어, 새로운 전이확률은 [표 10-7]과 같이 될 것이다.

[표 10-7] 크레이트의 새로운 전이확률

	다음 주		
이번 주	신품	좋다	보통
신 품	0	0.9	0.1
좋 다	0	0.8	0.2
보 통	1.0	0	0

이 경우의 안정상태확률은 다음과 같이 된다.

$$\pi_1 = 0.1538,\ \pi_2 = 0.6923,\ \pi_3 = 0.1538$$

새로운 장비보전정책의 안정상태확률에 의하면, 언제나 전체 크레이트 중 15.38%는 신품이며, 69.23%는 좋은 상태이고, 15.38%는 쓸만한 상태이다. 파손된 크레이트로 인한 손해는 발생하지 않는다. 이제 크레이트의 새로운 장비보전관리 비용은 다음과 같이 계산된다.

새로운 장비보전관리 비용 = 수리비용 + 손해
= .1538(1) + 0
= 0.1538만원(주당 크레이트당)

즉 주당 크레이트당 장비보전관리 비용은 과거의 1,729원에서 1,538원으로 낮추어진다. 쓸만한 상태일 때 수리하러 보낸다는 새로운 정책으로 주당 크레이트당 191원이 절감되게 되었다. 공장에 5,000개의 크레이트가 사용되고 있다면, 총절감비용은 95만5천원이 된다.

제 3 절 작업자 생산성관리

빠삐봉제산업(주)은 세계적으로 수출되는 빠삐인형을 만들고 있으며, 현재 500명의 작업자를 고용하고 있다. 이익은 주로 작업자의 생산성에 달려 있으므로 경영자는 생산성관리에 큰 관심을 두고 있다. 매월 작업자의 생산성을 평가하여 1급(가장 높은 생산성)에서 4급(가장 낮은 생산성)까지의 급수를 매긴다. 몇 달 전까지 각 급에 속하는 작업자는 다음 분포를 보이고 있었다.

작업자분포: 1급= 10%, 2급= 30%, 3급= 40%, 4급= 20%

그런데 빠삐회사는 몇 달 전에 새로운 조직시스템을 도입하였다. 작업자들이 스스로 작업조를 선택하고 작업반장을 선출할 뿐만 아니라, 각자의 작업일정을 스스로 정하는 시스템이다. 몇 달 동안 생산성을 평가하였더니 [표 10-8]의 전이확률이 관찰되었다.

[표 10-8] 작업자 급수의 전이확률

	다음 주			
이번 주	1급	2급	3급	4급
1급	0.8	0.1	0.1	0.0
2급	0.5	0.3	0.1	0.1
3급	0	0.3	0.4	0.3
4급	0	0.2	0.3	0.5

경영자는 새로운 조직시스템이 어떤 결과를 가져올지 알아보고자 한다. 먼저, 안정상태확률을 구하면 다음과 같다. 새로운 조직시스템은 1급의 비율을 과거의 10%에서 47.51%로 훨씬 높일 것으로 기대된다.

안정상태의 작업자분포;

1급= 47.51%, 2급=19.00%, 3급= 18.55%, 4급= 14.93%

그러면 이 비율이 이익에 미치는 영향을 알아보자. 그동안의 자료에 의하면, 1급 작업자 1명은 한 달에 100만원의 이익을 달성하고 있다. 한편 1급 작업자를 기준으로 한다면 2급 작업자의 생산량은 20% 정도 작다고 평가된다. 또 3급은 30%, 4급은 40%가 작다고 평가되고 있다. 즉, 생산성손실은,

생산성손실;

1급= 0%, 2급= 20%, 3급= 30%, 4급= 40%.

과거의 생산성손실을 이익으로 환산해 보면 다음과 같다.

[과거의 조직시스템]

작업자	작업자비율		생산성손실		
1급	0.1	×	0	=	0
2급	0.3	×	0.2	=	0.06
3급	0.4	×	0.3	=	0.12
4급	0.2	×	0.4	=	0.08
			합계 0.26		

∴ 이익손실액=500명 × 100만원 × 0.26 = 13,000만원

새 조직시스템의 생산성손실을 금액으로 환산해 보면 다음과 같다.

[새 조직시스템]

작업자	작업자비율		생산성손실		
1급	0.4751	×	0	=	0
2급	0.1900	×	0.2	=	0.038
3급	0.1885	×	0.3	=	0.056
4급	0.1493	×	0.4	=	0.060
			합계 0.154		

∴ 이익손실액 = 500명 × 100만원 × 0.154 = 7,700만원

새로운 조직시스템은 13,000 - 7,700 = 5,300만원의 이익을 가져다준다.

연 습 문 제

1. K국의 맥주시장은 두 개의 대형회사에 의해 분할되어 있다. 고객들의 전이확률은 다음과 같이 관찰된다.

	다음 해	
이번 해	OX맥주	고려맥주
OX맥주	0.7	0.3
고려맥주	0.4	0.6

(1) 안정상태확률을 구하라. 시장점유율은?

(2) 새로운 맥주회사, 삼성맥주가 출범했다. 시장을 조사해 보니 새로운 전이확률은 다음과 같을 것으로 추산된다. 새로운 안정상태확률을 구하라. OX맥주와 고려맥주의 점유율은 각각 얼마큼 감소할 것인가.

	다음 해		
이번 해	OX맥주	고려맥주	삼성맥주
OX맥주	0.6	0.2	0.1
고려맥주	0.2	0.5	0.3
삼성맥주	0.2	0.1	0.7

2. K국의 자동차시장은 3개의 대형회사인 현대자동차, GS자동차, 삼성자동차와 기타 회사들로 분할되고 있다. 현재의 시장점유율은 각각 50%, 25%, 10% 및 15%이다. 그런데 현대자동차는 정부로부터 만일 시장점유율이 55%를 초과하게 되면 독점금지법에 해당하여 규제를 받게 될 것이라는 경고를 받았다. 현대자동차의 시장조사팀이 조사해 보니 소비자들의 매년의 전이확률은 다음과 같다. 현대자동차는 독점금지법에 해당하게 될 것인가? 그렇다면 언제?

	다음 해			
이번 해	현대	GS	삼성	기타
현대	0.8	0.1	0.1	0.0
GS	0.2	0.5	0.2	0.1
삼성	0.3	0.1	0.5	0.1
기타	0.2	0.2	0.1	0.5

3. 1년의 기간을 단위로 한 어느 연구조사에 의하면, 도시에 살던 사람의 2%는 교외 지역으로 이사를 간다. 교외 지역에 사는 사람의 1%는 도시 지역으로 이사했다. 이 과정을 두 상태 즉 도시와 교외의 마코브 과정으로 모형화했을 때 다음 질문에 답하라.
   (1) 전이확률의 행렬을 작성하라.
   (2) 안정 상태의 확률을 계산하라.
   (3) 충청북도는 40%의 인구가 도시에 살고 있고, 60%의 인구가 교외지역에 살고 있다. 위에서 구한 안정상태확률이 적용될 수 있다고 가정한다면 어떤 인구이동이 있게 될까?

4. 크리스마스트리를 생산하는 북설악농장(농장주 최씨)에서는 5,000그루의 상록수를 재배하는 구역을 가지고 있다. 매년 소매상들이 와서 나무를 선정하여 팔기 위하여 베어간다. 최씨는 작은 나무들(120cm 이하)은 장차 쓰기 위하여 보존한다. 현재 1,500그루의 나무들이 보존용 등급으로 되어 있다. 나머지 3,500 그루는 베어갈 수 있다. 하지만 금년에 이 나무들이 베어지지 않고 내년까지 생존할 수 있으며 어떤 나무들은 병들어 죽기도 한다.

   이 나무들의 관리를 마코브 과정으로 접근할 때, 다음 네 개의 상태를 정의할 수 있다.

   상태1: 베어져서 팔렸다.
   상태2: 질병으로 폐기되었다.
   상태3: 베기에는 작다.
   상태4: 팔리지 않았다.

그리하여 다음의 전이확률이 작성되었다.

$$P = \begin{matrix} 1.0 & 0.0 & 0.0 & 0.0 \\ 0.0 & 1.0 & 0.0 & 0.0 \\ 0.1 & 0.2 & 0.5 & 0.2 \\ 0.4 & 0.1 & 0.0 & 0.5 \end{matrix}$$

결과적으로 5,000그루의 나무 중에서 몇 개의 나무가 팔렸는가? 몇 그루를 잃었는가?

5. SS대학의 컴퓨터 센터는 때로 시스템의 고장(downtime)을 경험한다. 이와 관련한 마코브 과정이 1시간 단위로 적용될 수 있다고 가정하자. 기록을 보니 전이확률은 다음과 같다.

	으로	
에서	운영 중	고장
운영 중	0.95	0.05
고장	0.60	0.40

(1) 시스템이 운영 중인지 아니면 고장인지에 대한 안정 상태의 확률을 계산하라.

6. 모스크바 대학의 학생들의 등록자료에 의해 다음의 전이확률이 작성되었다.

상태	graduate	dropout	freshman	sophomore	junior	senior
graduate	1.00	0.00	0.00	0.00	0.00	0.00
dropout	0.00	1.00	0.00	0.00	0.00	0.00
freshman	0.00	0.20	0.15	0.65	0.00	0.00
sophomore	0.00	0.15	0.00	0.10	0.75	0.00
junior	0.00	0.10	0.00	0.00	0.05	0.85
senior	0.90	0.05	0.00	0.00	0.00	0.05

(1) 어떤 상태들이 흡수상태들인가?

(2) sophomore의 전이확률을 설명하라.

(3) 컴퓨터 프로그램을 이용하여 어떤 sophomore가 graduate하거나, dropout하는

확률을 계산하라.

(4) 어떤 학과에 600명의 freshmen이 입학을 하였고 학장은 연설 중에 학생들이 입학식장을 둘러보라고 하면서, 오늘 참석한 freshmen 중에서 50%가 졸업식에 보이지 않을 것이라고 하였다. 당신의 마코브 과정은 학장의 연설을 지지하는가? 설명하라.

(5) 현재 이 대학에는 600명의 freshmen, 520명의 sophomore, 460명의 juniors, 420명의 seniors가 있다. 이 총 2,000명의 학생들 중의 몇 %가 결국 졸업을 하게 될 것인가?

제11장

학습곡선(Learning Curves)

대부분의 조직체는 시간이 흐름에 따라서 학습하고 개선한다. 기업체와 종업원들은 어떤 과업을 연거푸 하는 경우에, 그 과업에 대해 배우며 또한 어떻게 하면 더 효율적인지를 깨닫게 된다. 즉 시행하는데 소요되는 시간과 비용이 감소되는 현상이 발생한다.

학습곡선(learning curves)은 작업자들과 조직체들이 어떤 과업을 반복하면 이를 더 잘 할 수 있게 된다는 가정에 기초하였다. 학습곡선 그래프 [그림 11-1]은 생산되는 수량과 단위당 노동시간과의 관계를 표현하고 있다. 이 그림처럼 작업자 혹은 조직체가 한 단위를 생산하는데 필요한 시간은 점차로 감소하게 되며, 보통 부(負)의 지수함수곡선을 따른다. 달리 말하면, 어떤 기업이 생산하는 각 부가적인 단위를 완성하기 위해 점점 시간이 덜 필요하게 되는 것이다. 또한 그림에서, 각 부가적 단위를 완성하는데 드는 시간의 절약의 양은 점차 감소하게 된다.

학습곡선은 처음에 Curtis-Wright Corp.의 T. P. Wright의 1936년도의 보고서에서 최초로 산업에 응용되었다. Wright는 특정 항공기를 만드는데 들어가는 직접노무비가 학습에 따라 어떻게 감소되는지를 묘사하였는데, 이것은 다른 항공기제조업체에서도 확인되었다. 첫 번째의 항공기를 생산하는데 필요한 시간에 관계없이, 학습곡선은 여러 항공기들(제트전투기, 여객기, 폭격기 등)에서도 발견되었다. 학습곡선 효과에 따라 매번의 소요시간은 반복횟수가 증가될수록 감소한다.

학습곡선은 그 이래로 단지 노동에만 아니라 자재원가, 구매부품의 원가 등에도 광범위하게 적용되었다. 학습곡선의 위력은 놀라워서 이것은 고용수준, 원가, 용량, 가격 등 많은 전략적 결정들에서 중요한 역할을 하고 있다.

학습곡선은 생산의 곱절이라는 개념에 기초하는데, 즉 2배를 생산하는 경우에 단위당 시간의 감소는 학습곡선의 비율에 영향을 준다는 것이다. 따라서 만일 학습곡선이 80%의 비율이라면, 두 번째 단위는 처음단위의 80%의 시간이 걸리고, 넷째단위는 둘째단위의 80%의 기간이 걸리며, 여덟째 단위는 또 그것의 80%의 시간이 걸리는 식으로 계속된다.

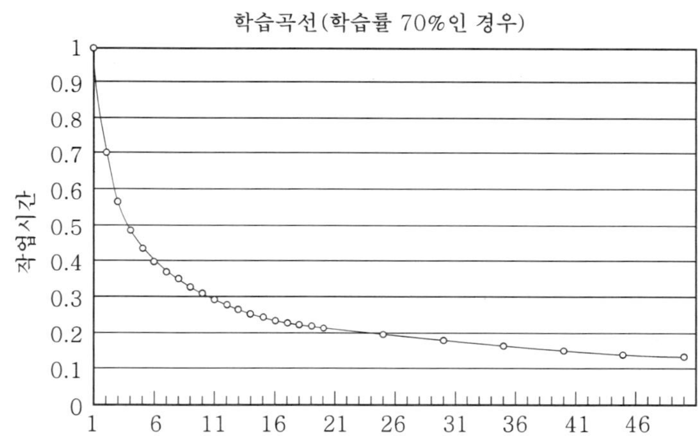

[그림 11-1] 생산단위당 작업시간의 감소

제 1 절 서비스산업과 제조업에서의 학습곡선들

조직체들 혹은 제품들은 다른 학습곡선을 가진다. 학습률은 경영의 질과 공정 및 제품의 잠재성에 따라 다양하다. 공정, 제품, 혹은 인적인 어떤 변화도 학습곡선을 변화시킬 수 있다. 그러므로 학습곡선이 지속적이며 항구적이라는 가정은 조심해야 한다.

> 학습곡선 효과를 당신이 수행하는 어떤 활동에의 영향으로 시험해 보라. 예, 만일 4개의 책장을 조립한다면 각각의 조립에 들어가는 시간을 측정하여 개선의 비율을 적어보라.

학습곡선은 산업 혹은 기업에 따라 광범위하게 다양하다. 숫자가 낮을수록(예: 90%에 비해 70%는 낮다) 곡선은 가파르며 원가절감 속도가 빠르다. 전통적으로 학습곡선은 개선비율의 여수(餘數)(complement)로 정의된다. 예를 들어, 70%의 학습곡선이란 두 배의 반복횟수에서 작업시간은 30%가 감소한다는 의미이다. 90%의 학습곡선이란 10%의 개선이 있다는 것이다.

안정적이고 표준적인 제품들 및 공정들은 다른 것들보다 급하게 감소하는 경향이 있다.

학습곡선들은 산업체뿐 아니라 서비스에도 응용되어 왔다. 또한 학습곡선은 다음과 같은 다양한 목적을 위해 유용하다.

1. 내부적: 인력소요예측, 일정계획, 설치비용 및 예산.
2. 외부적: 공급망 협상, 구매가격의 결정.
3. 전략적: 원가, 가격 등을 포함하는 기업 및 산업의 성취 평가, 생산량에 따른 원가의 변화를 반영함.

제2절 학습곡선의 활용

학습곡선의 수학적 관계식은 어떤 단위를 생산하기위한 시간의 추정치를 표현하게 해준다. 이 관계식은 또한 총생산량을 위해 얼마나 많은 시간이 걸릴 것인가를 알려준다. 한편, 만일 실제의 생산운영이 추정된 학습곡선에 부합되지 않으면 생산일정에 심각한 문제가 발생할 수 있다. 예를 들어 만일 학습곡선의 개선이 일정관리에서 고려되지 않으면 그 결과로써 노동력과 생산시설들이 어쩔 수 없이 유휴하게 될 수 있다. 또한 공급망에서의 협상에서 우리의 주문량에 기초하여 앞으로의 생산원가를 추정할 수 있다면 협상에 유리할 것이다.

이제, 학습곡선에의 수학적 접근 세 가지를 고려하자: 대수적 접근, 로그함수 접근, 학습곡선계수 접근이다.

1. 수학적 접근

수학적 접근은 학습곡선문제에의 가장 간단한 접근이다. 이 장의 서두에 언급한 것처럼, 생산이 배가 될 때마다 단위당 노동은 일정한 요인 즉 학습률(learning rate)만큼 감소한다. 그래서 만일 학습률이 80%이고 처음 단위의 생산에 100시간이 든다면, 둘째, 넷째, 셋째, 넷째의 생산소요시간은 [표 11-1]과 같다.

[표 11-1] 단위생산 소요시간

생산된 n째 단위	n째 단위의 생산소요시간
1	100 시간
2	100 × 0.8 = 80 시간
4	80 × 0.8 = 64 시간
8	64 × 0.8 = 51.2 시간
16	51.2 × 0.8 =41 시간

우리가 배가되는 숫자인 n의 생산소요시간을 찾으려 한다면 무방하다. 그러나 이 방법에 의하면 다른 숫자들에 대하여는 알기 어렵다. 그래서 로그함수 접근을 이용하게 된다.

2. 로그함수 접근

로그함수 접근에 의하면 n번째 단위의 생산시간 T_n은 다음공식에 의한다.

$$T_n = T_1(n^b)$$

단, T_n = n번째 단위의 생산시간

T_1 = 첫 번째 단위의 생산시간

b = 학습곡선의 기울기.

단, 이것은 (학습률의 log)/(log2)로써 구해진다. b의 값들 중 일부가 [표 11-2]에 나타나 있다.

[표 11-2] 학습곡선의 기울기

학습률(%)	b
70	−0.515
75	−0.415
80	−0.322
85	−0.234
90	−0.152

[예제 11-1] 어떤 생산운영의 학습률이 80%이다. 그리고 처음 단위의 생산에 100 시간이 들었다. 3째 단위의 생산을 계산하라.

$T_n = T_1(n^b)$ 이므로 여기에서 $n=3$ 일 때,

$$T_3 = 100(3^{\log 0.8/\log 2})$$
$$= 100(3^{-0.322})$$
$$= 70.2 \text{ 시간}$$

이 로그함수 접근은 우리가 어떤 단위의 생산에 걸리는 시간을 구하게 해준다. 계산에 소요되는 시간을 줄이기 위해 준비된 계수표를 이용할 수 있다.

(1) 학습곡선의 계수를 이용한 접근

학습곡선의 계수는 [표 11-3]에 나와 있다. 공식은,

$$T_n = T_1 C$$

단,

T_n = n 번째 단위의 생산시간

T_1 = 첫 번째 단위의 생산시간

C = 학습곡선의 계수

이것은 표에 나타나 있다.

단, $C = n^b$이며,

$$b = (\text{학습률의 log})/(\log 2)$$

[표 11-3] 학습곡선계수 C

	70%		75%		80%		85%		90%	
단위	단위 시간	총시간	단위 시간	총시간	단위 시간	총시간	단위 시간	총시간	단위 시간	총시간
1	1.000	1.000	1.000	1.000	1.000	1.000	1.000	1.000	1.000	1.000
2	.700	1.700	.750	1.750	.800	1.800	.850	1.850	.900	1.900
3	.568	2.268	.634	2.384	.702	2.502	.773	2.623	.846	2.746
4	.490	2.758	.562	2.946	.640	3.142	.723	3.345	.810	3.556
5	.437	3.195	.513	3.459	.596	3.738	.686	4.031	.783	4.339
6	.398	3.593	.475	3.934	.562	4.299	.657	4.688	.762	5.101
7	.367	3.960	.446	4.380	.534	4.834	.634	5.322	.744	5.845
8	.343	4.303	.422	4.802	.512	5.346	.614	5.936	.729	6.574
9	.323	4.626	.402	5.204	.493	5.839	.597	6.533	.716	7.290
10	.306	4.932	.385	5.589	.477	6.315	.583	7.116	.705	7.994
11	.291	5.223	.370	5.958	.462	6.777	.570	7.686	.695	8.689
12	.278	5.501	.357	6.315	.449	7.227	.558	8.244	.685	9.374
13	.267	5.769	.345	6.660	.438	7.665	.548	8.792	.677	10.052
14	.257	6.026	.334	6.994	.428	8.092	.539	9.331	.670	10.721
15	.248	6.274	.325	7.319	.418	8.511	.530	9.861	.663	11.384
16	.240	6.514	.316	7.635	.410	8.920	.522	10.383	.656	12.040
17	.233	6.747	.309	7.944	.402	9.322	.515	10.898	.650	12.690
18	.226	6.973	.301	8.245	.394	9.716	.508	11.405	.644	13.334
19	.220	7.192	.295	8.540	.388	10.104	.501	11.907	.639	13.974
20	.214	7.407	.288	8.828	.381	10.485	.495	12.402	.634	14.608
25	.191	8.404	.263	10.191	.355	12.309	.470	14.801	.613	17.713
30	.174	9.305	.244	11.446	.335	14.020	.450	17.091	.596	20.727
35	.160	10.133	.229	12.618	.318	15.643	.434	19.294	.583	23.666
40	.150	10.902	.216	13.723	.305	17.193	.421	21.425	.571	26.543
45	.141	11.625	.206	14.773	.294	18.684	.410	23.500	.561	29.366
50	.134	12.307	.197	15.776	.284	20.122	.400	25.513	.552	32.142

[**예제 11-2**] 현대조선(주)은 운송회사인 Onasis, Inc.를 위하여 여러 대의 화물선 중 첫째 것을 제작하는데 150,000 노동시간이 필요하다. 둘째, 셋째 화물선은 학습률이 80%이다. 시간당 50,000원으로써 다섯째 배를 위하여 얼마의 비용이 지출될 것으로 기대되는가?

해답: 먼저, 표를 보면 $n=5$, 80%일 때 학습곡선계수는 0.596 이다. 그러면,

$$T_n = T_1 C$$

$$T_5 = (150{,}000\text{시간})(0.596) = 89{,}400\text{시간}$$

비용을 구하기 위해서 여기에 50,000원을 곱하면, 예상되는 제조비용은,

$$\text{비용} = 89{,}400\text{시간} \times 50{,}000\text{원/시간} = 4{,}470{,}000{,}000\text{원}$$

이 된다.

[표 11-3]은 또한 누적값도 보여준다. 그래서 특정 개수의 단위를 위한 총 생산시간도 계산하기 용이하다.

[**예제 11-3**] 위의 예에서는 다섯째 배의 생산시간을 계산했다. 그러면 모든 다섯 대의 배에 대하여는 총 얼마의 생산시간이 걸릴까?

이번에는 표에서 총시간의 열을 보자. $n=5$이며 학습률이 80%인 경우에 총시간 열은 3.738를 가리킨다. 그러면 화물선 5대를 위한 생산시간은,

$$T_n = T_1 C$$

$$T_5 = (150{,}000\text{시간})(3.738) = 560{,}700\text{시간}$$

이것은 총 5대의 생산을 위한 시간의 추정치이다.

이 학습곡선계수 표를 이용하기 위하여는 처음 단위를 완성하는데 얼마나 걸릴 것인가를 알아야 한다. 그런데 어떤 다른 단위에 관련된 최근의 정보가 보다 믿음직하다면 어떠한가? 그 답은 처음 단위의 개정된 추정치를 얻기 위하여 이 자료를

사용해야 한다는 것이다. 나중에 가능하게 되면, 기본자료(예: 첫째 단위의 생산시간)를 개선하는 것이 바람직하다. 특히 첫째 단위의 생산시간이 생산 전에 추정된 것일 때에는 더욱 그러하다.

[**예제 11-4**] 현대조선(주)은 처음 배의 생산 환경이 비정상적이어서 시간추정치인 150,000시간은 정확하지 않다고 생각하게 되었다. 셋째 배는 110,000시간에 완성되었다.

개정된 추정치를 이용하기 위하여 다시 표를 보면, 80%의 학습률 열에서 $n=3$일 때 학습곡선계수는 $C = 0.702$이다. 첫째 배의 생산시간의 개정된 추정치를 구하기 위해, 실제시간 110,000을 0.702로 나눈다.

$$T_n = T_1 C$$

이므로 $T_1 = T_n / \mathrm{C} = 110{,}000/0.702 = 156{,}695$ 시간(첫째 화물선의 개정된 생산시간)

제 3 절 학습곡선의 전략적 의의

이제까지 우리는 어떻게 운영경영자가 제품 생산을 위한 노동시간의 필요를 예측할 수 있는지를 살펴보았다. 또한 어떻게 구매대리인이 공급자의 원가, 그리고 가격협상에서 도움이 될 지식을 얻을 수 있는지를 알아보았다. 학습곡선의 다른 중요한 응용은 전략적 계획에의 참고다.

기업의 원가곡선 그리고 산업의 가격곡선의 예가 [그림 11-2]에 있다. 만일 어떤 조직이 그의 "원가곡선"이 그림처럼이고, 산업의 가격이 점선 수평선이라면, 그 회사는 원가들이 점선 밑으로 위치해야 한다(예를 들어 점 a). 혹은 손해를 보면서 운영하게 된다(점 b).

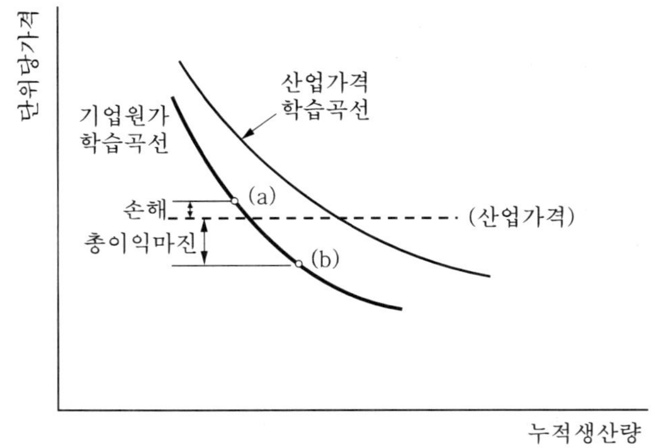

[그림 11-2] 산업가격학습곡선과 기업원가학습곡선

원가를 낮추는 것은 자동적인 것은 아니다. 그것들은 밑으로 낮추게 운영되어야 한다. 어떤 회사의 전략이 산업평균보다 급한 곡선을 따른다면 이것은 다음에 의한 것이다.

1. 공격적인 가격전략을 따름
2. 계속적인 원가감소와 생산성개선에 초점을 둔다.
3. 공유된 경험을 축적한다.
4. 점증하는 수요를 맞이하기 전에 생산용량을 확보한다.

원가는 기업이 학습곡선을 추구하면 하락할 수 있다. 그러나 학습곡선이 존재하려면 생산수량은 증가되어야 한다. 더 나아가 경영자들은 학습곡선 전략에 착수하기 전에 경쟁자들을 이해해야만 한다. 약한 경쟁자들은 자본이 낮고, 고원가에서 빠져나오지 못하며, 학습곡선의 논리를 이해하지 못한다. 강한 경쟁자들은 원가를 통제하며, 필요한 대형 투자를 위한 굳건한 재무적 위치를 가지고 있다.

제4절 학습곡선의 한계

학습곡선을 사용하기 전에 주의할 사항은 다음과 같다.

- 학습곡선이 기업마다 그리고 산업에 따라 다르기 때문에 다른 것을 응용하기보다는 각 조직의 추정치가 개발되어야 한다.
- 학습곡선들은 초기의 생산단위들을 완성하는데 필요한 시간을 기초로 한다. 그 시간자료는 정확해야 하므로 최신의 정보를 얻을 수 있다면, 재평가가 적절하다.
- 인적자원, 설계 혹은 절차 등의 어떤 변화도 학습곡선을 변화시키며 단기적으로 불규칙적일 수 있다.
- 작업자들과 공정은 개선될 수 있으므로, 동일한 학습곡선이 항상 간접노동과 재료에 응용되지는 않는다.
- 작업장의 문화와 자원의 공급가능성 그리고 공정의 변화들이 학습곡선을 변화시킬 수 있다. 예를 들어 어떤 프로젝트가 종결에 다가옴에 따라 작업자들의 관심과 노력이 하락할 수 있다.

연 습 문 제

1. 성신전자에서는 새로운 위성방송수신 시스템을 개발하였다. 이를 제작하는 공정의 학습률은 75%이다.
   (1) 만일 첫 시스템의 제작이 100시간이 들었다면, 9번째의 제작에는 얼마의 시간이 들까?
   (2) 처음 9개의 시스템 제작에는 총 얼마의 시간이 들까?
   (3) 당신이 10번째부터 14번째까지의 시스템을 구매하려고 한다. 이 5개의 시스템에 얼마의 원가가 들 것으로 추정하는가? 단, 성신전자의 노동비용은 시간당 4만원이라고 한다.

2. 렉서스 자동차제조(주)에서는 새로운 고급형 스포츠카를 개발하였다. 이를 제작하는 공정의 학습률은 80%이다.
   (1) 만일 첫 자동차의 제작이 56시간이 들었다면, 11번째 자동차의 제작에는 얼마의 시간이 들까?
   (2) 처음 11개의 자동차 제작에는 총 얼마의 시간이 들까?
   (3) 당신이 12번째부터 15번째까지의 자동차를 구매하려고 한다. 이 4개의 자동차에 얼마의 원가가 들 것으로 추정하는가? 단, 렉서스 제작공정숙련공들의 노동비용은 시간당 3만원이라고 한다.

3. 만일 당신이 처음 하는 어떤 작업을 60분 걸려서 완성했다면, 같은 작업을 8번째 할 때에는 얼마나 오랜 시간이 걸릴까? 단, 학습곡선은 80%라고 하자.

제4부

시뮬레이션 외

제12장 의사결정분석
제13장 대기행렬모형
제14장 시뮬레이션

제12장

의사결정분석

겨울이 들어설 무렵 기상대에서는 몇 년 만의 가장 추운 겨울이 될 것이라고 예보하였다. 이에 따라 겨울의복과 겨울용품 제조업자들은 다량의 제품을 생산하여 시장에 출시하였다. 그러나 예보와는 다르게 포근한 날씨가 계속되므로 인하여 제조업자들은 낭패를 보고 말았다.

이처럼 경영자 혹은 의사결정자(decision maker)는 불확실한 미래의 상황(event)에 직면하여 여러 대안(alternatives) 중에서 선택해야 하는 의사결정문제에 직면하는 경우가 많다. 이럴 때 어떻게 접근해야 최선의 결정을 할 수 있을까? 의사결정분석(decision analysis)은 이에 대한 접근방안과 논리를 우리에게 제시해 준다.

성과표(payoff table)와 의사결정나무(decision tree)는 이러한 결정상황을 위한 구조를 제공한다.

부가적인 정보가 얻어졌을 때에는 의사결정자의 사전적 정보와 결합되어 보다 나은 결정전략이 개발될 수 있다.

제 1 절 의사결정문제의 구조화

태백개발회사(Taebek Development Corporation, TDC)는 고급스럽고 전망이 좋은 콘도미니엄(condominium complex)을 위해 태백산지역에 토지를 구입하였다. 개별단위들은 3천만원 내지 1억 2천만원의 가격이 매겨지는데 이는 평수와 층 그리고 벽난로와 발코니 등 선택사양에 따라 다르다. 이 프로젝트의 성공은 어떤 규모로 건축할 것인가의 결정에 달려있다. 경영자는 다음 세 가지 규모 중 하나로 건축할 예정이다. 40단위의 5층 건물, 80단위의 10층 건물 및 120단위의 15층 건물이다.
이 문제의 결정대안들은 다음의 세 가지다.

d_1 = 40단위의 5층 건물(소규모)

d_2 = 80단위의 10층 건물(중규모)

d_3 = 120단위의 15층 건물(대규모)

이중 하나를 선택하는데, 주 요인은 이 콘도미니엄에 대한 수요다. 두 가지 가능성이 있는데, 하나는 수요가 높은 경우다(고수요). 다른 하나는 수요가 낮은 경우다.(저수요) 수요는 TDC가 통제할 수 없는 여러 변수들에 의할 것으로 보이는데 의사결정분석에서는 이것을 실제의 상황(states of nature)이라고 한다.

TDC 콘도미니엄 프로젝트에는 다음 두 가지의 상황이 있다.

s_1 = 수요가 높다(고수요).

s_2 = 수요가 낮다(저수요).

1. 성과표(payoff tables)

세 가지 결정대안과 두 가지 상황이 있는데 어떤 선택을 해야 할까? 우선 관련된 이득을 알아보아야 할 것이다. 의사결정분석에서는 특정 결정대안이 특정상황에서 산출하는 결과를 성과(payoff)라고 한다. 성과는 이익, 비용, 시간, 거리 등이다. 대안 i의 상황 j에서의 결과를 V_{ij}라고 하자. TDC 콘도미니엄 프로젝트의 성과표는 [표 12-1]이다. 예를 들어, 소규모(d_1)로 지어 고수요(s_1)이면 7억원의 이익을 보지만, 대규모(d_3)로 지어 저수요(s_2)이면 8억원의 손해가 발생한다.

[표 12-1] TDC 콘도미니엄 프로젝트의 성과표

(단위:억원)

	상 황	
의사결정대안	고수요(s_1)	저수요(s_2)
소규모 d_1	7	5
중규모 d_2	10	4
대규모 d_3	30	-8

2. 의사결정나무(decision tree)

의사결정나무(decision tree)는 의사결정과정을 그림으로 표현한 것이다. [그림 12-1]은 TDC문제의 의사결정나무인데, 좌측에서부터 자연적인 혹은 논리적인 진행을 보여준다.

TDC는 먼저 콘도미니엄의 크기를 결정한다. 그 다음에 상황이 발생한다. 의사결정나무의 각 끝의 숫자는 특정 과정의 성과이다. 예를 들어, 소규모로 지어 고수요이면 7억원의 이익을 본다.

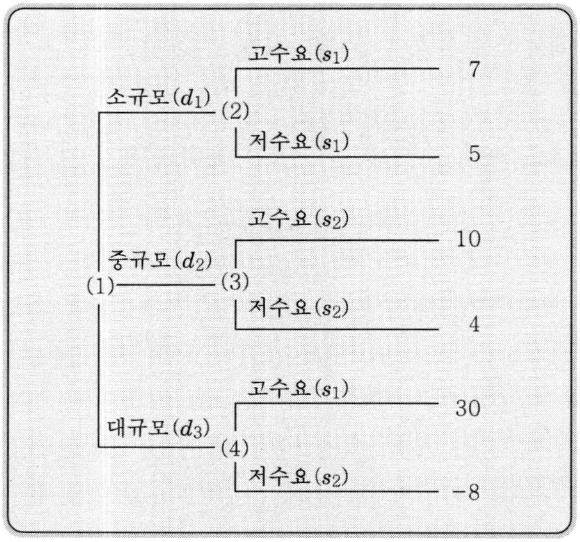

[그림 12-1] TDC 콘도미니엄 프로젝트의 의사결정나무

의사결정나무의 교차점은 마디(node)라고 하며 가지(branch)로 갈라진다. 마디 중 결정이 이루어지는 곳이 결정마디(decision node)이며 네모(□)로 표시한다. 상황이 발생하는 곳이 상황마디(states- of-nature node)이며 원(○)으로 표시한다.

제 2 절 확률을 고려하지 않는 의사결정

상황의 확률을 고려하지 않는 접근방법들을 고려해 보자. 이것은 상황의 확률을 알기 어려운 경우, 또는 최선/최악의 상황을 고려하는 것이 바람직한 경우에 적절하다.

1. 낙관적 접근

낙관적 접근(optimistic approach)은 각 대안을 최선의 성과로 평가하는 것이다.

TDC 프로젝트에서는, 각 대안에 대하여 최대의 성과를 찾는다. 그러면 d_1, d_2, d_3에 대하여 각각 7, 10, 30이 된다. 그 중에서 최대값은 30이므로 d_3을 선택한다. 즉, 대규모의 콘도미니엄을 짓기로 한다([표 12-2] 참조).

[표 12-2] 낙관적 접근에 의한 TDC 콘도미니엄 프로젝트의 의사결정

	상 황		
의사결정대안	고수요(s_1)	저수요(s_2)	최대값 ←선택
소규모 d_1	7	5	7
중규모 d_2	10	4	10
대규모 d_3	30	-8	-30

2. 보수적 접근

보수적 접근(conservative approach)은 각 대안을 최악의 성과로 평가하는 것이다. 최악의 성과들 중 최선의 대안을 선택한다.

TDC 프로젝트에서는 먼저 각 대안에 대하여 최악의 성과를 찾는다. 그러면 d_1, d_2, d_3에 대하여 각각 5, 4, −8이 된다. 그 중에서 최대값은 5이므로 d_1을 선택한다. 즉 소규모의 콘도미니엄을 짓기로 한다([표 12-3] 참조).

이 접근방법은 최악의 성과들을 확인하고 그 중에서 극히 나쁜 성과들을 피하려는 것이므로 보수적이라고 할 수 있다. 이 접근에 의하면 최소 5억의 이익은 보장된다.

[표 12-3] 보수적접근에 의한 TDC 콘도미니엄 프로젝트의 의사결정

	상 황		
의사결정대안	고수요(s_1)	저수요(s_2)	최소값 ←선택
소규모 d_1	7	5	5
중규모 d_2	10	4	4
대규모 d_3	30	-8	-8

3. 최소최대 후회접근

최소최대 후회접근(minimax regret approach)은 낙관적도 보수적도 아닌 접근이다.

예를 들어 소규모로 지어 상황이 고수요라면 성과는 7억원이다. 이 경우, 대규모로 지었더라면 성과는 30억원이었을 것이다. 이 차이 30－7＝23억원을 기회손실(opportunity loss) 혹은 후회(regret)라고 한다.

후회를 R_{ij} 라 하면,

$$R_{ij} = V_j^* - V_{ij}$$

단, R_{ij} ＝ 결정대안 d_i와 상황 s_j의 후회

V_j^* ＝ 상황 s_j의 최선의 결정의 성과

V_{ij} ＝ 결정대안 d_i와 상황 s_j의 성과

TDC 콘도미니엄 프로젝트의 기회손실은 [표 12-4]와 같다.

[표 12-4] TDC 콘도미니엄 프로젝트의 기회손실 혹은 후회

	상 황	
의사결정대안	고수요(s_1)	저수요(s_2)
소규모 d_1	30－7＝23	5－5＝0
중규모 d_2	30－10＝20	5－4＝1
대규모 d_3	30－30＝0	－5－(－8)＝13

다음에, 각 대안의 최대 후회를 구한 뒤, 그 중 최소 후회를 선택한다. [표 10-5]에 묘사된 것처럼 d_3가 최소 후회인 13억원이므로 d_3를 선택한다.

[표 12-5] 최소최대후회 접근에 의한 TDC 문제의 의사결정

	상 황		
의사결정대안	고수요(s_1)	저수요(s_2)	최대값
소규모 d_1	23	0	23
중규모 d_2	20	1	20
대규모 d_3	0	13	13←선택

이상의 세 접근들은 각기 다른 결정으로 인도할 수 있다. 의사결정자는 적절한 접근방법을 선택하여 최종결정을 해야 할 것이다. 다음 절에서는 확률정보를 활용하는 접근을 토의하자.

제 3 절 확률을 고려하는 의사결정

상황의 확률을 구할 수 있는 경우에는 각 대안의 기대가치를 구하여 최선의 기대가치를 가진 대안을 선택하면 된다. 이것을 기대가치접근(expected value approach)이라고 한다.

상황의 확률을 $P(s_1)$ 라고 하자. 상황은 한 가지만 발생하므로 그 확률은 다음 두 조건을 만족한다.

$$P(s_j) \geqq 0$$

$$\sum P(s_j) = P(s_1) + P(s_2) + \cdots + P(s_N) = 1$$

결정대안의 기대가치(expected value, EV)는 확률로 가중한 성과의 합이 된다. 식으로 표시하면 다음과 같다.

$$EV(d_i) = \sum P(s_j) V_{ij}$$

TDC는 고급 콘도미니엄의 수요에 대해 밝은 전망을 가지고 있어서 고수요의 확

률을 0.7로, 저수요의 확률을 0.3으로 추정했다고 하자. 이 주관적인 확률추정치를 표시한 성과표는 [표 12-6]과 같다.

[표 12-6] 확률추정치를 표시한 성과표

	상 황	
의사결정대안 (확 률)	고수요(s_1) (0.7)	저수요(s_2) (0.3)
소규모 d_1	7	5
중규모 d_2	10	4
대규모 d_3	30	-8

[표 12-6]을 참조하면 각 대안의 기대가치(EV)는 다음과 같다.

$$EV(d_1) = 0.7(7) + 0.3(5) = 6.4$$
$$EV(d_2) = 0.7(10) + 0.3(4) = 8.2$$
$$EV(d_3) = 0.7(30) + 0.3(-8) = 18.6 \leftarrow \text{선택}$$

최대의 기대가치는 대안 d_3의 18.6이므로 이것을 선택한다. 기대가치 접근에 의하면, 대규모 콘도미니엄을 짓는 것이 최적 결정이다.

제 4 절 완전정보의 기대가치

의사결정자는 조사나 실험을 통하여 상황의 확률에 대한 추가적인 정보를 구할 수 있다. 그러한 정보의 가치에 대해 고려하기 위해 먼저, 완전정보(perfect information)를 확보했다고 가정해 보자.

만약 고수요라는 확실한 정보가 제공된다면 당연히 대규모로 지어야 할 것이다(30억원 이익). 만약 저수요라는 확실한 정보가 제공된다면 소규모로 지어야 할 것이다(5억원 이익)([표 12-7] 참조).

[표 12-7] 완전정보에 의한 TDC 문제의 의사결정

	상 황	
의사결정대안 (확률)	고수요(s_1) (0.7)	저수요(s_2) (0.3)
소규모 d_1	7	5←선택
중규모 d_2	10	4
대규모 d_3	30←선택	−8

그런데 항상 햇빛이 밝은 날씨가 될 수만은 없는 것처럼, 항상 고수요가 될 수만은 없는 것이 당연하다. 고수요 혹은 저수요가 되는 경우는 몇 %일까? 원래 경영자는 $P(s_1)=0.7$, $P(s_2)=0.3$로 예측하였었다. 그러므로 고수요인 경우는 70%, 저수요인 경우는 30%로 볼 수 있다.

그러면 다음과 같이 완전정보에 의한 결정의 기대가치는 22.5억원이 되는데, 이를 완전정보하의 기대가치(expected value with perfect information)라고 한다.

0.7(30) + 0.3(5) = 22.5 (억원)----완전정보하의 기대가치

한편 완전정보가 없을 때, 기대가치접근에 의한 최적결정은 d_3, 기대가치는 18.6억원이었다. 그런데 완전정보하의 기대가치는 22.5억원이다. 그렇다면 완전정보의 기대가치(Expected Value of Perfect Information, EVPI)는 그 차이인 22.5 − 18.6 = 3.9억원이 된다. 즉, 완전정보가 있으면 3.9억원을 추가로 벌 것을 기대할 수 있다.

완전정보의 기대가치(EVPI)
= 완전정보하의 기대가치 - 원래의 기대가치
= 22.5 - 18.6
= 3.9(억원)

시장조사가 완전한 정보는 아니겠지만 잘만 수행된다면 그 정보의 가치는 3.9억원에 근접할 수는 있을 것이다.

제 5 절 표본정보하의 의사결정분석

의사결정자는 대개 상황에 대한 어떤 주관적 확률예상치를 가지고 문제에 접근한다. 그 후 원재료에 대한 표본조사, 제품시험, 시장조사 등을 통하여 추가정보 내지 표본정보(sample information)를 구할 수 있다. 이 표본정보는 주관적 확률을 정확히 개정하는 데 이용될 수 있다.

고수요 확률을 0.7로, 저수요 확률을 0.3으로 잡았는데, 이것은 표본정보를 얻기 전의 확률이므로 사전확률(prior probability)이라고 한다.

TDC는 6개월의 시장조사를 통하여 잠재고객들의 구매의사를 평가하려 한다. 사전확률과 표본정보를 베이지안(Bayesian) 절차로써 결합하면 개선된 확률을 얻을 수 있다. 개선된 확률을 사후확률(posterior probability)이라고 한다([그림 12-2] 참조).

[그림 12-2] 새로운 정보에 의한 확률의 개정

시장조사의 결과(표본정보)는 둘 중 하나로 주어진다고 하자.

A = 긍정적 보고(잠재고객들은 TDC콘도미니엄 구매에 많은 관심을 보인다)

B = 부정적 보고(잠재고객들은 TDC콘도미니엄 구매에 관심을 보이지 않는다)

표본정보를 제대로 이용하기 위해서는 실제의 상황과의 관계를 알아야 하겠다. 완전한 것은 없으므로 시장조사가 100% 맞을 수는 없다. 실제로 고수요가 되었다고 하자. 그런데 표본정보가 긍정적(A)이었나? 다시 말하면 실제로 고수요일 것인데 표본정보가 A일 확률은 얼마일까? 이것을 상황 s_1을 조건으로 한 A의 조건부

확률 $P(A \mid s_1)$라고 한다.

TDC문제의 경우 시장조사팀의 과거의 실적을 볼 때, 조건부 확률들은 [표 12-8]로 추정된다.

[표 12-8] 시장조사의 조건부확률

상 황	시 장 조 사	
	긍정적(A)	부정적(B)
고수요(s_1)	$P(A \mid s_1)=0.8$	$P(B \mid s_1)=0.2$
저수요(s_2)	$P(A \mid s_2)=0.1$	$P(B \mid s_2)=0.9$

[표 10-8]을 보면, 예를 들어 진실한 상황이 고수요일 때 긍정적 보고가 나오는 확률은 0.8이다. 그렇지만 부정적 보고가 나오는 확률도 0.2는 된다.

제 6 절 의사결정 전략의 개발

의사결정 전략(decision strategy)이란 의사결정자가 따라야 할 합리적인 규칙을 말한다. 의사결정나무를 이용하여 의사결정 전략을 구해 보자.

이제 표본정보가 얻어졌으므로 결정에 활용되어야 할 것이다. [그림 12-3]의 의사결정나무는 논리적 순서를 보인다. 먼저 표본정보(A 혹은 B)를 얻고, 다음에 결정을 하고, 마지막으로 상황이 발생한다. A 혹은 B가 주어지므로 상황의 확률은 이제 $P(s_j \mid A)$ 혹은 $P(s_j \mid B)$로 표현된다.

1. 베이지안 절차

사전확률이 $P(s_1)=0.7$, $P(s_2)=0.3$이었다. 그리고 앞서 말한 바와 같이 시장조사결과의 조건부확률들은 다음과 같다.

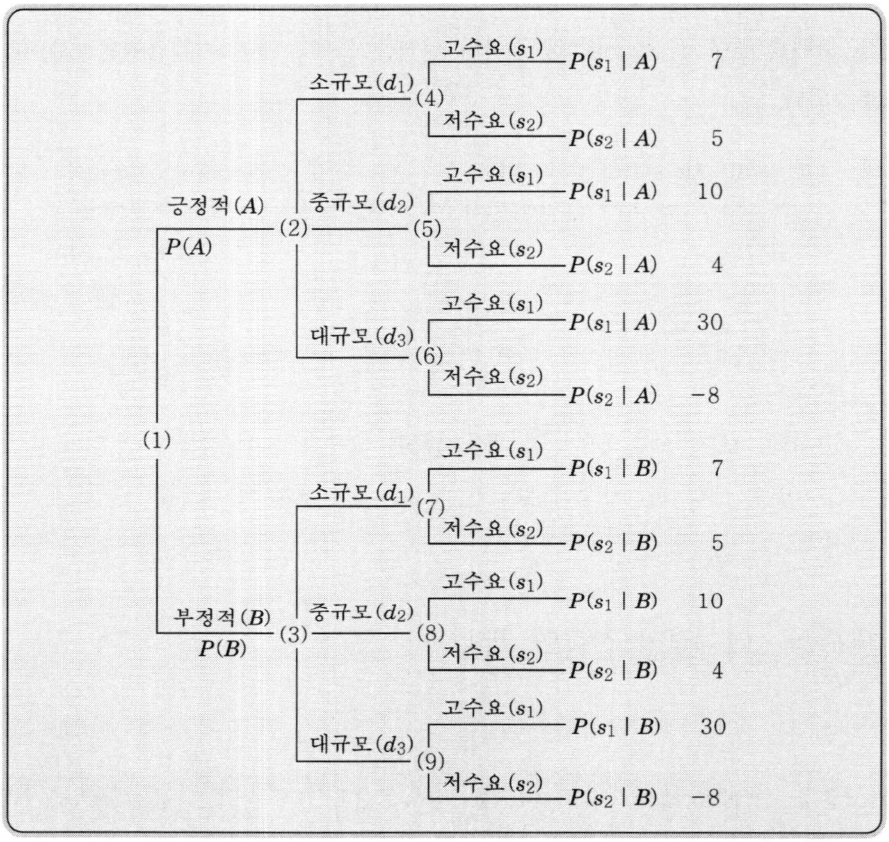

[그림 12−3] 시장조사결과에 따른 TDC문제의 의사결정나무

$$P(A \mid s_1)=0.8 \qquad P(B \mid s_1)=0.2$$

$$P(A \mid s_2)=0.1 \qquad P(B \mid s_2)=0.9$$

[그림 12-3]과 같이 의사결정을 위해서는 확률 $P(A)$, $P(B)$ 그리고 조건부확률 $P(s_1 \mid A)$, $P(s_1 \mid A)$, $P(s_1 \mid B)$ 및 $P(s_2 \mid B)$를 알아야 할 필요가 있다. 이 경우에 [그림 12-4]와 같은 베이지안 절차가 이용된다.

[그림 12-4]에 의하면 긍정적 보고의 확률은 $P(A) = 0.59$이다. 이에 근거한 상황의 사후확률은 $P(s_1 \mid A) = 0.9492$, $P(s_2 \mid A) = 0.0508$이다. 긍정적 보고가 나오면 고수요일 확률이 0.9492로 높아짐에 주목하라.

사전확률	조건부확률	결합확률	(비고)
$P(s_1)=0.7$	$P(A \mid s_1)=0.8$	$\rightarrow P(s_1)P(A \mid s_1)=(0.7)(0.8)=0.56$	(A에 해당)
	$P(B \mid s_1)=0.2$	$\rightarrow P(s_1)P(B \mid s_1)=(0.7)(0.2)=0.14$	(B에 해당)
$P(s_2)=0.3$	$P(A \mid s_2)=0.1$	$\rightarrow P(s_2)P(A \mid s_2)=(0.3)(0.1)=0.03$	(A에 해당)
	$P(B \mid s_2)=0.9$	$\rightarrow P(s_2)P(B \mid s_2)=(0.3)(0.9)=0.27$	(B에 해당)

$$\therefore P(A)= 0.56 + 0.03 = 0.59$$
$$P(B)= 0.14 + 0.27 = 0.41$$
$$P(s_1 \mid A)=0.56/0.59 = 0.9492$$
$$P(s_2 \mid A)=0.03/0.59 = 0.0508$$
$$P(s_1 \mid B)=0.14/0.41 = 0.3415$$
$$P(s_2 \mid B)=0.27/0.41 = 0.6585$$

[그림 12-4] TDC문제의 베이지안 절차

또 부정적 보고의 확률은 $P(B) = 0.41$이다. 이에 근거한 상황의 사후확률은 $P(s_1 \mid B) = 0.3415$, $P(s_2 \mid B) = 0.6585$이다. 사후확률이 표시된 의사결정나무는 [그림 12-5]이다.

2. 최적 의사결정전략

[그림 12-5]에서 역진적으로 기대가치를 계산하자. 궁정적 보고의 경우,

$$EV(\text{마디 4}) = 0.9492(7) + 0.0508(5) = 6.898$$
$$EV(\text{마디 5}) = 0.9492(10) + 0.0508(4) = 9.695$$
$$EV(\text{마디 6}) = 0.9492(30) + 0.0508(-8) = 28.070 \leftarrow \text{선택}$$

부정적 보고의 경우

$$EV(\text{마디 7}) = 0.3415(7) + 0.6585(5) = 5.683$$
$$EV(\text{마디 8}) = 0.3415(10) + 0.6585(4) = 6.049 \leftarrow \text{선택}$$
$$EV(\text{마디 9}) = 0.3415(30) + 0.6585(-8) = 4.977$$

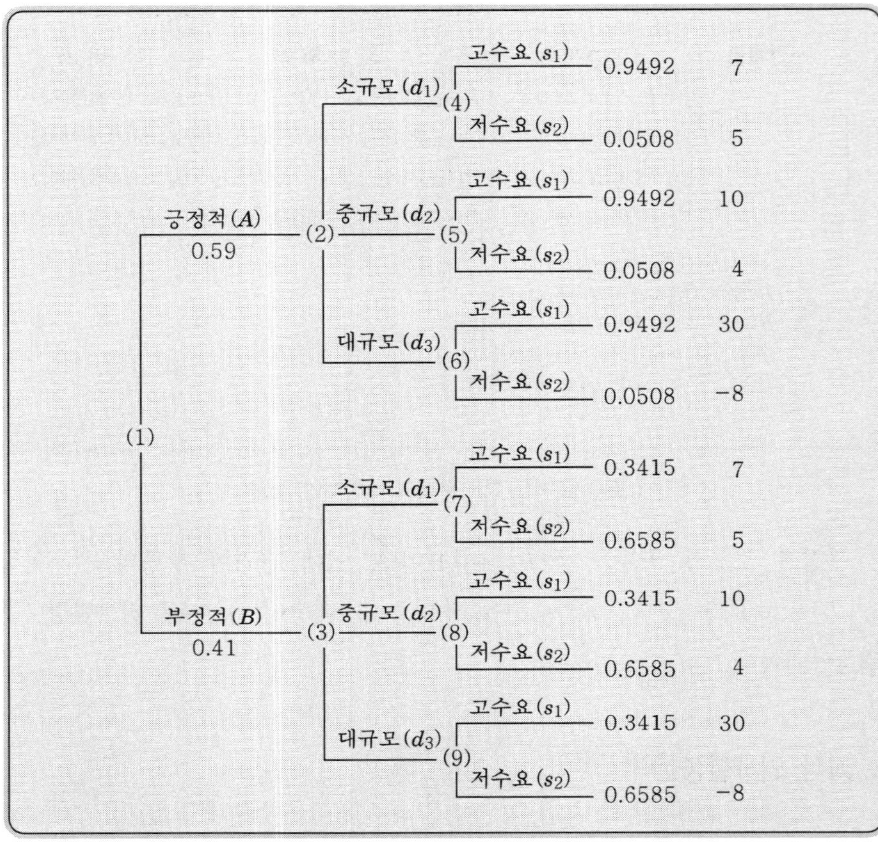

[그림 12-5] 사후확률이 표시된 의사결정나무

위 계산처럼, 시장조사결과가 긍정적 보고일 때의 최적결정은 대규모로 짓는 것(마디 6)이며 기대이익은 28.070억원이다. 즉 EV(마디 2) = 28.070.
부정적 보고일 때의 최적결정은 중규모로 짓는 것(마디8)이며 기대이익은 6.049억원이다. 즉 EV(마디 3) = 6.049.
따라서 최적 의사결정전략은 다음과 같다.

[최적 의사결정 전략]

만약	결정은
시장조사보고가 긍정적(A)이면,	대규모 콘도미니엄 건설(d_3).
시장조사보고가 부정적(B)이면,	중규모 콘도미니엄 건설(d_2).

여기에서, 마디 1의 전반적인 기대가치를 구해보면, EV(마디 1) = 0.59(28.070) + 0.41(6.049) = 19.04(억원)이다. 이 19.04억원은 표본정보를 활용할 경우의 기대가치이므로 표본정보하의 기대가치(expected value with sample information)라고 부른다.

제 7 절 표본정보의 기대가치

표본정보가 없을 때의 확률은 $P(s_1) = 0.7$, $P(s_2) = 0.3$이었으며 최적결정은 d_3, 기대가치는 18.6억원이었다. 그런데 표본정보하의 기대가치는 19.04억원이다. 그렇다면 표본정보의 기대가치(expected value of sample information, EVSI)는 19.04 - 18.6 = 0.44억원이다. 이 0.44억원은 표본정보를 활용하여 추가적으로 얻어질 수 있는 기대가치이다.

표본정보의 기대가치($EVSI$)
　= 표본정보하의 기대가치 − 원래의 기대가치
　= 19.04 − 18.6
　= 0.44(억원)

앞에서 완전정보의 기대가치($EVPI$)는 3.9억원이었다. 시장조사가 얼마나 완전한 정보에 근접하는가를 효율로 나타내 보자. 표본정보의 효율 E는

$$E = \frac{EVSI}{EVPI} \times 100$$

$$= \frac{0.44}{3.9} \times 11.3\%$$

연 습 문 제

1. 경주TV방송국에서는 선덕기획이 제작한 시리즈 드라마 "뉴욕아리랑"을 구입할 것인지를 고려하고 있다. 이 드라마는 뉴욕교포들의 생활에 관한 코미디 연속극이다.

 이 드라마의 성공은 이 주제에 대한 다음 시즌의 시청률에 달려 있다. 다음 시즌시청률은 다음 셋 중 하나일 것이다.

 • 시청률감소(s_1), 시청률보통(s_2), 시청률상승(s_3).

 서울TV방송국의 의사결정은 다음 둘 중 하나이다.

 • 구매(a_1), 구매안 함(a_2)

 각 경우에 대한 이익은 다음과 같다(단위; 억원).

대안\상태	시청률감소(s_1)	시청률보통(s_2)	시청률상승(s_3)
구매(a_1)	−10	10	50
구매안함(a_2)	−1	−1	−1

(1) 각 상태의 확률을 모른다고 할 때 최소최대후회기준에 의하여 의사결정하라.

(2) 상태의 확률을 각각 .3, .5, .2로 부여하였다. 이 때의 최적결정은 무엇인가? 기대성과는? 완전정보의 기대가치는 얼마인가?

(3) 상태의 확률을 각각 .3, .5, .2로 부여한 경주TV방송국에서는 시청률조사회사인 NCS(New Consulting Service)에 시장조사를 의뢰했다. NCS회사의 조사의 정확성은 다음과 같이 알려져 있다.

예측\실제	시청률감소(s_1)	시청률보통(s_2)	시청률상승(s_3)
시청률감소(I_1)	.8	.2	.1
시청률보통(I_2)	.1	.7	.3
시청률상승(I_3)	.1	.1	.6

그리하여 시장조사결과 NCS회사는 시청률감소(I_1)로 예측하였다. 경주 TV 방송국에서는 어떠한 의사결정을 내려야 할지 베이지안 절차를 이용하여 풀어라. 기대성과는 얼마인가?

2. 해남원유회사는 말레이시아와 합작으로 해저유전탐사를 하고 있다. 유징이 있는 한 곳에 대한 시추여부를 고려하고 있다. 가능성은 이곳에 석유가 있든지(wet) 혹은 없든지(dry) 둘 중 하나이다. 해남원유회사가 취할 수 있는 대안은 a_1과 a_2이다. 상태와 대안에 따른 이익(단위: 천달러)은 다음과 같다.

대안\상태	wet	dry
a_1(시추함)	100,000	−70,000
a_2(시추 안함)	0	0

그런데 시추 전에 10,000(단위: 천달러)를 들여서 지층조사를 할 수도 있다. 지층조사결과는 부정적(no structure), 보통(open structure), 아주 희망적(closed structure)의 셋 중 하나로 나타난다. 다음은 지층조사와 관련한 확률들이다.

- 지층조사가 없을 때 dry일 확률 .5
- 지층조사할 때
  - no structure일 확률 .4
  - open structure일 확률 .35
  - closed structure일 확률 .25
  - no structure일 때 dry일 확률 .8
  - open structure일 때 dry일 확률 .5
  - closed structure일 때 dry일 확률 .1

(1) 지층조사가 없을 경우, 최적행동은 무엇인가?

(2) 전체적으로, 최적행동은 무엇인가?

3. 어떤 의사결정자가 네 개의 결정대안과 4개의 상황을 직면하여, 다음과 같은 이익 성과표를 작성하였다.

	상황			
결정대안	s_1	s_2	s_3	s_4
d_1	14	9	10	5
d_2	11	10	8	7
d_3	9	10	10	11
d_4	8	10	11	13

(1) 만일 의사결정자가 네 개의 상황에 대한 어떤 확률도 모르고 있다면, 낙관적, 보수적, 최소최대후회(minimax regret)기준으로 각각 어떤 대안이 추천되는가?

(2) 당신은 어떤 접근을 추천하는가? 설명하라. 문제를 분석하기 전에 가장 선호하는 접근을 확정하는 것이 의사결정자를 위하여 중요한가? 설명하라.

(3) 성과표에 나와 있는 것이 이익이 아니라 비용이라고 가정하자. 그렇다면 낙관적, 보수적, 최소최대후회(minimax regret)기준으로 각각 어떤 대안이 추천되는가?

4. 상해에 진출한 벤처 사업가인 장보고는 신형 벤쯔자동차를 리스(lease)하기로 하고 가격정보를 위하여 세 곳의 벤쯔대리점에 접촉하였다. 각 대리점은 보증금 없이 36개월 리스를 제안하였다. 각 리스는 월납부금과 허용 마일리지를 포함한다. 추가적인 마일은 마일당 추가요금을 내야 한다. 다음 표에 월납부금, 허용마일리지, 마일당 추가요금이 나와 있다.

대리점	월납부금	허용마일리지	마일당추가요금
상해벤쯔	299원	36,000	0.15원
인민모터스	310원	45,000	0.20원
푸동자동차	325원	54,000	0.15원

장보고는 총 36개월의 비용이 최소가 되는 대안을 선택하기로 하였다. 어려운 점은 장보고가 다음 3년 동안 얼마의 마일을 운행할 것인지가 확실치 않다는 것이다. 이 결정을 위하여 장보고는 1년에 12,000마일, 혹은 15,000마일, 혹은 18,000마일을 운행할 것이라고 가정하였다. 이 가정에 의하여 세 대리점의 제안의 각각의 총비용을 추산하였다. 예를 들어, 상해벤쯔는 만일 12,000마일이라면 총 10,764원이 되며, 15,000마일이라면 총 12,114원, 그리고 18,000마일 이라면 총 13,464원이 될 것이다.

(1) 의사결정은 무엇이며, 무엇이 조건적 행동(chance event)인가?
(2) 이 문제의 성과표를 작성하라.
(3) 만일 장보고가 어떤 운행거리 가정이 적절한지에 대해 모른다면, 어떤 결정이 낙관적, 보수적, 최소최대후회 접근에 의해 추천되는가?
(4) 장보고가 운행할 확률이 12,000마일, 15,000마일, 18,000마일에 대하여 각각 0.5, 0.4, 0.1이라고 가정하자. 기대가치 접근에 의하면 어떤 대안을 선택해야 할까?
(5) 위 문제에서 결정한 대안에 대하여 위험 요소를 묘사하라. 무엇이 가장 가능한(most likely) 비용이며, 무엇이 그 확률인가?
(6) 다시 고려한 결과, 장보고는 12,000마일, 15,000마일, 18,000마일의 운행확률이 각각 0.3, 0.4, 0.3이라고 가정하였다. 기대가치 접근에 의하면 어떤 대안을 선택해야 할까?

5. 다음의 이익 성과표가 주어졌다.

	상황		
결정대안	s_1	s_2	s_3
d_1	250	100	25
d_2	100	100	75

각 상황의 확률은 각각 $P(s_1)=0.65$, $P(s_2)=0.15$, $P(s_3)=0.20$이다.

(1) 만일 완전정보가 주어진다면 무엇이 최적의 결정전략인가?

(2) (계속)위 문제에서 개발된 결정 전략을 위한 기대가치는 얼마인가?

(3) 기대가치 접근에 의하여, 완전정보 없이 추천되는 결정은 무엇인가? 이것의 기대가치는 얼마인가?

(4) 완전정보의 기대가치는 얼마인가?

6. A회사는 의사결정에 직면하여 먼저 시장조사를 할것인지를 결정해야한다. 만일 시장조사가 수행되면 산출은 희망적(F) 혹은 비희망적(U)이다. 단지 두개의 결정대안 d_1 혹은 d_2만이 있고, 상황은 s_1 혹은 s_1의 두 개만이 있다고 가정하자. 성과표는 다음과 같다.

	상황	
결정대안	s_1	s_2
d_1	100	300
d_2	400	200

(1) 의사결정 나무를 그려라.

(2) 다음의 확률을 이용한다면, 무엇이 최적의 의사결정 전략인가?

$$P(F)=0.56,\ P(s_1|F)=0.57,\ P(s_1|U)=0.18,\ P(s_1)=0.40$$
$$P(U)=0.44,\ P(s_2|F)=0.43,\ P(s_2|U)=0.82,\ P(s_2)=0.60$$

7. 송파구에 사는 설인귀와 홍패는 비용을 절감하기 위하여, 명동까지의 직장출퇴근을 카풀(carpool)로 하기로 하였다. 설인귀는 좀 멀지만 교통량이 일정한 천호대

로를 선호하였다. 홍패는 다소 신속히 갈 수 있는 강변북로를 선호하였으나, 이 두 사람은 만일 강변북로가 정체되면 천호대로를 이용하기로 합의하였다. 다음의 성과표는 편도여행의 소요시간을 보여준다.

	상황	
결정대안	강변북로 원활 s_1	강변북로 정체 s_2
천호대로 d_1	30분	30분
강변북로 d_2	25분	45분

두 사람은 출퇴근 경험에 비추어, 강변북로가 정체될 확률은 0.15라고 동의하였다. 한편, 날씨도 강변북로의 교통상황에 영향을 미친다는 것에 다음과 같이 동의하였다.

날씨는 맑음(clear, C), 흐림(overcast, O) 및 비옴(rain, R)의 세 가지인데, 조건부확률은 다음과 같다.

$$P(C|s_1) = 0.8 \qquad P(O|s_1) = 0.2 \qquad P(R|s_1) = 0.0$$
$$P(C|s_2) = 0.1 \qquad P(O|s_2) = 0.3 \qquad P(R|s_2) = 0.6$$

(1) 베이즈 확률 개정과정을 이용하여 각 날씨 조건의 확률과, 각 날씨 조건에 따라 강변북로가 원활할(s_1), 정체될(s_2), 조건부확률 을 계산하라.

(2) 이 문제의 의사결정나무를 그려라.

(3) 무엇이 최적의 의사결정전략인가, 그리고 기대 여행시간은 얼마인가?

제13장

대기행렬모형

대기행렬(waiting lines)에 관한 지식들의 집합체—흔히 대기행렬이론(queuing theory)이라고 하는—는 운영경영자를 위해 가치있는 도구이다. 대기행렬은 흔히 있는 현상인데 예를 들어 수리받기위해 차량서비스센터에서 기다리는 차량들, 혹은 복사 센터에서 기다리는 사람들 혹은 놀이공원에서 기다리는 아이들 등이다. [표 13-1]은 대기행렬 모형(waiting-line models)이 쓰일 수 있는 예 들이다.

[표 13-1] 일반적인 대기 상황들

상황	대기행렬에의 도착	서비스 과정
슈퍼마켓	식품구매자	계산대
고속도로 요금소	자동차	요금수납
병의원	환자	의사, 간호원의 진료
컴퓨터시스템	실행될 프로그램	프로그램의 실행
전화회사	전화이용자	전화중개
은행	고객	접수 및 처리
기계보전	고장난 기계	수리
항구	선박과 바지선(barge)	하역 및 적재

대기행렬 모형들은 제조 및 서비스 영역에서 유용하다. 대기행렬의 분석 즉 대기행렬의 길이, 평균대기시간, 및 다른 요소들은 우리가 서비스시스템, 설비보전활동, 및 매장운영활동들의 이해에 도움을 준다. 생산운영의 관점에서는 은행에서 기다리

는 고객들이나 수리를 기다리는 망가진 드릴프레스(drill presses)나, 대기행렬의 분석이라는 관점에서 같은 특성을 지닌다.

제1절 대기행렬 시스템의 특성들

이 절에서는 [그림 13-1]에 나와 있는 바와 같은 대기행렬의 다음 세 부분들을 고찰한다.

1. 시스템에의 도착(arrival 혹은 input). 모집단크기, 행태, 통계적분포 등이 관련된다.
2. 대기규칙(queue discipline), 혹은 대기행렬. 대기행렬에 포함된 사람들 혹은 품목들의 대기 규칙. 대기행렬은 길이가 제한되었는가 혹은 무한한가?
3. 서비스 시설(service facility). 설계. 서비스시간의 통계분포.

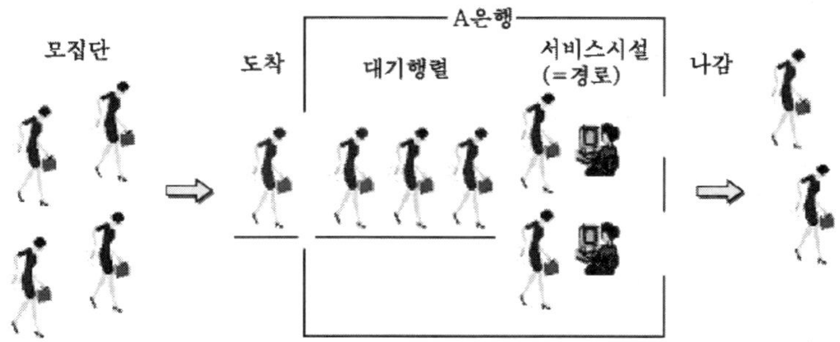

[그림 13-1] 대기행렬 시스템의 요소들

그러면 이상의 부분들에 대해 고찰해 보자.

1. 도착의 특성들

어떤 서비스 시설에의 일반적인 도착 혹은 고객들을 발생시키는 투입의 원천은 세 개의 주요한 특징들을 지닌다.

(1) 도착 모집단의 크기(size).

(2) 도착의 모양(behavior).

(3) 도착의 형태(pattern)(즉 통계적 분포)

도착(원천) **모집단의 크기**: 모집단의 크기는 제한이 없거나(기본적으로 무한) 혹은 제한있는(유한) 것으로 간주된다. 어떤 주어진 순간에 도착해있는 혹은 곧 도착할 고객의 수효는 단지 모든 가능한 도착들의 아주 작은 부분일 때, 도착 모집단은 제한없는(unlimited) 혹은 무한한(infinite) 것으로 간주된다. 무한 모집단의 예로는 어떤 큰 도시의 세차장에 도착하는 차들, 슈퍼마켓에 도착하는 구매자들, 및 큰 대학교에서 수업에 등록하기 위하여 도착하는 학생들이 있다. 대부분의 대기행렬 모형들은 무한한 도착 모집단으로 가정한다.

제한없는 혹은 무한 모집단(unlimited or infinite population): 대기행렬 내에서, 사실상 무한한 수효의 사람들 혹은 품목들이 서비스를 요청할 수 있다. 혹은 어떤 주어진 순간에 고객의 수효 혹은 곧 도착할 고객의 수효가 잠재적인 도착들의 매우 작은 부분일 때.

제한있는 혹은 유한 모집단(limited or finite population): 잠재적 서비스 사용자들이 단지 제한된 수효만 기대될 경우.

제한있는 모집단의 예로는 어떤 공장의 정비실이 18개의 자동화복합기계의 정비를 담당하는 경우이다. 기계들은 고장이 날 경우 서비스를 필요로 하는 잠재적인 유한 모집단 고객들이다.

도착의 모양(behavior of arrivals): 대부분의 대기행렬 모형들은 도착하는 고객이 "참을성 있는 고객"(a patient customer)이라고 가정한다. "참을성 있는 고객"이란 대기행렬에서 봉사받기를 기다리는 사람 혹은 기계들을 말하며, 이들은 행렬들 사이를 옮겨가지 않는다. 불행히도 어떤 사람들은 멈추어 서거나(balk), 취소(renege) 함으로써 대기행렬의 분석이 복잡해지게 된다. "멈추어 서는 고객"들은 대기행렬이 그들의 필요나 이익에 비추어 너무 길기 때문에 대기행렬에 가담하기를 거절한다. "취소하는 고객"은 대기행렬에 들어오긴 하였으나 참을성이 없게 되어 거래를 마치지 않고 떠나버린다. 사실상, 이 두 경우들은 대기행렬이론의 필요성을 오히려 강조해 준다.

시스템에의 도착의 형태: 고객들은 서비스 시설에 어떤 알려진 일정 - 예. 매 15분마다 1명의 환자, 혹은 30분마다 1명의 학생 - 혹은 임의적으로(randomly) 도착한다. 도착들은 그것들이 상호독립적이며 정확히 예측할 수 없을 때 임의적이라고 간주된다. 대기행렬 문제에서는, 단위시간내의 도착들의 수효는 다음의 포아송분포(Poisson distribution)에 의해 추정될 수 있다.

$$P(x) = \frac{e^{-\lambda}\lambda^{x}}{x!}$$

여기서

$$x = 0,1,2,3,...$$

단,

$P(x) = x$회 도착의 확률

λ(lambda) = 평균도착 횟수

x = 단위시간당 도착들의 횟수

e = 2.7183 (자연대수의 밑)

[그림 13-2]에서는 $\lambda=2$ 인 경우의 포아송분포를 예시한다. 이것이 의미하는 바는 만일 평균도착률 λ가 =2명이라면, 어떤 임의적인 시간내에 고객이 한 명도 도착하지 않을 확률은 14%라는 것이다. 한 명의 고객이 올 확률은 27%, 그리고 2명의 고객이 올 확률은 27%, 3명의 고객이 올 확률은 18%, 4명의 고객이 올 확률은 9%라는 것이다.

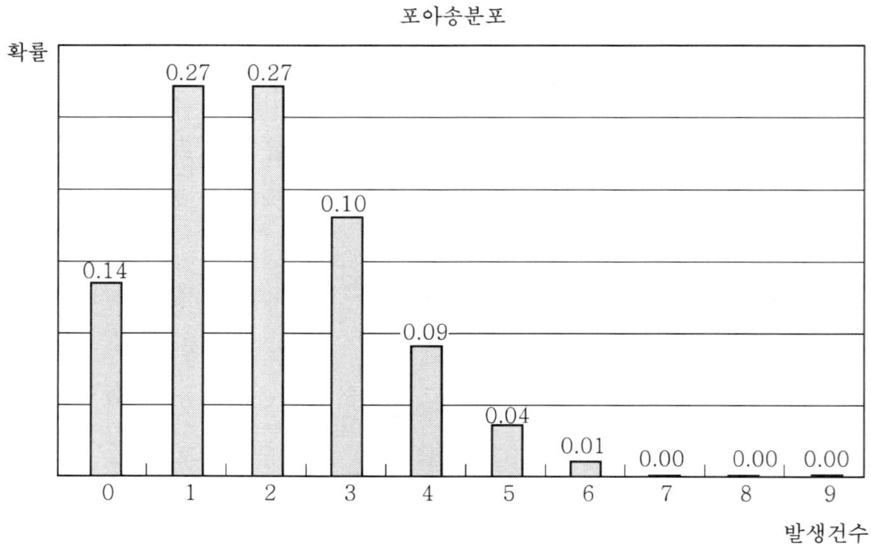

[그림 13-2] 포아송분포(평균=2일 때)

도착이라는 것은 물론 항상 포아송분포와 근사한 것은 아니며 어떤 경우엔 다른 분포를 따를지도 모른다. 그러므로 어떤 사례에 포아송분포를 적용하기 전에 도착의 분포가 포아송분포와 비슷하게 되는지를 검토해 보아야 한다.

2. 대기행렬의 특성들

대기행렬시스템의 다음 요소는 대기행렬이다. 대기행렬 라인의 길이는 제한적 혹은 무제한적이다. 대기행렬(queue)은 이것이 법으로 혹은 물리적인 제약 때문에 무한한 길이로 증가할 수 없다면 제한적(limited)이다. 예를 들어, 작은 미용실은 단지 제한된 수효의 대기 의자들만을 가지고 있다. 보통 대기행렬모형(queuing models)들은 무제한적인 대기행렬 길이를 가정한다. 예를 들어, 도착하는 자동차들을 위한 요금수납소의 경우처럼, 대기행렬의 길이가 제한이 없을 때 무제한적(unlimited)이다.

대기행렬의 둘째 특성은 대기행렬 규칙(queue discipline)이다. 이것은 라인에 서 있는 고객들이 서비스를 받는 규칙에 관한 것이다. 대부분의 시스템들은 선입선출법(first-in, first-out, FIFO)으로 알려진 대기행렬 규칙을 사용한다. 그러나 병원응

급실이나 슈퍼마켓의 계산대에서는 FIFO가 아닌 여러 가지의 규칙들이 활용되기도 한다. 심각히 부상당한 환자는 가벼운 환자보다 먼저 치료될 것이다. 슈퍼마켓에서는 예컨대 10개 이하의 품목을 사는 쇼핑객은 긴급계산대에서 계산할 수 있다. 컴퓨터 프로그램들도 우선순위 일정에 따라 운영된다. 많은 대형회사에서는 컴퓨터에서 처리되는 월 급여 처리 프로그램을 최우선순위에 둔다.

> 선입선출법(first-in, first-out, FIFO): 대기행렬에서 먼저 온 고객부터 서비스를 받는 규칙

3. 서비스의 특성들

대기행렬 시스템의 셋째 부분은 서비스의 특성들이다. 두 가지 기본적인 특성들이 고려되는데, (1) 서비스 시스템의 설계, 및 (2) 서비스 시간의 분포다.

기본적인 대기행렬 시스템의 설계

서비스 시스템들은 대개 경로들(channels)의 수 - 예를 들어 봉사자들의 수효-, 그리고 단계들(phases)의 수 - 예를 들어 필수적인 서비스 시설의 수 - 에 따라 분류된다. 하나의 봉사자들로 된 단일경로 대기행렬 시스템(a single-channel queuing system)의 전형적인 예는 한 명의 은행원 창구가 대기하는 드라이브인(drive-in) 은행창구이다. 만일, 은행원 창구가 여럿이고, 고객들은 하나의 줄로 기다리다가 가능한 처음 은행원 창구에 간다면 이것을 복수경로 대기행렬 시스템(a multiple-channel queuing system)이라고 할 수 있다. 오늘날 대부분의 은행들은 이 시스템을 사용하며, 또한 대형 미용실, 항공사발권창구, 우체국 등에서 사용된다.

단일단계 시스템(a single-phase system)에서, 고객은 시스템에 존재하는 하나의 지점(a station)으로부터 서비스를 받고 시스템에서 나간다. 패스트푸드 식당에서 하나의 서버가 당신의 주문을 접수하고 식사를 가져다주고 돈을 받는 경우가 단일단계 시스템에 해당한다. 그런데 만일 어떤 식당에서 한 지점에 주문을 신청하고 둘째 지점에서 돈을 지불하고 셋째 지점에서 음식을 받는다면 이것은 복수단계 시

스템(a multiphase system)이다. 이러한 여러 경우가 그림 D3에 요약되어 있다.

단일경로 대기행렬 시스템(a single-channel queuing system): 하나의 줄과 하나의 서버가 있는 서비스 시스템

복수경로 대기행렬 시스템(a multiple-channel queuing system): 하나의 대기 줄과 여러 명의 서버가 있는 서비스 시스템

단일단계 시스템(a single-phase system): 고객은 단지 하나의 지점에서 서비스를 받고 시스템에서 나간다.

다중단계 시스템(a multiphase system): 고객은 여러 개의 지점들에서 서비스를 받고 시스템에서 나간다.

서비스 시간의 분포

서비스 형태는 도착의 형태와 마찬가지로 일정하거나 아니면 임의적이다. 만일 서비스 시간이 일정하다면, 이것은 각 고객들을 접대하는데 동일한 시간이 걸리는 것이다. 이것은 예를 들어 자동세차기와 같이 동일한 운영을 수행하는 기계를 예로 들 수 있다. 하지만 대개 서비스 시간은 임의적으로 분포되어있다. 많은 경우에 임의적 서비스 시간은 음의 지수확률분포로 묘사된다.

[표 13-2]에서 만일 서비스 시간들이 음의 지수분포를 따른다면, 기다려야 할 확률이 표시되어 있다. 예를 들어 평균적 서비스 시간이 30분이라면(혹은 시간당 2명의 고객들), 어떤 고객이 서비스 시설에서 1시간 이상을 보내는 확률은 0.135로 낮다(참고: 표의 우측열을 Excel로 풀 경우에는 함수 "EXPONDIST"를 이용한다).

[표 13-2] 서비스시간이 t시간을 초과할 확률 $P(X \geq t)$.
(음의 지수분포 $P(X \geq t) = e^{-ut}$, $u=2$일 때)

t	$P(X \geq t)$
0	1
0.25	0.607
0.50	0.368
0.75	0.223
1.00	0.135
1.25	0.082
1.50	0.050
1.75	0.030
2.00	0.018
2.25	0.011
2.50	0.007
2.75	0.004
3.00	0.002

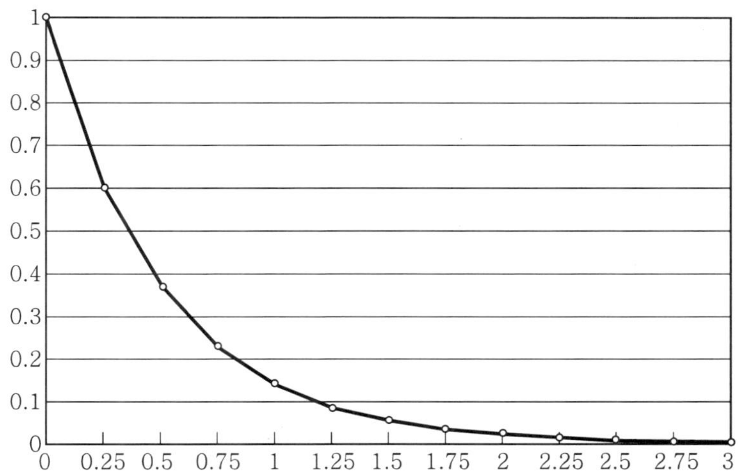

[그림 13-3] 서비스시간이 t시간을 초과할 확률 $P(X \geq t)$.
(음의 지수분포 $P(X \geq t) = e^{-ut}$, $u=2$일 때)

만일 평균적 서비스 시간이 20분이라면(혹은 시간당 3명의 고객들), 어떤 고객이 서비스 시설에서 1시간 이상을 보내는 확률은 0.050으로 더 낮아진다.

[표 13-3] 서비스시간이 t 시간을 초과할 확률 $P(X \geq t)$.
(음의 지수분포 $P(X \geq t) = e^{-ut}$, u =3일 때)

t	$P(X \geq t)$
0	1
0.25	0.472
0.50	0.223
0.75	0.105
1.00	0.050
1.25	0.024
1.50	0.011
1.75	0.005
2.00	0.002
2.25	0.001
2.50	0.001
2.75	0.000
3.00	0.000

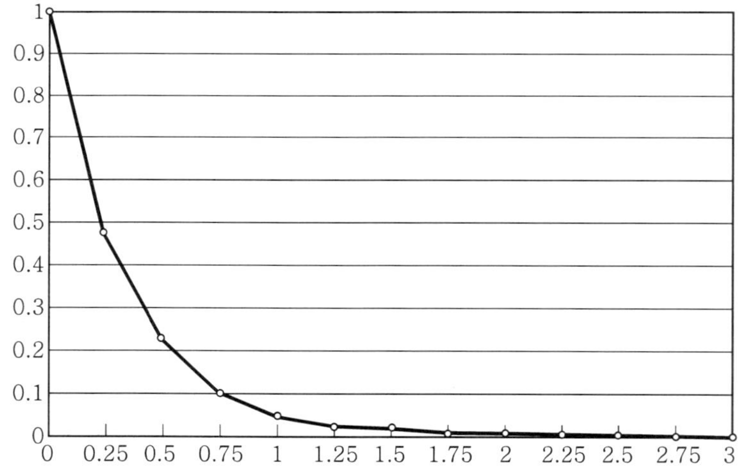

[그림 13-4] 서비스시간이 t 시간을 초과할 확률 $P(X \geq t)$.
(음의 지수분포 $P(X \geq t) = e^{-ut}$, u =3일 때)

4. 대기행렬의 성취도 측정

대기행렬 모형들은 경영자들이 서비스 비용과 대기행렬 비용의 균형을 잡도록 도와준다. 대기행렬 분석은 대기행렬 시스템의 다음 사항들의 성취도를 측정하게 해준다.

1. 각각의 고객 혹은 사물이 대기행렬에서 보내는 평균시간
2. 평균 대기행렬 길이
3. 각 고객이 시스템(대기시간 더하기 서비스 시간)에서 보내는 평균 시간
4. 시스템에 머물고 있는 고객들의 평균 수효
5. 서비스 시설이 유휴할 확률
6. 시스템을 위한 이용률 요인
7. 시스템 내에 머물고 있는 고객의 특정 수효의 확률

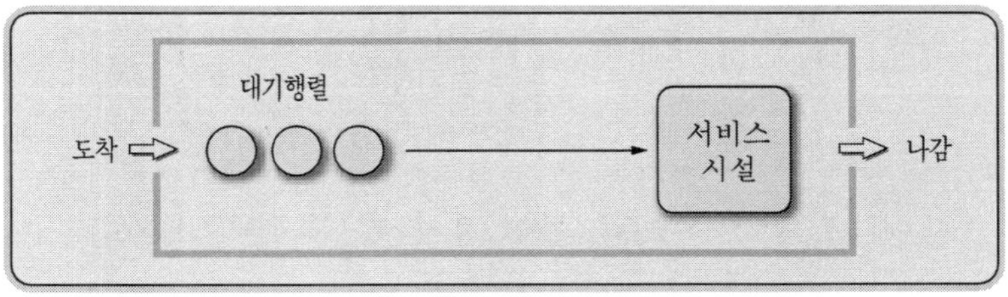

[그림 13-5] 단일경로, 단일단계 시스템 (예; 단골 가정과 의사)

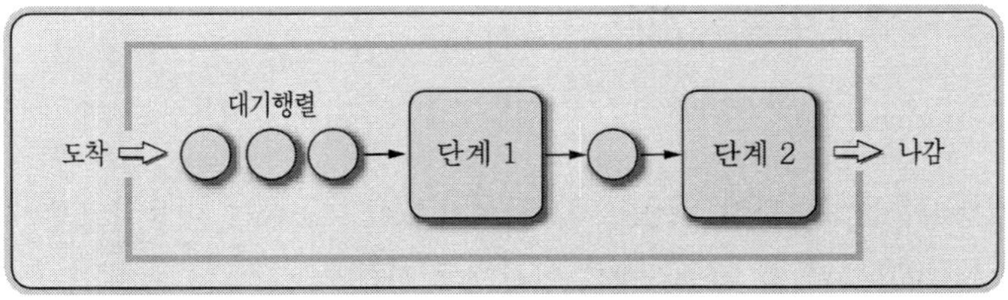

[그림 13-6] 단일경로, 복수단계 시스템(예; 맥도널드의 2단계 drive-through)

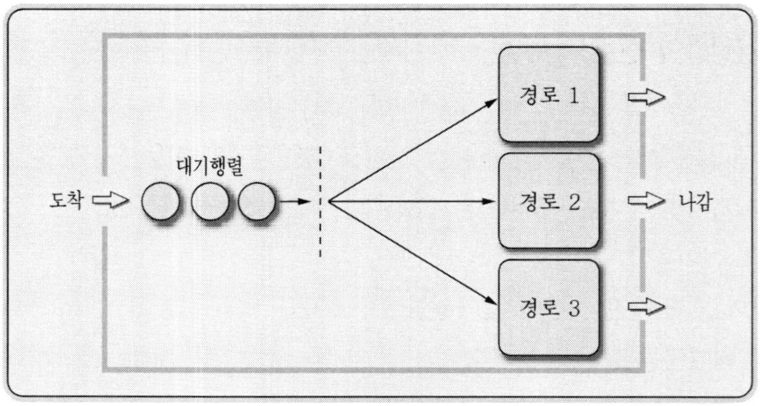

[그림 13-7] 복수경로 단일단계 시스템 (예; 은행, 우체국의 고객서비스 창구)

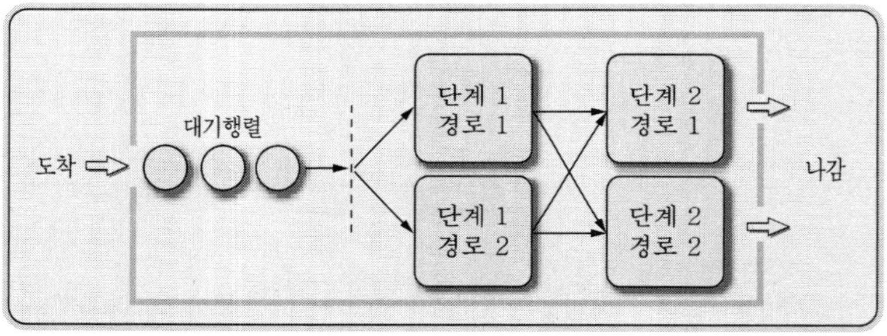

[그림 13-8] 복수경로, 복수단계 시스템 (예; 대학교 등록)

제 2 절 대기행렬의 비용

운영 경영자들은 두 가지 비용 - 좋은 서비스를 제공하는 비용과 고객이나 기계가 기다리는 비용 사이의 절충관계를 인식해야 한다.

경영자들은 고객들이 불행하지 않고, 구매 없이 떠나거나, 사더라도 다시는 안 오는 일이 없기 위해 대기행렬이 얼마나 짧아야 하는가를 알기 원한다. 어쨌든 경영자들은 서비스 비용을 상당한 절감을 위하여 균형잡기 위해 얼마의 기다림은 허용할 수 있을 것이다.

어떤 서비스시설의 평가방법 하나는 총 기대비용을 검토하는 것이다. 총비용은 기대 서비스비용 더하기 기대 대기비용이다.

[그림 13-9]에서 보는바와 같이 서비스비용은 기업이 서비스 수준을 올렸을 때 증가한다. 어떤 서비스센터의 경영자들은 인원과 기계들을 다양하게 하여 과도하게 긴 라인을 방지하거나 예방하려고 한다. 예를 들어 식료품점에서는 경영자들과 재고관리자들은 예외적인 계산대를 설치할 수 있다. 은행이나 공항체크인접수대에서는 시간제 근로자에게 도움을 요청할 수 있다. 서비스 수준이 개선됨에 따라 (즉 빠르게), 어쨌든 대기행렬에서 소비하는 시간의 비용은 감소할 것이다. 대기비용은 도구나 기계는 수리를 기다려서 작업자들의 낮은 생산성을 반영할지 모르고, 혹은 형편없는 서비스와 긴 대기행렬로 단순히 잃은 고객의 비용 추산값일 수 있다.

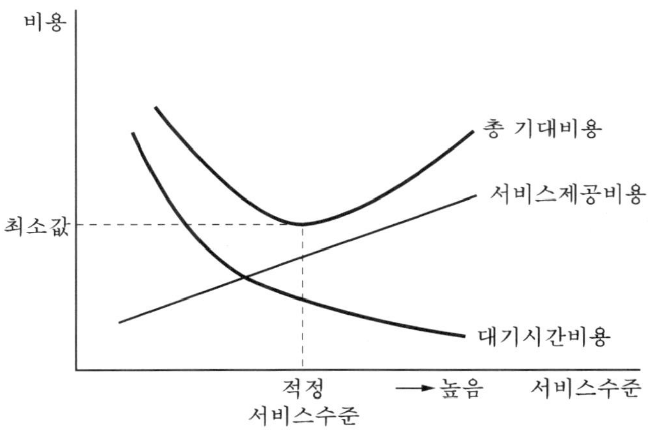

[그림 13-9] 대기 비용과 서비스 비용의 절충

제 3 절 대기행렬의 모형들

여러 가지의 대기행렬 모형들이 운영경영에 적용될 수 있다. 대표적으로 널리 사용되는 유형들이 [표 13-4]에 요약되어 있고, 각각의 사용 예들이 본문에 설명되어 있다. 더 복잡한 모형들은 대기행렬 전문서적을 참고하거나, 혹은 시뮬레이션을 이용할 수 있다. 이 모형들은 다음 세 가지의 가정을 지니고 있다.

1. 도착은 포아송분포에 따른다.
2. FIFO 원칙에 의한다.
3. 단일 서비스 단계(single service phase)이다.

이 모형들은 모두, 지속적이고 일정한 조건들 하에서 운영되는 서비스 시스템을 묘사한다. 이것은 도착과 서비스율이 분석 도중에 안정적이라는 의미이다.

참고로 대기행렬 모형을 묘사할 때 사용되는 Kendall-Lee 기호는 아래와 같다.

Kendall-Lee의 기호

(1/2/3):(4/5/6)

1, 2: 고객 도착 및 서비스 형태

M: 지수분포

D: 일정시간간격을 두고 발생

E: Erlang 분포

G: 일반 분포

3: 종사자의 수

4: 서비스 규칙

FCFS, LCFS, SIRO(Service In Random order), GD(general discipline), PRD:priority discipline

5: 대기행렬 용량, 한계수용인원.

6: calling source(모집단).

예) (M/M/1):(FCFS/∞/∞)

[표 13-4] 대기행렬 모형들

모형	모형 1	모형 2	모형 3	모형 4
이름	단순시스템 (M/M/1)	복수경로 (M/M/S)	일정한 서비스 (M/D/1)	유한모집단
사례	백화점 안내소	항공사 발권창구	자동세차기	공장, 12대의 기계
경로의 수	하나	여러 개	하나	하나
단계의 수	하나	하나	하나	하나
도착률의 유형	포아송	포아송	포아송	포아송
서비스시간의 유형	지수함수	지수함수	균일분포	지수함수
모집단크기	무한	무한	무한	유한
대기행렬규칙	FIFO	FIFO	FIFO	FIFO

1. 모형 1 : 단일경로, 포아송도착 및 지수함수적 서비스시간 (M/M/1)

대기행렬 문제의 가장 보편적인 경우는 단일경로, 혹은 단일 서버의 경우이다. 이 상황에서는 , 단일 라인을 형성하는 도착들은 단일 지점에서 서비스를 받는다. 우리는 다음 조건들이 이런 시스템에 존재한다고 가정하자.

(1) 도착들은 선입선출(FIFO)로 서비스를 받는다. 그리고 모든 도착들은 대기행렬의 길이에 관계없이 서비스받기를 기다린다.

(2) 도착들은 선행 도착들에 독립적이다, 그러나 도착들의 평균횟수(도착률)는 시간이 지나도 변하지 않는다.

(3) 도착들은 포아송 확률분포로 묘사되며, 무한히 큰 모집단으로부터 온다.

(4) 서비스 시간들은 고객에 따라서 다양하나, 평균 시간은 알려져 있다.

(5) 서비스시간은 음의 지수확률분포에 따른다.

이런 조건들이 맞는 경우에 [표 13-5]에 있는 일련의 공식들이 개발되었다.

[표 13-5] 모형(M/M/1)의 대기행렬 공식: 단순시스템

λ = 단위기간당 고객 도착의 평균 수효

μ = 단위기간당 서비스받는 고객의 평균 수효

L_s = 시스템(대기 및 서비스 받는 중)에 존재하는 고객들의 평균 수효

$$= \frac{1}{\mu - \lambda}$$

W_s = 시스템(대기 및 서비스 받는 중)에서 한 고객이 보내는 평균시간

$$= \frac{1}{\mu - \lambda}$$

L_q = 대기행렬에서 서비스를 기다리는 고객들의 평균 수효

$$= \frac{\lambda^2}{\mu(\mu - \lambda)}$$

W_q = 한 고객이 대기행렬에서 기다리는 평균시간

$$= \frac{\lambda}{\mu(\mu - \lambda)}$$

ρ = 시스템의 효율요인

$$= \frac{\lambda}{\mu}$$

P_0 = 시스템에 고객이 0명일 확률(즉 서비스 단위가 유휴인 경우)

$$= 1 - \frac{\lambda}{\mu}$$

= ,

.

=

[예제 13-1] 홍길동은, 자동차 수리점인 삼우카의 수리공인데, 1시간에 평균 3대의 차량을 수리할 수 있고(혹은 20분에 1대), 이것은 음의 지수분포에 따른다. 차량을 수리할 고객들은 시간당 평균 2명이 도착하며, 이것은 포아송분포로 간주된다. 차량들은 매우 큰(거의 무한) 모집단으로부터 오며 선입선출 규칙으로 서비스를 받는다.

이 묘사로부터 우리는 삼우카의 대기행렬 시스템의 운영특성을 다음과 같이 얻을 수 있다. [표 13-6] 참조.

λ = 시간당 도착하는 2대의 차량

μ = 시간당 서비스 받는 3대의 차량

$$L_s = \frac{\lambda}{\mu - \lambda} = \frac{2}{3-2} = \frac{2}{1}$$

= 시스템에 평균 2대의 차량이 존재한다.

$$W_q = \frac{1}{\mu - \lambda} = \frac{1}{3-2} = 1$$

= 고객(=차량)은 평균 1시간을 시스템에서 머문다(대기 및 서비스 받는 시간).

$$L_q = \frac{\lambda^2}{\mu(\mu - \lambda)} = \frac{2^2}{3(3-2)} = \frac{4}{3} = 1.33$$

= 대기행렬에 기다리는 차량의 평균 수효는 1.33대.

$$W_q = \frac{\lambda}{\mu(\mu - \lambda)} = \frac{2}{3(3-2)} = \frac{2}{3} \text{ 시간}$$

= 하나의 차량이 대기행렬에서 기다리는 평균시간은 40분이다.

$$\rho = \frac{\lambda}{\mu} = \frac{2}{3}$$

= 수리공이 작업 중인 것은 근무시간 중에서 66.6%이다.

P_0 = 시스템에 고객이 0명일 확률(즉 서비스 단위가 유휴인 경우)

$$= 1 - \frac{\lambda}{\mu} = 1 - \frac{2}{3}$$

= 시스템에 차량이 없을 확률은 0.333이다.

$P_{n>k}$ = 시스템에 있는 고객이 k명을 초과할 확률, 여기서 n은 시스템에 있는 고객의 수효이다.

$$= \left(\frac{\lambda}{\mu}\right)^{k+1} = \left(\frac{2}{3}\right)^{k+1}$$

[표 13-6] 시스템에 k대를 초과하는 자동차가 있을 확률

k	$P_{n>k} = (\frac{2}{3})^{k+1}$
0	0.667 ←이것은 $1 - P_0 = 1 - 0.333 = 0.667$이다.
1	0.444
2	0.296
3	0.198
4	0.132←시스템에 4대를 초과하는 차량이 있을 확률은 0.132이다.
5	0.088
6	0.058
7	0.039

일단 어떤 대기행렬 시스템의 운영특성을 계산하고 나면, 경제적 분석이 가능해진다. 위에서 묘사된 대기행렬 모형을 통해 대기시간들, 대기행렬의 길이들, 유휴시간 등을 예측하였고, 이를 통해 비용 요인들을 계산함으로써 최적의사결정에 도움이 될 수 있다. 경영자는 더 나은 서비스를 제공하는 것의 증가된 비용과 그 서비스를 제공함으로 인한 대기 비용의 감소 사이의 절충을 할 수 있게 된다. 다음 예를 보자.

[예제 13-2] 삼우카의 사장은 고객들이 기다리는 시간의 비용은 고객들의 불만족과 우호감의 상실로 대기행렬에서 기다리는 시간당 10,000원으로 추정했다. 평균적으로 2/3 시간 (W_q)을 기다리는데 보냄으로써 그리고 하루에 대략 16대의 차량이 서비스를 받음으로써(시간당 도착 2대 그리고 하루에 8시간 근무하므로) 차량이 수리되기를 기다리는 시간의 총량은,

$$\frac{2}{3}(16\text{대}) = 10\frac{2}{3}\text{시간}$$

그러므로 이 경우에 고객들의 대기시간의 비용은 $=10{,}000$원 × $(10\frac{2}{3})$ = 107,000원/일

이 수리점에서 다른 주요 비용은 홍길동의 임금이며, 그는 시간당 8,000원의

임금이므로 하루에 64,000 원이다. 따라서

$$\begin{aligned}\text{총기대비용} &= 107{,}000\text{원} + 64{,}000\text{원} \\ &= 171{,}000\text{원/일}\end{aligned}$$

대기행렬의 분석에서 많은 요소들이 계산되지만, 비용분석에서는 L_q와 W_q가 두개의 가장 중요한 요소들이 된다.

2. 모형 2 : 복수경로 (M/M/S)

복수경로(multiple-channel) 대기행렬 시스템에서는 둘 이상의 서버(=경로)가 있어서 도착하는 고객들을 응대한다. 서비스를 기다리는 고객들은 하나의 단일 라인을 형성하고 최초의 가능한 서버에게 접근하는 것을 가정하자. 이러한 복수경로, 단일단계의 대기행렬은 많은 은행들에서 발견된다.

하나의 라인이 형성되고 그 라인 맨 앞의 고객이 처음의 가능한 접수계에 접근한다. 도착이 포아송 확률분포를 따르고 서비스 시간은 지수분포를 따르는 것으로 가정된다. 서비스는 선입선출 규칙으로 시행되며 모든 서버들은 동일한 생산성으로 서비스한다고 가정하자. 다른 가정들은 앞에서 단일경로 모형에 적용되었던 것과 같다.

이 모형(이것의 기술적인 표현은 M/M/S이다)를 위한 대기행렬 공식들은 다음과 같다. 이 공식들이 단일경로 모형보다는 더 복잡하지만, 같은 방법으로 사용되며 같은 유형의 정보를 제공한다.

[표 13-7] 모형 B의 대기행렬 공식: 복수경로 시스템, M/M/S

M = 열려있는 경로의 수효

λ = 평균 도착률

μ = 각 경로에서의 평균 서비스율

P_0 = 시스템에 고객이 0명일 확률

$$= \frac{1}{\left[\sum_{n=0}^{M-1} \frac{1}{n!}\left(\frac{\lambda}{\mu}\right)^n\right] + \frac{1}{M!}\left(\frac{\lambda}{\mu}\right)^M \frac{M\mu}{M\mu-\lambda}}$$

단, $M\mu > \lambda$

L_s = 시스템(대기 및 서비스 받는 중)에 존재하는 고객들의 평균 수효

$$= \frac{\lambda\mu(\lambda/\mu)^M}{(M-1)!(M\mu-\lambda)^2} P_0 + \frac{\lambda}{\mu}$$

W_s = 시스템(대기 및 서비스 받는 중)에서 한 고객이 보내는 평균시간

$$= \frac{\mu(\lambda/\mu)^M}{(M-1)!(M\mu-\lambda)^2} P_0 + \frac{1}{\mu} = \frac{L_s}{\lambda}$$

L_q = 대기행렬에서 서비스를 기다리는 고객들의 평균 수효

$$= L_s - \frac{\lambda}{\mu}$$

W_q = 한 고객이 대기행렬에서 서비스를 기다리며 소비하는 평균시간

$$= W_s - \frac{1}{\mu} = \frac{L_q}{\lambda}$$

[예제 13-3] 삼우카의 사장은 작업구획을 하나 추가하고 수리공을 한명 더 고용하였다. 시간당 2명꼴(λ=2)로 도착하는 고객들은 하나의 대기 라인을 이루고, 두 수리공 중 하나가 빌 때까지 기다린다. 각 수리공은 1시간에 3대(μ=3)의 차량을 서비스할 수 있다.

이 시스템이 새 수리공 고용전의 단순시스템과 어떻게 대비되는지를 알아내기 위하여, 우리는 M=2 경로 시스템의 몇 가지 운영특성을 단순시스템의 경우와 비교할 수 있다.

M = 2(개), 열려있는 경로의 수효

λ = 2(대), 평균 도착률

μ = 3(대), 각 경로에서의 평균 서비스율

$P_0 =$ 시스템에 고객이 0명일 확률

$$= \frac{1}{[\sum_{n=0}^{M-1} \frac{1}{n!}(\frac{\lambda}{\mu})^n] + \frac{1}{M!}(\frac{\lambda}{\mu})^M \frac{M\mu}{M\mu - \lambda}}$$

단, $M\mu > \lambda$

$$= \frac{1}{[\sum_{n=0}^{1} \frac{1}{n!}(\frac{2}{3})^n] + \frac{1}{2!}(\frac{2}{3})^2 \frac{2(3)}{2(3)-2}}$$

$$= \frac{1}{1 + \frac{2}{3} + \frac{1}{3}} = \frac{1}{2}$$

그러면,

$L_s =$시스템(대기 및 서비스 받는 중)에 존재하는 차량의 평균 수효

$$= \frac{\lambda\mu(\lambda/\mu)^M}{(M-1)!(M\mu-\lambda)^2} P_0 + \frac{\lambda}{\mu}$$

$$= \frac{2(3)(2/3)^2}{1!(2(3)-2)^2} \frac{1}{2} + \frac{2}{3} = \frac{3}{4} = 0.75(\text{대})$$

W_s = 시스템(대기 및 서비스 받는 중)에서 한 차량이 보내는 평균시간

$$= \frac{L_s}{\lambda} = \frac{3/4}{2} = \frac{3}{8}(\text{시간}) = 22.5(\text{분})$$

$L_q =$ 대기행렬에서 서비스를 기다리는 차량의 평균 수효

$$= L_s - \frac{\lambda}{\mu} = \frac{3}{4} - \frac{2}{3} = \frac{1}{12} = 0.083(\text{대})$$

W_q = 한 고객이 대기행렬에서 서비스를 기다리며 소비하는 평균시간

$$= W_s - \frac{1}{\mu} = \frac{L_q}{\lambda} = \frac{0.083}{2} = 0.0415(\text{시간})$$

우리는 경로가 하나인 모형과 경로가 둘인 모형을 [표 13-8]과 같이 비교할 수 있다.

[표 13-8] 경로가 하나 혹은 둘일 때의 비교

	단일 경로	2 경로
P_0	0.33	0.5
L_s	차량 2대	차량 0.75대
W_s	60분	22.5분
L_q	차량 1.33대	차량 0.083대
W_q	40분	2.5분

증가된 서비스는 거의 모든 특성들에서 극적인 효과를 가져왔다. 특히, 라인에서 대기하는 시간이 40분에서 2.5분으로 떨어졌다.

3. 모형 3 : 일정한 서비스시간(M/D/1)

어떤 서비스 시스템들은 서비스 시간의 분포가 지수분포가 아니라 일정한 경우가 있다. 고객들 혹은 설비가 고정된 주기에 따라 진행되는 경우- 예를 들어 자동세차기 혹은 놀이공원의 탈 것들의 경우에는 서비스 시간을 일정하다고 보는 것이 적절하다. 일정한 서비스율은 확실한 것이므로, L_s, W_s, L_q, W_q의 값들은 항상 변동적인 서비스율을 가진 모형A보다 작아진다. 사실상, 평균 대기행렬 길이와 평균 대기시간은 모델 C에서는 반값이 된다. 모델 C의 기술적인 명칭은 M/D/1이다. 이 모형은 [표 13-9]와 같다.

[표 13-9] 일정한 서비스시간 모형의 대기행렬 공식: 모형3 (M/D/1)

L_s =시스템(대기 및 서비스 받는 중)에 존재하는 고객들의 평균 수효

$$= L_q + \frac{\lambda}{\mu}$$

W_s = 시스템(대기 및 서비스 받는 중)에서 한 고객이 보내는 평균시간

$$= W_q + \frac{1}{\mu}$$

L_q = 대기행렬에서 서비스를 기다리는 고객들의 평균 수효

$$= \frac{\lambda^2}{2\mu(\mu - \lambda)}$$

W_q = 한 고객이 대기행렬에서 서비스를 기다리며 소비하는 평균시간

$$= \frac{\lambda}{2\mu(\mu - \lambda)}$$

다음의 예제는 일정한 서비스시간 모형의 분석을 제공한다.

[예제 13-4] 서울재활용회사는 서울 성북구에서 알루미늄 캔과 유리병을 수집하여 압축한다. 소속된 트럭운전수들은 재활용을 위한 짐들을 부리기 위하여 대기행렬에서 평균 $\frac{1}{4}$시간을 기다린다. 대기행렬에 있는 동안 트럭운전수와 트럭시간의 비용은 시간당 90,000원으로 평가된다. 신규로 구입 가능한 컴퓨터지원기계(compute aided machine)는 일정하게 시간당 12대의 트럭이(즉 트럭당 일정하게 $\frac{1}{12}$시간씩) 짐을 부릴 수 있게 한다. 트럭은 포아송분포에 따라 도착하는데 시간당 평균 8대가 도착한다. 만일 컴퓨터지원기계를 도입한다면 그 비용은 짐을 부리는 트럭당 4,000원의 율로 감가상각될 것이다. 서울재활용회사는 컴퓨터지원기계의 구매의 이익을 다음과 같이 분석하였다.

[현재의 시스템]

현재의 도착당 기다리는 비용=($\frac{1}{4}$시간)(시간당 90,000원) = 22,500원/도착

[새 시스템]

λ=시간당 8대의 트럭, μ=시간당 12대의 트럭을 서비스함.

W_q = 한 고객이 대기행렬에서 서비스를 기다리며 소비하는 평균시간

$$= \frac{\lambda}{2\mu(\mu-\lambda)} = \frac{8}{2(12)(12-8)} = \frac{1}{12}\text{시간}$$

새 시스템에서 도착당 기다리는 비용 = ($\frac{1}{12}$시간)(시간당 90,000원) = 7,500원/도착

새 설비로 인한 절약 = 22,500원 - 7,500원 = 15,000원/도착

새 설비의 감가상각비용 = 4,000원/도착

따라서 순 절약비용은 15,000원 - 4,000원 = 11,000원/도착

4. 모형 4 : 유한 모집단 모형

어떤 서비스 시설의 잠재고객이 유한 모집단이라면, 우리는 다른 대기행렬 모형을 고려해야 한다. 이 모형은 예를 들어 5대의 기계를 가진 어떤 공장의 설비 수리를 고려할 때, 10대의 출퇴근 항공기의 수리보전을 맡았다면, 혹은 우리가 20개의 병상을 가진 병원을 경영한다면 고려될 것이다. 유한 모집단 모형에는 복수의 서버들도 고려될 수 있다.

이 모형은 앞서의 3개의 대기행렬 모형들과 다른데 왜냐하면 대기행렬의 길이와 도착률 사이에 이제는 종속적인 관계가 있기 때문이다. 극단적인 예를 하나 들어보자. 만일 당신의 공장이 5대의 기계를 가지고 있고 모두가 고장 나서 수리를 기다린다고 하면, 도착률은 0까지 떨어질 것이다. 일반적으로 제한적 모집단 모형에서는 대기행렬이 길어질수록, 고객 도착률은 떨어질 것이다.

다음의 [표 13-10]에서는 제한적 모집단 모형의 대기행렬 공식을 보여준다. 그것들이 모형 A, B, C와는 다른 기호를 사용함을 주의하라. 시간이 많이 드는 계산이 될 수 있는 것을 단순화하기 위하여, D와 F를 결정하는 유한대기행렬표가 개발되었다.

D는 수리를 필요로 하는 기계가 대기행렬에서 기다려야만 할 확률을 대표한다. F는 대기시간 효율요소이다. D와 F는 대부분의 다른 유한 모형공식을 계산하기 위

하여 필요하다.

[표 13-10] 모형 D를 위한 대기행렬 공식과 표시: 제한적 모집단 공식들

서비스요인: $X = \frac{T}{T+U}$

달리는 평균 숫자: $J = NF(1-X)$

기다리는 평균숫자: $L = N(1-F)$

서비스 받는 평균숫자: $H = FNX$

기다리는 평균시간: $W = \frac{L(T+U)}{N-L} = \frac{T(1-F)}{XF}$

모집단의 숫자: $N = J+L+H$

[기호]

D = 한 단위가 대기행렬에서 기다려야만 하는 확률

N = 잠재 고객들의 수효

F = 효율 요소

T = 평균 서비스 시간

H = 서비스를 받고 있는 평균 숫자

U = 한 단위가 서비스를 필요로 하는 평균적 시간간격

J = 단위들이 대기행렬이나 서비스 받는 곳에 있지 않는 평균 숫자

W = 어떤 단위가 대기행렬에서 기다리는 평균시간

L = 서비스를 위하여 기다리는 단위들의 평균 수효

M = 서비스 경로들의 수효

발간된 유한 대기행렬표의 일부분이 이 절에 예시되어 있다. [표 13-11]에서는 모집단이 N = 5인 경우의 자료들을 보여준다. [표 13-11]을 사용하기 위해서는 다음 네 단계를 따른다.

(1) 서비스 요소 X를 계산한다.

[표 13-11] 모집단 N=5일 때의 유한대기행렬 표

X	M	D	F	X	M	D	F	X	M	D	F	X	M	D	F	X	M	D	F
.012	1	.048	.999	.105	1	.404	.945	.210	3	.032	.998	.330	4	.012	.999	.520	4	.073	.991
.019	1	.076	.998	.110	2	.065	.996		2	.211	.973		3	.112	.986		3	.359	.927
.025	1	.100	.997		1	.421	.939		1	.713	.783		2	.442	.904		2	.779	.728
.030	1	.120	.996	.115	2	.071	.995	.220	3	.036	.997		1	.902	.583		1	.988	.384
.034	1	.135	.995		1	.439	.933		2	.229	.969	.340	4	.013	.999	.540	4	.085	.989
.036	1	.143	.994	.120	2	.076	.995		1	.735	.765		3	.121	.985		3	.392	.917
.040	1	.159	.993		1	.456	.927	.230	3	.041	.997		2	.462	.896		2	.806	.708
.042	1	.167	.992	.125	2	.082	.994		2	.247	.965		1	.911	.569		1	.991	.370
.044	1	.175	.991		1	.473	.920		1	.756	.747	.360	4	.017	.998	.560	4	.098	.986
.046	1	.183	.990	.130	2	.089	.933	.240	3	.046	.996		3	.141	.981		3	.426	.906
.050	1	.198	.989		1	.489	.914		2	.265	.960		2	.501	.880		2	.831	.689
.052	1	.206	.988	.135	2	.095	.993		1	.775	.730		1	.927	.542		1	.993	.357
.054	1	.214	.987		1	.505	.907	.250	3	.052	.995	.380	4	.021	.998	.580	4	.113	.984
.056	2	.018	.999	.140	2	.102	.992		2	.284	.955		3	.163	.976		3	.461	.895
	1	.222	.985		1	.521	.900		1	.794	.712		2	.540	.863		2	.854	.670
.058	2	.019	.999	.145	3	.011	.999	.260	3	.058	.994		1	.941	.516		1	.994	.345
	1	.229	.984		2	.109	.991		2	.303	.950	.400	4	.026	.977	.600	4	.130	.981
.060	2	.020	.999		1	.537	.892		1	.811	.695		3	.186	.972		3	.497	.883
	1	.237	.983	.150	3	.012	.999	.270	3	.064	.994		2	.579	.845		2	.875	.652
.062	2	.022	.999		2	.115	.990		2	.323	.944		1	.952	.493		1	.996	.333
	1	.245	.982		1	.553	.885		1	.827	.677	.420	4	.031	.997	.650	4	.179	.972
.064	2	.023	.999	.155	3	.013	.999	.280	3	.071	.993		3	.211	.966		3	.588	.850
	1	.253	.981		2	.123	.989		2	.342	.938		2	.616	.826		2	.918	.608
.066	2	.024	.999		1	.568	.877		1	.842	.661		1	.961	.471		1	.998	.308
	1	.260	.979	.160	3	.015	.999	.290	4	.007	.999	.440	4	.037	.996	.700	4	.240	.960
.068	2	.026	.999		2	.130	.988		3	.079	.992		3	.238	.960		3	.678	.815
	1	.268	.978		1	.582	.869		2	.362	.932		2	.652	.807		2	.950	.568
.070	2	.027	.999	.165	3	.016	.999		1	.856	.644		1	.969	.451		1	.999	.286
	1	.275	.977		2	.137	.987	.300	4	.008	.999	.460	4	.045	.995	.750	4	.316	.944
.075	2	.031	.999		1	.597	.861		3	.086	.990		3	.266	.953		3	.763	.777
	1	.294	.973	.170	3	.017	.999		2	.382	.926		2	.686	.787		2	.972	.532
.080	2	.035	.998		2	.145	.985		1	.869	.628		1	.975	.432	.800	4	.410	.924
	1	.313	.969		1	.611	.853	.310	4	.009	.999	.480	4	.053	.994		3	.841	.739
.085	2	.040	.998	.180	3	.021	.999		3	.094	.989		3	.296	.945		2	.987	.500
	1	.332	.965		2	.161	.983		2	.402	.919		2	.719	.767	.850	4	.522	.900
.090	2	.044	.998		1	.638	.836		1	.881	.613		1	.980	.415		3	.907	.702
	1	.350	.960	.190	3	.024	.998	.320	4	.010	.999	.500	4	.063	.992		2	.995	.470
.095	2	.049	.997		2	.117	.980		3	.103	.988		3	.327	.936	.900	4	.656	.871
	1	.368	.955		1	.665	.819		2	.422	.912		2	.750	.748		3	.957	.666
.100	2	.054	.997	.200	3	.028	.998		1	.892	.597		1	.985	.399		2	.998	.444
	1	.386	.950		2	.194	.976									.950	4	.815	.838
.105	2	.059	.997		1	.689	.801										3	.989	.631

(2) 표에서 X의 값을 찾고 그리고 M을 위한 라인을 찾는다(M은 서비스 경로의 수효이다).
(3) D와 F를 위한 대응하는 값들을 주목한다.
(4) L, W, J, H를 계산하거나 혹은 이 서비스 시스템의 성취를 측정하는데 필요한 어느 것을 계산한다.

다음의 예제는 이 단계들을 예시한다.

[예제 13-5] 과거의 기록들에 의하면 A관광회사가 보유한 5대의 관광버스 각각은 30시간을 사용한 후에는 수리할 필요가 있다. 고장은 포아송 분포를 하는 것으로 알려져 있다. 담당 수리공 한 사람이 평균 2시간의 작업으로 이를 수리할 수 있는데 이것은 지수분포를 따른다. 관광버스의 고장은 시간당 100,000원의 비용을 발생시킨다. 수리공은 시간당 20,000원의 임금을 받는다. 이 기업에서는 두 번째 수리공을 고용해야 할 것인가?

두 번째 수리공도 평균 2시간에 수리를 마칠 수 있다고 한다면, 우리는 [표 13-11]의 값들을 이용하여 수리공 1명 및 수리공 2명의 비용을 비교할 수 있다.

1. 먼저, T(평균서비스시간) = 2시간이다. U(한 단위가 서비스를 필요로 하는 평균적 시간간격) = 30시간이다. 버스의 수효 N=5.
2. 서비스요소: $X = \dfrac{T}{T+U} = \dfrac{2}{2+30} = \dfrac{2}{32}$ = 0.0625(0.062에 가깝다).
3. 표에서 X =0.062를 찾을 수 있다.
4. 서비스경로 M = 1일 때 기다려야만 할 확률 D = 0.245이고, 효율요소 F = 0.982이다.

   서비스경로 M = 2일 때 기다려야만 할 확률 D = 0.022이고, 효율요소 F = 0.999이다.
5. 일하고 있는 관광버스의 평균 수효 $J = NF(1-X)$

M = 1일 때 J =(잠재고객의 수효)(효율요소)(1-서비스요소)
= (5)(0.982)(1-0.062) = 4.61

M = 2일 때 J =(잠재고객의 수효)(효율요소)(1-서비스요소)

= (5)(0.999)(1-0.062) = 4.69

6. 다음과 같이 비용분석을 할 수 있다.

수리공의 수	1명	2명
고장난 관광버스의 평균수효($N-J$)	5-4.61=0.39	5-4.69=0.31
고장으로 인한 시간당 평균비용 ($N-J$) × (시간당 100,000)	39,000	31,000
수리공의 시간당 비용(1인1시간당 20,000)	20,000	40,000
시간당 총비용	59,000	71,000

이 분석은 단지 한명의 수리공만을 유지하는 것이 시간당 12,000을 절약함을 나타낸다(71,000 − 59,000= 12,000).

유한 모집단을 위한 대기행렬표는 최대 N =250까지 제안되어 있다. 비록 유한 모집단과 무한 모집단을 구별할 수 있는 어떤 확정적 숫자가 제시되어 있지는 않지만, 일반적인 제안은 이러하다. 만일 대기행렬에 있는 수효가 도착 모집단의 상당한 부분이면, 유한 모집단 대기행렬 모형을 사용하라는 것이다. N에 따른 모집단들의 표는 다음을 보라.

제 4 절 대기행렬에 대한 기타의 접근방법들

서비스 시스템에서 발생하는 많은 대기행렬 문제들은 대부분 지금까지 묘사한 네 개의 수학적 모형들과 흡사하다. 그러나 때로는 여러 가지의 다양한 사례들이 관찰된다. 예를 들어, 자동차 수리공장에서의 서비스시간은 지수함수보다는 정규확률분포를 따르는 경향이 있다. 직장에서의 정기 건강진단은 다단계시스템의 한 예이다. 먼저 한 지점에서 채혈을 하고, 다음 지점에서 눈검사를 하고, 세 번째 지점에서 신경정신과 의사와 대화하고, 그리고 넷째 지점에서 건강문제들을 의사와 상담하는 등의 복수단계를 거친다. 각 단계마다 지원자는 다른 대기행렬에 들어가서 그의 차례를 기다린다. 많은 모형들이 다양하고 복잡한 상황들을 다루기 위하여 개발되어 왔다.

연 습 문 제

1. 박씨는 롯데백화점에서 상품을 트럭에서 하역하는 일을 담당하고 있다. 트럭은 하역 플렛폼에서 하루에 24 대가 하역하며 (혹은 시간당 3대, 8시간 근무) 포아송 분포에 따른다. 박씨는 시간당 4대의 트럭에 하역할 수 있으며 이 서비스 시간은 지수분포에 근사하다. 박 씨의 생각으로는 트럭 하역 인부가 한명 더 있으면 두 명이 시간당 8대에 하역하게 되어 회사의 생산성은 상당히 개선될 것으로 믿고 있다.
   (1) 하역인부의 추가가 어떤 결과를 가져오는지 분석하라.
   (2) 하역 중이거나 대기하는 트럭의 수효가 3대 이상일 확률은 얼마인가?

2. (위 문제의 계속) 트럭운전사들은 평균 시간당임금 10,000원을 받는다. 하역인부는 시간당 6,000원을 받는다. 트럭운전사가 대기행렬에서 기다리거나 하역하는 중에 기다리는 것은 생산적이 아니라고 할 수 있다. 그렇다면 어느 대안이 비용절약일까? 인부 1명일 경우는 시스템에 평균 3대가 있고, 2명일 때에는 0.6대가 있음을 참고하라.

3. (위 문제의 계속) 이 벽돌공장에서는 두 번째 플랫폼을 설치할 것을 고려 중이다. 각 플랫폼의 하역인부가 시간당 4대의 트럭을 적재할 수 있고, 트럭들이 시간당 3대씩 도착한다고 가정하자. 이 대안에 대하여 고찰해 보라.

4. 아산병원의 특수건강진단센터는 5병상이고, 항상 환자로 점유되어 있으며 즉각적인 서비스가 그 다섯 환자들에게 중요하다. 두 전담 간호사가 8시간 3교대로 근무하고 있다. 약 2시간마다(포아송분포) 환자 중 한명이 간호사의 간호를 요한다. 그러면 그 간호사는 환자간호와 의료기록으로 1회에 평균 30분을 보낸다(지수분포).
   (1) 간호사들에 의해 간호 받는 환자들의 평균수효는?
   (2) 간호사 1명이 도착할 때까지 환자가 기다려야 하는 평균시간은 얼마일까?

제14장

시뮬레이션

시뮬레이션(simulation) 혹은 모의실험은 의사결정에 널리 이용되는 계량적 접근이다. 이것은 모형의 실험을 통해 실제 시스템을 잘 알 수 있게 해준다. 시뮬레이션 모형은 입력(input)이 주어졌을 때 어떤 출력(output)이 나오는지를 묘사하는 수식과 논리적 관계를 포함한다. 입력에는 통제가능한 입력(controllable input)과 확률적 입력(probabilistic input)이 있다. [그림 14-1]은 시뮬레이션의 개념이다.

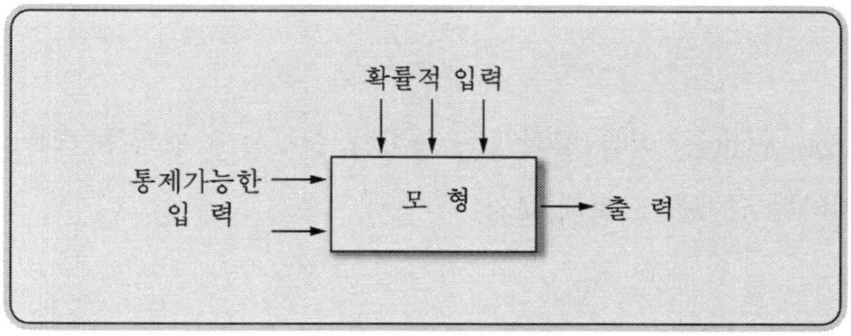

[그림 14-1] 시뮬레이션

시뮬레이션 실험에서 통제가능한 입력은 의사결정자에 의해 선택된다. 확률적 입력은 무작위로(randomly) 구해진다. 그 후 모형이 시행되어 출력값들이 계산된다. 시뮬레이션이 성공적으로 활용되어온 분야들은 다음과 같다.

① **신제품도입** 신제품으로 이익을 얻을 수 있는 가능성을 알아본다. 수요, 부품 가격, 노무비 등을 입력하여 이익과의 관련성을 모형으로 작성한다.

② **재고정책** 확률적 입력은 제품수요 및 배달소요시간이다. 통제가능한 입력은 주문량 및 재주문점이다. 시뮬레이션에 의해 총비용과 서비스수준이 계산된다.

③ **항공좌석예약** 시뮬레이션으로 어떤 운항에 얼마의 예약을 받아야 하는가를 결정한다. 확률적 입력은 예약한 승객 중 실제로 이용하는 숫자이다. 이 모형은 호텔이나 렌트카 예약시스템 등에 적용가능하다.

④ **교통량** 예를 들어 어떤 교차로의 좌회전신호 신설효과를 알아본다. 확률적 입력은 교차로에 도착하는 차량의 수, 좌회전을 원하는 차량의 비율이다. 통제가능한 입력은 좌회전신호의 점등시간 등이다. 차량들의 대기시간을 구한다.

⑤ **대기행렬** 예를 들어, 은행현금지급기의 고객 대기시간을 구한다. 확률적 입력은 고객의 도착수, 서비스시간 등이다. 통제가능한 입력은 몇 대의 현금지급기를 설치할 것인가이다.

이 장에서는 위험분석(risk analysis), 대기행렬에 시뮬레이션이 어떻게 활용되는지를 검토함으로써 시뮬레이션에 대해 이해하도록 한다.

제 1 절 위험분석 시뮬레이션

위험분석(risk analysis)이란 불확실한 상황의 의사결정 결과를 예측하는 것이다. 신제품도입이라는 문제를 고려해 보자.

1. Handycom 프린터

Handycom회사는 컴퓨터, 프린터 등을 제조하고 있다. 개발부에서는 고품질 휴대용 프린터의 원형을 개발하였다. 이 프린터는 혁신적 디자인으로 시장을 사로잡을 것으로 기대된다. 예비적 마케팅과 재무분석에 의하면 판매가격과 첫해의 일반관리비, 광고비는 다음과 같이 추산된다. 이 숫자들은 시뮬레이션에서 상수로 취급되며 모형의 매개변수(parameter)라고 한다.

판매가격 = 20만원/단위

일반관리비 = 3억원

광고비 = 5억원

직접노무비, 부품비용, 첫해의 프린터 수요는 확실히 알 수 없으므로 확률적 입력으로 간주된다. Handycom회사는 첫해의 이익성에 대한 분석을 하려고 한다. 경영자는 현금사정이 어려워서 손해를 볼까 두려워하고 있다.

2. 가상적 접근

위험분석에 대한 한 가지 접근은 가상적 분석(what-if approach)이다. 입력값을 가상하여 이익을 계산해 보는 것이다. Handycom의 이익모형은 다음과 같이 설정되었다.

$$\begin{aligned} \text{이익} &= (\text{판매가격} - \text{단위당직접노무비} - \text{단위당부품비용}) \times \text{수요} - \\ &\quad\ \text{일반관리비} - \text{광고비} \\ &= (20 - c_1 - c_2)x - 30{,}000 - 50{,}000(\text{만원}) \end{aligned}$$

단,

c_1 = 단위당직접노무비

c_2 = 단위당부품비용

x = 첫해의 수요

현재의 추산으로 단위당 직접노무비는 4만원, 단위당 부품비용은 9만원, 첫해의 수요는 20,000단위일 것이다. 이 기본시나리오(base-case scenario)에 의한 이익은 다음과 같다.

기본시나리오; c_1 = 단위당 4만원

c_2 = 단위당 9만원

$$x = 20{,}000$$

$$\text{이익} = (20 - 4 - 9)(20{,}000) - 30{,}000 - 50{,}000$$

$$= 60{,}000(\text{만원})$$

기본시나리오는 6억원의 이익을 나타내지만, 경영자는 손실의 가능성과 크기에 관심을 둔다. 매개변수의 추산치가 달라지면 어떻게 될까? 추산치의 범위는 직접노무비가 3.8만원 내지 4.2만원, 부품비용이 8만원 내지 10만원, 수요가 2,000 내지 40,000단위일 것으로 생각된다. 이 범위를 이용하여 최악시나리오(worst-case scenario)와 최선시나리오(best-case scenario)를 평가해 보자.

최악시나리오: c_1 = 단위당 4.2만원

c_2 = 단위당 10만원

$$x = 2{,}000$$

$$\text{이익} = (20 - 4.2 - 10)(2{,}000) - 30{,}000 - 50{,}000$$

$$= -68400(\text{만원})$$

최악시나리오에 의하면, 6억 8,400만원의 손실을 본다.

최선시나리오 : c_1 = 단위당 3.8만원

c_2 = 단위당 8만원

$$x = 40{,}000$$

$$\text{이익} = (20 - 3.8 - 8)(40{,}000) - 30{,}000 - 50{,}000$$

$$= 248000(\text{만원})$$

최선시나리오에 의하면, 24억 8,000만원의 이익을 본다. 현시점에서 가상적 분석은 6억 8,400만원의 손실에서 24억 8,000만원의 이익에 이르는 범위를 나타내 준다. 가상적 접근의 단점은 가장 가능성이 높은 결론이 무엇인가를 지적해 주지 못한다는 것이다. 손실이 발생할 확률이 얼마인가도 알려 주지 못한다.

3. 시뮬레이션 접근

Handycom 위험분석의 시뮬레이션 접근은 이익과 손실의 확률을 알려 준다. Handycom의 시뮬레이션 모형은 [그림 14-2]와 같다.

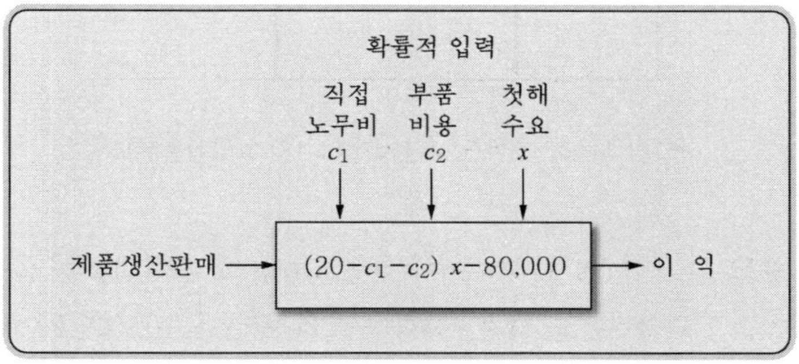

[그림 14-2] Handycom 시뮬레이션

확률적 입력값은 실제로 관찰되는 확률분포를 이용함으로써 얻어진다. 시뮬레이션이 의미 있으려면 확률적 입력들이 현실을 정확히 대표해야 함은 물론이다.

- **직접노무비**: 3.8 내지 4.2만원이며 [표 14-1]의 이산확률분포로 관찰된다고 가정하자.

[표 14-1] 단위당 직접노무비(c_1)의 확률분포

단위당직접노무비	확 률
3.8만원	0.1
3.9	0.2
4.0	0.4
4.1	0.2
4.2	0.1

- **부품비용**: 경제상황, 부품의 전반적수요, 공급업자의 가격정책에 따른다. 8만원 내지 10만원이며 [그림 14-3]의 일양확률분포(uniform probability distribution)로 관찰된다고 하자.

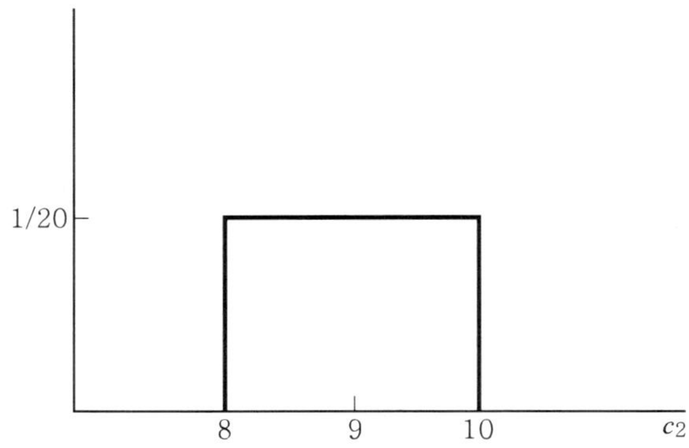

[그림 14-3] 단위당 부품비용(c_2)의 일양확률분포

• **첫해의 수요**: [그림 14-4]의 정규확률분포(normal probability distribution)로 관찰된다고 하자. 첫해 수요의 평균은 19,000단위이며 표준편차는 5,000단위이다.

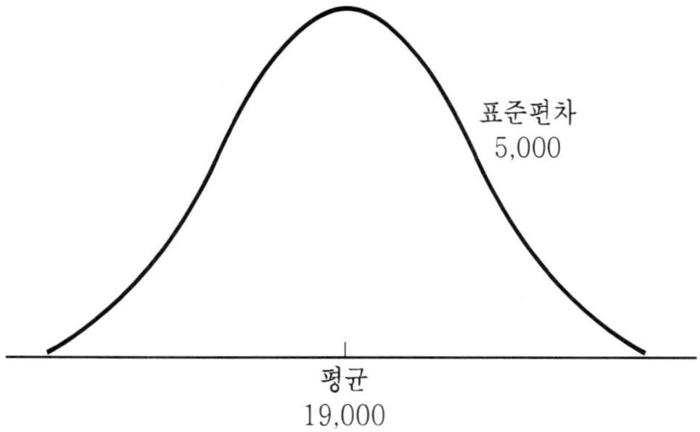

[그림 14-4] 첫해 수요(x)의 정규확률분포

Handycom의 모의실험 시행에서는 확률적 입력값을 구하여 이익을 계산하는 과정을 반복한다. 그 결과로 산출되는 이익의 분포를 통해 신제품판매의 위험이 평가된다. 시뮬레이션을 수행하기 위한 논리적 및 수학적 운영을 흐름도로 묘사할 수 있는데, 이 문제의 시뮬레이션 흐름도는 [그림 14-5]와 같다.

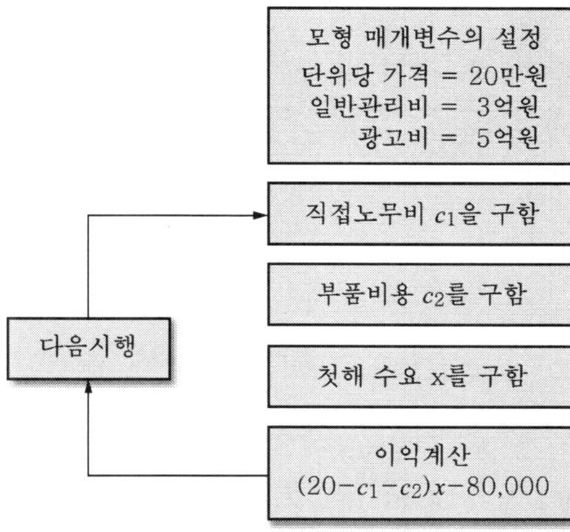

[그림 14-5] Handycom 시뮬레이션의 흐름도

흐름도에 묘사된 논리를 보면 먼저 매개변수를 설정하는데 이 값들은 내내 고정된다. 다음 세 단계는 각각의 확률적 입력들을 구하는 것이다. 그리고 이익계산모형에 따라 출력을 얻게 된다. 이것은 한 번의 시뮬레이션 시행이다. 이 시행들은 만족할 정도까지 반복된다.

시뮬레이션이 완료되면, 출력의 분포를 관측할 수 있다. 그리하여 평균이익 및 손실의 확률 등을 알 수 있게 된다. 그러면 확률적 입력을 구해보자.

• **확률적 입력의 산출**: 시뮬레이션을 시행하려면, 단위당 노무비(c_1), 단위당 부품비용(c_2), 첫해 수요(x)를 대표하는 값들을 구해야 한다. 이를 위해 난수(random number)가 이용된다. 컴퓨터를 이용하여 난수를 구한다면 예를 들어, Excel에서는 =RAND()를 입력하면 0 이상 1 미만의 난수가 얻어진다. 이것은 0과 1 사이의 일양확률분포에서 얻어지는 값으로 볼 수 있다.

단위당 직접노무비(c_1)를 구해보자. [표 14-2]와 같이 가능한 값들에 대해 어떤 범위의 난수가 할당된다. 3.8만원의 직접노무비는 0.1의 확률이므로 0 이상 0.1 미만의 난수가 할당되는 등이다. 그리하여 어떤 범위의 난수를 구하는 확률은 해당하는 직접노무비를 구하는 확률과 같게 된다. 만일 0 이상 0.1 미만의 난수가 구해지면,

우리는 직접노무비를 3.8만원으로 설정하게 된다.

[표 14-2] 직접노무비를 구하기 위한 난수 범위

직접노무비(c_1)	확 률	난수범위
3.8만원	0.1	0 이상 0.1 미만
3.9	0.2	0.1 이상 0.3 미만
4.0	0.4	0.3 이상 0.7 미만
4.1	0.2	0.7 이상 0.9 미만
4.2	0.1	0.9 이상 1.0 미만

다음에 부품비용(c_2)은 일양확률분포이므로 난수와 부품비용은 다음의 관계를 가진다. 이것은 일양확률분포 이용에 보통 쓰이는 식이다.

$$
\begin{aligned}
\text{부품비용}(c_2) &= a + r(b-a) \\
&= 8 + r(10\text{-}8) \\
&= 8 + 2r
\end{aligned}
$$

단,

r = 0과 1 사이의 난수
a = 부품비용의 최소값
b = 부품비용의 최대값

예를 들어 0.3570이라는 난수가 구해졌다면 부품비용은

$$
\begin{aligned}
\text{부품비용}(c_2) &= 8 + 2r \\
&= 8 + 2(0.3570) \\
&= 8.714(\text{만원})
\end{aligned}
$$

마지막으로 첫해의 수요(x)를 구하기 위한 난수 절차가 필요하다. 첫해의 수요는 평균 19,000단위, 표준편차 5,000단위인 정규확률분포이다. 컴퓨터 시뮬레이션 패키지(package)나 프로그램들에서는 정규확률분포로부터의 난수를 구해 준다. Excel을 이용한다면, 다음 공식을 입력하면 된다.

=NORMSMINV(RAND(), 평균, 표준편차)

=NORMSMINV(RAND(), 19000, 5000)

• **시뮬레이션모형의 실행**: 시뮬레이션의 실행은 [그림 14-5]의 흐름도에 따라 이루어진다. Excel을 이용한다면 5번의 시행 결과는 [표 14-3]과 같다.

[표 14-3] Handycom 시뮬레이션 결과(5번의 시행)

	A	B	C	D	E	F
1	Handycom					
2	Lower	Upper	직접			
3	Random N	Random N	노무비			
4	0	0.1	3.8			
5	0.1	0.3	3.9			
6	0.3	0.7	4			
7	0.7	0.9	4.1			
8	0.9	1	4.2			
9						
10		단위당	단위당	첫해		
11	시행	노무비	부품비용	판매량	이익	손해=1
12	1	4	9.497094	21518.69	59934	0
13	2	4.2	8.021983	13956.19	28552	0
14	3	4	9.372954	12587.72	3419	0
15	4	4.1	9.157071	7517.08	-29313	1
16	5	4	9.534186	23810.98	73957	0

[표 14-3]에서 일부 칸의 Excel식은 다음과 같다. F12는 손해를 보는 경우가 몇 번인가를 세기 위하여 손해를 본 경우는 1을 입력하도록 한 것이다.

B12 =VLOOKUP(RAND(),$A$4:$C$8,3)

C12 =8+2*RAND()

D12 =NORMSMINV(RAND(),19000,5000)

E12 =(20-B12-C12)*D12-80000

F12 =IF(E12<0,1,0)

[표 14-3]과 같이 첫 번째 시행은,

첫 번째 시행 : c_1 = 단위당 4만원

c_2 = 단위당 9.497094만원

x = 21518.69

이익 = (20 - 4 - 9.497094)(21518.69) - 30,000 - 50,000

= 59,934(만원).

이런 식으로 다섯 번 시행해 보니 네 번째에서 2억 9,313만원의 손해가 발생하는 것이 관찰된다.

• 시뮬레이션 결과의 해석: 확실히 알아보기 위해 다수의 실험을 해보자. 500회의 시행을 한다면 Excel 출력의 일부는 [표 14-4]와 같다.

[표 14-4] Handycom시뮬레이션의 결과(500번의 시행)

	A	B	C	D	E	F
509	498	3.9	8.731928	17007.88	45315	0
510	499	3.8	9.880233	12495.41	-1032	1
511	500	4	8.127933	18042.42	62031	0
512	표본크기				500	
513	이익평균				52718	
514	중위수				51308	
515	표준편차				36525	
516	최소이익				-45411	
517	최대이익				181035	
518	손실횟수				32	

[표 14-4]에서 일부 칸의 Excel식은 다음과 같다(509~511행은 [표 14-3]의 12~16행과 같다).

E512 =COUNT(E12:E511)

E513 =AVERAGE(E12:E511)

E514 =MEDIAN(E12:E511)

E515 =STDEV(E12:E511)

E516 =MIN(E12:E511)

E517 =MAX(E12:E511)

E518 =SUM(F12:F511)

[표 14-4]와 같이 500번째 시행은

500번째 시행 ; c_1 = 단위당 4만원

c_2 = 단위당 8.127933만원

x = 17007.88

이익 = (20−4−8.127933)(17007.88)−30,000−50,000

= 62,031(만원).

500번 시행한 결과는 Handycom의 새 프린터 도입의 위험분석에 관해 많은 정보를 알려준다. 최악의 결과는 4억 5,411만원의 손실을 보는 것이다. 최선의 결과는 18억 1,035만원의 이익을 보는 것이다. 평균이익은 5억 2,718만원이며 중위수는 5억 1,308만원이다. 32회의 손실이 관찰되어, 손실을 볼 확률은 32/500 = 0.064이다.

제 2 절 대기행렬 시뮬레이션

앞에서의 시뮬레이션 모형에서는 시행이 독립적이어서 한 시행의 결과가 다음 시행에 영향을 미치지 않는다고 가정되었다. 그런 시뮬레이션 모형을 정태적 시뮬레이션 모형(static simulation model)이라고 한다.

이 절에서는 대기행렬(waiting line)의 시뮬레이션을 개발해 보자. 이 모형에서는 고객이 도착하는 시간과 서비스를 받는 시간이 기록된다. 고객의 서비스는 먼저 고객의 서비스가 완료되어야 시작되는 등, 앞서의 시행이 다음 시행에 영향을 미친다. 이러한 시뮬레이션 모형을 동태적시뮬레이션 모형(dynamic simulation model)이라고 한다.

1. 샘물은행 현금지급기 대기행렬

샘물은행은 새로 개설되는 명륜동지점에 현금지급기(automatic teller machine, ATM)를 한 대 설치하려고 한다. 그런데 한 대로 충분한지 결정하기 위해, 현금지급기 앞에서 기다리는 고객의 대기행렬에 대해 조사하기로 하였다. 은행정책은 고객이 현금지급기 앞에서 1분보다 더 기다리지 않게 하는 것이다.

2. 고객 도착시간

현금지급기 시뮬레이션 모형의 한 확률적 입력은 고객의 도착시간이다. 조사해보니, 고객 도착시간은 [그림 14-6]과 같이 0분과 5분 사이에 균등하게 분포되어 있다(일양확률분포). 다음 공식으로 도착시간 간격(interarrival time)을 구할 수 있다.

$$\begin{aligned}\text{도착시간 간격} &= a + r(b - a)\\ &= 0 + r(5\text{-}0)\\ &= 5r\end{aligned}$$

단,

r = 0과 1 사이의 난수
a = 도착시간 간격의 최소값
b = 도착시간 간격의 최대값

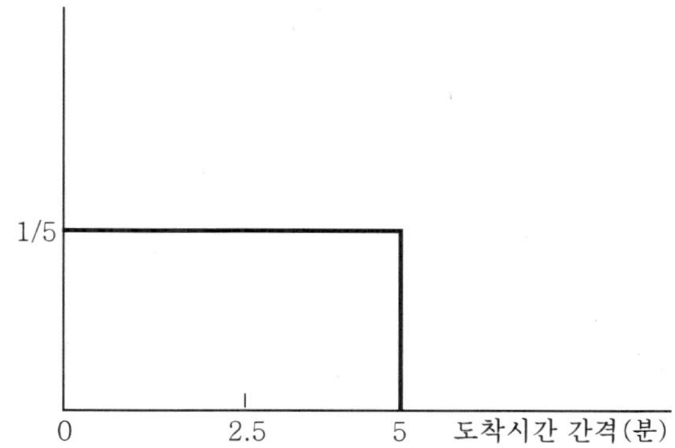

[그림 14-6] 도착시간 간격의 일양확률분포

시뮬레이션이 0분에 시작한다고 하면, 난수 0.3584를 얻었다면 도착시간 간격은 5(0.3584) = 1.8분이 된다. 즉 첫 고객이 1.8분에 도착한다. 다음에 난수 0.9811을 얻었다면 도착시간 간격은 5(0.9811) = 4.9분이 된다. 둘째 고객은 1.8 + 4.9 = 6.7분에 도착한다.

3. 고객서비스 시간

또 하나의 확률적 입력은 서비스 시간, 즉 고객이 현금지급기에서 소비하는 시간이다. 서비스시간은 대기시간(waiting time)에 들어가지는 않는다. 비슷한 경우의 과거 기록을 보니 서비스시간은 [그림 14-7]과 같이 평균 2분, 표준편차 0.4분의 정규분포이다. 서비스시간은 다음 Excel식으로 구할 수 있다.

=NORMSMINV(RAND(), 평균, 표준편차)

=NORMSMINV(RAND(), 2, 0.4)

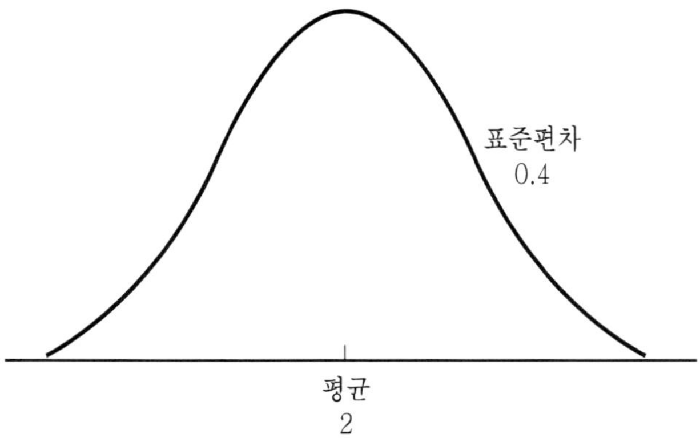

[그림 14-7] 서비스 시간의 정규확률분포

4. 시뮬레이션 모형

현금지급기 시뮬레이션 모형의 확률적 입력은 고객의 도착시간간격과 서비스시간이다. 통제가능한 입력은 현금지급기의 대수다. 출력은 운영 특성(평균대기시간 등)이다. 이 모형은 [그림 14-8]에 묘사되었다.

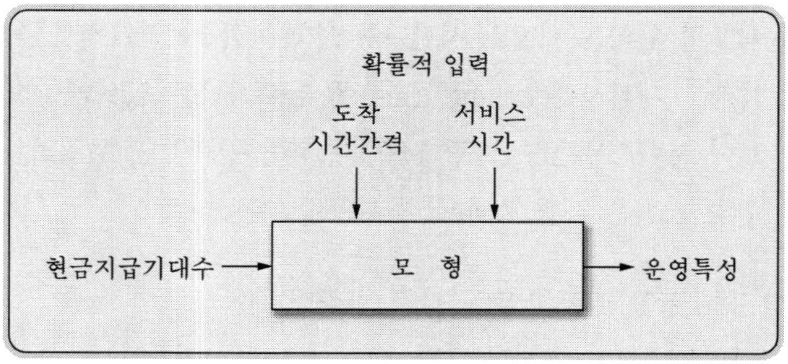

[그림 14-8] 현금지급기 시뮬레이션

[그림 14-9]는 현금지급기 시뮬레이션의 논리적, 수학적 운영순서를 보이는 흐름도이다. 흐름도에서 이용되는 용어는

도착시간 간격 = 난수로 구해진 도착시간 간격

도착시각(i) = 고객 i가 도착하는 시각

시작시각(i) = 고객 i가 현금지급기 이용을 시작하는 시각

대기시간(i) = 고객 i가 대기하는 시간

서비스 시간 = 난수로 구해진 서비스 시간

완료시각(i) = 고객 i가 현금지급기 이용을 완료하는 시각

시스템시간(i) = 고객 i의 시스템시간(= 대기시간 + 서비스시간)

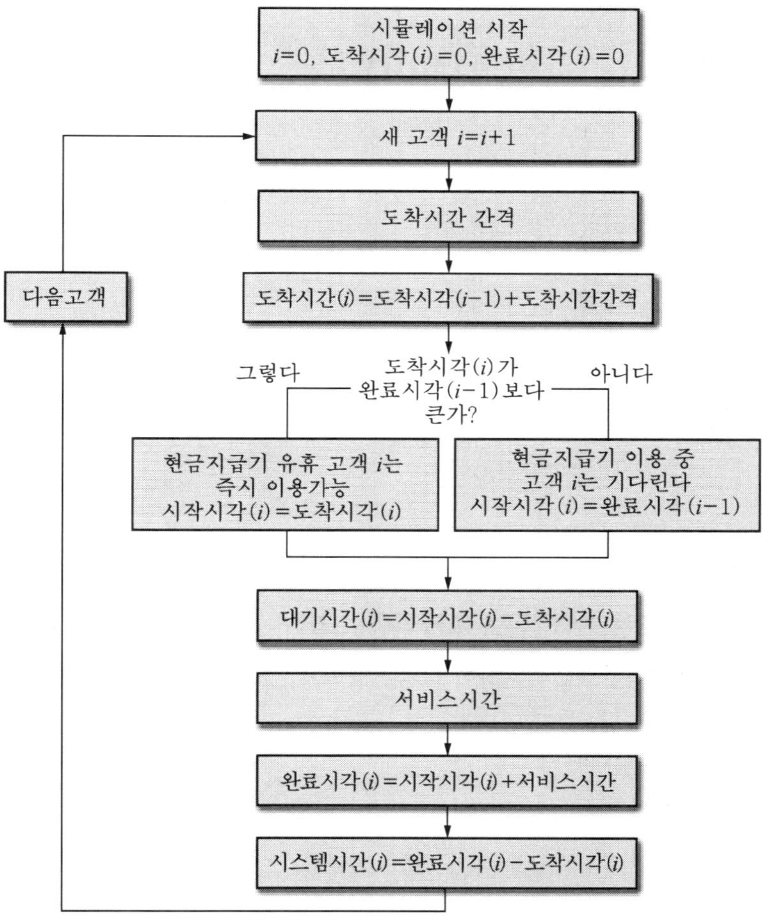

[그림 14-9] 현금지급기 시뮬레이션의 흐름도

[그림 14-9]와 같이 시뮬레이션 시행은 처음 고객의 도착과 더불어 시작된다. 다음 고객의 도착시각은 먼저 고객의 완료시각과 비교되어야 한다. 그래야 현금지급

기가 유휴 중인지 이용 중인지 알 수 있다.

대기시간은 도착시각과 시작시각의 차이다. 시스템시간은 고객이 현금지급기 앞에 와서 소비하는 시간이다. 즉 완료시각과 도착시각의 차이다. 그 다음 고객에 대해 진행된다. 처음 10명의 고객의 시뮬레이션 결과가 [표 14-5]에 있다.

[표 14-5] 현금지급기 시뮬레이션 결과(10번의 시행)

	A	B	C	D	E	F	G	H	I
1	현금지급기 시뮬레이션								
2	고객	도착시 간간격	도착 시각	시작 시각	대기 시간	서비스 시간	완료 시각	시스템 시간	대기1분 초과=1
3	1	4.2	4.2	4.2	0	2.2	6.4	2.2	
4	2	2.0	6.2	6.4	0.2	2.1	8.5	2.3	
5	3	0.1	6.3	8.5	2.2	1.8	10.3	4.0	1
6	4	2.1	8.4	10.3	1.8	1.7	12.0	3.6	1
7	5	4.3	12.7	12.7	0	2.0	14.7	2.0	
8	6	3.3	16.0	16.0	0	3.2	19.2	3.2	
9	7	4.1	20.1	20.1	0	2.4	22.5	2.4	
10	8	3.8	23.9	23.9	0	2.5	26.4	2.5	
11	9	1.4	25.3	26.4	1.1	1.8	28.2	2.9	1
12	10	4.0	29.3	29.3	0	2.0	31.3	2.0	
합계		29.3			5.4	21.7		27.1	
평균		2.93			0.54	2.17		2.71	

[표 14-5]에서 일부 칸의 Excel식은 다음과 같다. I 3은 대기시간이 1분을 초과하는 경우가 몇 번인가를 세기 위하여, 그런 경우에 1을 입력하도록 한 것이다.

B3 =RAND()*5

C3 =B3

D3 =C3

E3 =D3−C3

F3 =NORMSMINV(RAND(), 2, 0. 4)

G3 =D3+F3

H3 =G3-C3

I3 =IF(E3>1, 1, 0) (I4 이하 같은 방법)
B4 =RAND()*5 (B5 이하 같음)
C4 =C3+B4 (C5 이하 같은 방법)
D4 =IF(C4>G3,C4,G3) (D5 이하 같은 방법)
E4 =D4-C4 (E5 이하 같은 방법)
F4 =NORMSMINV(RAND(), 2, 0. 4) (F5 이하 같음)
G4 =D4+F4 (G5 이하 같은 방법)
H4 =G4-C4 (H5 이하 같은 방법)

처음 세 명의 고객에 대해 부연한다면,

[고객 1]

- 도착시간간격 4.2분이 구해졌다.
- 0시에 시뮬레이션이 시작하므로, 도착시각은 4.2분이다.
- 시작시각은 4.2분이다.
- 대기시간은 시작시각 – 도착시각 = 4.2 – 4.2 = 0이다.
- 서비스시간 2.2분이 구해졌다.
- 완료시각은 시작시각 + 서비스시간 = 4.2 + 2.2 = 6.4분이다.
- 고객이 보낸 시스템시간은 완료시각-도착시각 = 6.4 – 4.2 = 2.2분이다.

[고객 2]

- 도착시간간격 2.0분이 구해졌다.
- 고객 1의 도착시각이 4.2분이므로, 고객 2의 도착시각은 4.2 + 2.0 = 6.2분이다.
- 고객 1의 완료시각이 6.4분이므로, 고객 2의 도착시각 6.2분은 6.4분보다 크지 않다; 따라서 현금지급기는 이용 중이다.
- 고객 1이 완료할 때까지 고객 2는 기다려야 한다. 고객 1이 6.4분에 완료하므로 고객 2의 시작시각은 6.4분이다.
- 고객 2의 대기시간은 시작시간 – 도착시각 = 6.4 – 6.2 = 0.2분이다.
- 서비스시간 2.1분이 구해졌다.
- 완료시각은 시작시각 + 서비스시간 = 6.4 + 2.1 = 8.5분이다.

· 고객이 보낸 시스템시간은 완료시각 − 도착시각 = 8.5 − 6.2 = 2.3분이다.

[고객 3]

· 도착시간간격 0.1분이 구해졌다.

· 고객 2의 도착시각이 6.2분이므로, 고객 3의 도착시각은 6.2 + 0.1 = 6.3분이다.

· 고객 2의 완료시각이 8.5분이므로, 고객 2의 도착시각 6.3분은 8.5분보다 크지 않다. 따라서 현금지급기는 이용 중이다.

· 고객 2가 완료할 때까지 고객 3은 기다려야 한다. 고객 2가 8.5분에 완료하므로 고객 3의 시작시각은 8.5분이다.

· 고객 3의 대기시간은 시작시간-도착시각 = 8.5 − 6.3 = 2.2분이다.

· 서비스시간 1.8분이 구해졌다.

· 완료시각은 시작시각 + 서비스시간 = 8.5 + 1.8 = 10.3분이다.

· 고객이 보낸 시스템시간은 완료시각 − 도착시각 = 10.3 − 6.3 = 4.0분이다.

[표 14-5]를 보면, 10명의 고객의 평균대기시간은 0.54분이고, 평균시스템시간은 2.71분이다. 4명의 고객은 좀 기다려야 한다. 평균도착시간간격은 2.93분이고 평균서비스시간은 2.17분이다.

5. 현금지급기 시뮬레이션 결과

Excel을 이용하여 현금지급기 시뮬레이션을 1,000고객에 대해 시행해보자. 먼저 주의할 점은 동태적 시뮬레이션 모형에서는 장기적 혹은 안정상태의 운영(steady-state operation)에 초점을 맞추는 것이 보통이라는 것이다. 초기조건의 효과가 흐려지도록 하기 위해 초기의 일부 기간에 대하여는 자료를 수집하지 않는다. 이 시뮬레이션에서는 처음 100고객의 자료는 제거하고 나머지 900고객에 대해서만 결과를 분석하기로 하자. 900고객의 Excel 출력의 일부가 [표 14-6]과 같다.

[표 14-6] 현금지급기 시뮬레이션 결과(1,000번의 시행)

	A	B	C	D	E	F	G	H	I
993	991	2.5	2526.3	2527.0	0.8	1.8	2528.8	2.6	
994	992	3.7	2530.0	2530.0	0	2.2	2532.3	2.3	
995	993	4.6	2534.6	2534.6	0	2.1	2537.0	2.4	
996	994	1.4	2536.0	2537.0	1.0	1.8	2539.7	3.7	1
997	995	0.8	2536.8	2539.7	2.9	1.7	2541.7	4.9	1
998	996	1.9	2538.7	2541.7	3.0	2.0	2543.9	5.2	1
999	997	4.9	2543.6	2543.9	0.3	3.2	2545.6	2.0	
1000	998	4.6	2548.2	2548.2	0	2.4	2549.8	1.6	
1001	999	3.6	2551.8	2551.8	0	2.5	2553.9	2.1	
1002	1000	4.5	2556.2	2556.2	0	1.8	2558.8	2.5	
1003	표본크기				900	900			
1004	합 계				1336.0	1815.1			
1005	평 균				1.5	2.0			
1006	1분 초과				425				

[표 14-6]의 일부 칸의 Excel식은 다음과 같다(993～1002행은 [표 14-5]의 3～12행과 같다).

E1003 =COUNT(E103:E1002)

E1004 =SUM(E103:E1002)

E1005 =AVERAGE(E103:E1002)

E1006 =SUM(I103:I1002)

F1003 =COUNT(F103:F1002)

F1004 =SUM(F103:F1002)

F1005 =AVERAGE(F103:F1002)

900고객의 서비스시간합계는 1815.1분으로 평균 서비스시간은 2.0분이다. 100번째 고객의 완료시각이 251.0분이고 1,000번째 고객의 완료시각이 2558.8분이어서 900고객에 대한 시뮬레이션 시간은 2307.8분이다.

현금지급기의 이용률은 서비스시간합계/시뮬레이션시간 = 1815.1/2307.8 = 0.79

(79%)이다. 즉 현금지급기의 유휴율은 21%이다.

이 시뮬레이션 결과는 평균대기시간이 1.5분이어서 1분을 초과한다. 더욱이 900고객 중 1분을 초과하여 대기한 고객은 425명으로서 47%나 되어 샘물은행의 정책은 만족되지 못한다. 따라서 현금지급기를 한 대 더 설치하는 것을 고려해 보아야 할 것이다.

제 3 절 시뮬레이션의 고려점

1. 컴퓨터의 이용

이 장에서는 Excel을 이용하였는데, 이처럼 Spreadsheet를 이용한 Crystal Ball, @Risk 등의 패키지들이 보급되고 있다. 이들은 주로 소규모의 문제에 적당하다.

그 외에, 특수목적의 시뮬레이션 패키지들로서 GPSS, SIMSCRIPT, SLAM, Arena 등이 있다. 이들은 간단한 명령어로서 산출의 집계, 모형작성, 확률분포에서 난수를 구하는 과정들을 수행하게 해준다.

또 BASIC, FOR/MSTRAN, PASCAL, C, C^{++} 등의 일반 프로그램 언어들로 작성된 시뮬레이션 모형들도 있다. 일반 프로그램 언어로 작성된 경우에는 유연하게 복잡한 문제들에 접근할 수 있다. 문제의 성격에 따라서 어떤 패키지 혹은 언어를 이용할 것인지가 결정될 것이다.

2. 확인 및 검증

시뮬레이션 연구의 중요한 측면은 이 시뮬레이션 모형이 정확하게 현실을 반영하는가를 확인하는 것이다. 시뮬레이션의 시행결과로 어떤 결론을 내리기 전에 먼저 시뮬레이션 모형을 확인하고 검증하여야 한다.

확인(verification)은 컴퓨터 절차와 계산이 논리적으로 올바른가를 검토하는 것이다. 이를 위하여 소규모의 컴퓨터 시뮬레이션 결과와 수작업 결과가 같은가를 확인할 수 있다. 혹은 시험적인 컴퓨터 시뮬레이션 결과가 합리적인가를 확인하는 것도 한 방법이다.

검증(validation)은 시뮬레이션 모형이 정확하게 현실을 반영하는가를 검증하는 것이다. 분석가들과 경영자들이 시뮬레이션 모형의 논리와 가정들이 현실의 시스템 운영을 정확히 반영하는가를 확인해야 한다. 가능하다면 시뮬레이션 모형의 출력을 실제 시스템의 출력과 비교해 본다.

3. 시뮬레이션 이용의 장 · 단점

시뮬레이션의 장점은 이해하기가 쉬우며, 분석적으로 풀기 어려운 복잡한 시스템의 행태를 모형화하게 해준다는 점이다. 시뮬레이션은 유연하며 수학적 모형에서의 단순화 가정이나 근사들을 필요로 하지 않을 수 있다.

또 시뮬레이션모형은 현실 시스템의 편리한 실험실이 될 수 있다. 가정이나 운영정책을 변경하여 다시 시뮬레이션을 시행함으로써, 그 변경이 실제 시스템에 미치는 변화를 예측할 수 있다.

시뮬레이션의 단점으로는 복잡한 시스템의 모형을 개발하고 확인검증하는 과정이 시간이 걸리며 비쌀 수 있다는 점이다. 또 각각의 시뮬레이션은 어떤 실제 시스템의 일부에 대하여만 정보를 제공한다는 점이다. 그리하여 각각의 시뮬레이션의 종합은 어떤 실제 시스템에 대해 단지 근사치에 불과하게 된다. 그러나 분석가가 좋은 판단력을 행사하고, 광범위한 조건을 설정하고 충분히 시뮬레이션을 시행한다면 좋은 예측을 할 수 있다.

연 습 문 제

1. 창원제조회사는 신제품 A를 생산하려한다. 초기고정비는 3천만원이다. 제품당 변동비는 2만원에서 3.5만원 사이일 것인데, 최빈치는 2.5만원으로 생각된다. 제품가격은 6만원일 것이다. 제품의 수요는 5,000개 내지 50,000개 사이이며 최빈치는 20,000개다.

   (1) 이 제품의 이익모형을 작성하라.

   (2) 기본시나리오, 최악시나리오, 최선시나리오를 분석하라.

   (3) 변동비가 다음의 이산확률분포로 추정된다. 수요는 평균은 25,000단위, 표준편차 5,000단위의 정규분포로 추정된다. 수작업으로 5회의 시뮬레이션을 시행하여, 결과를 평가하라.

   단위당 변동비의 확률분포

변동비	확 률
2만원	0.1
2.5	0.3
3	0.4
4.5	0.2

   (4) 컴퓨터(예; Excel)로 500회의 시뮬레이션을 시행하여 결과를 평가하라.

2. 상궁미용실에서는 미용사 1명이 고객을 서비스하고 있다. 고객의 도착시간간격은 0분과 60분 사이에 균등하게 분포하고 있다. 미용시간 즉 고객서비스시간은 평균 20분 표준편차 10분의 정규분포이다. 이 시스템의 운영특성(고객의 평균대기시간 등)을 시뮬레이션에 의해 알아보고 싶다.

   (1) 시뮬레이션의 흐름도를 작성하라.

   (2) 수작업으로 처음 다섯 명의 고객에 대해 시뮬레이션을 시행하고 결과를 평가

하라.

(3) 컴퓨터(예; Excel)로 500회의 시뮬레이션을 시행하여 결과를 평가하라.

3. A제조회사의 경영층은 어떤 신제품의 도입을 고려하고 있다. 이 신제품의 생산을 개시하기위한 고정비는 30,000원이다. 이 신제품을 위한 변동비는 단위당 16원에서부터 24원 사이일 것으로 기대되는데, 가장 가능성 있는 금액은 단위당 20원이다. 이 신제품은 단위당 50원에 판매할 것이다. 이 신제품의 수요량은 300 내지 2,100단위일 것으로 기대되는데, 가장 가능성 있는 수요량은 1,200단위이다.

(1) 이 문제를 위한 이익 모형을 개발하라.
(2) 기본적인 경우, 최악의 경우, 최선의 경우에 대한 분석을 제시하라.
(3) 왜 시뮬레이션이 바람직할 것인지를 토의하라.

4. 어떤 소매상에서, 어떤 제품의 판매가 다음의 확률분포를 보인다.

판매량(단위)	0	1	2	3	4	5	6
확률	0.08	0.12	0.28	0.24	0.14	0.10	0.04

(1) 판매를 시뮬레이션하기 위해 사용될 수 있는 난수의 구간을 설정하라.
(2) 10일 동안의 시뮬레이션을 위해 산출된 난수가 다음과 같다.

0.4627 0.8745 0.4479 0.6712 0.4557
0.8435 0.2162 0.1699 0.1338 0.2278

그렇다면 각 일자를 위해 산출된 판매량은 얼마인가?
(3) 10일 기간 동안의 총 판매량은 얼마인가?

5. T화장품주식회사는 가정용 제품들 중 하나에 대하여 새로운 텔레비전 광고의 효과성을 평가하기 위한 실험을 실시하였다. 2주일간의 기간 동안 어떤 표본시장(test market)에서 특정 광고를 방영하였다. 이어서 임의적으로 선정된 개인들에게 전화를 걸어서 그들이 그 텔레비전 광고의 메시지를 기억할 수 있는지, 그들이 그 제품을 구매할 것 같은지를 물어보았다.

이 표본시장 연구에서 다음의 확률이 제시되었다.

개인이 그 메시지를 기억할 수 있다; 0.40

개인이 그 메시지를 기억할 수 없다; 0.60

또한 그들이 그 제품을 구매할 것 같은지의 질문, 응답을 통하여 다음의 확률이 제시되었다.

	구매 의사		
메시지의 기억 반응	결코 안한다	불확실하다	꼭 구매한다
기억할 수 있다	0.30	0.30	0.40
기억할 수 없다	0.50	0.40	0.10

(1) 어떤 임의로 선정된 개인이 그 메시지를 기억할 수 있는지 그리고 구매 의사의 질문에 어떻게 반응할 것인지를 정할 수 있는 난수의 구간을 설정하라.

(2) 다음의 난수의 쌍을 이용하여 3명의 개인들에게의 전화의 결과들을 실험하라.

개인 1; (0.5521, 0.6318)

개인 2; (0.2189, 0.8432)

개인 3; (0.3812, 0.1831)

어떤 개인이(혹시 있다면) 구매의사의 질문에 꼭 구매한다고 대답하였는가?

(3) 개인이 꼭 구매한다고 응답할 확률을 추정하기 위하여 얼마나 많은 실험을 해야 할지를 토의하라.

6. 다가오는 연말 휴가시즌에 대비하기 위하여, 코리아토이(주)는 "트랜스포머"라고 칭하는 새로운 인형을 설계하였다. 이 인형을 생산하기 위한 고정비는 100,000원이다. 변동비 즉 인형을 1개 만드는 데에 들어가는 자재비, 노무비, 운송비는 34원이다. 휴가시즌 기간 동안, 코리아토이(주)는 인형을 개당 42원에 판매할 예정이다. 만일 지나치게 많이 생산한다면 팔고 남은 인형은 1월 달에 어떤 도매상에

개당 10원에 넘기기로 하였다. 휴가시즌 동안 이 새 인형의 수요량은 매우 불확실하지만, 예측을 해보니 60,000개가 팔릴 것으로 기대되며 표준편차는 15,000개이다. 수요량은 거의 정규분포에 근사하는 것으로 가정되었다.

(1) 엑셀을 이용하여 이 문제의 모형을 작성하라. 수요, 판매량, 수익, 이익, 총비용, 순이익 등을 표시하라. 60,000개에 대한 모의실험을 실시하라. 500회의 모의실험을 하여 60,000개 판매의 평균이익을 추산하라.

(2) 생산수량에 대한 최종결정을 하기 전에, 경영자는 야심적인 70,000개 생산 및 보수적인 50,000개 생산에 대해 분석하였다. 이 두 생산량에 대하여 모의실험을 해보라. 각각의 평균이익은 얼마인가? 당신은 어떤 의견을 추천하는가?

(3) 경영자가 당신의 추천을 받아들였다고 가정하자. 휴가시즌동안 이 인형이 품절되어 모자라게 될 확률은 얼마인가?

연습문제 해답

〈제1장 서론〉

1. Max $cx + my$

s.t.

$ax + ny \le b$

$x \ge 0, \ y \ge 0$

2. 설정이 더 빠르고, 해결이 더 쉽고, 더 쉽게 이해가 되므로.

3. 단위를 만원으로 잡으면

(1) Max 0.65A + 0.45B

(2) ① 5.5A + 3.5B ≤ 10,000

② 5.5A ≤ 5,500

③ 3.5B ≤ 5,000

4. 문제가 새롭고 중요하며, 복잡・방대한데다 반복적이기 때문.

5. x_1 : 채소류 재배면적(필지)

x_2 : 잡곡류 재배면적(필지)

Max $30x_1 + 40x_2$ (단위: 만원)

s.t.

$x_1 + x_2 \le 100$

$x_1 \le 40$

$2x_1 + 5x_2 \le 200$

$x_1, x_2 \ge 0$

7. x : X 일일소비량

y : Y 일일소비량

Min $1.3x + 1.8y$(단위: 만원)

s.t.

$350x + 200y \geq 10{,}000$

$150x + 300y \geq 7{,}500$

$x \geq 0, \quad y \geq 0$

8. x_1 : 상품 1의 생산량

x_2 : 상품 2의 생산량

x_3 : 상품 3의 생산량

Max $50x_1 + 100x_2 + 60x_3$

s.t.

$x_1 + 1.50x_2 + 2.00x_3 \leq 550$

$0.30x_1 + x_2 + 2.50x_3 \leq 450$

$2.00x_1 + 0.45x_2 + 0.30x_3 \leq 400$

$x_1, x_2, x_3 \geq 0$

〈제 2 장 확률의 응용〉

1.

(1) 상대도수법 사용

(2) $P(E_1) = 0.223, \quad P(E_2) = 0.727, \quad P(E_3) = 0.050$

2. 0.41

3. $E_1 \cup E_2 = \{ z \mid 4 < z < 15 \}$

4.

(1) $E_2 \cap \overline{E_3} = \{1,7,9\}$

(2) $E_1 \cap E_3 \cap \overline{E_4} = \{2,4\}$

(3) $\overline{E_1} \cup E_3 = \{1,2,3,4,5,6,8\}$

5.

(1) 0.68

(2) 0.32

6.

(1) 0.71

(2) 0.29

7.

(1) 0.7241

(2) 0.875

(3) 독립적 아니다. $P(E_1|E_2) \neq P(E_1)$

8. 0.60

9.

(1) 상호배타적, 0.35

(2) 0.80

10.

(1) 0.1125, 0.1575, 0.09

(2) 0.4375

11.

(1) 0.11

(2) 결합확률, 두 사건의 교집합의 확률이므로

(3) 0.20 + 0.07 = 0.27

(4) $\frac{0.20}{0.27}$ = 0.7407

(5) 아니다

(6) 0.08 + 0.06 + 0.07 = 0.21

(7) $\frac{0.08}{0.21}$ = 0.3810

(8) 아니다

(9) 0.79

(10) 0.54

(11) 0.79 + 0.27 - 0.20 = 0.86

12. 0.069

13.

(1) 0.37

(2) $\frac{8}{37}$

14.

(1) 90%는 국산차 보유, 25% 외제차 보유

(2) 한 가구가 국산차와 외제차를 모두 보유할 확률

(3) 0.95

(4) 0.80

(5) 0.22

(6) 아니다.

〈제 3 장 선형계획모형의 도해법〉

1. b, d, f는 선형계획관계에 타당.

a. $-3x_2$ 때문에 아님.

c. $-2x_1x_2$ 때문에 아님.

e. $2\sqrt{x_2}$ 때문에 아님.

g. $-2\frac{x_2}{x_1}$ 때문에 아님.

2.

(1) Max $3.5x + 2.5y$ (단위: 만원)

s.t.

$0.2x + 0.5y \leq 60$

$0.4x + 0.2y \leq 40$

$x, y \geq 0$

(2)

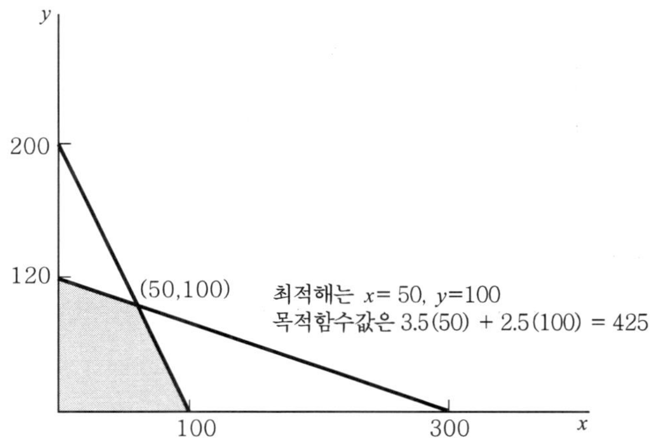

3.

(1) $x_1 = \frac{2,800}{19}$, $x_2 = \frac{5,000}{19}$

목적함수값 : $\frac{36,800}{19}$

(2) $x_1 = 100$, $x_2 = 500$

목적함수값 : 2,600

4.

(1) 무한해: 가해영역이 열려있어 목적함수를 계속 상향이동시키면 그 값이 무한히 증가

(2) 불가능해 : 제약식을 동시에 만족시키는 가해영역이 없다.

(3) $x_1 = \frac{12}{7}$, $x_2 = \frac{15}{7}$, 목적함수값 : $\frac{138}{7}$

5.

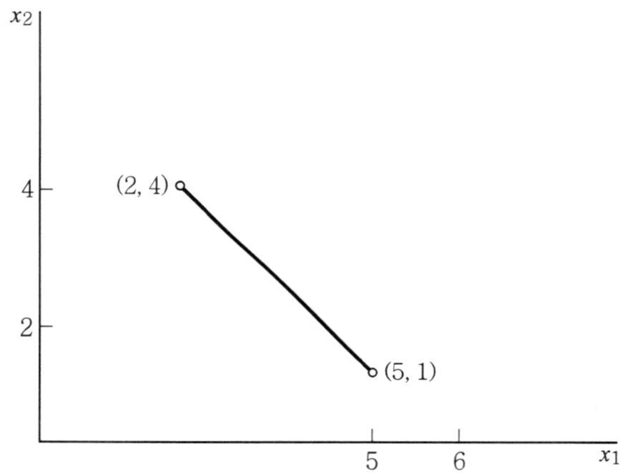

(1) 가해영역은 위의 선

(2) $x_1 = 2$, $x_2 = 4$, 목적함수값 : 20

6.

(1) $x_1 = 200$, $x_2 = 300$, 목적함수값 : 1,800

(2) Max $3x_1 + 4x_2 + 0s_1 + 0s_2 + 0s_3$

s.t.

$$x_1 + \frac{1}{2}x_2 + s_1 = 400$$

$$x_1 + 2x_2 + s_2 = 800$$

$$x_1 + x_2 + s_3 = 500$$

$$x_1,\ x_2,\ s_1,\ s_2,\ s_3 \geq 0$$

(3) $s_1 = 50,\quad s_2 = 0,\quad s_3 = 0$

7.

(1) $x_1 = 12,\ x_2 = 11,$ 목적함수값 : 508

(2)

극점	목적함수값
(0,0)	0
(0,15)	300
(12,11)	508
(12,0)	288

(3) $x_1 + 3x_2 \le 45$와 $x_1 \le 12$는 속박적 제약식

$x_1 + \frac{1}{2}x_2 \le 20$은 여분제약식

(4) $\text{Max}\quad 24x_1 + 20x_2 + 0s_1 + 0s_2 + 0s_3$

s.t.

$$x_1 + 3x_2 + s_1 = 45$$

$$x_1 + \frac{1}{2}x_2 + s_2 = 20$$

$$x_1 + s_3 = 12$$

$$x_1,\ x_2,\ s_1,\ s_2,\ s_3 \ge 0$$

(5) $x_1 + 3x_2 = 12 + 3(11) = 45 \quad : s_1 = 0$

$x_1 + \frac{1}{2}x_2 = 12 + \frac{1}{2}(11) = 17.5 \quad : s_2 = 2.5$

$x_1 = 12 \quad : s_3 = 0$

8.

(1) $x_1 = 0,\ x_2 = 9,$ 목적함수값 : 36

(2) $x = 4,\ y = 2,$ 목적함수값 : 44

(3) $x_1 = 3.2$, $x_2 = 6$, 목적함수값 : 18.8

9. x: 축구공 생산량, y: 농구공 생산량

(1) Max $\pi = 7.5x + 12y$

s.t.

$$x + \frac{3}{2}y \le 900$$

$$\frac{1}{2}x + \frac{1}{3}y \le 300$$

$$\frac{1}{8}x + \frac{1}{4}y \le 100$$

$$x,\ y \ge 0$$

(2) $x = 500$, $y = 150$, $\pi = 7.5(500) + 12(150) = 5{,}550$

(3) A공정 : $500 + \frac{2}{3}(150) = 725$

B공정 : $\frac{1}{2}(500) + \frac{1}{3}(150) = 300$

C공정 : $\frac{1}{8}(500) + \frac{1}{4}(150) = 100$

(4) B와 C공정은 주어진 300, 100시간을 각각 모두 소비, 따라서 잔여 0.

A공정은 주어진 900시간 중 725시간만 소비하여 175시간의 잔여가 존재.

(5) B공정과 C공정에 대한 두 제약식.

10.

(1) Min $c = 9x_1 + 6x_2 + 0s_1 + 0s_2 + 0s_3$

s.t.

$$x_1 + x_2 - s_1 = 10$$

$$x_2 + s_2 = 4$$

$$2x_1 + x_2 - s_3 = 12$$

$$x_1,\ x_2,\ s_1,\ s_2,\ s_3 \ge 0$$

(2) $x_1 = 6$, $x_2 = 4$, $c = 78$

(3) $s_1 = 0,\ \ s_2 = 4,\ \ s_3 = 0$

11.

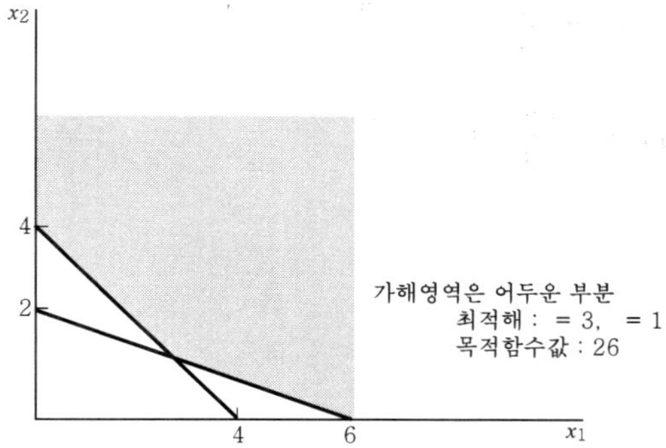

12.

(2) $x_1 = 0,\ \ x_2 = 10 \ : c = 90$

$x_1 = 6,\ \ x_2 = 2.5 \ : c = 49.5$

$x_1 = \frac{12}{13},\ \ x_2 = \frac{60}{13} \ : \ c = \frac{594}{13}$

$x_1 = 0,\ \ x_2 = 6 \ : \ c = 54$

(3) 최적해 : $x_1 = \frac{12}{13},\ \ x_2 = \frac{60}{13} \ : \ c = \frac{594}{13}$

속박적제약식 : $3x_1 + 2x_2 \geq 12$

$5x_1 + 12x_2 \geq 60$

(4) Min $c = 4.5x_1 + 9x_2 + 0s_1 + 0s_2 + 0s_3$

s.t.

$3x_1 + 2x_2 - s_1 = 12$

$5x_1 + 12x_2 - s_2 = 60$

$5x_1 + 4x_2 + s_3 = 40$

$x_1,\ x_2,\ s_1,\ s_2,\ s_3 \geq 0$

(5) $3x_1 + 2x_2 = 3(\frac{12}{13}) + 2(\frac{60}{13}) = 12 \quad \therefore s_1 = 0$

$$5x_1 + 12x_2 = 5(\frac{12}{13}) + 12(\frac{60}{13}) = 60$$

$$\therefore s_2 = 0$$

$$5x_1 + 4x_2 = 5(\frac{12}{13}) + 4(\frac{60}{13}) = \frac{300}{13}$$

$$\therefore s_3 = 40 - \frac{300}{13} = \frac{220}{13}$$

13.

(1) 무한해

(2) 불가능해

〈제 4 장 심플렉스 해법〉

1.

(1) 기본변수 : s_1, s_2, s_3

(2) 비기본변수 : x_1, x_2, x_3

(3) 0

(4) 진입 : x_3, 퇴출 : s_2

(5) $x_1 = 10$, $x_2 = 0$, $x_3 = 30$, $s_1 = 20$, $s_2 = 0$, $s_3 = 0$, $z = 800$

2.

(1) Max $z = 8x_1 + 10x_2 + 0s_2 + 0s_3$

s.t.

$$\begin{aligned} 4x_1 - 2x_2 \quad\quad &= 12 \\ 0.6x_1 + x_2 + s_1 &= 9 \\ 2x_1 + 2x_2 - s_2 &= 18 \\ x_1, x_2, s_1, s_2 &\geq 0 \end{aligned}$$

(2) 다르다.

$$\begin{aligned} \text{Max} \quad & z = 4x_1 + 5x_2 + 0s_2 + 0s_3 - Ma_1 - Ma_3 \\ \text{s.t.} \quad & 4x_1 - 2x_2 + a_1 = 12 \\ & 0.6x_1 + x_2 + s_2 = 9 \\ & 2x_1 + 2x_2 - s_3 + a_3 = 18 \\ & x_1,\ x_2,\ s_2,\ s_3,\ a_1,\ a_3 \geq 0 \end{aligned}$$

(3) $x_1 = \frac{75}{13}$, $x_2 = \frac{72}{13}$, $s_1 = \frac{30}{13}$, $s_2 = 0$, $s_3 = 0$, $z = \frac{660}{13}$

(4) 속박적 제약식 : ①, ②, 비속박적 제약식 : ③

3.

(1) $x_1 = \frac{32}{3}$, $x_2 = \frac{11}{6}$, $s_1 = 0$, $s_2 = 0$, $z = \frac{118}{3}$

(2)
$$\begin{aligned} \text{Max} \quad & z = 3x_1 + 4x_2 + 0s_1 + 0s_2 \\ \text{s.t.} \quad & 2x_1 + 2x_2 + s_1 = 25 \\ & 3x_1 + 6x_2 + s_2 = 43 \\ & x_1,\ x_2,\ s_1,\ s_2 \geq 0 \end{aligned}$$

(3) 표준형과 심플렉스형이 같다.

최적해는 도해법의 결과와 같다.

4.
$$\begin{aligned} \text{Max} \quad & z = -5x_1 - x_2 - 2x_3 + 0s_1 + 0s_4 - Ma_1 - Ma_2 - Ma_3 - Ma_4 \\ \text{s.t} \quad & 2x_1 + x_2 + x_3 - s_1 + a_1 = 12 \\ & 3x_1 + 2x_2 - x_3 + a_2 = 18 \\ & 2x_1 - x_2 + a_3 = 6 \\ & -2x_2 + x_3 - s_4 + a_4 = 7 \\ & x_1,\ x_2,\ x_3,\ s_1,\ s_4,\ a_1,\ a_2,\ a_3,\ a_4 \geq 0 \end{aligned}$$

5. 불가능해

6.

(1) Max $z = 3x_1 + 3x_2 + 4x_3^+ - 4x_3^-$

s.t.

$$
\begin{aligned}
-x_1 - x_2 + x_3^+ - x_3^- + s_1 &= 5 \\
5x_1 + 7x_2 - 8x_3^+ - 8x_3^- + s_2 &= 3 \\
x_1 + x_2 + 3x_3^+ - 3x_3^- &= 8 \\
x_1,\ x_2,\ x_3^+,\ x_3^-,\ s_1,\ s_2 &\geq 0
\end{aligned}
$$

7. $x_1 = 0,\ x_2 = \frac{37}{12},\ x_3 = \frac{5}{6},\ s_1 = \frac{121}{6},\ s_2 = 0,\ s_3 = 0,$

$z = \frac{255}{12}$

8. 제약식 $x_A \geq 11,\ x_B \geq 11$ 추가

$x_A = 20,\ x_B = 20,\quad z = 1{,}100$

9. $x_1 = 0,\ x_2 = 1,\ x_3 = 1,\ s_1 = 1,\ s_2 = 0,\quad z = 2$

10. x_1 : 상품 1의 생산량

x_2 : 상품 2의 생산량

x_3 : 상품 3의 생산량

$x_1 = 0,\ x_2 = 0,\ x_3 = \frac{100}{3},\quad z = 50$

11. Max $5x_1 - 10x_2 + 5x_3 + 0s_2 + 0s_3 - Ma_1 - Ma_3$

s.t

$$
\begin{aligned}
x_1 + 4x_2 - 8x_3 + a_1 &= 4 \\
3x_1 - 9x_2 + 4x_3 + s_2 &= 15 \\
2x_1 + 5x_2 - x_3 - s_3 + a_3 &= 9 \\
x_1,\ x_2,\ x_3,\ s_2,\ s_3,\ a_1,\ a_3 &\geq 0
\end{aligned}
$$

B		5	−10	5	0	0	$-M$	$-M$	
		x_1	x_2	x_3	s_2	s_3	a_1	a_3	
a_1	$-M$	1	4	-8	0	0	1	0	4
s_2	0	3	−9	4	1	0	0	0	15
a_3	$-M$	2	5	−1	0	−1	0	1	9
	z_j	$-3M$	$-9M$	$9M$	0	M	$-M$	$-M$	$-13M$
	$c_j - z_j$	$5+3M$	$-10+9M$	$5-9M$	0	$-M$	0	0	

12. 다최적해

$$x_1 = 4,\ x_2 = 0,\ x_3 = 0,\ s_1 = 12,\ s_2 = 0,\ s_3 = 12$$

또는 $z = 8$

$$x_1 = 0,\ x_2 = 0,\ x_3 = 8,\ s_1 = 20,\ s_2 = 0,\ s_3 = 12$$

13.

(1) Min $8x_1 + 12x_2 + 0s_1 + 0s_2$

s.t.

$$\begin{aligned} 4x_1 + 3x_2 - s_1 &= 24 \\ x_2 - s_2 &= 2 \\ 5x_1 + 2x_2 - s_3 &= 20 \\ x_1,\ x_2,\ s_1,\ s_2,\ s_3 &\geq 0 \end{aligned}$$

(2) Max $-8x_1 - 12x_2 + 0s_1 + 0s_2 + 0s_3 - Ma_1 - Ma_2 - Ma_3$

s.t.

$$\begin{aligned} 4x_1 + 3x_2 - s_1 + a_1 &= 24 \\ x_2 - s_2 + a_2 &= 2 \\ 5x_1 + 2x_2 - s_3 + a_3 &= 20 \\ x_1,\ x_2,\ s_1,\ s_2,\ s_3,\ a_1,\ a_2,\ a_3 &\geq 0 \end{aligned}$$

B		x_1 -8	x_2 -12	s_1 0	s_2 0	s_3 0	a_1 $-M$	a_2 $-M$	a_3 $-M$	
a_1	$-M$	4	3	-1	0	0	1	0	0	24
a_2	$-M$	0	1	0	-1	0	0	1	0	2
a_3	$-M$	5	2	0	0	-1	0	0	1	20
	z_j	$-9M$	$-6M$	M	M	M	$-M$	$-M$	$-M$	$-46M$
	c_j-z_j	$-8+9M$	$-12+6M$	$-M$	$-M$	$-M$	0	0	0	

(3) $x_1 = 4.5,\ x_2 = 2,\ s_1 = 0,\ s_2 = 0,\ s_3 = 6.5,\ z = 60$

(4) 첫째와 둘째 제약식이 속박적

〈제 5 장 감도분석〉

1.

(1) 최적해는 $x_1 = 25,\ x_2 = 0,\ z = 1{,}125$

$35 \le c_1 \le \infty$

$-\infty \le c_2 \le 45$

(2) 변하지 않는다.

2.

(1) 최적해는 $x_1 = 0,\ x_2 = 25,\ x_3 = 125,\ x_4 = 0,\ z = 525$

$275 \le b_2 \le \infty$

$137.5 \le b_3 \le 825$

(2) $z = 525$

(3) $-\infty \le c_1 \le 4.05$

$5.92 \le c_2 \le 9$

$2 \le c_3 \le 12$

$-\infty \le c_4 \le 4.5$

3.

(1) $A = 54.55$, $B = 10.9$, $z = 141.8$

(2) 공정과정 2의 미사용량: 0.912 시간

(3) 공정과정 1과 3의 단위당 가치: 추가 분당 0.0547, 0.182

(4) 공정과정 3이 최우선

4. 무한해

5.

(1) $x_1 = 4$, $x_2 = 0.5$, $x_3 = 0$, $z = 37.5$

(2) $6.25 \leq c_1 \leq \infty$, $-\infty \leq c_3 \leq 11.25$

(3) $x_1 = 2$, $x_2 = 0$, $x_3 = 2$, $z = 45$

(4) $0 \leq b_1 \leq 12$, $2 \leq b_2 \leq 6$, $45 \leq b_3 \leq \infty$

(5) $7\frac{1}{2}$

(6) 0

6.

(1) $x_1 = 0$, $x_2 = 28$, $x_3 = 0$, $z = 168$

7.

(1)
$$\begin{aligned}
\text{Max} \quad & 4x_1 + 2x_2 + 5x_3 \\
\text{s.t.} \quad & \\
& -2x_1 - x_2 \leq -50 \\
& 2x_1 + 3x_2 + 2x_3 \leq 55 \\
& 2x_1 + x_2 + 3x_3 \leq 28 \\
& -x_1 - x_2 - x_3 \leq -12 \\
& x_1, x_2, x_3 \geq 0
\end{aligned}$$

(2) Min $-50y_1 + 55y_2 + 28y_3 - 12y_4$

s.t.

$$\begin{aligned} -2y_1 + 2y_2 + 2y_3 - y_4 &\geqq 4 \\ -y_1 + 3y_2 + y_3 - y_4 &\geqq 2 \\ 2y_2 + 3y_3 - y_4 &\geqq 5 \\ y_1,\ y_2,\ y_3,\ y_4 &\geqq 0 \end{aligned}$$

9. $z = 109.5 \quad x_1 = 9 \quad x_4 = 12.5$

10.

(1) $x_1 = 9,\ x_2 = 4,\ z = 57$

(2) 둘째 제약식 : 0, 셋째 제약식 : 0.0769

(3) $x_1 = 7,\ x_2 = 7,\ z = 56$

(4) $x_1 = 0,\ x_2 = 10,\ z = 30$

(5) $x_1 = 7,\ x_2 = 7,\ z = 56$

11.

(1) $x_1 = 500,\ x_2 = 150,\ z = 3{,}700$

(2) ① 725 ② 300 ③ 100

(3) $s_1 = 175,\ s_2 = 0,\ s_3 = 0$

따라서 ②와 ③이 속박적 제약식

(4) $b_1 = 0,\ b_2 = 3,\ b_3 = 28$

(5) $4 \leq c_1 \leq 12.00, \quad 3.33 \leq c_2 \leq 10$

c_1이 4에서 12 사이에서 변화하는 한 현재의 최적해는 유지된다.

(6) $725 \leq b_1 \leq \infty, \quad 133.32 \leq b_2 \leq 400, \quad 75 \leq b_3 \leq 135$

(7) 280

12.

(1) Min $x_1 + x_2 + 0s_1 + 0s_2 + 0s_3$

s.t.

$$\begin{aligned} x_1 + 2x_2 - s_1 \quad\quad &= 80 \\ x_1 \quad - s_2 \quad &= 30 \\ x_2 \quad - s_3 &= 20 \\ x_1, x_2, s_1, s_2, s_3 &\geq 0 \end{aligned}$$

(2) Max $-x_1 - x_2 + 0s_1 + 0s_2 + 0s_3 - Ma_1 - Ma_2 - Ma_3$

s t.

$$\begin{aligned} x_1 + 2x_2 - s_1 \quad + a_1 \quad &= 80 \\ x_1 \quad - s_2 \quad + a_2 \quad &= 30 \\ x_2 \quad - s_3 \quad + a_3 &= 20 \\ x_1, x_2, s_1, s_2, s_3, a_1, a_2, a_3 &\geq 0 \end{aligned}$$

(3) $x_1 = 30$, $x_2 = 25$, $z = 55$

(4) $0.5 \leq c_1 \leq \infty$, $0 \leq c_2 \leq 2$

(5) 0.5, 0.5, 0

(6) 둘째 제약식의 우변값이 30에서 31로 한 단위 증가하면 목적함수값은 0.5 단위만큼 악화되어 55 + 0.5 = 55.5로 증가한다. 만약 우변값을 30에서 29로 감소시키면 목적함수값은 55 - 0.5 = 54.5로 향상된다.

(7) $70 \leq b_1 \leq \infty$, $0 \leq b_2 \leq 40$, $-\infty \leq b_3 \leq 25$

(8) 목적함수값이 2.50 증가

13.

(1) $x_1 = 7.30$, $x_2 = 0$, $x_3 = 1.89$, $c = 139.73$

(2) Min $c = 15x_1 + 15x_2 + 16x_3 + 0s_1 + 0s_2 + 0s_3$

s.t.

$$\begin{aligned} x_1 \quad + x_3 + s_1 \quad &= 30 \\ 0.5x_1 - x_2 + 6x_3 \quad - s_2 \quad &= 15 \\ 3x_1 + 4x_2 - x_3 \quad - s_3 &= 20 \\ x_1, x_2, s_1, s_2, s_3 &\geq 0 \end{aligned}$$

(3) 둘째와 셋째 제약식

(4) 0, 3.41, 4.43

(5) $s_1 = 20.81$로 잔여가 존재하므로 잠재가격은 0, 반면 $s_2 = s_3 = 0$으로 잠재가격 존재

둘째 제약식은 우변값이 15에서 한 단위 증가하면 목적함수값은 3.41만큼 악화, 따라서 139.73 + 3.41로 증가, 반면 셋째 제약식은 우변값이 20에서 한 단위 증가하면 목적함수값은 4.43만큼 악화, 따라서 139.73 + 4.43으로 목적함수값 증가.

(6) $1.33 \leq c_1 \leq 15.54, 14.32 \leq c_2 \leq \infty, 13.5 \leq c_3 \leq 180$

목적함수에서 x_1의 계수가 1.33에서 15.54 사이에서 변화하는 한 현재의 최적해는 그대로 유지된다.

(7) 최적해는 같다.

(8) $\dfrac{0.25}{0.54} + \dfrac{0.32}{0.68} = 0.46 + 0.47 = 0.93$

누적변화가 93%로 100%법칙이 작용하므로 불변

(9) 최적해에서 둘째 변수의 REDUCED COST 값 0.68이 나옴. 목적함수에서 둘째 변수의 계수가 현재보다 0.68 높아야 x_2가 최적해에서 양의 값을 갖는다.

〈제 6 장 수송 및 할당문제〉

1. 칸 3, 3에 0할당. 칸 3, 2 기회비용 = − 6

   칸 3, 2에 0할당. 칸 2, 4 기회비용 = − 5

   칸 2, 4에 11할당

   최적해 총비용 = 334

2. 제4열 가상공장[3행3열 비용100설정].

   (1) 최초기본해[총비용 = 1,110]

	공장 1	공장 2	공장 3	가상공장	공급
농장 1	1 / 10	2	3	0	10
농장 2	7	6 / 10	4 / 10	0	20
농장 3	8	5	100 / 10	0 / 20	30
수요	10	10	20	20	60

(2) 최적해 [최적총비용140]

3. 수송비 = 450, 다-1에 개선가능(기회비용-3)
최적해 ; 수송비 = 420

4. MC1 - 할당 없음, MC2 - 주문3, MC3 - 주문2, MC4 - 주문1,
최소총비용 = 11원.

5. (2) 임명은 (종로, 후보 1), (송파, 후보 4), (강동, 후보 2), 총이익 = 23억원

6.

(1)

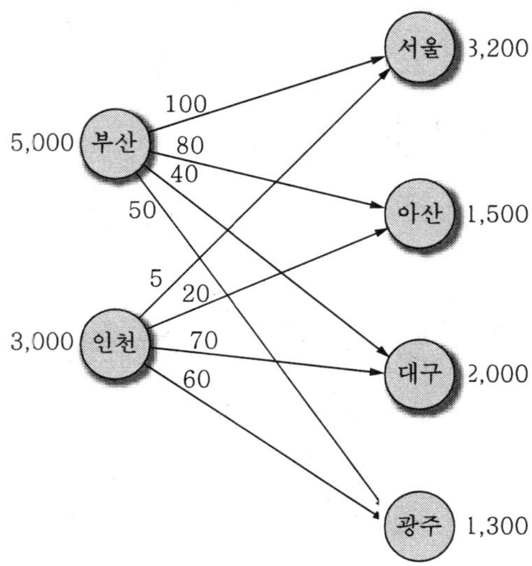

(2) A회사 문제의 선형계획 모형

변수의 정의:

X_{11} = 부산에서 서울로 운반되는 양

X_{12} = 부산에서 아산으로 운반되는 양

⋮

X_{24} = 인천에서 광주로 운반되는 양

최소화 $Z = 100X_{11} + 80X_{12} + 40X_{13} + 50X_{14} + 5X_{21} + 20X_{22} + 70X_{23} + 60X_{24}$

제약조건 $X_{11} + X_{12} + X_{13} + X_{14} \leq 5{,}000$

$X_{21} + X_{22} + X_{23} + X_{24} \leq 3{,}000$

$X_{11} + X_{21} = 3{,}200$

$X_{12} + X_{22} = 1{,}500$

$X_{13} + X_{23} = 2{,}000$

$X_{14} + X_{24} = 2{,}000$

모든 $X_{ij} \geq 0$

7.

(1) 가상원천(dummy origin)에 해당하는 공급자를 설정한다.

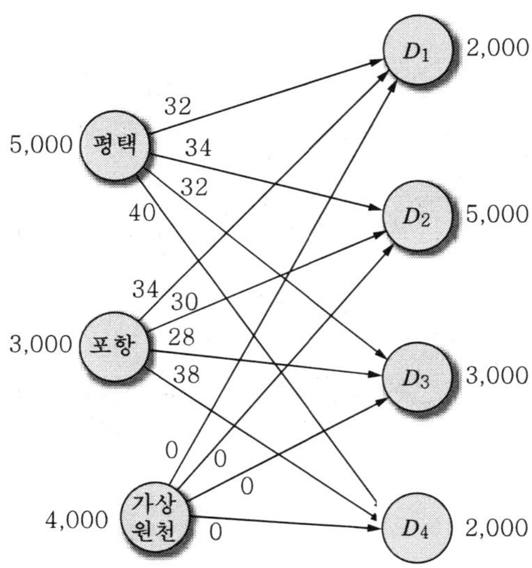

(2) 변수 X_{31}, X_{32}, X_{33}, X_{34}는 가상공급에 해당하며 계수가 0이므로 목적함수에 나타나지 않는다.

최대화 $Z = 32X_{11} + 34X_{12} + 32X_{13} + 40X_{14} + 34X_{21} + 30X_{22} + 28X_{23} + 38X_{24}$

제약조건 $X_{11} + X_{12} + X_{13} + X_{14} \leq 5{,}000$

$X_{2}1 + X_{22} + X_{23} + X_{24} \leq 3{,}000$

$X_{31} + X_{32} + X_{33} + X_{34} \leq 4{,}000$

$X_{11} + X_{21} + X_{31} = 2{,}000$

$X_{12} + X_{22} + X_{32} = 5{,}000$

$X_{13} + X_{23} + X_{33} = 3{,}000$

$X_{14} + X_{24} + X_{34} = 2{,}000$

모든 ij에 대하여 $X_{ij} \geq 0$

(3) 최적해

	단위	이익
평택에서 D_2로	4,000	136,000원
평택에서 D_4로	1,000	40,000원
포항에서 D_1로	2,000	68,000원
포항에서 D_4로	1,000	38,000원
합계		282,000원

8.

(1) 할당; 결사비우-고객 2, 흑수돌-고객 1, 금란-고객 3. 총 완료일자 = 64일.

(2) 최소화 $Z = 10X_{11} + 16X_{12} + 32X_{13} + 14X_{21} + 22X_{22} + 40X_{23} + 22X_{31} + 24X_{32} + 34X_{33}$

제약조건 $X_{11} + X_{12} + X_{13} \leq 1$

$X_{21} + X_{22} + X_{23} \leq 1$

$X_{31} + X_{32} + X_{33} \leq 1$

$X_{11} + X_{21} + X_{31} = 1$

$X_{12} + X_{22} + X_{32} = 1$

$X_{13} + X_{23} + X_{33} = 1$

$X_{14} + X_{24} + X_{34} = 2{,}000$

모든 ij 에 대하여 $X_{ij} \geq 0$

〈제 7 장 정수계획법〉

1.

(2) $x_1 = 3.17,\ x_2 = 1.67, z = 9$

(3) $x_1 = 4,\ x_2 = 1, z = 9$

2. $x_1 = 2,\ x_2 = 4, z = 58$

3.

(1) $x_1 = 1.96,\ x_2 = 5.48,\quad z = 7.44$

(2) UB = 7.44, LB = 6.96

(3) $x_1 = 1.29,\ x_2 = 6,\ z = 7.29$

4.

(1) $$\text{Min} \quad \sum_{i=1}^{m}\sum_{j=1}^{n} c_{ij}x_{ij} + \sum_{i=1}^{m} f_i y_i$$

s.t.

$$\sum_{j=1}^{n} x_{ij} - s_i y_i \leqq 0, \quad i = 1,\ 2,\ \cdots,\ m$$

$$\sum_{i=1}^{m} x_{ij} \qquad = d_j, \quad j = 1,\ 2,\ \cdots,\ n$$

$$x_{ij} \geqq 0$$

$$y_i = 0, 1, \quad i = 1,\ 2,\ \cdots,\ m$$

(2) 제약식 $y_1 + y_4 + y_5 \leqq 2$ 추가

(3) 제약식 $y_2 + y_3 \leqq 1$ 추가

(4) ① 목적함수의 고정비용항 $\sum_{i=1}^{m} f_i y_i$ 에 $500{,}000y$ 추가

② 시설용량 제약식 $\sum_{j=1}^{n} x_{ij} - s_i y_i \leqq 0$ 에

$\sum_{j=1}^{n} x_{4j} - 45,000\, y_4 \leqq 0$ 추가

소비지에서의 수요 $\sum_{i=1}^{m} x_{ij} = d_j$ 에 $\sum_{i=1}^{m} x_{4j} = d_j$ 추가

$x_{ij} \geqq 0$ 에 x_{4j} 추가

$y_i = 0\,,\, 1$에 $y_4 = 0\,,1$ 추가

6. $x_1 = 0,\ x_2 = 2,\ x_3 = 6\frac{2}{3}$

7.

(1) $x_2 + x_4 = 1$

(2) $x_4 \leqq x_1,\ x_4 \leqq x_2$

(3) $x_2 - x_5 = 0$

(4) $x_4 \leqq x_1,\ x_4 \leqq x_2,\ x_4 \geqq x_1 + x_2 - 1$

8. x_1 : 제품 A생산량

x_2 : 제품 B생산량

x_3 : 제품 C생산량

$$
\begin{aligned}
\text{Max}\quad & 45x_1 + 30x_2 + 48x_3 \\
\text{s.t.}\quad & 0.5x_1 + 0.6x_2 + 0.8x_3 \le 18 \\
& 0.2x_2 + 0.2x_3 \le 8 \\
& 0.7x_1 + 0.4x_2 + 0.3x_3 \le 21 \\
& x_1,\ x_2,\ x_3 \ge 0
\end{aligned}
$$

설비비용과 최대 생산량이 주어질 때는 아래와 같다.

y_1 : 제품 A가 생산되는 경우는 1, 아니면 0

y_2 : 제품 B가 생산되는 경우는 1, 아니면 0

y_3 : 제품 C가 생산되는 경우는 1, 아니면 0

$$\begin{aligned}
\text{Max}\quad & 45x_1 + 30x_2 + 48x_3 - 240y_1 - 50y_2 - 350y_3 \\
\text{s.t.}\quad & \\
& 0.5x_1 + 0.6x_2 + 0.8x_3 \le 18 \\
& 0.2x_2 + 0.2x_3 \le 8 \\
& 0.7x_1 + 0.4x_2 + 0.3x_3 \le 21 \\
& x_1 - 50y_1 \le 0 \\
& x_2 - 30y_2 \le 0 \\
& x_3 - 45y_3 \le 0 \\
& x_1, x_2, x_3, \ge 0 \qquad y_1,\ y_2,\ y_3 = 0,\ 1
\end{aligned}$$

9. Min

$$\begin{aligned}
& 50x_{11} + 25x_{12} + 48x_{13} + 43x_{14} \\
& + 48x_{21} + 30x_{22} + 62x_{23} + 66x_{24} \\
& + 65x_{31} + 84x_{32} + 32x_{33} + 58x_{34} \\
& + 37x_{41} + 47x_{42} + 55x_{43} + 35x_{44}
\end{aligned}$$

s. t.

$$\left.\begin{aligned}
x_{11} + x_{12} + x_{13} + x_{14} = 1 \\
x_{21} + x_{22} + x_{23} + x_{24} = 1 \\
x_{31} + x_{32} + x_{33} + x_{34} = 1 \\
x_{41} + x_{42} + x_{43} + x_{44} = 1
\end{aligned}\right\}\text{연구원 제약조건}$$

$$\left.\begin{aligned}
x_{11} + x_{21} + x_{31} + x_{41} = 1 \\
x_{12} + x_{22} + x_{32} + x_{42} = 1 \\
x_{13} + x_{23} + x_{33} + x_{43} = 1 \\
x_{14} + x_{24} + x_{34} + x_{44} = 1
\end{aligned}\right\}\text{연구영역 제약조건}$$

여기서

x_{ij} = 0, 1(1은 할당된 경우임)

i = 1, 2, 3, 4 (연구원)
j = 1, 2, 3, 4 (연구용역)

10. A : A형 차량의 수

B : B형 차량의 수

$$\begin{aligned}
\text{Min}\quad & 75A + 50B \qquad (\text{단위: 만원}) \\
\text{s.t.}\quad & \\
& 2A + B \ge 9 \\
& 10A + 6B \ge 60 \\
& A,\ B \ge 0 \quad \text{그리고 정수}
\end{aligned}$$

〈제 8 장 동적계획법〉

1.

단계	결정(개)	이익(억원)	남은 용량(킬로그램)
사파이어원석	0	0	3
신라금관	1	13	1
루비원석	1	6	0
합 계		19	

2.

결정순서 다, 나, 가 즉 3, 2, 1단계

검토순서 가, 나, 다 즉 1, 2, 3단계

상태 1 0, 1, 2, 3, 4, 5

단계 1 결정 0, 1, 2

상태 2 0, 1, 2, 3, 4, 5

단계 2 결정 0, 1

상태 3 5

단계 3 결정 0, 1, 2

단계(품목)	결정(개)	이익(만원)	남은 용적(입방미터)
1	1	8	4
2	0	0	4
3	2	20	0
합계		28	

3. A형 1개 비용 1억원 이익 1억원

B형 2개 비용 4억원 이익 6억원

C형 0개

총이익 7억원

4.

국가 1	1팀	효과 45
2	3팀	75
3	1팀	50
합 계		170

5.

연구팀 1	1명	0.20
2	0	0.60
3	1	0.50
실패확률		0.060

6.

단 계	결 정	소 득	
1	0	0	5
2	2	6	1
3	1	1	0
합 계		7	

〈제 9 장 프로젝트 관리〉

1.

(2)

Task	Time	ES	EF	LS	LF	slack	
a	5	0	5	0	5	0	주공정
b	7	0	7	2	9	2	
c	4	5	9	5	9	0	주공정
d	8	5	13	5	13	0	주공정
e	4	9	13	9	13	0	주공정
f	5	9	14	14	19	5	
g	6	13	19	13	19	0	주공정

(3) 예상완료시각이 19월이므로 가능하다.

2.

(2) 예상완료시각 21.917, 프로젝트 표준편차 = 1.627

	time	ES	EF	LS	LF	slack	표준편차	
a	4.167	0	4.167	0.583	4.75	0.583	0.5	
b	3.083	0	3.083	0	3.083	0	0.25	주공정
c	7	4.167	11.17	7.25	14.25	3.083	0.33	
d	6.5	4.167	10.67	4.75	11.25	0.583	0.83	
e	8.167	3.083	11.25	3.083	11.25	0	0.83	주공정
f	3	11.25	14.25	11.25	14.25	0	0.83	주공정
g	10.17	11.25	21.42	11.75	21.92	0	0.83	주공정
h	7.667	14.25	21.92	14.25	21.92	0	1.3	주공정

(3) $Z = (20 - 21.917)/1.627 = -1.178$, $0.5 - 0.3810 = 0.1190$

(4) $Z = (24 - 21.917)/1.627 = 1.28$, $0.5 - 0.3997 = 0.1003$

3.

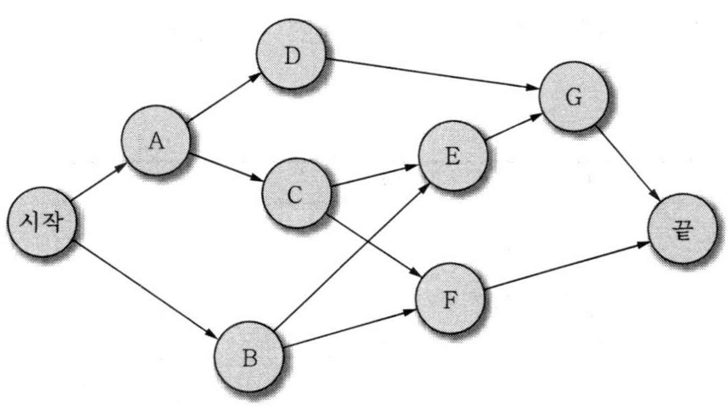

4.

(1) 주경로: A-D-F-H

(2) 22주(週)

(3) 아니오. 이것은 주경로의 활동이다.

(4) 그렇다. 2주 동안.

(5) 활동 E의 일정은,

가장 빠른 시작 = 3주

가장 늦은 시작 = 4주

가장 빠른 완료 = 10주

가장 늦은 완료 = 11주

5.

(1)

활동	낙관치	최빈치	비관치	기대시간	분산
A	4	5.0	6	5.00	0.11
B	8	9.0	10	9.00	0.11
C	7	7.5	11	8.00	0.44
D	7	9.0	10	8.83	0.25
E	6	7.0	9	7.17	0.25
F	5	6.0	7	6.00	0.11

(2) 주경로: B-D-F

프로젝트 기대 완료시간; 9.00 + 8.33 + 6.00 = 23.83주

프로젝트 완료시간의 분산; 0.11 + 0.25 + 0.11 = 0.47주^2

6.

활동	기대 시간	분산
A	5	0.11
B	3	0.03
C	7	0.11
D	6	0.44
E	7	0.44
F	3	0.11
G	10	0.44
H	8	1.78

주경로는 A-D-F-H이다. 그래서,

기대완료시간 $E(T) = 5 + 6 + 3 + 8 = 22$

분산 $= 0.11 + 0.44 + 0.11 + 1.78 = 2.44$

표준편차 $= \sqrt{2.44} = 1.5620$

z = (시간−E(T))/표준편차 = (시간−22)/1.5620

(1) 시간=21주; $z = -0.64$, 면적 = 0.2389

P(21주) = 0.500 − 0.2389 = 0.2611

(1) 시간 = 22주; $z=0$, 면적 = 0

P(22주) = 0.500

(1) 시간 = 25주; $z = +1.92$, 면적 = 0.4726

P(25주) = 0.500 + 0.4726 = 0.9726

〈제10장　마코브분석〉

1.

(1) [0.5714　0.4286], 각 57.14%, 42.86%

(2) [0.3333　0.2778　0.3889],

OX맥주; .5714-.3333=.2381(23.81%감소)

고려맥주; .4286-.2778=.1508(15.08%감소)

2. 안정상태확률은 [0.5491 0.1792 0.1965 0.0750]으로서 55%를 넘지 않으므로 해당 없다.

3.

(1)

	으로	
에서	도시	교외
도시	0.98	0.02
교외	0.01	0.99

(2) $\pi_1 = 0.333$, $\pi_2 = 0.667$

(3) 도시인구는 40%로부터 33%로 감소할 것이다. 교외지역은 인구가 60%로 부터 67%로 증가할 것이다.

4.

3,580그루는 결국 팔릴 것이다. 1,420그루는 잃게 될 것이다.

5.

(1) $\pi_1 = 0.92$, $\pi_2 = 0.08$

6.

(1) 졸업하거나 탈락(dropout)하는 것.

(2) P(dropout)=0.15, P(sophomore)=0.10, P(junior)=0.75

(3) 0.706, 0.294

(4) 그렇다; P(graduate)=0.54, P(dropout)=0.46

(5) 1,479명(74%)가 결국 졸업할 것이다.

〈제11장 학습곡선〉

1.

(1) $T_n = T_1C$, 수표에서 75%, $n = 9$일 때 0.402이다.

T_9 = (100시간)(0.402) = 40.2시간

(2) $n = 9$ 이며 학습률이 75%인 경우에 총시간 열은 5.204를 가리킨다. 그러면 9개의 시스템을 위한 생산시간은,

$T_n = T_1C$

T_9 = (100시간)(5.204) = 520.4시간

이것은 총 9 대의 생산을 위한 시간의 추정치이다.

(3) 10번째~14번째까지를 위한 제작시간을 구하기 위하여,

1~14까지의 총 제작시간 = 100(6.994) = 699.4시간

1~9까지의 총 제작시간 = 100(5.204) = 520.4시간.

따라서 구하는 시간은 699.4 − 520.4 = 179시간.

구하는 원가는 179시간 × 40,000원 = 7,160,000원

2.

(1) $T_n = T_1C$, 수표에서 80%, $n = 11$일 때 0.462이다.

T_{11} = (56시간)(0.402) = 25.9시간

(2) n=11이며 학습률이 80% 인 경우에 총시간 열은 6.777을 가리킨다. 그러면, 11대의 렉서스를 위한 생산시간은,

$T_n = T_1C$

T_{11} = (56시간)(6.777) = 379.5시간

이것은 총 11대의 생산을 위한 시간의 추정치이다.

(3) 12번째~15번째까지를 위한 제작시간을 구하기 위하여,

1~15까지의 총 제작시간 = 56(8.511) = 476.6시간

1~11까지의 총 제작시간 = 379.5시간.

따라서 구하는 시간은 476.6 − 379.5 = 97.1시간.

구하는 원가는 97.1시간 × 30,000원 = 2,913,000원.

3. 1부터 2, 2부터4, 4부터 8의 세 번의 배가를 하면,

60분 × $(0.8)^3$ = 60 × 0.512 = 30.72분.

혹은 표에서 60 × 0.512 = 30.72분.

〈제12장 의사결정분석〉

1.

(1) 후회표

대안\상태	시청률감소(s_1)	시청률보통(s_2)	시청률상승(s_3)	
구매(a_1)	11	0	0	11 ←
구매안함(a_2)	0	11	51	51

(2)

대안\상태	시청률감소(s_1)	시청률보통(s_2)	시청률상승(s_3)	
	.3	.5	.2	기대값
구매(a_1)	−10	10	50	12 ←
구매안함(a_2)	−1	−1	−1	−1
완전정보선택	−1	10	50	14.7

(3) 공식

$$P(s_1 \mid I_1) = \frac{P(I_1 \cap s_1)}{P(I_1)} = \frac{P(I_1 \mid s_1)}{P(I_1)}$$

상 태	사전확률$P(s_1)$	조건확률$P(I_1 \mid s_2)$	결합확률	사후확률
s_1	.3	.8	.24	.67
s_2	.5	.2	.10	.28
s_3	.2	.1	.02	.05
합			.36	1.00

의사결정

대안\상태	시청률감소(s_1)	시청률보통(s_2)	시청률상승(s_3)	
	.67	.28	.05	기대값
구매(a_1)	−10	10	50	−1.4
구매안함(a_2)	−1	−1	−1	−1.0←선택

2.

(1) a_1, 기대이익 15,000

(2) 지층조사한다. 기대이익은 26,000 − 10,000 = 16,000($)

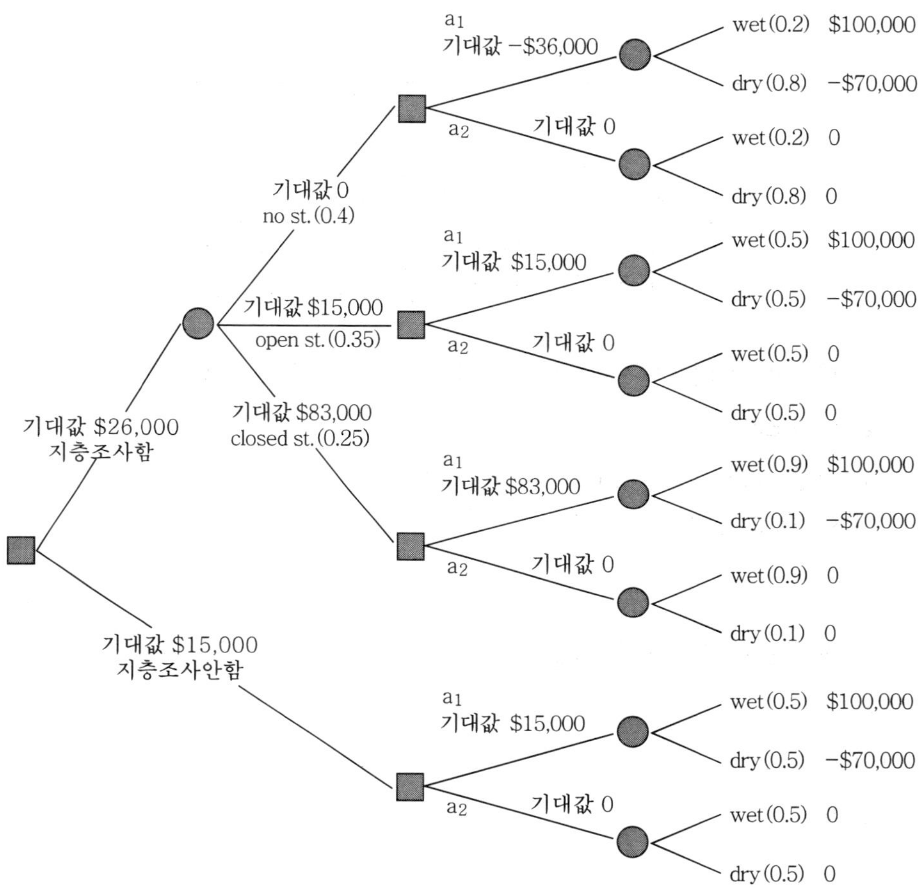

3.

(1) 낙관적; d_1, 보수적; d_3, 최소최대후회; d_3,

(2) (생략)

(3) 낙관적; d_1, 보수적; d_2 혹은 d_3, 최소최대후회; d_2,

4.

(1) 의사결정; 어떤 리스를 선택할 것인가?

조건적 행동; 운행 거리

(2)

	연간 운행 마일		
대리점	12,000	15,000	18,000
상해벤쯔	10,764원	12,114원	13,464원
인민모터스	11,160원	11,160원	12,960원
푸동자동차	11,700원	11,700원	11,700원

(3) 낙관적; 상해벤쯔, 보수적; 푸동자동차, 최소최대후회; 푸동자동차 ,

(4) 인민모터스

(5) 가장 가능한 것; 11,160원, 확률 = 0.9

(6) 인민모터스 혹은 푸동자동차.

5.

(1) 만일 s_1이면 d_1이다. 만일 s_2이면 d_1이다. 만일 s_3이면 d_2이다.

(2) 192.5

(3) d_1; 182.5

(4) 10

6.

(2) 만일 희망적이면, d_2

만일 비희망적이면, d_1

기대가치(EV) = 292.

7.

(1) 0.695, 0.215, 0.090

0.98, 0.02

0.79, 0.21

0.00, 1.00

(3) 만일 C이면, 강변북로.

만일 O이면, 강변북로,

만일 R이면, 천호대로.

26.6 분.

〈제13장 대기행렬〉

1.

상품하역 인부의 수	1	2
트럭의 도착률(λ)	3대/시간	3대/시간
하역률(μ)	4대/시간	8대/시간
시스템에서 평균수효(L_s)	3대의 트럭	0.6대의 트럭
시스템에서 평균시간(W_s)	1시간	0.2시간
대기중인 평균수효(L_q)	2.25대의 트럭	0.225대의 트럭
대기중인 평균시간(W_q)	0.75시간	0.075시간
활용률(p)	0.75	0.375
시스템이 빌 확률(P_0)	0.25	0.625

[표 13-1] 시스템에 k대를 초과하는 트럭이 있을 확률, $P(n > k)$

k	하역인부 1명	하역인부 2명
0	0.75	0.375
1	0.56	0.141
2	0.42	0.053
3	0.32	0.020

이 결과에 의하면, 1명의 인부만 있을 경우에 트럭은 평균 3/4시간을 기다려야 하였다. 또한 평균 2.25대의 트럭이 항상 기다리고 있었다. 이것은 경영자가 원하는 바가 아닐 것이다. 두 번째 인부를 고용하는 경우에는 평균 0.225 트럭만이 기다리게 되었다(또한 [표 13-1] 참조).

2.

- 하역인부 1명일 때; 트럭운전사의 유휴비용=시스템에서의 평균트럭×임금/시간 = 3대 × 10,000원=30,000원, 하역인부 임금/시간 = 6,000원. 합계 36,000원
- 하역인부 2명일 때; 트럭운전사의 유휴비용 = 시스템에서의 평균트럭 ×임금/시간 = 0.6대 × 10,000원 = 6,000원, 하역인부2명의 임금/시간=12,000원. 합계 18,000원

∴ 하역인부를 2명으로 늘이는 것이 시간당 36,000-18,000=18,000원의 절약이다.

3.

$M = 2$ 열려있는 경로의 수효

$\lambda = 3$ 평균 도착률

$\mu = 4$ 각 경로에서의 평균 서비스율

P_0 = 시스템에 고객이 0명일 확률

$$= \frac{1}{[\sum_{n=0}^{M-1} \frac{1}{n!}(\frac{\lambda}{\mu})^n] + \frac{1}{M!}(\frac{\lambda}{\mu})^M \frac{M\mu}{M\mu - \lambda}}$$

$$= \frac{1}{[\sum_{n=0}^{1} \frac{1}{n!}(\frac{3}{4})^n] + \frac{1}{2!}(\frac{3}{4})^2 \frac{2(4)}{2(4)-3}}$$

$$= \frac{1}{1 + \frac{3}{4} + \frac{1}{2}(\frac{3}{4})^2(\frac{8}{8-3})} = 0.4545$$

L_s = 시스템(대기 및 서비스 받는 중)에 존재하는 고객들의 평균 수효

$$= \frac{\lambda\mu(\lambda/\mu)^M}{(M-1)!(M\mu-\lambda)^2} P_0 + \frac{\lambda}{\mu} = \frac{3(4)(3/4)^2}{(1)!(8-3)^2}(0.4545) + \frac{3}{4}$$

$= 0.873$

W_s = 시스템(대기 및 서비스받는 중)에서 한 고객이 보내는 평균시간

$$= \frac{L_s}{\lambda} = \frac{0.873}{3} = 0.291\text{시간}$$

L_q = 대기행렬에서 서비스를 기다리는 고객들의 평균 수효

$$= L_{s-}\frac{\lambda}{\mu} = 0.873 - 3/4 = 0.123$$

W_q = 한 고객이 대기행렬에서 서비스를 기다리며 소비하는 평균시간

$$= \frac{L_q}{\lambda} = \frac{0.123}{3} = 0.41\text{시간.}$$

앞의 하역인부 2명일 때와 비교해 보면, 플랫폼 대기행렬의 길이는 .225에서 .123으로 낮아졌다. 그러나 시스템에서 보내는 트럭의 수는 0.6대에서 0.873대로 증가하였고 , 시스템에서 보내는 시간도 0.2시간에서 0.291시간으로 증가하였으므로 두 번째 플랫폼 설치계획은 추천하고 싶지 않다.

4.

서비스요인: $X = \frac{T}{T+U}$ = 30분/(30분 + 120분) = 0.20

서비스 받는 평균숫자: $H = FNX$ = 0.976 × 5 × (0.20) = 0.98 ≈ 항상 1명의 환자가 서비스 중이다.

기다리는 평균시간: $W = \frac{L(T+U)}{N-L} = \frac{T(1-F)}{XF}$

$$= \frac{30(1-0.976)}{0.20(0.976)} = 3.69\text{ 분}$$

기 호

D =0.194; 한 단위가 대기행렬에서 기다려야만 하는 확률

N = 5 명의 환자; 잠재 고객들의 수효

F = 0.976; 효율 요소

T = 30분; 평균 서비스 시간

U = 120분; 한 단위가 서비스를 필요로 하는 평균적 시간간격

M = 2 간호원; 서비스 경로들의 수효

〈제14장 시뮬레이션〉

1.

(1) 이익 = $(6 - v)x - 3{,}000$ (만원)

단, v = 변동비, x = 수요

(2)

기본시나리오

이익 = (6 - 2.5)20,000 - 3,000 = 67,000(만원)

최악시나리오

이익 = (6 - 3.5)5,000 - 3,000 = 9,500 (만원)

최선시나리오

이익 = (6 - 2)50,000 - 3,000 = 197,000(만원)

2.

(1) 본문 [그림 11-9] 참조.

3.

(1) 이익 = $(50 - c)x - 30{,}000$, 단 c = 단위당 변동비, x = 판매량

(2) 6,000원, - 22,200원, 41,400원

(3) 손실의 확률을 추정하게 해준다. 등등.

4.

(1) 0.00~0.08, 0.08~0.20, 0.20~0.48, 0.48~0.72, 0.72~0.86, 0.86~0.96, 0.96~1.00

(2) 2, 5, 2, 3, 2, 4, 2, 1, 1, 2

(3) 24 단위

5.

(1) 0.00~0.40 기억할 수 있다; 0.40~1.00 기억할 수 없다.

만일 기억할 수 있다 이면: 0.00~0.30, 0.30~0.60, 0.60~1.00

만일 기억할 수 없다 이면: 0.00~0.50, 0.50~0.90, 0.90~1.00

(2) 불확실하다, 꼭 구매한다, 결코 안한다.

(3) 실험을 다회 실시하여, 꼭 구매한다의 %를 기록해 본다.

6.

(1) 모의실험에 따라 차이가 있음. 대강의 값은,

60,000개를 판매했을 때의 평균이익은 190,000원,

(2) 대강의 값은,

50,000개를 판매했을 때의 평균이익은 230,000원,

60,000개를 판매했을 때의 평균이익은 190,000원,

70,000개를 판매했을 때의 평균이익은 100,000원 이하,

이 경우에, 50,000개를 추천한다.

(3) 약 0.75이다.

참고문헌

Anderson, David R., Dennis J. Sweeney & Thomas A Williams, *Quantitative Methods for Business*(7e), South-Western College Publishing, 1998.

Bazaraa, Mokhtar S & Jarvis, John J, *Linear Programming and Network Flows*, John Wiley & Sons, 1977.

Heizer, Jay & Barry Render, *Operations Management* -Flexible Version-, Prentice Hall,2005.

Hillier, Frederick S & Liebeman Gerald J, *Introduction to Operations Research*(5e), McGraw-Hill, 1990.

Lee, Sang M, *Introduction to Management Science*, The Dryden Press, 1983.

Levin, Richard I. et al., *Quantitative Approaches to Management*, McGraw-Hill, 1982.

Mathur, Kamlesh & Solow Daniel, *Management Science : The Art of Decision Making*, Prentice-Hall, 1994.

Murty, Katta G, *Operations Research : Deterministic Optimization Models*, Prentice-Hall, 1995.

Taha, Hamdy A, *Operations Research : An Introduction*(5e), Mcmillan, 1992.

Thierauf, Robert J, *An Introductory Approach to Operations Research*, Wiley, 1978.

Vatter Paul A. et al., *Quantitative Methods in Managemen*t, Irwin, 1978.

Wagner, Harvey M, *Principles of Management Science with Applications to Executive Decisions*, Prentice-Hall, 1970.

Wagner, Harvey M, *Principles of Operations Research*(2e), Prentice-Hall, 1975.

정규 분포표

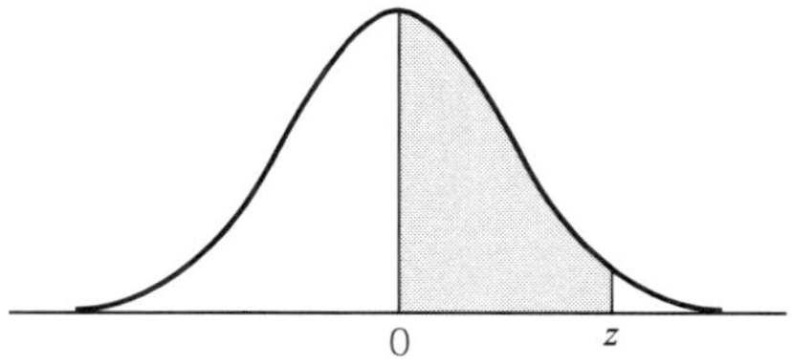

z	.00	.01	.02	.03	.04	.05	.06	.07	.08	.09
0.0	.0000	.0040	.0080	.0120	.0160	.0199	.0239	.0279	.0319	.0359
0.1	.0398	.0438	.0478	.0517	.0557	.0596	.0636	.0675	.0714	.0753
0.2	.0793	.0832	.0871	.0910	.0948	.0987	.1026	.1064	.1103	.1141
0.3	.1179	.1217	.1255	.1293	.1331	.1368	.1406	.1443	.1480	.1517
0.4	.1554	.1591	.1628	.1664	.1700	.1736	.1772	.1808	.1844	.1879
0.5	.1915	.1950	.1985	.2019	.2054	.2088	.2123	.2157	.2190	.2224
0.6	.2257	.2291	.2324	.2357	.2389	.2422	.2454	.2486	.2517	.2549
0.7	.2580	.2611	.2642	.2673	.2704	.2734	.2764	.2794	.2823	.2852
0.8	.2881	.2910	.2939	.2967	.2995	.3023	.3051	.3078	.3106	.3133
0.9	.3159	.3186	.3212	.3238	.3264	.3289	.3315	.3340	.3365	.3389
1.0	.3413	.3438	.3461	.3485	.3508	.3531	.3554	.3577	.3599	.3621
1.1	.3643	.3665	.3686	.3708	.3729	.3749	.3770	.3790	.3810	.3830
1.2	.3849	.3869	.3888	.3907	.3925	.3944	.3962	.3980	.3997	.4015
1.3	.4032	.4049	.4066	.4082	.4099	.4115	.4131	.4147	.4162	.4177
1.4	.4192	.4207	.4222	.4236	.4251	.4265	.4279	.4292	.4306	.4319
1.5	.4332	.4345	.4357	.4370	.4382	.4394	.4406	.4418	.4429	.4441
1.6	.4452	.4463	.4474	.4484	.4495	.4505	.4515	.4525	.4535	.4545
1.7	.4554	.4564	.4573	.4582	.4591	.4599	.4608	.4616	.4625	.4633
1.8	.4641	.4649	.4656	.4664	.4671	.4678	.4686	.4693	.4699	.4706
1.9	.4713	.4719	.4726	.4732	.4738	.4744	.4750	.4756	.4761	.4767
2.0	.4772	.4778	.4783	.4788	.4793	.4798	.4803	.4808	.4812	.4817
2.1	.4821	.4826	.4830	.4834	.4838	.4842	.4846	.4850	.4854	.4857
2.2	.4861	.4864	.4868	.4871	.4875	.4878	.4881	.4884	.4887	.4890
2.3	.4893	.4896	.4898	.4901	.4904	.4906	.4909	.4911	.4913	.4916
2.4	.4918	.4920	.4922	.4925	.4927	.4929	.4931	.4932	.4934	.4936
2.5	.4938	.4940	.4941	.4943	.4945	.4946	.4948	.4949	.4951	.4952
2.6	.4953	.4955	.4956	.4957	.4959	.4960	.4961	.4962	.4963	.4964
2.7	.4965	.4966	.4967	.4968	.4969	.4970	.4971	.4972	.4973	.4974
2.8	.4974	.4975	.4976	.4977	.4977	.4978	.4979	.4979	.4980	.4981
2.9	.4981	.4982	.4982	.4983	.4984	.4984	.4985	.4985	.4986	.4986
3.0	.4987	.4987	.4987	.4988	.4988	.4989	.4989	.4989	.4990	.4990

찾아보기

[ㄱ]

가격곡선 361
가능범위 200
가능범위(range of feasibility) 181
가능해 78, 86
가능해(feasible solution) 77
가변비용(variable cost) 268
가분성(divisibility) 28
가상열(dummy column) 245
가상적 목적지(dummy destination) 235
가상적 원천(dummy origin) 235
가상행(dummy row) 245
가장 늦은 시작시각(latest start time) 319
가장 늦은 완료시각(latest finish time) 319
가장 빠른 시작시각(earliest start time) 317
가장 빠른 완료시각(earliest finish time) 317
가지 315, 222, 370
가해영역(feasible region) 78, 80, 86
감도분석(sensitivity analysis) 165
게임이론(game theory) 40
결정변수 24, 25
결정변수(decision variable) 23
결합확률(joint probability) 58
경로(path) 316
경영과학(Management Science, MS; Operations Research, OR) 17
고객충성도(customer loyalty) 337
고정비용(fixed cost) 268
공집합(null set) 45
교집합(intersection) 46
극대화 목표 234
극점(extreme point) 80
기대가치접근(expected value approach) 373
기대시간 326
기본가능해(basic feasible solution) 108
기본결과(basic outcome) 45
기본변수(basic variable) 107
기저해(basic solution) 107
기회비용(opportunity loss) 246
기회손실(opportunity loss) 372
긴급비용 331
긴급시간 331

[ㄴ]

낙관적 접근(optimistic approach) 370
네트워크(network) 222, 325
네트워크모형(network model) 39
네트워크 흐름문제(network flow problem) 222

[ㄷ]

다최적해(alternative optimal solutions) 93, 158
단계(stage) 289

단위열(unit column) 117
단일 서버 401
단일경로 401
단일경로 대기행렬 시스템
(a single-channel queuing system) 393
단일단계 시스템(a single-phase system) 393
대기규칙(queue discipline) 389
대기행렬 규칙(queue discipline) 392
대기행렬 모형(waiting-line models) 388, 397
대기행렬(waiting lines) 388, 392, 427
대기행렬모형(queueing model) 39, 392
대기행렬이론(queuing theory) 388
대안(alternatives) 367
도착시간 간격(interarrival time) 428
도착의 모양(behavior of arrivals) 390
동적계획법(dynamic programming) 19, 38, 289
동태적 시뮬레이션 모형(dynamic simulation model) 427
디딤돌법(steppingstone method) 224

[ㅁ]

마디(node) 222, 258, 315, 370
마아코브분석(markov analysis) 40, 337
마코브 과정모형 343
모의실험(simulation) 19, 39, 417
목적지(destination) 221
목적함수(objective function) 22, 25
목표계획법(goal programming) 39
무한 모집단(infinite population) 390
무한해 156
미래의 상황(event) 367

[ㅂ]

반복관계(recursive relationship) 289
반복성(iterative nature) 29
배낭문제(knapsack problem) 297
베이즈정리(Bayes' Theorem) 64, 65
베이지안(Bayesian) 376
베타(beta) 확률분포 327
벤다이어그램(Venn diagram) 46
보수적 접근(conservative approach) 371
복수경로 대기행렬 시스템
(a multiple-channel queuing system) 393
복수경로(multiple-channel) 대기행렬 시스템 405
복수단계 시스템(a multiphase system) 394
부가성(additivity) 28
북서코너법(northwest corner method) 224
분단(branching) 257
분단탐색나무(branch and bound search tree) 258, 266
분단탐색법(branch and bound method) 257
분산(variance) 326
불가능해 91
불가능해(infeasible solution) 83
비기본변수(nonbasic variable) 107
비례성(proportionality) 28
비선형계획법(nonlinear programming) 38
비속박적(nonbinding) 제약식 166
비음변수(nonnegative variable) 34
비음조건(nonnegativity conditions) 25

[ㅅ]

사건(event) 45

사전확률(prior probability) 64, 376
사후확률(posterior probability) 64, 376
상대도수 50, 51, 56
상사모형(analog model) 21
상태(state) 289
상호배타적 사건 56
상호배타적(mutually exclusive) 47
상황마디(states of nature node) 370
생산성관리 348
서비스 시설(service facility) 389
선입선출법(first-in, first-out, FIFO) 392
선행활동(immediate predecessors) 315
선형계획모형 23, 238
선형계획법(linear programming, LP) 19, 38
선회열(pivot column) 116
선회원소(pivot element) 116
선회행(pivot row) 116
성과표(payoff table) 367
속박적 제약식(binding constraints) 82
수리계획모형 23
수리모형(mathematical model) 22
수송문제(transportation problem) 40, 221
수송표(transportation tableau) 223
수정배분법(modified distribution method, MODI) 224
순평가행(net evaluation row) 112
시뮬레이션(simulation) 417, 427
시뮬레이션의 단점 437
시뮬레이션의 장점 437
시스템에의 도착(arrival) 389
시스템의 상태(state of the system) 337
시스템의 진화(evolution) 337
시장점유율(market share) 337
실험(experiment) 44
심플렉스방법(simplex method) 103
쌍대모형(dual model) 205
쌍대변수(dual variable) 205
쌍대성 205
쌍대성이론(duality theory) 33

[ㅇ]

안정상태의 운영(steady-state operation) 434
안정상태확률(steady-state probabilities) 342, 347
여분제약식(redundant constraint) 82
여유(slack) 321
여집합(complement set) 48
역진적(backward) 289
역진행(backward pass) 319
열감산행렬(column reduced matrix) 242
예측(forecasting) 40
완전정보(perfect information) 374
완전정보의 기대가치 381
용량제한 수송문제(capacitated transportation problem) 239
원가곡선 361
원천(origin) 221
유일해(unique solution) 107
유한 모집단(finite population) 390
유한 모집단 모형 410
의사결정 전략(decision strategy) 377
의사결정나무(decision tree) 367, 369, 370
의사결정문제 367
의사결정변수(decision varible) 291
의사결정분석(decision analysis) 367
의사결정이론(decision theory) 39
의사결정자(decision maker) 367
이익극대화 문제 236
인공변수(artificial variable) 140
일양확률분포(uniform probability

distribution) 421
잉여변수(surplus variable) 36, 88

[ㅈ]

자본예산(capital budgeting) 298
자원(resource) 23
자원배분문제(resource allocation problem) 290
잔여변수(slack variable) 36, 81
잠재가격(shadow price) 171, 176, 180, 197, 211
장비보전관리(equipment maintenance) 345
재고관리모형(inventory model) 40
전이확률(transition probability) 338, 348
전이확률행렬 338
전정수계획법(all integer programming) 254
전체집합(universal set) 45
절충(trade-off) 330
정규형(canonical form) 33, 205
정규확률분포(normal probability distribution) 422
정상시간 331
정수계획(integer programming)모형 254
정수계획법(integer programming, IP) 19, 38
정책결정(policy decision) 289
정태적 시뮬레이션 모형(static simulation model) 427
제약식(constraints) 24, 25
조건부확률(conditional probability) 57
주경로(critical path) 316, 317
주공정(critical path) 321, 328
주변확률(marginal probability) 58
주활동(critical activity) 317, 328
지수분포 394

[ㅊ]

총괄적 집합 49
최선시나리오(best-case scenario) 420
최소비용법(minimumcost method) 224, 230
최소최대 후회접근(minimax regret approach) 372
최악시나리오(worst-case scenario) 420
최적 의사결정전략 380
최적기본가능해(optimal basic feasible solution) 108
최적범위(range of optimality) 173, 195
최적성의 원리(principle of optimality) 289
최적해(optimal solution) 224
최초해(initial feasible solution) 224
충성도 338

[ㅌ]

통계적 독립(statistically independent) 61
통계적 종속(statistically dependent) 61
통제가능한 입력(controllable input) 417
퇴화해(degenerate solution) 159

[ㅍ]

폐쇄회로(closed loop) 230
포아송분포(Poisson distribution) 391
표본공간(sample space) 45
표본정보(sample information) 376
표본정보의 기대가치(expected value of sample information) 381
표본정보하의 기대가치(expected value

with sample information) 381
표준형(standard form) 33
풍부한 자원(abundant resource) 166
프로젝트 314, 368
프로젝트 네트워크(project network) 315
프로젝트 선정(project selection) 298
프로젝트 완료시간 328

[ㅎ]

하부마디(descendant node) 259
학습곡선(learning curves) 354, 356
학습곡선계수 359
학습곡선 그래프 354
학습곡선 효과 356
학습률(learning rate) 357
할당문제(assignment problem) 40, 240
합집합(union) 47
해점(solution point) 84
행감산행렬(row-reduced matrix) 241
행렬감산(matrix reduction) 241
행위(activity) 23
헝가리법(Hungarian method) 241
형상모형(iconic model) 21
혼합정수계획법(mixed integer programming) 254, 264
확률모형(stochastic model) 23
확률실험(random experiment) 45
확률적 입력(probabilistic input) 417, 423
확정모형(deterministic model) 23
활동시간 단축 330
후회(regret) 372
희귀자원(scarce resource) 166

〈기타〉

0-1계획법(0-1 programming) 254
100%법칙 181, 182
Andrei A. Markov 337
CPM 314
DUAL PRICES 180, 181
F. L. Hitchcock 221
Kendall-Lee 기호 400
LINDO 177
PERT 314
PERT/CPM 39, 315, 322
REDUCED COST 179
T. C. Koopmans 221
T. P. Wright 354

[저자 약력]

• 심 현 철

서울대학교(이학사)
서울대학교대학원(경영학 석사)
성균관대학교대학원(경영학 박사)
University of California, LA, visiting professor
University of Redlands, visiting professor
성신여자대학교 경영학과 교수
e-mail: simhc@sungshin.ac.kr

[저서 및 논문]

『생산운영관리』(전정판) (청목출판사, 2005)
『Excel활용 실용통계학』(공저, 청목출판사, 2000)
· The Trend of Service Quality of the Inbound Tourism in Korea 외 다수

• 김 태 호

서울대학교(경제학사)
University of Minnesota(응용경제학 석사)
University of Illinois(농경제학 석사)
Oklahoma State University(응용경제학 박사)
서울대학교 대학원(경제학 박사)
충북대학교 정보통계학과 교수

[저서 및 논문]

『Excel활용 실용통계학』(공저, 청목출판사, 2000)
· 모형의 안정성 검증
· 장기적 생산감소품목의 공급체계가 가지는 구조적 특징
· International and Domestic Market Responsiveness in the Flow of Major Imported Grains and Agricultural Policy Implications
· Estimating the Behavior of an Actual Market System with a Stream of Relations and Simulation Experiments 등 다수

경영과학

2012년 8월 20일 중판인쇄
2012년 8월 25일 중판발행

저 자 심 현 철·김 태 호
발행인 유 성 열
발행처 **청 목 사**
서울특별시 영등포구 신길로 40길 20
전화 (02) 849-6157(代)·2820 / 833-6090~1
FAX (02) 849-0817
등록 제318-2005-000030호

파본은 바꾸어 드립니다. 값 24,000원

http : //www.chongmok.co.kr

ISBN 978-89-92938-16-7